Hans-Peter Waldhoff, Christine Morgenroth,
Angela Moré, Michael Kopel (Hg.)
Wo denken wir hin?

Diskurse der Psychologie

Hans-Peter Waldhoff, Christine Morgenroth,
Angela Moré, Michael Kopel (Hg.)

Wo denken wir hin?

Lebensthemen, Zivilisationsprozesse,
demokratische Verantwortung

Mit Beiträgen von Elke Endert, Michael Fischer,
Uwe Herrmann, Michael Kopel, Helmut Kuzmics,
Thomas Mies, Angela Moré, Christine Morgenroth,
Christoph F. Müller, Oskar Negt, Lothar Nettelmann,
Hans-Heinrich Nolte, Lars Rensmann, Nele Reuleaux,
Nelly Simonov, Hans-Peter Waldhoff und Cas Wouters

Psychosozial-Verlag

Bibliografische Information der Deutschen Nationalbibliothek
Die Deutsche Nationalbibliothek verzeichnet diese Publikation in der Deutschen
Nationalbibliografie; detaillierte bibliografische Daten sind im Internet über
http://dnb.d-nb.de abrufbar.

Originalausgabe
© 2015 Psychosozial-Verlag
Walltorstr. 10, D-35390 Gießen
Fon: 06 41 - 96 99 78 - 18; Fax: 06 41 - 96 99 78 - 19
E-Mail: info@psychosozial-verlag.de
www.psychosozial-verlag.de
Alle Rechte vorbehalten. Kein Teil des Werkes darf in irgendeiner Form (durch Fotografie,
Mikrofilm oder andere Verfahren) ohne schriftliche Genehmigung des Verlages reproduziert
oder unter Verwendung elektronischer Systeme verarbeitet, vervielfältigt oder verbreitet werden.
Umschlagabbildung: Lyubov Popova: »Cubofuturist Portrait«, 1914–1915
Umschlaggestaltung & Innenlayout: Hanspeter Ludwig, Wetzlar
www.imaginary-world.de
Satz: metiTEC, me-ti GmbH, Berlin
Druck: CPI books GmbH, Leck
Printed in Germany

ISBN 978-3-8379-2463-3

Inhalt

Wo denken wir hin?   9
Lebensthemen, Zivilisationsprozesse und demokratische
Verantwortung
Vorwort der Herausgeberinnen und Herausgeber

Politische Lernprozesse

Wo denken wir hin?   23
Über menschenwissenschaftliche Arbeit mit Lebensthemen
Hans-Peter Waldhoff

Gesellschaftsentwurf Europa   37
Plädoyer für ein gerechtes Gemeinwesen
Oskar Negt

Quo vadis, Menschenrecht?   43
Zu Gegenwart, Zukunft und Dilemmata
von globaler Menschenrechtspolitik
in einer partiell kosmopolitisierten Welt
Lars Rensmann

Politische Bildung und Schule   59
Ein kritischer Rückblick auf 36 Jahre Tätigkeit als Lehrer
Lothar Nettelmann

Demokratisierungsprobleme 79
Europas Krise, Neoliberalismus und die Rolle der
Menschenwissenschaften
Michael Fischer

Sozialpsychologie & Gruppenanalyse

Streifzug durch das Unterholz latenten Wissens 101
Ein Beitrag zur reflexiven Revolution
Hans-Peter Waldhoff

Ein gruppenanalytischer Blick auf wissenschaftliche Prozesse 131
Eine Würdigung des überfachlichen
Doktorandenkolloquiums von Hans-Peter Waldhoff
Uwe Herrmann und Nele Reuleaux

Vor der Revitalisierung einer sinnvollen Partnerschaft 141
Beziehungsanbahnung zwischen Psychoanalyse und
Soziologie in Vergangenheit und Gegenwart
Michael Kopel

**»Ausschließlich im Dienste der Individualität und
freien Entwicklung des Menschen«** 173
Demokratische Intentionen der Foulkes'schen
Gruppenanalyse
Angela Moré

**Gesellschaftskrankheiten: Entgrenzung und
beschädigte Subjektivität** 197
Christine Morgenroth

Zivilisationsprozesse & Krieg und Frieden

Habitus versus Situation 215
Elias' und Collins' Erklärungen von Gewalt und
Gewaltbereitschaft im Krieg am Beispiel eines
habsburgischen Militärhabitus im Ersten Weltkrieg
Helmut Kuzmics

Kaukesselchen 237
Hans-Heinrich Nolte

Norbert Elias neu lesen: Nationalsozialismus, Gewalt und Macht 247
Beitrag zu der Debatte um den »Ort des
Nationalsozialismus in der Soziologie«
Elke Endert

Informalisation and Evolution 261
From Innate to Collectively Learned Steering Codes:
Four phases
Cas Wouters

Dialog und Gewalt 297
Anmerkungen zur Dialogphilosophie
Thomas Mies

Children of Baghdad 307
Ein interkulturelles Gruppenprojekt zur Therapie
traumatisierter Kinder
Christoph F. Müller

Wenn der Bär nicht mit darf ... 315
Migration und Identität in Forschung und Kinderbuch
Nelly Simonov

Autorinnen und Autoren 329

Wo denken wir hin?

Lebensthemen, Zivilisationsprozesse und demokratische Verantwortung

Vorwort der Herausgeberinnen und Herausgeber

Von der allmählichen Verfertigung der Gedanken beim Reden schrieb Heinrich von Kleist vor rund 200 Jahren. Wohin führt uns der Weg des allmählich verfertigten Denkens bei der Herstellung eines Buches? Wir konnten es zu Beginn dieses Projektes nicht wissen, sondern waren bereit und geneigt, uns auf ein intellektuelles Abenteuer einzulassen. Michel Foucault hat einmal die Frage aufgeworfen, wozu er ein Buch überhaupt schreiben sollte, wenn er zu Beginn schon wüsste, wo es ihn hinführt. Das übliche Verfahren der Festlegung eines Themas »von oben« und der Auswahl von diesem untergeordneten Themen und Beitragenden haben wir daher umgekehrt: Erst waren da die Autorinnen und Autoren, denen wir die Wahl ihres Themas freigestellt haben, verbunden nur mit der Bitte, ein Thema auszusuchen, das für ihr Leben als Wissenschaftlerinnen und Wissenschafter eine wesentliche Rolle spielt. So hofften wir auf lebendige Denkwege durch den Dschungel der Orientierungsvielfalt und darauf, durch Austausch und Verbindungen zum Schluss ein neues Wegenetz entwerfen zu können. Jeder offene Austausch verweist auf Lernprozesse als Leitmotiv und bildet einen vitalen Zugang zur eigenen Person, zu Kommunikationspartner_innen und zu den eigenen wie möglichen gemeinsamen Denkbildern und Gefühlswelten. Gleich, ob es um innere und äußere Dämonen aus der Vergangenheit geht, den Kampf um Eindämmung, Kontrolle und Verarbeitung traumatischer Gewalt, um Stationen aufklärerischer Selbsterfahrung oder um Versuche der Fremdheitsbewältigung: Das Denken in der Verdichtung von Lebensthemen der einzelnen Autorinnen und Autoren leuchtet individuelle und gesellschaftliche Lern- und Zivilisierungsprozesse, mögliche Denkwege sowie Chancen demokratischer Verantwortung aus. Das Buch eröffnet Zugang zu einer Vielfalt von Denkstilen, die sich bei aller Verschiedenheit doch jeweils mit der Vielfalt lebendiger Menschen anstelle von Abstraktionen befassen, welche die Abtötung wissenschaftlicher Erfahrungen durch das akademische Milieu (Erdheim & Nadig) unterlaufen, vielmehr diesen ihre verallgemeinerungsfähigen Aspekte abgewinnen.

Alle Autorinnen und Autoren entwickeln ihre Gedanken aus der kulturellen Tradition Europas. Hier setzen die Lernprozesse dieses in die drei Themenblöcke »Politische Lernprozesse«, »Gruppenprozesse« und »Zivilisationsprozesse« gegliederten Buches ein. Einleitend skizziert Hans-Peter Waldhoff mit *Wo denken wir hin?* einen überordnenden Rahmen für die menschenwissenschaftliche Arbeit mit Lebensthemen. Dabei beleuchtet er anhand von Beispielen vor allem die abtötenden Tendenzen des herrschenden, aus dem westlichen Zivilisationsprozess hervorgegangenen Wissenschaftssystems und demgegenüber oppositionelle Denkstile, die sich im Bereich der Humanwissenschaften mit lebendigen Menschen zu beschäftigen versuchen.

Die Autorinnen und Autoren dieses Buches versuchen alle, lebendige Beziehungen zu ihren Themen herzustellen. So kommt zu Anfang des thematischen Schwerpunktes »Politische Lernprozesse« Oskar Negt, Jahrgang 1934, zu Wort, der Europa selbst als einen fortlaufenden Lernprozess beschreibt. Aus der Erfahrung seiner Generation und seines eigenen Lebens- und Denkweges sieht er die Europäische Union als friedensfähiges transnationales Gemeinwesen, welches das Europa der Kriege – hoffentlich endgültig – hinter sich gelassen hat. In seinem Beitrag *Gesellschaftsentwurf Europa* verdeutlicht der Soziologe und Philosoph Negt, dass die seit Jahren anhaltende Finanzkrise in der Europäischen Union weitaus mehr bedroht als eine gemeinsame Währung, nämlich die zivilisatorische Leistung der europäischen Nachkriegszeit. Die gegenwärtige Krise ist – entgegen der in den Medien und den politischen Diskursen dominierenden betriebswirtschaftlichen Verengung des Problems – nicht allein ökonomischer Natur im engeren Sinne, sondern vielmehr eine kulturelle Erosionskrise epochalen Ausmaßes. Das, was allein den Weg aus der Misere bahnen kann, so die Überzeugung des Autors, ist die Wiederbelebung der Demokratie als einer real erfahrenen Lebensform. Sie stellt zugleich die einzige staatlich verfasste Gesellschaftsordnung dar, die gelernt werden muss. Die mit dieser Herausforderung einhergehenden politischen Lernprozesse sind von der gesamteuropäisch-solidarischen Etablierung sozialstaatlicher Regulierungen der Probleme der kapitalistischen Arbeitsgesellschaft nicht zu trennen.

Den augenblicklichen Stand von politischen Lernprozessen auf der Ebene der nationalstaatlich organisierten Menschheit erfragt Lars Rensmann in *Quo vadis, Menschenrecht?* Denn mit der Niederlegung der Menschenrechte in der UN-Charta ist ihre Gültigkeit und Einhaltung noch lange nicht garantiert.

Die Sicherung, Behauptung und Globalisierung von Menschenrechten bleibt eine Herausforderung, obgleich selbst autoritäre Staaten sich mittlerweile gezwungen sehen, deren Einhaltung zum Maßstab ihrer politischen Legitimität zu machen. Unentwegt ist die Durchsetzung einer globalen Menschenrechtspolitik sowohl aufseiten des Westens als auch global von politischem und wirtschaftlichem Opportunismus, geringem Durchsetzungswillen oder dem Missbrauch des Menschenrechtsdiskurses gefährdet. Der Autor macht in diesem Konflikt ein konstitutionelles Dilemma der Verfassung der Menschenrechte aus. Neben diesem identifiziert er ein »Souveränitätsparadox« im internationalen Recht, das sich darin manifestiert, dass die politische Autonomie und demokratische Selbstgesetzgebung von Staaten mit den global festgeschriebenen Menschenrechten in Konflikt geraten und ein Pochen auf die Geltung höherer, weil universeller Prinzipien mit einer Verkürzung des Demokratiebegriffs einhergehen kann. In diesem Zusammenhang lautet die zentrale Frage von Rensmann, wie eine globale Aneignung der Menschenrechte *von unten* erfolgen könne, die sich mit einem Wertewandel und dem Kampf um Demokratie verbindet.

Die multidimensionale Krise in Europa dient auch Lothar Nettelmann als Ausgangspunkt seiner Erörterungen über die Ziele und das Wesen der politischen Bildung, die zunächst im Zentrum seines biografisch orientierten Beitrages zur *Politischen Bildung und Schule* stehen. Beide werden angesichts von Tendenzen zur Skandalisierung und Verengung komplexer Sachverhalte, aber auch der zunehmenden Egoismen, der Kommunikationsunfähigkeit und der Aggressionen in der Gesellschaft immer bedeutsamer. Politische Bildung, die auf einem Verantwortungsgefühl fußt, setzt bereits in der Sozialisation des Kindes ein und arbeitet mit Methoden einer kritischen Betrachtung von Regelsystemen. Nettelmann skizziert in diesem Zusammenhang auch generelle Versäumnisse in der inhaltlichen Ausrichtung politischer Bildung und benennt Defizite bei der nachfolgenden Lehrergeneration, die er im Laufe seiner 36-jährigen Tätigkeit als Lehrer an einer Unesco-Schule beobachtet hat. Dabei stellt er die These auf, dass Wissensdefizite in Bezug auf die europäischen Nachbarn eine seriöse Beschreibung und Erklärung der eigenen nationalen Verhaltensweisen und Eigenheiten verhinderten. Der Autor rekonstruiert gesellschafts- und bildungspolitische Geschehnisse und Stimmungen, die seine eigenen politischen Lernprozesse geprägt haben.

Mit wissens- und prozesssoziologisch geschultem Blick zeigt Michael Fischer, wie eine Umverteilung globaler Machtressourcen mit einer »gesellschaftlichen Produktion von Unbewusstheit« (Erdheim) einhergeht, die Lernprozesse zu einer echten Herausforderung macht. Er entkleidet die Ökonomie ihres vorherrschenden Anspruchs, »sach«verständig im Sinne einer quasi Naturwissenschaft, einer scheinobjektiven sozialen Physik zu sein. Vielmehr betrachtet er sie als eine sich ihrer selbst nicht als solche bewussten Menschenwissenschaft (Elias) und übersetzt ihre Abstraktionen in die bisweilen brutalen Lebenswirklichkeiten der von ihren »Rezepten« betroffenen Bevölkerungsmehrheiten. Als schlagendes Beispiel nennt er die auf zwischenstaatlicher Ebene »gefährliche Obsession« (Krugman) der Wettbewerbsfähigkeit, deren in Deutschland stolz zitierte Export- oder Leistungsbilanzüberschüsse logisch nicht verallgemeinerbar sind, da es immer eine Gegenseite geben muss, die entsprechende Defizite aufweist. Dieser fundamentale Zusammenhang unterliegt einer Wahrnehmungsspaltung, bei der Teile der grundsätzlich wahrnehmbaren Realität im Dienste einer Abwehr unliebsamer, angstbesetzter Aspekte, bzw. einer »Identifizierung mit dem Gewinner/Angreifer« abgespalten werden. Mit dem Schlagwort *Neoliberale Politik* wird nicht nur die Theorie der Gewinner, sondern eine Wirtschaftspolitik bezeichnet, die eine grundsätzliche Neuordnung des Verhältnisses von Staat, Markt und Gesellschaft im Rahmen eines globalen, kapitalmarktdominierten Integrationsprozesses impliziert. Ihre inhaltliche Ausformung wie auch die politischen und wirtschaftlichen Konsequenzen ihrer langjährigen Dominanz werden von Michael Fischer unter dem Gesichtspunkt von Demokratisierungsproblemen diskutiert und mithilfe eines umfassenderen Begriffes von Demokratisierungsprozessen in Anlehnung an Norbert Elias als eine spezifische Form von Demokratisierungskonflikten beschrieben.

Eng verbunden mit der Vielfalt der »Politischen Lernprozesse« sind die Fragen, die sich im Zusammenhang mit einer – insbesondere psychoanalytisch orientierten – Sozialpsychologie ergeben. Einigen von ihnen wird im zweiten Themenblock nachgegangen. In diesem Kontext ist Gruppenanalyse selbst als ein »sozial-psychoanalytischer« Zugang zu gesellschaftlichen Prozessen in Gruppen bzw. der Gesellschaft und ihren sozialen Gruppierungen zu verstehen. Dies macht vor allem die Auseinandersetzung mit den sozialwissenschaftlichen Einflüssen und den gesellschaftlich-politischen Implikationen der Gruppenanalyse – bei Foulkes wie seinen Nachfolger_innen – deutlich. Ebenso wie die »Menschenwissenschaften« (Elias) insgesamt, die für die Auseinandersetzung lebendiger Forscher_innen mit lebendigen Subjekten stehen, muss sich die Gruppenanalyse auf der Metaebene ihrer historischen Wurzeln bewusst sein und ihre eigene Entstehungsgeschichte reflektieren.

Dies entspricht dem Versuch Hans-Peter Waldhoffs, seine eigenen latenten Gedankengänge in einem Streifzug durch das Unterholz persönlicher Lebens- und Lesegeschichte neu zu entdecken und ihre Wechselwirkungen und Verwicklungen mit manifesten Erkenntnisinteressen und Denkstilen aufzuspüren.

Dabei stützt er sich auf die in der Psychoanalyse grundlegende und durch die Neurowissenschaften inzwischen bestätigte Annahme, dass sich im menschlichen Gedächtnis kein einziger Eindruck der Lebensgeschichte verliert. Denn alle Erfahrungen, selbst die der »eigenen verborgensten Dunkelgänge« (Léon Wurmser), bleiben gespeichert im neuronalen Netzwerk des unbewussten und bewussten Erinnerns, das der Neurologe Kurt Goldstein als Matrix bezeichnete. Aus diesem Wissen heraus und in dem an Georges Devereux geschärften Bewusstsein, dass alles Abstreifen des Subjektiven als eines vermeintlich unwissenschaftlichen Relikts nichts anderem geschuldet ist als einer der Angstvermeidung dienenden Abwehr, lässt sich Waldhoff auf die Offenlegung scheinbar privater Vorgänge in seinen eigenen Ursprungsgruppen ein. Denn die Entsubjektivierung führt in den Menschenwissenschaften nicht zu einer größeren Objektivität im Sinne von verallgemeinerter gesicherter Erkenntnis, die bereinigt sei vom »Schmutz des Lebendigen«, sondern zu einer positivistischen Verzerrung, die das Lebendige zur statistisch klassifizierbaren Sache werden lässt, zur abstrahierten leblosen Universalkategorie. An der Wurzel der Subjekte sieht der Autor die anderen; radikale Reflexivität beschreibt er als stille wissenschaftliche Revolution. Aus den tiefsten Erschütterungen der eigenen Existenz destilliert Waldhoff die Entwicklung seiner Erkenntnisinteressen, seiner Leidenschaft für den Menschenwissenschaftler Elias und sein Interesse an der Gruppenanalyse heraus. Diese stehen in seinem Denken für die Wiederherstellung einer die Menschenwürde repräsentierenden Ganzheitlichkeit und Synthese des analytisch Zerlegten und Abgetrennten, auch im Sinne des Wiederzusammenfügens und Rekonstruierens von Lebens- und Kulturgeschichte aus den noch verfügbaren Fragmenten. Dabei geht es nicht um romantische Verleugnung der destruktiven Bedrohungen und der Realität von Bruchen – »es gibt Scherben« –, sondern um die sinnstiftende Wiederherstellung eines integrativen Narrativs, das die im Nichtverstehen oder Verleugnen gebundenen psychischen Kräfte kreativ freisetzen kann. Es geht um die Aufarbeitung dessen, was sich im Glanz der Scherben spiegelt und bricht und über das nachgedacht werden kann.

Die praktischen Auswirkungen dieser gruppanalytischen Form von »kommunikativem Handeln« (Habermas) beschreiben Uwe Hermann und Nele Reuleaux in ihrem Beitrag über den *gruppenanalytischen Blick auf wissenschaftliche Prozesse*. Hierin thematisieren sie anhand eigener Erfahrungen in einem von Hans-Peter Waldhoff geleiteten gruppenanalytischen Doktorand_innen-Kolloquium, wie sich dieses Vorgehen auf die wissenschaftliche Kreativität der Beteiligten auswirkt. Aus diesen Erfahrungen leiten sie die Notwendigkeit ab, die theoretischen Annahmen zur Gruppenanalyse in Verbindung mit deren Anwendung in der Praxis zu betrachten. Dabei zeige sich, dass jedes wissenschaftliche Vorhaben eng in ein Konglomerat sozialer Gebilde eingewoben ist, welches sowohl Kreativität fördernde als auch hemmende Resonanzen hervorruft. Die damit verbundene Vielfalt an Einflüssen und Wirkfaktoren findet sich in der Gruppe wieder und kann innerhalb des geschützten Reflexionsraumes bearbeitet werden. Vor dem Hintergrund der zentralen These, dass sich Denkbewegungen immer in einem sozialen Kontext vollziehen, würdigen die Autoren Waldhoffs Engagement gegen die »geschlossene Persönlichkeit« in wissenschaftlichen Prozessen.

Über eine spezifische Form der Zerstörung und Wiederherstellung von Lebens- und Beziehungszusammenhängen macht sich Michael Kopel Gedanken. Sein Beitrag *Vor der Revitalisierung einer sinnvollen Partnerschaft* thematisiert die weitgehend verloren gegangene Beziehung zwischen Psychoanalyse und Soziologie und beleuchtet die Notwendigkeit wie auch Möglichkeiten einer erneuten Beziehungsanbahnung. Ausgehend vom gegenwärtig beobachtbaren Schub an Institutionalisierungen von Arbeitsgruppen und wissenschaftlichen Gesellschaften, die eine stärkere Ausrichtung der Psychoanalyse auf gesellschaftliche Phänomene befürworten und anstreben, beschreibt er zunächst den intensiven interdisziplinären Austausch zwischen den Repräsentanten beider Menschenwissenschaften bis zur Machtübernahme durch die Nationalsozialisten. Der sich anschließende und bis heute fortbestehende Kommunikationsbruch bedingte zusammen mit einem Abdrängen der Psychoanalyse aus den Universitäten, einer unausgewogenen »Balance von Engagement und Distanzierung« (Elias), und der fortgesetzten Nichtlösung grundlegender Theorieprobleme die aktuelle Isolierung der psychoanalytisch orientierten Sozialpsychologie. Aber die Transformationsprozesse der Gesellschaft erzwingen als übergeordnete strukturelle Rahmenbedingungen in den Wissenschaften wie in der Praxis eine stärkere Verzahnung von sozio- und psychogenetischen Aspekten dieser Prozesse. Sie könnten den Boden für eine Wiederbelebung früherer Kooperationsbemühungen bereiten und damit einen ganzheitlichen Blick auf die Art und Weise ermöglichen, wie Menschen in ihren gegenseitigen Abhängigkeiten und Machtbeziehungen zu leben gehalten sind.

Der sich anschließende Beitrag von Angela Moré bezieht sich ebenfalls auf die sinnvolle Verknüpfung von Sozio- und Psychogenese, hier vor allem bezogen auf die Foulkes'sche Gruppenanalyse. Die Autorin beschäftigt sich mit der explizit demokratischen Intention von Foulkes, die in enger Beziehung zu seinem Bild vom Menschen und seiner positiven Bewertung von Kommunikation im Sinne eines authentischen und umfassenden Austauschs steht. Dabei bezieht die Autorin die vielfältigen theoretischen Impulse mit ein, die in der Zeit der ersten deutschen Demokratie in der Weimarer Republik vor seiner Emigration das Denken von Foulkes entscheidend beeinflussten. Neben der Freud'schen Psychoanalyse sind dies nicht nur die bekannten Einflüsse von Kurt Lewin, Kurt Goldstein, der Gestalttheorie oder Morenos gruppentherapeutischem Ansatz, sondern auch die intensiven Begegnungen mit den Vertretern des Instituts für Sozialforschung (Horkheimer, Adorno, Marcuse, Fromm u. a.) sowie mit Karl Mannheim und Norbert Elias schon in den Frankfurter Jahren. Auf dieser Grundlage entwickelte Foulkes ein Konzept von psychischen Störungen als Folge gestörter Kommunikationsbeziehungen, also von Störungen sozialer Gruppenprozesse aufgrund von sozialen Spannungen, Machtstrukturen und nicht oder destruktiv ausgetragenen Interessenkonflikten. Entsprechend geht er davon aus, dass sie in einem auf wechselseitiger Anerkennung basierenden verbalen Gruppenprozess am besten überwunden bzw. geheilt werden können. Autoritäre Abhängigkeiten wollte Foulkes durch Selbststeuerung in den Gruppen ersetzen. Mit der Förderung reifer menschlicher Beziehungen verband er zugleich den Wunsch nach der Ausbildung von mehr Toleranz, sozialer Verantwortungsfähigkeit und demokratischem Bewusstsein.

Dass diese Prozesse – trotz der gegenwärtig immens erweiterten Kommunikationsmöglichkeiten – scheitern können, dass die Vielfalt an kommunikativen Möglichkeiten und Zwängen selbst zerstörend wirken kann, thematisiert der Beitrag von Christine Morgenroth. Aus ihrer Sicht führt die kommunikative Beschleunigung und damit einhergehend die raum-zeitliche Entgrenzung zu einer Beschädigung von Subjektivität und bildet die Basis neuer *Gesellschaftskrankheiten*. Wie ihr Beitrag deutlich macht, sind Entgrenzung und Beschleunigung sowie Simultanitätszwänge verbunden mit Veränderungen in der Arbeitswelt, die zunächst zur Verinnerlichung neu entstandener gesellschaftlicher Leistungsansprüche führen. In die Alltagssprache eingegangene Begriffe wie Multitasking, Flexibilisierung und mediale Vernetztheit stehen nicht nur für die Zunahme an Kompetenzen, sondern auch von Verantwortung und für die Erosion von sozialen Beziehungen, von Privatheit und letztlich von Ich- und Identitätsgrenzen. In der Folge nehmen kompensatorische Maßnahmen (Sucht) oder indirekte Notbremsen (Depression) zu. In diesen Erkrankungen können wir sehen, was die Abschwächung und Fragmentierung sozialstaatlicher Regulierungen der Probleme der kapitalistischen Arbeitsgesellschaft anrichtet. Sie sind das unerkannte Spiegelbild globaler Machtakkumulation. Die Fußtritte, mit denen neue transnationale Wirtschaftseliten sich auf dem Weg nach oben bei den unteren und mittleren Gesellschaftsschichten abstoßen, hinterlassen hier deutliche, aber weitgehend ungelesene Spuren. Aber so wie Freud in den psychischen Krankheitssymptomen seiner Patientinnen und Patienten als erster ganz klar auch den

Aspekt der, wenn auch vorerst missglückten, Selbstheilungsversuche erkannt hat, so liest die Autorin in den von ihr diagnostizierten Gesellschaftskrankheiten gewissermaßen zwischen den Zeilen auch eine Form der unbewussten Gegenwehr der Subjekte, die unter den Bedingungen intersubjektiver Versprachlichung die Chance auf Bewusstheit erlangen können. Das Anforderungsprofil der gegenwärtigen Arbeitswelt und das Möglichkeitsprofil der Beschäftigten erweisen sich, so Morgenroths Schlussfolgerung, auf Dauer als inkompatibel. Aber auch Menschenwissenschaften, die solche Zusammenhänge nicht sehen und solche Schlussfolgerungen nicht ziehen wollen, werden sich auf Dauer als inkompatibel mit den Menschen, über die sie eigentlich nachdenken sollten, erweisen.

Der dritte Themenblock widmet sich der Frage, welche konkreten Formen *Zivilisationsprozesse* angesichts von Kriegsereignissen und Gewalterfahrungen und vor allem auch in deren Folge annehmen können.

Helmut Kuzmics untersucht in seinem Beitrag *Habitus versus Situation. Elias' und Collins' Erklärungen von Gewalt und Gewaltbereitschaft im Krieg* die Tragfähigkeit zweier Konzepte. In der Zivilisationstheorie von Norbert Elias können Menschen in prägenden Institutionen einen »sozialen Habitus« erwerben, der auch ihre Art der Ausübung von kriegerischer Gewalt beeinflusst. Randall Collins' Theorie der physischen Gewalt betont dagegen hauptsächlich deren situativen Charakter. Was, so die Frage des Autors, bedeutet dies für die empirische historisch-soziologische Arbeit, etwa an einigen bis heute nicht befriedigend gelösten Rätseln des kollektiven Gewaltrausches, als welcher insbesondere der Erste Weltkrieg begriffen werden kann? Am Beispiel des österreichisch-ungarischen Beitrags zu diesen Gewaltexzessen gelingt es Kuzmics zu zeigen, dass die beiden analytischen Perspektiven in ihrer wechselseitigen Bedingtheit zu berücksichtigen sind. Jedoch können sie nur in einer konkreten und historisch-spezifischen Untersuchung analytisch fruchtbar gemacht werden. Die dafür notwendige lebendige Anschauung können wir am besten erreichen, wenn wir auf die Literatur großer Schriftsteller zurückgreifen, wie es Kuzmics in den literatursoziologischen Aspekten seiner Forschungsarbeiten tut.

In seiner lebensgeschichtlichen und forschungsbiografischen Untersuchung *Kaukesselchen* geht der Historiker Hans Heinrich Nolte der Frage nach, inwieweit sein eigenes antinationalistisches und globalgeschichtliches Engagement als Wissenschaftler und Autor dem Wunsch geschuldet ist, Distanz zu den ungeheuerlichen Verbrechen des Nationalsozialismus zu gewinnen. Rückblickend wird ihm deutlich, dass die eigene wissenschaftliche Arbeit zu diesem Themenbereich erst spät und nach dem Vorbild von Kollegen einsetzte. Aber die Traumaforschung zeigt, dass Opfer von traumatischen Erlebnissen sich erst mit einer dafür charakteristischen erheblichen Verspätung artikulieren können. Das gilt für das Aussprechen der Erlebnisse wie für ihre theoretische Fassung, wie das Beispiel von Janina und Zygmunt Bauman eindrücklich zeigt. Den verstörenden Fragen, die durch kollektive Gewalt aufgeworfen werden, am konkreten Niederschlag in der eigenen Biografie, Familiengeschichte und Denkentwicklung zu folgen, dafür ist Noltes Beitrag ein bewegendes Beispiel.

Gelegentlich wird beklagt, dass innerhalb der soziologischen Forschung der Nationalsozialismus vernachlässigt worden sei; häufig wird Norbert Elias' Zivilisationstheorie als Beispiel für die Verdrängung kollektiver Gewalttaten genannt. Wenige haben in Elias' Arbeiten eine der theoretischen Jahrhundertantworten auf den nationalsozialistischen Zivilisationsbruch gesehen (Gleichmann). Elke Endert fordert in ihrem Beitrag über *Nationalsozialismus, Gewalt und Macht* dazu auf, Elias gerade auch in dieser Hinsicht neu zu lesen. In seinen »Studien über die Deutschen« ebenso wie mit seiner Machttheorie hat Elias nach Auffassung der Autorin einen theoretischen Rahmen zur Erklärung der nationalsozialistischen Massenmorde formuliert. Seine Überlegungen über handlungsleitende Glaubensüberzeugungen, kollektive Selbstbilder und Wir-Gefühle sowie seine Theorie der Machtzentrierung stellen, so Endert, einen wichtigen Beitrag zu den bis heute ungelösten Fragen der Nationalsozialismusforschung dar.

Cas Wouters weist in seiner immer weiter ausdifferenzierten und mittlerweile international rezipierten Informalisierungstheorie seit Langem darauf hin, dass kulturkonservative oder gar fundamentalistische Positionen, die in der Liberalisierung von zuvor fest gefügten Lebensformen eine Entzivilisierung sehen wollen, so nicht haltbar sind. Aufgrund langer Forschungsarbeit beschreibt er Formalisierung und Informalisierung eher als verschiedene Phasen und Arten von Zivilisationsprozessen. In einem kühnen experimentellen Wurf geht er nun Indizien nach, die es möglicherweise erlauben könnten, diese Theorie auf sehr lange menschheitsgeschichtliche Entwicklungslinien anzuwenden. Er greift in seinem Buchbeitrag *Informalisation and Evolution* den Gedanken auf, dass bestimmte Prozesse der Formalisierung in der Menschheitsgeschichte nicht nur das Überleben gesichert haben, sondern zu einer wachsenden Differenzierung und Komplexität von ererbten sozialen Steuerungsmechanismen führten, die über soziale Codes generationenübergreifend wirksam bleiben. Im Gegensatz dazu erfasst das Konzept der Informalisierung diejenigen Gegenbewegungen, die den sozialen Codes ihre Starrheit nehmen und durch zunehmende Plastizität ein weitaus höheres Maß an Anpassungsfähigkeit an veränderte soziale Bedingungen gewährleisten. Der Autor erläutert diesen Gedanken in Form eines Vier-Phasen-Modells auch aus evolutionstheoretischer Perspektive.

Vor dem Hintergrund einer intersubjektiven Wende in der Psychoanalyse beleuchtet Thomas Mies in seinem Beitrag *Dialog und Gewalt* die Aufwertung der Dialogphilosophie im psychoanalytischen Diskurs und zeigt die bislang kaum zur Kenntnis genommene Nähe in den Denkvoraussetzungen zwischen Gruppenanalyse und der Dialogphilosophie auf. Dabei sind die Entstehungszeit und die weitere Rezeptionsgeschichte der Dialogphilosophie in einem besonders starken Maß von Gewalterfahrungen geprägt. Dies verdeutlicht Mies exemplarisch an den Schicksalen von Martin Buber und Michail Bachtin vor dem Hintergrund der in besonders hohem Ausmaß von Gewalt erschütterten Staatsgesellschaften Deutschlands und Sowjetrusslands im 20. Jahrhundert. Wie die Gruppenanalyse kann auch die Dialogphilosophie als Versuch der Heilung zerrissener und abgetöteter Kommunikation verstanden werden.

In seinem Beitrag *Children of Baghdad* lässt Kinder- und Jugendpsychiater Christoph F. Müller die Leser an einem konkreten Projekt teilhaben, das die Absicht verfolgt, kriegstraumatisierten Kindern eine Behandlung zu ermöglichen, auch wenn im nationalen Gesundheitssystem der betroffenen Länder keinerlei psychotherapeutische Ressourcen zur Verfügung stehen. Ein transnationales Konzept bemüht sich um die Verknüpfung von traumaspezifischem Wissen und länderspezifischen Sprachkompetenzen. Als erfahrener Gruppenanalytiker setzt Müller gemeinsam mit anderen Kollegen den gruppenanalytischen Ansatz zur Weiterbildung ein, um in einer multinationalen Ausbildungsgruppe möglichst effektiv die nötigen Kompetenzen für die Ärzte vor Ort zu entwickeln. Die dabei in Erscheinung tretenden Probleme werden mithilfe der gruppenanalytischen Methode analysiert, die somit zum Katalysator für eine besondere Begegnung mit Fremdheit wird und gleichzeitig als Ausbildungsansatz dient, um die in jeder Gruppe enthaltenen Kräfte für Entwicklungsprozesse nutzbar zu machen. Ähnlich dem Ethnopsychoanalytiker Mario Erdheim findet Müller in seinem langjährigen Arbeits- und Reflexionsprozess schließlich Eigenes im Fremden. Die lebensgeschichtliche Erinnerung an eine Zeit als Kind kriegstraumatisierter Eltern in Deutschland taucht ihm in der Arbeit mit irakischen Kollegen, die sich um traumatisierte Kriegskinder bemühen, wieder auf und ermöglicht vertieften Zugang.

Wenn der Bär nicht mit darf – in diesem abschließenden Beitrag stellt Nelly Simonov ihre Forschungsarbeit vor, in welcher die Migrationserfahrungen der in Deutschland lebenden Spätaussiedler aus Russland mit den Erfahrungen der in Irland lebenden irischen Heimkehrer verglichen werden. Diese Forschungsarbeit erlaubt eine Relativierung der Bedeutung der Sprachkenntnisse im Integrationsprozess und rückt die Wichtigkeit der sozialen Netzwerke demgegenüber deutlich in den Vordergrund. Die Autorin entwickelt konkrete Vorschläge, wie die Erkenntnisse ihrer Forschungsarbeit in die Kinderliteratur Eingang finden können, um eine Verbesserung der Lage der traumatisierungsgefährdeten Kinder in Migrationsprozessen und allgemein der Interaktion zwischen Migrant_innen und den Menschen der Aufnahmegesellschaft zu erreichen.

Zivilisationsprozesse sind stets auch politische Lernprozesse in Gruppen und soziokulturellen Bewegungen, deren Dynamik zu verstehen und zu erklären das gemeinsame Ziel der Gesellschaftswissenschaften ist, die Norbert Elias grundsätzlich als »Menschenwissenschaften« verstand. Dies implizierte für Elias selbst wie für alle, die sich von seinen Gedanken und theoretischen Impulsen inspirieren ließen, dass es um ein umfassendes Verstehen jener gesellschaftlichen wie subjektiven Dynamiken und ihrer bewussten wie unbewussten Wechselwirkungen geht, in denen sich das menschliche Leben abspielt; diese gestalten die historische und kulturelle Entwicklung von Gesellschaften und die Herausforderungen, die sie für die in ihnen lebenden einzelnen Menschen und Gruppen bedeuten. Sie werden zugleich von Menschen geprägt, die sich an verschiedenen Interessengruppen, Denkstilen und Überzeugungsgemeinschaften orientieren. Aus seiner intellektuell höchst fruchtbaren Zeit im Frankfurt der Weimarer Republik sind hier manche grundlegende Gemeinsamkeiten mit der frühen Wissenssoziologie und der Kritischen Theorie der Frankfurter Schule zu erkennen. Der vorliegende Band ist zu einer Vernetzung von kulturgeschichtlichen, politischen, philosophischen, soziologischen, psycho- und gruppenanalytischen, also menschenwissenschaftlichen Ansätzen geworden, die ein Kaleidoskop von Erkenntnissen, Bekenntnissen und Perspektiven ergeben, das uns einige Ideen davon gibt, wohin die kulturelle Denk-Reise gehen könnte und in welcher Richtung wir sie gern beeinflussen würden. Aber *Wo denken wir hin?* Diese Frage richtet sich nicht allein an die Autorinnen und Autoren dieses Buches und natürlich könnte sie von ihnen allein nicht beantwortet werden. Eher gibt die Textsammlung eine Vorstellung von der Multidimensionalität jener Prozesse, die den gesellschaftlichen Gang hin zur Zivilisation bestimmt haben und jenen vielfachen Kräften, die ihn immer wieder bedroht oder zeitweise auch durch technisch hoch entwickelte Barbarei zerstört haben. Dies sind Lebensthemen der hier versammelten Autorinnen und Autoren, die ihren persönlichen Teil dazu beitragen möchten, dass Menschen zukünftig in einer Welt leben, die Voraussetzungen für die Freiheit des Denkens und der sinnstiftenden Kreativität bietet.

Politische Lernprozesse

Wo denken wir hin?

Über menschenwissenschaftliche Arbeit mit Lebensthemen

Hans-Peter Waldhoff

> »Hast du Verstand und ein Herz, so zeige nur eines von beiden,
> Beides verdammen sie dir, zeigest du beides zugleich.«
>
> *Friedrich Hölderlin*

Wohin auch immer unsere Gedanken uns tragen, wenn wir Lebensthemen aufgreifen und entfalten, so entsteht jedenfalls die Chance einer lebendigen Beziehung zwischen Wissenschaftlern und den sogenannten Objekten ihres Nachdenkens, welche sich auf Zuhörer, Gesprächspartner und Leser übertragen kann (vgl. Erdheim, 1990). Andernfalls hat man »die Teile in der Hand, fehlt, leider, nur das geistige Band«, wie Goethe es im *Faust* vorsichtshalber dem Teufel als Wissenschafts- und Universitätskritik hellsichtig schon ganz am Anfang des wissenschaftlichen Zeitalters in den Mund legt.

Rund zweihundert Jahre später hat sich das moderne Wissenschaftssystem mit seinen Forschungstechniken zu einer so globalen und weltdurchdringenden Macht ausgedehnt, dass der Sexualforscher und Soziologe Volkmar Sigusch, psychoanalytisch grundiert und an Marx anknüpfend, von »Wissen/Wissenschaft als ideellem Gesamtfetisch« sprechen kann, »der all das verspricht, worauf die Gesellschaftsformation hinaus will: immer tiefer, exakter und perfekter, immer schneller, machtvoller und besser zerlegen ohne Rücksicht auf Mensch, Moral und Natur« (Sigusch, 2013, S. 86). Als würde hier die von Freud postulierte stumme Wirkungsweise des Todestriebes das wissenschaftliche Denken durchdringen, nämlich als Trieb, lebende Einheiten gedanklich aufzulösen und wieder in den anorganischen Zustand zurückzuführen, für den dann scheinbar die Reduktion auf physikalische und quantifizierende Denkmodelle zur Anwendung kommen dürfte.[1] Die sogenannten Bologna-Reformen der europäischen Hoch-

---

1 Norbert Elias' »Modell der Modelle« gibt einen Anhaltspunkt dafür, welche Methoden der Wissenschaftsarten im Verhältnis zu ihren jeweiligen Objektbereichen als realitätsange-

schulen steigern diese Gefahren durch ihre Tendenz zu modularisiertem Denken und Punktesammler-Mentalität (vgl. Bernet, 2014). Es wäre eine schöne Rarität, wenn ein neuer Universitätsrektor dem durch »Freiräume für das kreative Denken«, Bildungsanspruch und kritisches Zusammenhangsdenken über Rhetorik hinaus wirklich entgegen wirken wollte (Bernet, 2014, über den neuen Rektor der Universität Zürich).

Den Fetischcharakter der herrschenden wissenschaftlichen Methoden verstehe ich im Kern als einseitig aggressiven Beziehungsabbruch zwischen Forschern mitsamt ihren Auftraggebern einerseits und Erforschten andererseits sowie als Beziehungsabbruch der Forscher zu sich selbst. »Durch und durch moderne Theorien [...] stellen den widerspruchsvollen Prozess des Lebens still« (Sigusch, 2013, S. 170) – weil uns dieser Eindruck von stromlinienförmiger Entfremdung nicht fremd ist, sind in diesem Buchprojekt und dem zugrundliegenden Symposium kontrapunktisch Lebensthemen mit ihrer vitalen Beziehungsfähigkeit gefragt. Die allmähliche Verfertigung der Gedanken beim Formulieren kann vorgefertigte soziale wie psychische Denkzwänge lockern, möglichst ohne neue Denkzwänge, wohl aber erneuerte Denkstile zu generieren. Dies hat zur Folge, dass dem scheinbar rein intellektuellen Denken sein natürlicher Resonanzkörper aus gesellschaftlichem wie individuellem Unbewussten wieder zugänglicher und seine schöpferische Energie verfügbarer wird. Unser Gehirn mit seiner zentralen Integrationsfunktion ist ein Teil unseres Körpers, dessen Vitalfunktionen es koordiniert, und die Körper einschließlich der Gehirne der Menschen sind zeitlebens und durch Erinnerungen über die individuellen Lebensspannen hinaus aufeinander bezogen und miteinander verbunden. Dies steht in ständiger Wechselwirkung mit dem menschheitsgeschichtlichen Prozess der Symbolbildung, intergenerationellen Wissensübermittlung und gesellschaftlichen Wissensakkumulation. Was unsere Denkarbeit antreibt, sind nach Freud sublimierte, auf uns selbst und aufeinander bezogene erotische Triebe (vgl. Freud, 1940/1987, S. 274). Deshalb kann der Austausch echter Gedanken ein lustvoller Akt sein. Aber wenn die Lebenstriebe alles, auch das menschliche Denken in seiner wissenschaftlichen Entwicklungsform, durchdringen, so ist kaum vorstellbar, dass dies nicht auch für die Todestriebe gälte (vgl. Waldhoff, 2009, S. 16, 99, 195, 309).

---

messen zu betrachten sind. Steigende Komplexität der Forschungsobjekte, vor allem beim Übergang vom anorganischen zum organischen Bereich und wieder beim Übergang zu der menschlich-gesellschaftlichen Entwicklungsstufe des Organischen, bedingt demnach den Übergang von zerlegenden und quantifizierenden zu qualitativen Zusammenhangsmodellen als Zentraltheorien (vgl. Elias, 2003).

Wir können also im wissenschaftlichen Denken auch *Jenseits des Lustprinzips* (vgl. Freud, 1920g) Triebeinflüsse, nämlich das Wirken sublimierter Todestriebe, vermuten. Die Art und Weise dieser unbewussten Einflüsse, ihre Balance und Legierung mit Lebenstrieben und der Einfluss dieser Prozesse auf den wissenschaftlichen Erkenntnis- und dessen gesellschaftlichen Überlebenswert ist nicht nur als psychischer, sondern vor allem als gesellschaftlicher Prozess aufzufassen. Die Bedeutung lebendiger Beziehungen im Vergleich zu abtötenden Anti-Beziehungen in wissenschaftlichen Prozessen als systematisierten Ausdruck unserer gesellschaftlichen Beziehungsmuster möchte ich im Folgenden an einigen Beispielen zeigen: An Goethe, Robert Musil, zwei Ethnopsychoanalytikern und einer Ethnopsychoanalytikerin, einigen Zivilisationstheoretikern und -theoretikerinnen, einem Hunderoman und einem politischen Thriller.

Es überrascht kaum, dass die direkte und indirekte Kritik an den herrschenden wissenschaftlichen Denksystemen und den diese tragenden Denkkollektiven sich eher an den Rändern der wissenschaftlichen Institutionen oder in der Literatur bildet, bei den mehr oder minder frei schwebenden Denkern also. In den Texten des Goethepreisträgers Sigmund Freud beispielsweise verschmilzt wissenschaftliche Präzision der Menschenbeobachtung mit Sprachkraft literarischer Qualität. Konzepte wie Übertragung und Gegenübertragung verringern die Kluft zwischen Seelenarzt und Patient weit mehr, als es der klassischen Psychiatrie recht war und noch ist. Vor allem verknüpft Freud Selbst- und Fremdbeobachtung. In seiner psychoanalytischen Betrachtung von Jensens Roman *Gradiva* beispielsweise vermeidet er bei der Analyse der Hauptfigur diagnostische Festlegungen, um nicht durch Fachbegriffe den Menschen unnötig fern zu rücken und fremd zu machen (vgl. Freud, 1907a). Er vermeidet damit genau jene abtötende Wahrnehmung und Beschreibung der von ihm analysierten Romanfigur, einem jungen Archäologen, welche sich dieser gegenüber seinem, zum Glück sehr subjektfähigen Liebesobjekt, einer jungen Frau namens Zoe (übersetzt: Leben), zuschulden kommen lässt. Da er diesen Wahrnehmungsmodus als wahnhaft beschreibt und sein eigenes Vorgehen ausdrücklich von der entsprechenden herrschenden Diagnosetechnik mit ihrem unpersönlich auf Symptome fixierenden Vorgehen absetzt, legt er damit indirekt den Gedanken nahe, diese herrschende hierarchisch-überdistanzierte Wissenstechnik ebenfalls als wahnhaft zu verstehen. Nach diesem dissoziativen Muster funktionieren die internationalen Klassifikationssysteme seelischer Erkrankungen als Repräsentanten herrschender Wissenschaftstechnik nach wie vor (vgl. Scharfetter, 2000, S. 101f.; Waldhoff, 2009, S. 286ff.). Man könnte diese entsprechend als von eben jener Wahnhaftigkeit imprägniert auffassen, die ihre Autoren zu klassifizieren meinen.

Die Vermeidung solcher dissoziativen Manöver lässt die Funken der Erkenntnis nicht nur munter zwischen Therapeuten und Therapierten, sondern auch zwischen literarischer und wissenschaftlicher Erforschung und den Erforschten hin und wider springen. Robert Musils literarische Denkfigur der *Entpanzerung des Ich* paart sich leicht mit Wilhelm Reichs kritischer Analyse der Seelenpanzerung. Unter Panzerung versteht Reich:

> »Die Summe aller Einstellungen, die das Individuum entwickelt, um seine Emotionen zu unterdrücken. Sie bestimmen sowohl die psychische (Charakterpanzer) als auch die somatische Struktur (Muskelpanzer). Am Ende führt der Panzerungsprozess zur Spaltung zwischen Liebe und Sexualität« (Nicola, 2014).

Die Panzerung setzt sich nach der Reich'schen Theorie aus Segmenten zusammen, »die den Organismus zerteilen und ihn an einem ganzheitlichen Funktionieren hindern« (ebd.; vgl. Kriz, 2001, S. 69–90)[2].

Hier können wir die Frage anknüpfen, inwieweit solche Spaltungen und Fragmentierungen des Habitus und Selbstbildes auch zu Spaltungen und Fragmentierungen des Denkens und Fremdbildes – und in der Folge der entfremdeten Behandlung unserer *Objekte* – tendieren, jedenfalls wenn ihnen nicht aus einem Unbehagen an diesem Aspekt des Zivilisationsprozesses entgegengesteuert wird. Norbert Elias' leitmotivisches Lebensthema und kritische Theorie des *homo clausus* (Waldhoff, 2009, S. 191ff.) als einer im europäischen Zivilisationsprozess entstanden Denkfigur, die mit einem Erfahrungsmuster und verzerrten Selbst- und Menschenbild der betroffenen Menschen als verschlossenen Gehäusen einhergeht, und sein Gegenbegriff der *homines aperti*, der offenen Menschen, ist dem Begriffspaar aus Reichs Panzerung und Musils Entpanzerung eng verwandt (Elias, 2006, S. 156ff., 165; Gleichmann, 2006, S. 248, 266). In seiner Kritik an der Vorstellung isolierter und erstarrter Einzelner als Erkenntnissubjekt, besonders einprägsam verdichtet im fast schon satirischen Bild der denkenden Statuen, wendet Elias die Analyse des *homo clausus* auch auf Erkenntnisprozesse an (Elias, 1991, S. 130–165). Und selbst wenn Musil die folgende Kritik am modernen wissenschaftlichen Typus des Wissens einer etwas zweifelhaften literarischen Figur in den Mund legt (aber schließlich ist der vorhin

---

2 Wiederholen wir nicht beispielsweise in der Versiegelung unserer Landschaft an der äußeren Natur etwas von dem, was wir mit der Affektpanzerung unserer inneren Natur antun, zumindest hinsichtlich des Beziehungsabbruchs? (Vgl. zu Innenwelt- und Außenweltzerstörung Rohm, 2004, S. 41ff.)

bemühte Teufel auch nicht über jeden Zweifel erhaben), trübt das keineswegs die Erkenntnis:

> »So ist Wissen nichts als An-Eignung einer fremden Sache; man tötet, zerreißt und verdaut sie wie ein Tier. Begriff das reglos gewordene Getötete. Überzeugung, die nicht mehr veränderliche erkaltete Beziehung. Forschung gleich Fest-Stellen. [...] Kenntnis eines Menschen soviel wie nicht mehr von ihm bewegt werden. [...] Wahrheit der erfolgreiche Versuch, sachlich und unmenschlich zu denken. In allen diesen Beziehungen ist Tötung, Frost, ein Verlangen nach Eigentum und Erstarren« (Musil, 1987/2012, S. 555f.).

Die Beschreibung der Wissenstechnik dieser, in der milderen Form verstörenden, in der extremeren Variante zerstörenden, Aneignung von etwas als fremd Wahrgenommenem entspricht sehr genau Zygmunt Baumans soziogenetischer Beschreibung des Assimilationsbegriffs: Dieser ist demnach aus dem Bedeutungskontext der frühen Biologie, wo er eben diese auflösende Verdauung eines schwächeren Organismus durch einen stärkeren bezeichnete, in der Phase der homogenisierenden Nationalstaatsbildung bezeichnenderweise politisch wie sozialwissenschaftlich auf die Behandlung fremder Minderheiten übertragen worden(vgl. Bauman, 1995, 2002). An dieser Art des denkenden und handelnden Umgangs mit Fremden lässt sich überhaupt ein distanzierteres und grundlegendes Verständnis der uns so selbstverständlich gewordenen *objektiven* Wissenschaft gewinnen, welche ihre Erkenntniswelten denkend zu leblosen und umstandslos zu klassifizierenden und anzueignenden Objekten gerinnen lässt, einschließlich der Distanzierung von dieser Form der Distanzierung (Waldhoff, 1995).

Die Tendenz abtötenden Denkens ist in einer wissenschaftlich geprägten Gesellschaft gefährlich. Wenn über Lebendiges, insbesondere Menschen und Tiere, wenn über die äußere und innere Natur, wie über leblose Objekte nachgedacht wird, so besteht vor allem bei sehr ungleichen Machtverhältnissen stets die Gefahr, dass abtötendes Denken sich als entsprechendes Probehandeln entpuppt. Grausame Tierversuche sprechen da eine ungut deutliche Sprache, Menschenversuche wie im Nationalsozialismus erst recht. Nicht nur in Bezug auf die Mediziner hat Peter Gleichmann über den Zusammenhang abtötender Denktechniken mit den Tötungspraktiken der NS-Diktatur geschrieben:

> »Manche Disziplin hat sich bisher überhaupt nicht distanziert von den menschenverachtenden Praktiken ihrer Berufsangehörigen. Ein wirklicher Wandel der

bevorzugt analytisch-reduktionistischen Erkenntnismethoden ist dadurch nicht eingeleitet worden« (Gleichmann, 2006, S. 15; vgl. auch S. 168f.).

Diese Botschaft wirkt im akademischen Rahmen subversiv. Das geht nur am Rande der Universität, gewissermaßen nur in ihren Gästehäusern. Es sind außerplanmäßige Beobachtungen, die man eher den Gastarbeitern des Denkens überlässt. Andererseits haben Mario Erdheim und Maya Nadig über *die Zerstörung der wissenschaftlichen Erfahrung durch das akademische Milieu* geschrieben, in deren Zentrum das Motto »streichen wir das Lebendige« steht (Erdheim & Nadig, 1984, S. 35–52). Das immerhin können wir uns heute, insoweit wir die Alma Mater nicht allzu sehr als tyrannisches Über-Ich verinnerlicht haben, ersparen. Wir ersparen uns also den herrschenden wissenschaftlichen Objektivitätsbegriff und schauen lieber auf Subjekt-Objekt-Beziehungen, vor allem auf menschliche *Objekte*, die zugleich Subjekte sind, auf die Beziehungen der Denker zum Gedachten und zu denen, über die sie nachdenken. Das ist für beide Seiten gesünder, weil nur so Kohärenz, sinnvoller Zusammenhang, entsteht. Neue Denkpfade öffnen sich, welche innere und äußere Wirklichkeit nicht mehr in Schwarz-Weiß, sondern im vielfältigen Farbenspiel zeigen. Die unaufhebbare Selbst-Bezogenheit zumindest menschenwissenschaftlicher Forschung, eben weil da Menschen über Menschen nachdenken, kann nur kontrolliert und sublimiert, vom Risiko zur Chance werden, wenn sie vorgängig als Tatbestand anerkannt wird. Geleugnet hat sie qua Wiederkehr des Verdrängten das Denken völlig im Griff. Georges Devereux hat dazu in seiner Schrift *Angst und Methode in den Verhaltenswissenschaften* viele Fallbeispiele gesammelt und analysiert; der Fall 160 lautet:

> »Montesquieu (1721) versuchte, die französische Gesellschaft objektiv zu beschreiben und zu analysieren, indem er einen persischen Reisenden erfand, der in seinen Briefen seinen Landsleuten die französische Lebensart erklären wollte. Wie erfolglos Montesquieus Versuch war, zeigt sich am besten daran, dass seine ›lettres persanes‹ heute hauptsächlich als Literatur gelesen werden, während Saint-Simons (1829–30) leidenschaftlich subjektive ›Mémoires‹ auch heute noch zur Information über das gesellschaftliche Leben des Ancien Régime herangezogen werden« (Devereux, 1988, S. 180).

Mit Erfolg, wie jeder Leser von Norbert Elias' Studie über *Die höfische Gesellschaft*, in der Saint Simons höfische und ganz persönliche Kunst der Menschenbeobachtung wegen ihres besonderen Reflexionsniveaus für die gegenwärtige soziologische und psychologische Theoriebildung fruchtbar wird, bestätigen kann (Elias,

1981). Aber es steckt mehr Reichweite in dem systematischen Versuch, Wissenschaften als bewusst reflektierte Subjekt-Objekt-Beziehungen zu gestalten. Der Verzicht auf reflexive Fremd- und Selbstbeziehung schadet nicht nur der Qualität des Dargestellten, sie schadet auch dem Darstellenden selbst. Mit Bezug auf Karl Philipp Moritz' psychologischen Roman *Anton Reiser*, aus der Epoche der Aufklärung, schreibt der Sozialpsychologe Heiner Keupp:

> »Diese Form von Psychologie, die sich als Medium der Selbsterfahrung und Selbstreflexion in einer Zeitperiode begriff und anbot, in der alte Normalitäten objektiv dekonstruiert worden waren und die neuen sich noch nicht stabil etablieren konnten, hat der Hauptstrom der sich entwickelnden Wissenschaft Psychologie vernachlässigt« (Keupp, 2010, S. 249).

Das gilt analog auch für andere Menschenwissenschaften. In der gleichen Zeitperiode hat Auguste Comte nicht nur die neue Wissenschaft der Soziologie entwickelt, sondern auch eine erste wissenschaftliche Wissenschaftstheorie. Diese frühen reflexiven Ansätze sind trotz Wissenssoziologie und der reflexiven Soziologie Pierre Bourdieus ebenfalls an den Rand des vorherrschenden wissenschaftlichen Denkstils gedrängt worden, haben jedoch nie ihre Wirksamkeit ganz verloren.

Ebenfalls vor über zweihundert Jahren sagte der Philosoph Johann Gottlieb Fichte in Bezug auf die dominanten Denktechniken, »der Mensch sei leichter dahin zu bringen, sich für ein Stück Lava vom Mond als für ein lebendiges Ich zu halten« (vgl. Safranski, 2013, S. 378). Der abtötende Denkstil lässt nicht nur das Beobachtete erstarren, sondern, durch Selbstobjektivierung, auch den Beobachter. Rüdiger Safranski bemerkt zu zwei Romanfiguren Goethes in *Wilhelm Meisters Wanderjahren*: »Joseph gleicht den Bildern, die er verehrt; Montan gleicht den Steinen, die er erforscht und sammelt« (vgl. Safranski, 2013, S. 576). So essenziell wirkt die Dialektik zwischen Forschenden und ihren Studienobjekten, selbst im Falle der Selbstversteinerung. Diese wird hier mit weiteren, entfremdenden Charakteristika der heraufdämmernden arbeitsteiligen Moderne verknüpft: es sei die Zeit der Einseitigkeit, der Ausbildung anstelle von Bildung.

Auf die lebendige Beziehung in ihrer Dynamik kommt es hingegen an, die Beziehung nicht nur des Beobachters zu dem jeweils beobachteten Aspekt der äußeren Welt, sondern auch zu seiner inneren Welt. Fichtes Zeitgenosse Johann Wolfgang von Goethe schrieb unübertroffen: »Der Mensch kennt nur sich selbst, insofern er die Welt kennt, die er nur in sich und sich nur in ihr gewahr wird« (zit. n. Safranski, 2013, S. 528). Dieser Satz birgt Welten in sich, Mikrokosmos und Makrokosmos in ihrer Verschränkung. Im Faust finden wir eine Szene, in der mit einem gläsernen Globus gespielt wird durch Hochwerfen und Auffangen, ungefähr zu den Worten: *Das ist die Welt, sie steigt und fällt. Sie ist aus Glas, wie bald bricht das.*[3]

Die mehr oder minder große Brüchigkeit innerer und äußerer Welten, und vom symbolischen Universum zum symbolisierten Universum im doppelten Wechselspiel, ist etwas, das für den weiteren Gedankengang im Auge zu behalten ist. Goethes Ineinanderdenken von Mensch und Welt lässt sich als vollendeter Ausdruck des erkenntnistheoretischen Aspekts einer zivilisatorischen Utopie lesen, welche Norbert Elias so beschreibt:

> »Erst mit den Spannungen zwischen den Menschen, mit den Widersprüchen im Aufbau des Menschengeflechts können sich die Spannungen und Widersprüche in den Menschen mildern. Dann erst braucht es nicht mehr die Ausnahme, dann erst kann es die Regel sein, dass der einzelne Mensch jenes optimale Gleichgewicht seiner Seele findet, das wir so oft mit großen Worten, wie Glück und Freiheit beschwören: ein dauerhaftes Gleichgewicht oder gar den Einklang zwischen seinen gesellschaftlichen Aufgaben, zwischen den gesamten Anforderungen seiner sozialen Existenz auf der einen Seite und seinen persönlichen Neigungen und Bedürfnissen auf der anderen« (Elias, 1997, S. 464).

Die Dialektik von innerer und äußerer Realität ist seit Freuds Traumdeutung (Freud, 1900a) und seinen Fallgeschichten, die ihm unter der Hand zu Novellen wurden, von einer vielfach gebrochenen, aber beharrlichen Traditionslinie einer reflexiven innerwissenschaftlichen Opposition weitergedacht worden (Heilbron, 1999). In diesem Kontext kritischer Theorien können wir auch Elias' Konzept der *Engagement-Distanzierungs-Balancen* verstehen, seinen Versuch, Einfühlung und inneren Abstand, innere Freiheit, in der Beziehung von Forschern zu Erforschten zu entwickeln (Elias, 2003)[4], wie sie schon der Haltung des Fremden bei Georg Simmel entspricht.

Das erfordert eine Qualität der Beziehungen zu anderen wie zur eigenen Person, für die die herrschenden wissenschaftlichen Arbeitsmodelle wenig Spielraum lassen. Notwendig ist zunächst die Fähigkeit zur Fremd- und Selbstdistanzierung, um die unbewusste Verabsolutierung des je eigenen Standpunktes zu vermei-

---

3   Zum vollständigen und genauen Zitat siehe in diesem Buch meinen thematisch an diesen Text anknüpfenden »Streifzug durch das Unterholz latenten Wissens«.
4   Zur Einbettung dieses Denkmodells in die Biografie des Autors vgl. Waldhoff, 2005.

den. Jedoch braucht es, wie wir von Hannah Arendt lernen, erheblich mehr als Distanzierung im Sinne der »Ausschaltung des eigenen Interesses, bei dem ja nur Negatives gewonnen ist und außerdem noch die Gefahr besteht, mit der Unterbindung der personalen Interessiertheit die Bindung an die Welt und die Zuneigung zu ihren Gegenständen und den Sachen, die sich in ihr abspielen, zu verlieren« (Arendt, 2010, S. 97).

Hier kommt sehr schön die libidinöse Grundierung guter Erkenntnisprozesse zum Ausdruck, der wirksamsten Gegenspielerin gegen abtötende Denktechniken. Durch diese bewusstere Verbindung emotionalen und intellektuellen Interesses können wir die Fähigkeit gewinnen, »die Sachen wirklich von verschiedenen Seiten zu sehen« (ebd., S. 96), also die anderen in einer pluralistischen Weltsicht einzubeziehen. Dafür gilt es ferner, die Fähigkeit zur ausbalancierten Selbstdistanzierung und Selbsteinbeziehung zu erwerben.

Sehr konsequent hat Pierre Bourdieu die dafür notwendige Reflexivität für das soziologische Denken erschlossen, in seiner Abschiedsvorlesung verdichtet zu einem *soziologischen Selbstversuch*. Dort spricht er von der Untrennbarkeit seiner Arbeit am Verständnis der sozialen Welt von der *Arbeit an mir selbst* (Bourdieu, 2002, S. 67). Das empfindet er, jedenfalls in der öffentlichen Präsentation, als eine schreckliche Prüfung, für die er sich einer Art »halb beherrschter Schizophrenie« habe aussetzen müssen. Ich interpretiere das als eine Anstrengung »reflexiver Synthesebildung gegen traumatische Spaltungsdynamik« (Waldhoff, 2009, S. 307ff.), deren wahnsinniger Energieaufwand dem gewaltsamen zivilisatorischen Spaltungszwang entspricht, wie Bourdieu und andere Denker, wie schon Hölderlin ihn erfahren hat.

Den vielleicht radikalsten Gedanken dazu hat Devereux in *Angst und Methode in den Verhaltenswissenschaften* entwickelt, wenn er schreibt,

> »dass in einer Zeit, in der der wissenschaftliche Fortschritt darüber entscheiden wird, welche der rivalisierenden Lebensweisen Überlebenschancen hat, die routinemäßige Stärkung der Sublimierung des Wissenschaftlers durch eine therapeutische Psychoanalyse mindestens so wichtig ist wie die Verbesserung akademischer Programme und die Einrichtung neuer Forschungslaboratorien« (Devereux, 1988, S. 178).

Die Kritische Theorie der Frankfurter Schule ist zeitweise in diese Richtung gegangen. Max Horkheimer hat gegen Ende der Weimarer Republik als Direktor des Frankfurter Instituts für Sozialforschung eine therapeutische Analyse durchlaufen und verlangte das auch von seinen Mitarbeitern (vgl. Blomert, 1992, S. 9).

Was gegenwärtig als intersubjektive Wende in der Psychoanalyse (vgl. Stehr, 2012, S. 53–77) diskutiert wird, wäre angemessen erst aus Perspektiven zu verstehen, die eine intersubjektive Wende in Erkenntnistheorie und wissenschaftlicher Methode vollziehen. Da auch der Gruppencharakter wissenschaftlicher Prozesse, wie von Ludwik Fleck beispielhaft gezeigt (Fleck, 1980), zu berücksichtigen ist, versuchen wir mit einigen Kolleginnen im Rahmen des Gruppenanalytischen Instituts GIGOS mithilfe tiefenpsychologischer Gruppenmethoden Wege zu finden, die Forscherinnen und Wissenschaftlern helfen, die Freude am Denken eigener, sozial verantwortlicher und gegenüber ihren Forschungsobjekten beziehungsfähiger Gedanken wiederzuentdecken (vgl. http://www.gigos.de). Brecht schreibt in seiner Kalendergeschichte *Der verwundete Sokrates*, dass dieser Sohn einer Hebamme andere ihrer eigenen wohlgestalten Gedanken entband, statt ihnen seine Bastarde aufzubinden. Das ist ein auf kommunikative Selbststeuerung und demokratische Verhältnisse bauendes Wissenschaftsverständnis.

Was aber passiert, wenn wir nicht lernen, die gegenseitigen und gleichwertigen emotionalen Aspekte in Beobachtung und Erforschung mitzudenken, können wir sehr schön am Anfang eines Hunderomans des ungarischen Schriftstellers Sandor Marai nachlesen. Als der Autor sich auf einem Hundespaziergang endgültig zu dem Romanprojekt entschließt, klingt das folgendermaßen:

> »Der Schriftsteller legt ihm die Leine an, zuckt die Achseln. Ja, daraus wird ein Hunderoman. Sie beobachten sich noch einige Tage gegenseitig. Ihre Beziehung ist nicht mehr ganz redlich, der Schriftsteller bemüht sich, alles Persönliche im Verhältnis zu seinem Modell zu unterdrücken; der Hund ist lustlos und voller Argwohn« (Marai, 2012, S. 166).

Wenn sich auch Schriftsteller und Romanhund dann von diesem herrschenden Modell wissenschaftlicher Beziehungs(losigkeits)- und einseitiger Beobachtungszwänge zunächst abzuwenden scheinen, endet ihre Beziehung in einer tragischen Katastrophe, welcher der Schriftsteller in seinem Roman ein Mahnmal setzt. In dieses sind – die Beziehungskatastrophe retardierende – tiefe Erkenntnisse für künstlerische und wissenschaftliche Psychologen und unsere psychologische Alltagspraxis eingraviert wie diese: »[D]ie Seele besitzt so etwas wie eine sensible Hülle, sie mit der Sonde zu beschädigen wäre ein gefährliches und verantwortungsloses Unterfangen« (ebd., S. 166). Ein Gedanke, den wir bei dem ebenfalls aus Ungarn stammenden Ethnopsychoanalytiker Georges Devereux ausgearbeitet finden. Eine zu weit getriebene, zu tief in das *Objekt* hineinreichende Verhaltenssondierung, die zudem nicht die Gegenbeobachtungsfähigkeit des Objektes, also seinen Subjektcharakter, achtet und beachtet, tötet dieses ab. Devereux betont, »dass die theoretischen Konsequenzen sich gleich bleiben, ob man nun eine materielle oder eine begriffliche Sonde benutzt« (Devereux, 1988, S. 322).

Wir aber wollen es im vorliegenden Band einmal anders zu halten versuchen. Leicht ist es nicht, den Alp ganzer Wissenschaftlergenerationen, der auf die eigene Brust drückt, abzuschütteln. Doch haben wir viele gefunden, die über Lebensthemen sprechen und schreiben, und deren lebhaftes Interesse an diesen hoffentlich anstecken auf uns als mitdenkende Leserinnen und Leser wirken wird. So soll, gleichsam in einer Art wissenschaftlichem Großgruppenexperiment, ein gemeinsamer Denk- und Erfahrungsraum geschaffen werden, der Menschen verschiedener Denkstile, Erfahrungswelten, Fachdisziplinen, Berufe, Nationalitäten, Generationen und natürlich Geschlechtszugehörigkeiten umfasst und sich austauschen lässt. Ein solcher reflexiver Raum stellt zugleich emotionale Verbindungen her. Wenn wir die Erfahrungen des englischen Psychoanalytikers und Gruppenanalytikers Hinshelwood auf das wissenschaftliche Feld übertragen dürfen, was die ethnopsychoanalytische Wissenschaftsforschung nahelegt, so ist ein solcher Raum kognitiver und emotionaler Verbindungen stets potenziellen oder realen, indirekten oder direkten Angriffen auf Verbindungen abgewonnen (vgl. Hinshelwood, 1994, S. 86–106). Es geht um die Eroberung innerer und äußerer Räume der Synthesebildung als menschlicher Vitalfunktion (vgl. Waldhoff, 2009, S. 247–262), insbesondere darum, eigene Synthesen zu bilden, den eigenen roten Faden zu finden, aus dem Gesamtstrom wissenschaftlichen Wissens neue, eigene Zusammenhangsmodelle zu schaffen (vgl. Gleichmann, 2006, S. 265).

Dies sind einige der Überlegungen, die mich dazu geführt haben, die Autorinnen und Autoren dieses Buches einzuladen, statt zu einem vorgegebenen Gegenstand zu sprechen und zu schreiben, sich Themen und Herangehensweisen zu widmen, die in ihnen auf persönliche Resonanz treffen und so mehr oder weniger mit ihren zentralen wissenschaftlichen Erfahrungen und grundlegenden Lebensthemen verbunden sind. Das vorliegende Buch verknüpft daher Texte mit ihren Autoren sowie diese untereinander und bildet einen versuchten Beziehungsraum des Wissens mit dem jeweils darunter liegenden *Gefühlston des Denkens* (Freud, 1900a, S. 470) welcher den Lesern ein Mitklingen ihrer eigenen Themen erlauben mag. Dieses »Denken, selber ein Verhalten« (Adorno, 1973, S. 399) können wir aus zivilisationstheoretisch-wissenssoziologischer Perspektive als kontrollierte Lockerung von Affektkontrollen (Wouters, 2007, S. 230–237; Waldhoff, 2014) im wissenschaftlichen Prozess beschreiben und in diesem Sinne einer anspruchsvolleren Balance von *Verstand und Herz* als eine Zivilisierung des wissenschaftlichen Habitus verstehen (Waldhoff, 2009, S. 7–22, 105–130, 281–318).

Den Gefühlston des Denkens bei sich und anderen bewusster hören zu lernen, erlaubt zweierlei: zum einen, unangemessene Projektionen auf andere, hier insbesondere auf die Menschen des eigenen Forschungsfeldes, besser zu kontrollieren; zum anderen, ein der eigenen Menschlichkeit angemessenes Gefühl der grundlegenden Verbundenheit zu allem Lebenden zu entwickeln und auch im jeweiligen Forschungsfeld zum Ausdruck zu bringen. Ist nicht schließlich diesen Ton zu finden ein Prozess, der alle gute Forschung trägt?

Mir selbst ging es bei der Vorbereitung des ganzen Unterfangens, Symposium und Buch, ein wenig wie dem Thrillerautor John le Carré, der über sein Buch *Empfindliche Wahrheit (A Delicate Truth)*, schreibt: »Ein Buch, geschrieben unter einem stürmischen Himmel. Die Figuren ringen mit der Zeit und sich selbst – wie ich auch« (Carré, 2013, Klappentext).

Literatur

Adorno, T. W. (1973). *Negative Dialektik*. Gesammelte Schriften Bd. 6, Frankfurt a. M.: Suhrkamp.
Arendt, H. (2010). *Was ist Politik?* München und Zürich: Piper.
Bauman, Z. (1995). *Moderne und Ambivalenz. Das Ende der Eindeutigkeit*. Frankfurt a. M.: Fischer TB.
Bauman, Z. (2002). *Dialektik der Ordnung. Die Moderne und der Holocaust*. Hamburg: Europäische Verlagsanstalt.
Bernet, W. (2014). Wir müssen Bologna bildungskompatibler machen. *Neue Zürcher Zeitung* vom 1. Februar 2014, 21.
Blomert, R. (1992). Foulkes und Elias – Biographische Notizen über ihre Beziehung. *Gruppenanalyse 2*(2), 1–26.
Bourdieu, P. (2002). *Ein soziologischer Selbstversuch*. Frankfurt a. M.: Suhrkamp.
Carré, J. le (2013). *Empfindliche Wahrheit*. Berlin: Ullstein.
Devereux, G. (1988). *Angst und Methode in den Verhaltenswissenschaften*. Frankfurt a. M.: Suhrkamp.
Elias, N. (1981). *Die höfische Gesellschaft*. Darmstadt, Neuwied: Luchterhand.
Elias, N. (1991). *The Symbol Theory*. London: Sage.
Elias, N. (1997). *Über den Prozeß der Zivilisation II*. Frankfurt a. M.: Suhrkamp.
Elias, N. (2003). *Engagement und Distanzierung*. Gesammelte Schriften Bd. 8. Frankfurt a. M.: Suhrkamp.
Elias, N. (2005). *Autobiographisches und Interviews*. Gesammelte Schriften Bd. 17. Frankfurt a. M.: Suhrkamp.
Elias, N. (2006). *Was ist Soziologie*. Gesammelte Schriften Bd. 5. Frankfurt a. M.: Suhrkamp.
Erdheim, M. (1990). Die Wissenschaftler und ihre Objekte. In M. Erdheim, *Die gesellschaftliche Produktion von Unbewußtheit. Eine Einführung in den ethnopsychoanalytischen Prozeß*. Frankfurt a. M.: Suhrkamp.

Erdheim, M. & Nadig, M. (1984). Die Zerstörung der wissenschaftlichen Erfahrung durch das akademische Milieu. *Berliner Hefte 15*, 35–52
Fleck, L. (1980). *Entstehung und Entwicklung einer wissenschaftlichen Tatsache. Einführung in die Lehre vom Denkstil und vom Denkkollektiv*. Frankfurt a. M.: Suhrkamp.
Freud, S. (1900a). *Die Traumdeutung*. GW II/III.
Freud, S. (1907a). *Der Wahn und die Träume in W. Jensens »Gradiva«*. GW VII.
Freud, S. (1920g). *Jenseits des Lustprinzips*. GW XIII.
Freud, S. (1940/1987). *Das Ich und das Es*. GW XIII.
Gleichmann, P. R. (2006). *Soziologie als Synthese: Zivilisationstheoretische Schriften über Architektur, Wissen und Gewalt*. Hrsg. v. H.-P. Waldhoff. Wiesbaden: VS Verlag für Sozialwissenschaften.
Heilbron, J. (1999). Reflexivity and its Consequences. *European Journal of Social Theory 2*(3), 298–306.
Hinshelwood, R. D. (1994). Attacks on the Reflective Space: Containing Primitive Emotional States. In V. L. Schermer & M. Pines (Hrsg.), *Ring of Fire: Primitive Affects and Object Relations in Group Psychotherapy* (S. 86–106). London, New York: Routledge.
Keupp, H. (2010). Psychologie. In S. Jordan & G. Wendt (Hrsg.), *Lexikon Psychologie. Hundert Grundbegriffe*. Stuttgart: Reclam
Kriz, J. (2001). *Grundkonzepte der Psychotherapie*. Weinheim: Beltz.
Marai, S. (2012). *Ein Hund mit Charakter*. München, Zürich: Piper.
Musil, R. (1987/2012). *Der Mann ohne Eigenschaften*. Erstes und zweites Buch, Reinbek bei Hamburg: Rowohlt.
Nicola, V. (2014). *Die Struktur der Panzerung*. http://orgontherapie.wordpress.com/die-struktur-der-panzerung/ (21.11.2014).
Rohm, N. (2004). *Kinder und Umweltangst. Innere Bilder von der Zukunft als Spiegel eines heutigen Lebensgefühls*. Diplomarbeit, Eberswalde.
Safranski, R. (2013). *Goethe. Kunstwerk des Lebens*. München: Hanser.
Scharfetter, C. (2000). Schizophrenien, Borderline und das Dissoziationsmodell. *Schweizer Archiv für Neurologie und Psychiatrie 3/2000*.
Sigusch, V. (2013). Wissen als gesellschaftlicher Fetisch. In V. Sigusch, *Sexualitäten. Eine kritische Theorie in 99 Fragmenten*. Frankfurt a. M., New York: Campus.
Stehr, H. (2012). Die intersubjektive Erkundung des Unbewussten in Gruppen am Beispiel von Irvin D. Yaloms Roman »Die Schopenhauer-Kur«. *Gruppenpsychotherapie und Gruppendynamik, 48*(01), 53–77.
Waldhoff, H.-P. (1995). *Fremde und Zivilisierung*, Frankfurt a. M.: Suhrkamp.
Waldhoff, H.-P. (2005). Eine Balance zwischen engagierten und distanzierten Haltungen. Gespräch mit Norbert Elias. In N. Elias, *Autobiographisches und Interviews*. Gesammelte Schriften Bd. 17. Frankfurt a. M.: Suhrkamp.
Waldhoff, H.-P. (2009). *Verhängnisvolle Spaltungen. Versuche zur Zivilisierung wissenschaftlichen Wissens*. Weilerswist: Velbrück Wissenschaft.
Waldhoff, H.-P. (2014). Menschen im Singular und im Plural – Norbert Elias' grundlagentheoretischer Beitrag zur Gruppenanalyse. *Gruppenpsychother. Gruppendynamik, 50*, 111–145.
Wouters, C. (2007). *Informalization. Manners and Emotions Since 1890*. London: SAGE Publications Ltd.

Gesellschaftsentwurf Europa

Plädoyer für ein gerechtes Gemeinwesen

Oskar Negt

Geschichte wiederholt sich nicht. Wenn etwas aber *nicht* Geschichte wurde, wiederholt es sich durchaus. Diese Worte gehen auf Ernst Bloch zurück und sind Variationen des Hegel-Marx'schen Gedankens, dass weltgeschichtliche Tatsachen und Personen sich zweimal ereignen, das eine Mal als Tragödie, das andere Mal als Farce. Sie bezeichnen zugleich einen Grundgedanken der Psychoanalyse: hier wird die Wiederholung zum Symptom. Beide Aspekte der Wiederholung haben eine bedrückende Aktualität.

Die Kunstform der Tragödie griechischen Ursprungs, von Aischylos, Sophokles und Euripides, ist nicht nur auf den europäischen Bühnen gegenwärtig. Das Schicksal Griechenlands wächst sich vielmehr selbst zum Stoff für eine moderne Tragödie aus, die gleichzeitig als Farce inszeniert wird. Ein Land, dem die Europäer wesentliche Elemente der Aufklärung, die politische Philosophie demokratischer Verfassungen und das Kategoriensystem vernunftorientierter Begründungen verdanken, wird nach Regeln betriebswirtschaftlicher Buchführung und für Gewinnzwecke maroder Banken Schritt für Schritt aus dem europäischen Konsens ausgegliedert, vom Produktions- und Lebenszusammenhang Europas abgekoppelt. Das ist unmoralisch, skandalös und ein politisch folgenreicher Fehler.

Nun wird man den Griechen selbst die Schuld an der Misere zuschreiben; Vorurteile in dieser Richtung sind schnell mobilisiert und in ihnen steckt sogar, wie in der griechischen Tragödie, ein subjektiver Wahrheitsanteil. Allerdings: Es ist leichter, ein Atom zu zertrümmern, als ein Vorurteil aufzulösen, hat ein kompetenter Sozialforscher gesagt. Einer der fünf Wirtschaftsweisen, welche die Bundesregierung beraten, Peter Bofinger, spricht von einer tödlichen Therapie; der EU-Sparzwang könnte das Land in den Abgrund stoßen. Es sei einfach eine öffentliche Lüge, wenn man behaupte, die Griechen hätten sich auf die Reformen nicht eingelassen. Bofinger zählt auf: Anhebung der Mehrwertsteuer von 19 auf 23 Prozent und des Steuersatzes von 9 auf 13 Prozent; von 2009 bis 2011 Reduktion des Staatsdefizits um 11 Prozent, was sonst in keinem vergleichbaren Land gelungen ist. Dass die Investitionen um 50 Prozent reduziert wurden und das wirtschaftliche Wachstum erheblich schrumpfte, ist für Bofinger Resultat einer Sparpolitik, der jede Idee einer nachhaltigen und langfristigen Sanierung des Produktions- und Lebenszusammenhangs abhanden gekommen ist.

Es ist notwendig, eine Lücke zu füllen, die mir ein fortwährendes Ärgernis ist. Wie schon die Wiedervereinigung der staatlichen Nachkriegsfragmente aus der Portokasse bezahlt werden sollte, was sich sehr schnell als fataler Irrtum herausstellte, so gerät jetzt ein viel größeres Vereinigungsprojekt in Verruf, weil im verengten Horizont der mit diesem epochalen Projekt Beschäftigten die Lebens- und Arbeitsverhältnisse der Menschen in den einzelnen Ländern nicht vorkommen. Willy Brandt prägte, im Hinblick auf die deutsche Wiedervereinigung, die Formel: »Hier wächst zusammen, was zusammen gehört!« Von solchen organischen Verbindungen und Wahlverwandtschaften kann im europäischen Kontext keine Rede sein. Die nationalen Eigentümlichkeiten und der kulturelle Eigensinn der einzelnen Länder haben harte Prägungen hinterlassen, die durch Geld und institutionelle Vereinbarungen nur schwer aufzubrechen sind. Deshalb sind aktive Bewusstseinsbildung und Entwicklung politischer Urteilskraft tragende Pfeiler im europäischen Gebäude der 27 Nationen.

Ohne soziale Bewusstseinsbildung entsteht keine solidarische Ökonomie, die Ausgleichsbewegungen zwischen Schwachen und Starken möglich macht, ohne in die Mottenkiste vorurteilsbeladener Abgrenzungen zurückgreifen zu müssen. Hunderte von Milliarden Euro werden verteilt, um das Bankensystem vor dem Zusammenbruch zu bewahren; Bürgschafts-Schutzschirme, die der Entwicklung *politischer Bildung* dienen, sucht man dagegen vergeblich – dabei würden sie die vernünftigsten und nachhaltigsten Investitionen in einem Europa der erodierenden Gesellschaftsordnungen ausmachen.

Die Wege zu einer europäischen Identität, die jedem (wie im Römischen Weltreich: *civis romanus sum*) ein selbstverständliches und zwangloses Bekenntnis ermöglichen würden: Ich bin eine *Europäerin*, keine Französin; ich bin ein Europäer, kein Deutscher, sind beschwerlich und können nicht ohne Anstrengungen beschritten werden.

Kollektive Lernprozesse sind erforderlich, welche die Alltagserfahrungen der Menschen einbeziehen. Die europäische Einigung wird ohne einen Lastenausgleich, wie er beispielsweise bei der Integration der Millionen Flüchtlinge aus dem

Osten in die westdeutsche Gesellschaft stattfand, und ohne soziale Investitionen nach den Regeln eines Marshallplans, kaum zustande kommen. Griechenland wird nicht das letzte europäische Land sein, das beides nötig hat.

Die vorherrschenden Europadiskurse unterschlagen ganze Wirklichkeiten. Mit Verblüffung muss man heute feststellen, wie viel intellektuelle Energie auf Europadiskurse gelenkt ist, die selbst in ihrer radikalsten kritischen Position dem Bannkreis des Geldes und der politischen Institutionen verhaftet bleiben. Manchmal könnte man auf den Gedanken kommen, dass die öffentlich definierte Realitätsmacht der vorherrschenden Wirklichkeit nicht nur die Gedanken erfasst, sondern auch die Denkstrukturen. Das ist umso erstaunlicher, als gerade im vergangenen Jahrzehnt weltweite Protestbewegungen hörbar und sichtbar gemacht haben, dass die auf unterschlagenen Wirklichkeiten beruhenden und von oben inszenierten Legitimationen der Herrschaftssysteme brüchig sind und zu Fall gebracht werden können. *Das sind kollektive Lernprozesse ganzer Völker, ganzer Gesellschaftsordnungen*; dieses Widerstandslernen ist, wenn lange Perioden der Entmündigung vorausgegangen sind, allerdings nicht immer ausreichend für einen vernünftigen Neuaufbau einer an Haupt und Gliedern reformierten Gesellschaft. Diese Protestbewegungen, die dem Herrschaftssystem die öffentlichen Plätze entreißen, signalisieren aber die zutiefst menschlichen Eigenschaften, Grenzen zu setzen und ab einem bestimmten Punkt der Unterdrückung und der Entwürdigung mit kollektiver Empörung zu reagieren: So nicht weiter!

Große Aufmerksamkeit ist dabei auf die Strukturvoraussetzungen für ein haltbares demokratisches Gemeinwesen gerichtet: Ausbau des Sozialstaates, Schutz der lebendigen Arbeit gegen die Übergriffe der toten Arbeit. Schon mit dem Ende des Zweiten Weltkrieges und des Nationalsozialismus hatten sich dafür große parteiübergreifende Koalitionen gebildet. Sie reichten vom Verfasser der Sozialenzyklika *Quadragesimo anno* Oswald von Nell-Breuning bis zum I.G.-Metall-Vorsitzenden Otto Brenner. Auch die damaligen Patrioten der *sozialen Marktwirtschaft* akzeptierten die soziologische Erkenntnis, dass die Konkurrenzmechanismen des Marktes unmöglich den für den inneren Zusammenhang der Gesellschaft notwendigen Solidarbeitrag leisten können. Bis in die Kompendien der Volkswirtschaftslehre, wie dem in den akademischen Diskursen und in Einführungsveranstaltungen benutzten *Samuelson* hinein, war der Staat ein wichtiger Regulator des Marktgeschehens, dem keine einzige bürgerliche Wirtschaftstheorie zugetraut hätte, einen innergesellschaftlichen Friedenszustand zu sichern.

Das Ahlener Programm der CDU, das Adenauer schließlich widerstrebend unterzeichnet hatte, dokumentiert, wie umfassend die Blicke der Nachkriegsgesellschaft auf die Probleme einer kapitalistischen Arbeitsgesellschaft gerichtet waren, die sich, bei aller Reichtumsproduktion und fortwährenden Modernisierungsschüben, nicht imstande zeigte, die Massenarbeitslosigkeit zu beseitigen und den Menschen ein angstfreies Leben zu ermöglichen. *Es sind die sozialstaatlichen Errungenschaften, die den europäischen Demokratien ihre Stabilität verliehen haben*: Humanisierung der Arbeitsverhältnisse, Verkürzung der Arbeitszeit und Verlängerung der Lebenszeit, Sicherung der Renten und der allgemeinen Gesundheitsversorgung. All diese und viele andere Faktoren haben entscheidend dazu beigetragen, dass die Demokratie als Lebensform so lange Bestand hat – über ein halbes Jahrhundert.

Ich bin überzeugt, dass in dieser Periode der Wohlfahrtsökonomie zum ersten Mal in der Geschichte Demokratie als System der Alltagspartizipation begründet wurde, das nicht als bloße Legitimationsfassade für wechselnde Machteliten betrachtet werden konnte. Dass die im Westfälischen Frieden kodifizierte völkerrechtliche Souveränitätsermächtigung der Nationalstaaten die Mächtigen nicht davon abhalten würde, völkerrechtliche Verbindlichkeiten zu unterlaufen und fortlaufend Krieg zu führen, ist nicht verwunderlich; das *ius belli ac pacis* ist ja Hauptsubstanz dieser Souveränitätsermächtigung. *Nachdem nun in den vergangenen Jahrhunderten alle imperial dominanten Einigungsversuche gescheitert sind, hängt gegenwärtig alles davon ab, ob politische Lösungen der sich verschärfenden sozialen Konflikte und der innergesellschaftlichen Gesteinsverschiebungen gefunden werden.* Denn der *Angstrohstoff* wächst bedrohlich.

Weil die Menschen im sozialdarwinistischen Überlebenskampf entweder mutlos resignieren oder sich als Wutbürger abreagieren, ohne das Gefühl zu bekommen, durch ihre Aktionen tatsächlich Änderungen bewirkt zu haben, präsentieren sich im medial vernetzten europäischen Zusammenhang immer offener rechtsradikale Programme. Es sind nicht mehr Randerscheinungen, vielmehr dringen solche rechtsradikalen Optionen immer stärker ins gesellschaftliche Zentrum ein. Sie sind verknüpft mit dem Versprechen einfacher, gewalttätiger Lösungen; die ihnen zugrundeliegende Vorurteilsfixierung gliedert *den* Fremden und *das* Fremde aus.

Wer also Rechtsstaat und Demokratie bewahren will, muss mit besonderer Sorgfalt auf Erweiterung und Pflege der sozialstaatlichen Errungenschaften bedacht sein. Denn diese sind es überwiegend, die den inzwischen bedenklich angesammelten Angstrohstoff der Gesellschaft vermindern helfen. *Abbau des Sozialstaates und kostenaufwendige Erweiterung des Sicherheitsstaates sind zwei Seiten derselben Medaille*; vielleicht lässt sich hier doch ein Kausalverhältnis herstellen zwischen dem Mangel sozialstaatlicher Sicherung und der Gewaltanfälligkeit einer Gesellschaft: durchschnittlich 60 Strafgefangene im sozialstaatlich geprägten Europa kommen auf 100.000 der Bevölkerung; in den Vereinigten Staaten sind es etwa 650. Die Plünderung des Sozialstaates ist kostenaufwendig: Was hier gespart wird, muss in den Sicherheitsbereichen doppelt und dreifach drauf gezahlt werden.

Dass wir uns den Sozialstaat nicht mehr leisten könnten, gehört zu den unsinnigsten Parolen, die in Umlauf gesetzt sind; es streift geradezu die Grenze des Obszönen, wenn heute mit Hunderten von Milliarden Kreditsicherheiten operiert wird, die das marode Bankensystem vor dem Zusammenbruch bewahren sollen.

Das Schicksal der Europäischen Union hängt wesentlich davon ab, in welchem Maße Energien darauf gewendet werden können, die Probleme einer kapitalistisch strukturierten Arbeitsgesellschaft öffentlich zu machen und zu bearbeiten. *Alles wird davon abhängen, ob die in der Bankenkrise angemahnte Solidarität des Geldes auch Rückhalt findet im Begründen und dem Umgang mit den existenziellen Problemen der Menschen.* Es ist daran zu erinnern, dass die sozialstaatliche Entwicklung in den europäischen Kernländern Verfassungsrang hat und keineswegs ein bloßes Nebenprodukt ist, auf das man notfalls auch verzichten kann.

Was hat es nun aber mit der sogenannten Krise auf sich? Gibt es sie überhaupt? Was den ökonomischen Zusammenhang betrifft, gibt es genug Leute, die das Wort Krise für eine unangemessene Bezeichnung des gegenwärtigen Zustandes halten. Wenn ein Land über 100 Milliarden Exportüberschüsse hat (inzwischen hat der deutsche Export eine Billion Euro erreicht), die bei anderen Ländern, die plötzlich Schuldnerländer sind, anti-imperiale Gefühle wecken, dann ist schwer von einer Krise zu reden. Aber es geht auch gar nicht darum, Krise aus dem verengten Horizont von Konjunktur und Rezession zu begreifen; selbst wenn Wachstum und Konjunktur wieder positive Tendenzen zeigen, kehren wir nicht zu den alten Verhältnissen zurück. Ich spreche, um den gegenwärtigen Zusammenhang in seiner abgründigen Selbstzerrissenheit kennzeichnen zu können, lieber von einer kulturellen Erosionskrise, einer Krise, die das gesamtgesellschaftliche Gefüge betrifft.

Wir leben in einer Gesellschaft epochaler Umbrüche, und dass für die Bewältigung dieser epochalen Krise nur die begrifflichen Mittel betriebswirtschaftlicher Rationalität verfügbar sind, zeugt von der gegenwärtigen, traurigen Verfassung der entwickelten kapitalistischen Länder. Die Gefahren der Entdemokratisierung der Gesellschaft sind nicht hoch genug einzuschätzen, und es ist davor zu warnen, die gesellschaftliche Situation, in der wir uns befinden, auf die rein ökonomische Dimension zu reduzieren. Vielmehr muss es hier darum gehen, Prozesse der politischen Bildung in Gang zu setzen. Betrachtet man deren Geschichte, dann muss man mit Verblüffung feststellen, dass sie auf einer Skala der als wichtig betrachteten Angelegenheiten immer dann nach oben rückt, wenn die Katastrophe bereits passiert ist. Erst dann werden Überlegungen angestellt, wie es passieren konnte. *Es wäre jedoch einer Erwägung wert, ob man nicht einiges dazu beitragen könnte, durch Intensivierung von Aufklärung, Erziehung und Bildung das sich abzeichnende kollektive Unglück abzuwenden.* Ich weiß, dass in den vergangenen zwei Jahrzehnten politische Bildung in den Schulen, den Volkshochschulen, den Gewerkschaften Schritt für Schritt im Interesse beruflicher Qualifikationen oder sonstiger Wissensaneignungen abgebaut worden ist; das würde keiner Gesellschaft, die nach autoritären oder gar totalitären Prinzipien aufgebaut wäre, Schaden zufügen. Ganz im Gegenteil: Es passt in das autoritäre gesellschaftliche Klima, wenn das Politische den Herrschaftsschichten vorbehalten bleibt und die Lernbedürfnisse nicht zu weit in die Bereiche öffentlicher Urteilskraft eindringen. Haben wir es dagegen mit Demokratien zu tun, die Selbstbestimmung nicht als bloße plebiszitäre Dekoration betrachten, dann stellt sich die Frage des Lernens radikal anders.

Demokratie ist die einzige staatlich verfasste Gesellschaftsordnung, die gelernt werden muss; alle anderen Ordnungen haben wir gleichsam umsonst, sie reflektieren nicht auf urteilsfähige Beteiligung der Menschen am Gemeinwesen. Wie man heute allenthalben wahrnehmen kann, ist es für Herrschaftssysteme störend, wenn sich die Bevölkerung aktiv einmischt. Für Demokratien kann das aber nicht gelten. Das Lernen der Demokratie ist nicht auf einen bestimmten Lebensabschnitt begrenzt. Es ist ein alltäglicher Akt der Beteiligung und der dadurch bedingten Veränderungen von Wahrnehmungsweisen. Wer glaubt, er könnte durch Aneignung bestimmter Regeln ausreichend über das Wesen der Demokratie Bescheid wissen, erliegt einer Täuschung. *Die Bildung politischer Urteilskraft beginnt in der alltäglichen Praxis der Kindertagesstätten und sie endet auch im Seniorenheim nicht.*

Literatur

Ahlheim, Klaus (2014). *Verstörende Vergangenheit. Wider die Renovierung der Erinnerungskultur.* Hannover: Offizin-Verlag.
Bloch, Ernst (1970). *Politische Messungen, Pestzeit, Vormärz.* Frankfurt a.M.: Suhrkamp.
Negt, Oskar (2010*). Der politische Mensch. Demokratie als Lebensform.* Göttingen: Steidl-Verlag.
Negt, Oskar (2012). *Gesellschaftsentwurf Europa. Plädoyer für ein gerechtes Gemeinwesen.* Göttingen: Steidl-Verlag.

Quo vadis, Menschenrecht?

Zu Gegenwart, Zukunft und Dilemmata von globaler Menschenrechtspolitik in einer partiell kosmopolitisierten Welt[1]

Lars Rensmann

Von inter- zu innerstaatlichen Konflikten: Menschenrechte und internationales Recht im Wandel

Die Frage, wie Menschenrechte gesichert werden können, erscheint im globalisierten Zeitalter in einer neuen Dramatik. Die unverminderte Krise in Syrien oder auch die ungeahndete Verfolgung von Hunderttausenden im Sudan vor unseren Augen illustrieren die heutigen menschenrechtlichen Dilemmata internationaler Politik und internationalen Rechts. Zwischen Anspruch und Realität, zwischen weitgehend global kodifizierter Rechtsnorm und *compliance* bzw. *enforcement* (Durchsetzung) der Menschenrechte klaffen große Lücken.

Dies ist freilich auch und gerade deshalb so, weil menschenrechtliche Ansprüche – d. h. Rechtsansprüche, die Menschen ungeteilt qua Menschsein unabhängig von ihrer Staatsbürgerschaft und Herkunft legitimer Weise reklamieren – heute eben kein bloßes Anliegen hoffnungsloser Idealisten und marginalisierter Philanthropen mehr sind, als welche die politische Realistin Hannah Arendt sie zu Ende des nationalsozialistischen Vernichtungskriegs illusionslos diagnostizierte (Arendt, 1955). Trotz des Insistierens auf – und oftmals der strategischen Mobilisierung von – absoluter staatlicher Souveränität seitens der Regierungen des Sudans, Russlands, Chinas und anderer repressiver Regime, einschließlich Syriens: auch autoritäre Staaten können heute im Angesicht von zunehmend entwickelten

---

1 Eine frühere Version dieses Beitrags ist erschienen unter dem Titel »Good Global Governance als kosmopolitische Herausforderung: Zu neuen Bedingungen globaler Menschenrechtspolitik im 21. Jahrhundert« *Perspektiven des demokratischen Sozialismus: Zeitschrift für Gesellschaftsanalyse und Reformpolitik* 30, 2 (2013), S. 42–54.

Menschenrechtsregimen, bindenden Menschenrechtskonventionen und vor allem globalisierter Öffentlichkeiten Menschenrechte, die sie *formal* als Mitglieder der Vereinten Nationen bereits seit der Ratifizierung der UN-Charta akzeptiert haben, nicht mehr schlicht ignorieren oder als *westlichen Kulturimperialismus* abtun.

Insofern das so ist, haben universelle Menschenrechte als Faktor internationaler Politik und internationalen Rechts an Relevanz gewonnen, so wie Menschenrechtsregime in den vergangenen Jahrzehnten neue Instrumente hinzugewonnen haben. Auch im Angesicht aller strukturellen Probleme und Paradoxien einer zugleich auf souveräner Gleichheit *und* internationalen Organisationen sowie bindenden – und bereits in der Präambel der Charta der Vereinten Nationen festgeschriebenen – fundamentalen Menschenrechten gründenden internationalen Ordnung, ja trotz aller Doppelmoral und des politischen Missbrauchs von *Menschenrechten* in der internationalen Politik: Selbst ein mehrfaches Scheitern von *humanitären Interventionen,* sowie asymmetrische, nicht-universelle Anwendungen und das weitreichende Versagen konzertierter menschenrechtlicher *global public policy* (Reinicke, 1998) haben Menschenrechtsnormen keineswegs *an sich* delegitimiert. Im Gegenteil: Obschon versteckte Partikularismen und mangelnde Effektivität in ihrer Realisierung die Legitimität von Menschenrechten und Menschenrechtsregimen gefährden, haben Menschenrechte als Bezugspunkt globaler Politik und globalisierter Öffentlichkeiten auch jenseits der westlichen Staatenwelt – wenn auch nicht notwendig seitens autoritärer Regierungen selbst – immer mehr an Legitimität gewonnen und sind heute mehr als ein regulatives Ideal. Der Ausbau der rechtlichen Instrumente menschenrechtlicher globaler Politik – einschließlich der globalen *Responsibility to Protect* (R2P) aus dem Jahr 2005 – künden davon.

Dabei werden auch Grundpfeiler der UN-Charta und des internationalen Rechts auf Grundlage durchaus breiter völkerrechtlicher Zustimmung neu interpretiert. Das Verständnis internationaler Sicherheit selbst hat einen Wandel der Bedeutung erfahren, der von menschenrechtlichen Normen beeinflusst wird: *Maintaining peace and security*, das explizite Hauptziel der Vereinten Nationen und des internationalen Rechts seit 1945, erstreckt sich in Praxis und Interpretation längst nicht mehr auf das Gebot der Abwesenheit interstaatlicher Aggression und von Kriegen. So werden etwa auch Bürgerkriege immer weniger a priori als nationale Angelegenheit behandelt, sondern als potenzielle Gefährdung der Architektonik internationaler Sicherheit. Die abnehmende Bedeutung und Zahl interstaatlicher Konflikte kann mit der zunehmend anerkannten Bedeutung einer anhaltend hohen Zahl innerstaatlicher Konflikte kontrastiert werden. Letztere werden dabei auch zunehmend als humanitäres und menschenrechtliches Problem und Frage der *human security* gefasst (Tajbakhsh & Chenoy, 2006).

Ausgehend von dieser Diagnose, befasst sich der Rest dieses Beitrags zunächst mit dem Ausbau der menschenrechtlichen Instrumente und den Handlungsoptionen globaler Menschenrechtspolitik. Besonderes Augenmerk gilt dem dabei dennoch fortwährenden konstitutiven Dilemma zwischen kodifizierter Norm und etablierten Handlungskompetenzen einerseits – und andererseits den Durchsetzungsproblemen, dem mangelnden Handlungswillen, dem Missbrauch des Menschenrechtsdiskurses und dem Opportunismus von Politik, gespiegelt z. B. im UN-Menschenrechtsrat, aber auch seitens führender Akteure der globalen Politik einschließlich der USA. Zweitens soll ein Problem adressiert werden, das mit dem Souveränitätsparadox im internationalen Recht verbunden ist: die Frage nach dem Verhältnis von grundlegenden Bedingungen staatlicher Ordnung sowie von politischer Autonomie und demokratischer Selbstgesetzgebung zu den Menschenrechten. Diese Frage stellt einerseits eine ernst zu nehmende kosmopolitische Herausforderung dar, welche die Notwendigkeit verbindlicher staatlicher Ordnung berücksichtigt und die nicht einfach mit dem Verweis auf *höheres Recht* globaler Prinzipien übergangen werden kann (Rensmann, 2013). Andererseits gründen einige der damit verknüpften Probleme auf Missverständnissen im globalen öffentlichen Raum. Jene ergeben sich aus eigentümlich verkürzten Demokratiebegriffen, welche auch in politischen Debatten im *Westen* immer wieder ins Feld geführt werden und zur Relativierung von Menschenrechten führen können. Abschließend werde ich einige der neuen Bedingungen und Möglichkeiten einer menschenrechtlichen *good global governance* skizzieren, die zukunftsweisend sind. Solche *good global governance* richtet sich gegen einen haltlosen, unbegrenzten und vor allem militärischen Interventionismus, sucht aber zugleich bindende Konventionen zu stärken und zu ihrer allgemeinen Verwirklichung ein breites Spektrum politischer und ökonomischer Möglichkeiten und Konditionen auszuschöpfen. Solche Menschenrechtspolitik legitimiert sich insbesondere durch deren Aneignung *von unten*, den Wertewandel und Kampf um Menschenrechte und Demokratie innerhalb der Gesellschaften, in denen jene eingeklagt werden.

Menschenrechte und Menschenrechtspolitik jenseits des staatlichen Souveränitätsparadigmas: Fortschritte und Dilemmata

Bereits im Angesicht des nationalsozialistischen Genozids kritisierten Max Horkheimer und Theodor W. Adorno »die Lebensberechtigung für den Massenmord im Namen des völkerrechtlichen Prinzips der Souveränität, das jede Gewalttat im anderen Lande toleriert« (Horkheimer & Adorno, 1969, S. 203). Obgleich staatliche Souveränität ein hohes Gut bleibt und durch die Vereinten Nationen im totalitären Zeitalter als *sovereign equality* als Prinzip rehabilitiert wurde, ist gerade auch im Blick auf die NS-Massenverbrechen bereits in die Vereinten Nationen die Infragestellung und sodann die fortschreitende Erosion des Souveränitätsabsolutismus eingeschrieben. Dieser wird bis heute vielfach mit der Westfälischen Friedens- und Rechtsordnung verbunden – und stellte doch empirisch und normativ seit je eine *Fiktion* dar (Krasner, 1982). Denn schon in den Verträgen des Westfälischen Friedens, die den Verteidigern eines unbedingten universellen Souveränitätsprinzips bis heute als Referenz dienen, wurde mit dem vertraglich bindenden Gebot der innerstaatlichen Religionstoleranz die Idee der absoluten territorialen Staatssouveränität gebrochen.

Freilich sind, nach der modernen Verankerung bürger- und menschenrechtlicher Prinzipien in Verfassungen souveräner Staaten (insbesondere in den postrevolutionären Amendments der amerikanischen und französischen Verfassungen), erst infolge der menschheitshistorischen Zäsur jener nationalsozialistischen *crimes against humanity*, insbesondere des Genozids an den Juden Europas, Menschenrechte zum Bestandteil einer sich allmählich auch *post-westfälisch* begründenden internationalen Rechtsordnung geworden. Erst mit der »Allgemeinen Erklärung der Menschenrechte der Vereinten Nationen« von 1948 und, wichtiger noch, der bindenden Genozid-Konvention im selben Jahr und den Nürnberger Prozessen ist das Menschenrecht partiell aus dem Schatten einzelstaatlicher Souveränität getreten, die vornehmlich territorial und staatsbürgerlich beschränkte Verfassungsrechte und Menschenrechte seit je in ein Spannungsverhältnis setzte (Neuman, 2003).

Die *compliance* mit und Durchsetzung der Menschenrechte fällt seither nicht mehr *nur* den souveränen Nationalstaaten zu, sondern findet über die UN und internationales Recht eine – zunächst schwächliche, da praktisch immer an die Zustimmung souveräner Staaten gebundene – Instanz der supra-nationalen Überwachung (Held, 1995, S. 83ff.). Auch hat sich die UN aus diesem (Be-)Gründungszusammenhang früh zum obersten Ziel gesetzt, als Nationengemeinschaft »den Weltfrieden und die internationale Sicherheit zu wahren und zu diesem Zweck wirksame Kollektivmaßnahmen zu treffen, um Bedrohungen des Friedens zu verhüten und zu beseitigen« (Charta der UN). Die anhaltende Periode seit der *Allgemeinen Erklärung der Menschenrechte* jedenfalls zeigt unmissverständlich die Entstehung und Entwicklung internationaler Menschenrechtsnormen und eines internationalen Menschenrechtsregimes. Seyla Benhabib begreift als heutiges internationales *Menschenrechtsregime* »a set of interrelated and overlapping global and regional regimes that encompass human rights treaties as well as customary international law or international ›soft law‹ [agreements, not treaties]« (Benhabib, 2004, S. 7; s. a. Neuman, 2003).

Beispiele für die weitere rechtliche Verankerung eines internationalen Menschenrechtsregimes im Kontext der UN und der Erklärung der Menschenrechte sind der *International Covenant on Civil and Political Rights*, die *Convention on the Elimination of All Forms of Racial Discrimination*, die *Convention against Torture and Other Cruel, Inhuman and Degrading Treatment or Punishment*, die *Convention on the Rights of the Child* (vgl. Neuman, 2003). Die Etablierung der EU wurde u. a. begleitet von der *Charter of Fundamental Rights* und der Etablierung supranationaler Gerichtsbarkeit sowie jenseits der EU des Europäischen Gerichtshofs für Menschenrechte auf Grundlage der Europäischen Menschenrechtskonvention (EMRK) (Benhabib, 2004), auf dem amerikanischen Kontinent parallel hierzu das *Inter-American System for the Protection of Human Rights* und der *Inter-American Court of Human Rights* (Jacobsen, 1997, S. 75) sowie die Schaffung des internationalen *Human Rights Court* oder des *Den Haager Kriegsverbrechertribunals*.

Trotz der Ausweitung sowohl des Definitionsbereiches als auch der Relevanz und des Geltungsbereiches von Menschenrechtsansprüchen ist hierbei indes bis heute umstritten, was als *fundamentale* Menschenrechte gelten soll, die unabdingbar zu schützen sind. Und selbst unzweifelhaft fundamentale Menschenrechte, wie das Recht der Menschen auf körperliche Unversehrtheit werden tagtäglich verletzt – nicht nur von Diktaturen, sondern mithin auch von westlichen Demokratien Europas (man denke an den Umgang mit Flüchtlingen) oder in den USA, in denen die Todesstrafe als sanktionierte Rechtspraxis physische Gewalt am Menschen legitimiert.

Grad, Systematik und Ausmaß der Verletzungen machen freilich einen gewichtigen qualitativen Unterschied aus, inwiefern das internationale Recht zur Schutzverantwortung verfolgter Gruppen und Individuen nötigt. Und konstitutionelle Demokratien schützen im Allgemeinen Menschenrechte im Innern unabhängig davon, ob sie Menschenrechtskonventionen unterzeichnet haben (Simmons, 2009). Während es das Ziel sein muss, die menschenrechtlichen Bedingungen allgemein zu verbessern und mit politischer Macht zu sichern – keine Menschenrechtsverletzung ist legitim – so sind für unterschiedliche Verletzungen von Menschenrechten unzweifelhaft unterschiedliche Maßnahmen und Konsequenzen erforderlich. Die Missachtung von Freiheitsrechten in der Türkei, in der mehr Journalisten im Gefängnis sitzen als irgendwo sonst, erfordert andere politische Reaktionen als systematische Steinigungen im Iran und die Verfolgung der

Bahai und von Homosexuellen dort, oder als Massenverbrechen im Kongo oder im Sudan. Wie weitreichend und systematisch müssen also die Verletzungen sein, damit umfassendere Maßnahmen und unterschiedliche Formen internationalen Engagements jenseits staatlicher Souveränität gerechtfertigt sind?

Insbesondere die Kategorie der *Verbrechen gegen die Menschlichkeit*, das Konzept der *crimes against humanity* ist hierbei relevant, das in den Nürnberger Kriegsverbrechensprozessen erstmals artikuliert wurde. Es impliziert bestimmte Mindestnormen, nach denen Staaten, staatliche Akteure und Individuen einander selbst unter Bedingungen extremer Feindschaft und Krieg behandeln müssen. Jede systematische Attacke gegen den Feind oder Verfolgungen einer Gruppe in Form von systematischer Vergewaltigung, ethnischer Säuberung, Massenhinrichtung, ungewöhnlicher brutaler Bestrafung werden darunter gefasst und können genügend Gründe für eine internationale strafrechtliche Anklage auch staatlicher Beamter, die im staatlichen Auftrag handelten, nach sich ziehen. »Ich habe meine (staatlich angeordnete) Pflicht getan« ist seither nicht länger – und bis heute immer weniger – ein akzeptables Argument, um Menschenrechte zu verletzen (Benhabib, 2004, S. 8), wodurch Menschenrechte die unbedingte Souveränität von Staaten einschränken (Benhabib, 2002). Die Reartikulierung dieses Konzeptes im Blick auf internationale Konflikte, Bürgerkriege und Regierungsmaßnahmen gegen die eigene Bevölkerung oder Minderheiten hat zugleich zum Entstehen des Konzeptes der *humanitären Intervention* geführt, das zunächst in Ruanda und dann insbesondere im Kosovo-Krieg als explizite Legitimationsressource diente und internationales Eingreifen gegen die *ethnischen Säuberungen* gegenüber der bosnischen und kosovo-albanischen Bevölkerung seitens der USA und der NATO (in diesem Fall ohne UN-Mandat) rechtfertigte. Nichtsdestoweniger bewegen sich Menschenrechtsregime weiterhin oft in einer Grauzone des *soft law*, die von partikularen Interessen, Machtpolitik und politischem Opportunismus durchsetzt ist und der Idee, Rechtsnorm und Praxis universeller Menschenrechte selbst schadet.

Diese Grauzone hat ihren Ursprung im kaum vermeidlichen, aporetischen Spannungsfeld von Menschenrechtspolitik im Kontext internationaler Ordnung zwischen westfälischen und post-westfälischen Ansprüchen und Prinzipien. Kaum vermeidlich ist dieses Spannungsfeld von Menschenrechtspolitik insofern, als auch bei einer weiteren Kodifizierung menschenrechtlicher Prinzipien internationale politische Handlungsräume (und nicht nur die bloße »Anwendung« geltenden internationalen Rechts) und staatliche Autoritäten eine bedeutende Rolle spielen werden. In gewissem Maß sollten diese *politischen* Dimensionen selbst in einer kosmopolitisierten Weltgesellschaft auf absehbare Zeit auch eine

Rolle spielen, will man nicht eine übermäßige Zentralisierung von Macht und Rechtshoheit in globalen Institutionen, die selbst bisher noch zweifelhafte demokratische und menschenrechtliche Credentials haben (Rensmann, 2013; zur Demokratisierung globaler Institutionen vgl. Archibugi, 2008).

Dementsprechend treten bisher konstitutive menschrechtsrechtspolitische Dilemmata hervor zwischen dem etablierten *soft law* und tatsächlichen politischen Handlungen im Namen des Menschenrechts. Einerseits sind Menschenrechtsnormen weitgehend universalisiert und bindend. Andererseits erscheint ihre Durchsetzung oftmals willkürlich und *biased*, ihre institutionelle Verankerung selbst auf UN-Ebene höchst fragwürdig. Man denke an den UN-Menschenrechtsrat, also das Gremium, an das sich die Opfer von Menschenrechtsverletzungen laut dem Generalsekretär der Vereinten Nationen, Ban Ki-moon, wenden sollen. Der UNHRC hat eine lange Geschichte des Missbrauchs des Menschenrechtsdiskurses im politischen Interesse (Habermas, 2006). Er befasst sich hauptsächlich mit Israel und lässt andere Menschenrechtsverletzungen außer Acht. Das verwundert kaum im Angesicht der Mitgliedsstruktur – und ihrer hohen Anzahl an massiv menschenrechtsverletzenden Staaten. Eine erfolgversprechende Kandidatur von Syrien im Jahr 2012, also während des Höhepunktes des Krieges des Assad-Regimes gegen die eigene Bevölkerung, scheiterte nur an der Opposition der USA und der EU. Syrien kandidiert 2014 erneut. Auch Sudan unter der Führung von Omar Al-Bashir, vom ICC des Genozids angeklagt, wurde 2012 nominiert. Sich an solche Autoritäten in Menschenrechtsfragen zu wenden, muss den Opfern von Verfolgungen und crimes against humanity wie blanker Hohn vorkommen. Vorbehalte erfährt neuerdings auch der International Criminal Court. Afrikanische Staaten haben sich jüngst beschwert, dass er sich bisher nahezu ausschließlich mit afrikanischen Diktatoren und Menschenrechtsverletzungen in Afrika befasst.

Aber auch seitens führender demokratischer Akteure der globalen Politik, einschließlich der USA, wird konsistentere Menschenrechtspolitik erschwert – durch nationale Interessenspolitik und die innerstaatliche öffentliche Meinungsbildung, aber auch übermäßigen bzw. mangelnden Handlungswillen. Man denke an die humanitären Zusatzbegründungen für den Krieg im Irak einerseits, das Zu- und Wegschauen im Angesicht der von der Weltöffentlichkeit kaum wahrgenommenen Massenverbrechen in Darfur oder derzeit im Syrien-Konflikt. Immer wieder zerreiben sich dergestalt menschenrechtliche Prinzipien und Handlungskriterien im *Souveränitätsparadox* internationalen Rechts, wonach selbst eigenständige internationale Institutionen und Rechtssubjekte – und internationales Recht im Allgemeinen – im Prinzip der *souveränen Gleichheit* gründen und auf die Partizipation souveräner Staaten angewiesen sind. Die skizzierten Probleme ergeben sich letztlich aus dem Spannungsfeld zwischen von souveränen Staaten global ratifizierten und institutionalisierten Menschenrechtskonventionen und -regimen einerseits und der »nationalen Interessenspolitik« souveräner und mithin hegemonialer Nationalstaaten andererseits, ohne die Menschenrechte selbst in den mächtigsten internationalen Körperschaften immer noch keine wirkungsmächtige politische Kraft im globalen Raum besitzen.

Kants *Ius Cosmopoliticum* Revisited: Menschenrechte, Demokratie und Formen zerfallender Staatlichkeit

Trotz der legitimen und in der entstehenden Weltöffentlichkeit weitgehend legitimierten Ausweitung menschenrechtlicher Normen und *im Grunde* bindender Rechtsinstrumente deutet jener Widerspruch auf ein zweites, grundlegendes normatives und politisch-empirisches Dilemma, das mit jenem *Souveränitätsparadox* im internationalen Recht verbunden ist: Letztlich ist die dauerhafte Realisierung von Menschenrechten auf institutionalisierte einzelstaatliche Strukturen und nationale Rechtsstaatlichkeit angewiesen und kann nicht »von außen« oder »von oben« gewährleistet werden. Daran schließt sich auch die normative Frage an nach dem Verhältnis von politischer Autonomie und demokratischer Selbstgesetzgebung zu den Menschenrechten.

Michael Ignatieff (2000) hat bereits vor Jahren darauf aufmerksam gemacht, dass Menschenrechte heute mithin dort am wenigsten gelten und am meisten bedroht sind, wo Strukturen staatlicher Ordnung fehlen – also nicht nur oder primär unter repressiven autoritären Regimen, sondern vor allem auch in Kontexten von *failing states*, d.h. zerfallenden Formen von Staatlichkeit. Das sollte nicht zur Verharmlosung von vorsätzlichen Menschenrechtsverletzungen von autoritären Regimen führen oder diese gar legitimieren. Sie sind anzuklagen und auch mit Sanktionen zu belegen, wenn man es mit der Durchsetzung menschenrechtlicher Normen ernst meint. Doch die Überlegung, dass ein Mindestmaß an staatlicher Ordnung, und damit auch souveräner Staatlichkeit, langfristig überhaupt erst die Grundlage stabiler menschenrechtlicher Sicherung darstellt, ist für die Diskussion um Bedingungen menschenrechtlicher Politik ernst zu nehmen – ein Gedanke, der sich in Hannah Arendts Formulierung vom Recht auf Mitgliedschaft in einer politischen Gemeinschaft und dem »Recht, Rechte zu haben« (Arendt, 1955) spiegelt. Ein Beispiel dafür ist die immer noch hohe, teils ansteigende Zahl militarisierter innerer Konflikte und Bürgerkriege. Ein besonderes Beispiel ist Somalia, in dem die Krise von Staatlichkeit nicht nur in eine menschenrechtliche Krise übersetzt, sondern sich das Territorium auch zu einem Refugium terroristischer Organisationen entwickelt und somit zur Gefährdung internationaler Sicherheit beigetragen hat. Es ist zudem ein Beispiel dafür, dass Fragen der systematischen Verletzung von Menschenrechten zunehmend auch als Problem internationaler Sicherheit erkannt werden (und erkannt werden müssen).

Wie solch stabile staatliche Ordnung herzustellen ist, ist eine zweite Frage. Der Schutz staatlicher Souveränität und Ordnung kann unter Umständen aber *auch* eine politische Option des rationalen Schutzes von Menschenrechten sein. Und die Gefahr zerfallender (souveräner) Staatlichkeit ist ein Problem, das auch die Gefahren eines militärischen humanitären Interventionismus verdeutlicht. Wer nicht realistisch Chancen und Konsequenzen militärischen Handelns bedenkt – und die Chancen, langfristig verbindliche staatliche (Rechts-)Ordnungen zu stärken und Menschenrechte der Bevölkerung zu sichern –, handelt unabhängig von der internationalen Rechtslage fahrlässig. Das heißt, wie indiziert, wiederum nicht, dass souveräner staatlicher Ordnungsmacht freie Fahrt in Menschenrechtsfragen gegeben werden sollte. Solche Überlegungen implizieren vielmehr die politische Solidarisierung und ernsthafte Bezugnahme auf internationales Recht und Menschenrechte, auch und gerade unter Berücksichtigung der »responsibility to protect« im Angesicht von Verbrechen gegen die Menschlichkeit. Auch sollte das Dilemma zerfallender Staatlichkeit nicht dazu führen, sich mit menschenrechtlich orientierten und demokratischen Aufständen zu entsolidarisieren, die – wie etwa die tunesische Revolution oder Teile der demokratischen Protestbewegung im Iran 2009 – selbst den Bruch mit staatlicher Ordnung von unten praktizieren.

Das Souveränitätsproblem stellt sich indes ohne Zweifel auch weitergehend als normatives Problem: als Frage der Anerkennung politischer Autonomie und eigenständiger gesellschaftlicher Entwicklung. Bereits Kant hatte sich im *Ewigen Frieden* zwischen der Hoffnung auf vernünftigen Fortschritt hin zu einem universellen Weltbürgerrecht einerseits und nüchternem Realismus, der auf staatliche Unabhängigkeit setzt, andererseits bewegt. Als Stammvater der demokratischen Friedenstheorie baute er in seinem späten Kosmopolitanismus auf die unbedingte Legitimität der »westfälischen Ordnung« und die unabhängige sukzessive Entwicklung souveräner, Recht setzender – im Grunde konstitutionell repräsentativdemokratischer – Republiken. Der *Perpetual Peace* wird bei Kant im Rahmen einer konföderalen Struktur autonomer Republiken und Vertragspartner konzeptionalisiert (Held, 1995, S. 229). Das *Weltbürgerrecht* oder *ius cosmopoliticum* ist bei Kant dort als Recht begriffen, das – jenseits moralischer Verweise auf universalistische Empathie für die Menschheit – auf verbindlicher Ebene *lediglich* ein Menschenrecht als temporäres Gast- und Aufenthaltsrecht aller Weltenbürger impliziert (Benhabib, 2002, S. 551; Benhabib, 2004, S. 25ff.). Die *politische* Realisierung universellen Rechts sah Kant also gekoppelt an die sich entwickelnde republikanische Vernunft der jeweiligen unabhängigen Staaten. Im Sinne der universalistischen Verfasstheit liberal-demokratischer Staatlichkeit: Der universalistisch-kosmopolitische Überschuss, die Wahrung der Menschenwürde und der Menschenrechte, bleibt hier gebunden an die Gesamtheit der territorialen demokratischen Souveräne der *westfälischen* Ordnung, die Recht setzen. Kant verweist hierbei einerseits auf das politische und normative Problem einer Rechtssetzung *von oben* oder *von außen*. Anderseits deutet er auf die – im Angesicht der fast steten Zunahme demokratischer Staaten seit 1945 nicht ganz unbegründete – Hoffnung, dass der Respekt politischer Autonomie langfristig zu Demokratisierungen und Republikanisierungen im *Innern* der Einzelstaaten führt, die auch zum Respekt der Rechte der Weltbürger führen und zu einem demokratischen Frieden, der Bestand hat.

Bis heute Bestand hat die durch Kant implizit begründete demokratische Friedenstheorie, dass konstitutionelle Demokratien keine Kriege gegen einander führen und somit die *interne* demokratische Verfasstheit von Staaten entgegen der *realistischen* Schule der internationalen Beziehungslehre das *externe* Verhalten zumindest entscheidend beeinflusst. Gleiches gilt für Kants Problematisierung eines unrealistischen und normativ problematischen militärischen Interventionismus (Franceschet, 2002). In der Tat können im globalen Rahmen nicht schlicht, in Analogie zu nationalen rechtsstaatlichen Institutionen, allgemeine Rechtsprinzipien unmittelbar durchgesetzt werden mit dem Verweis auf *höheres* Recht. Global Governance muss immer noch um Legitimität ringen (Zürn, 2004).

Doch wäre es mindestens ebenso verfehlt, bindendes internationales Recht nicht als solches zu erachten. Die skizzierte Entwicklung internationalen Menschenrechts, ursprünglich in Reaktion auf die NS-Verbrechen, weist in entscheidenden Punkten über Kant hinaus auf veränderte Bedingungen politischer Autonomie. Menschenrechtsprinzipien können erstens nicht mehr schlicht von staatlicher Souveränität entkoppelt werden. Schließlich hat die große Mehrheit der Staatenwelt auch unabhängig von ihrer inneren Verfasstheit menschenrechtliche Konventionen ratifiziert und die Beachtung universeller Menschenrechte anerkannt. Dies legitimiert, ermöglicht und *erfordert* auch internationales Handeln gegen Menschenrechtsverletzungen. Gerade das robustere Mandat der *Responsibility to Protect* von 2005 belegt dies. Zweitens sind rigorose Trennungslinien zwischen territorialer staatlicher Autonomie einerseits und transnationalen Politik- und Rechtsformen, Demoi, Normen und Werten fiktiver denn je. Menschenrechte haben ihre Geltungskraft in allen politischen Gemeinschaften insofern, dass sie weltweit von Minderheiten, Verfolgten und Diskriminierten lokal aufgegriffen worden sind, eingeklagt werden und Relevanz erlangen. Globale Sensibilisierungen gegenüber Menschenrechtsverletzungen überschreiten längst staatliche Grenzen; das hatte Kant bereits weitsichtig formuliert. Rigide Trennungen zwischen internationaler und nationaler Autonomie sind deshalb zu erheblichen Teilen artifiziell. Dies belegt auch der gestiegene Druck durch globalisierte Öffentlichkeiten und der globale, grenzüberschreitende – wenn auch sich asymmetrisch entwickelnde – soziale Wertewandel und breite Anerkennung der Ideen von Menschenrechten und Demokratie (vgl. Norris & Inglehart, 2009). Drittens können die alltäglichen Opfer anhaltender massiver Menschenrechtsverletzungen zu Recht nicht auf Demokratisierungsversprechen in einer unabsehbaren Zukunft hoffen und auf diese vertröstet werden. Der Verweis auf politische Souveränität, mobilisiert von autoritären Regimen und nicht zuletzt auch von einigen westlichen Intellektuellen, wirkt dabei in der Tat oftmals, wie bereits Horkheimer und Adorno diagnostizierten, als bloße Rechtfertigung rückhaltloser innerstaatlicher Gewalt.

Einige Probleme beruhen schließlich auch innerhalb etablierter demokratischer Regierungen und Medien verbreiteten Missverständnissen zum Verhältnis von Menschenrechten und Demokratie. Immer wieder reüssieren dabei Demokratiebegriffe, die Demokratie auf Wahlen oder einen artikulierten Mehrheitswillen reduzieren, ohne die entscheidende Rolle von konstitutionellen Rahmenprinzipien, der Gewährleistung von Grund-, Freiheits- und Versammlungsrechten und Rechtsstaatlichkeit oder den Schutz von Minderheiten angemessen zu berücksichtigen. Diese Charakteristika zählen genauso wie eine gesicherte plurale Öffentlichkeit zu den Grundelementen moderner demokratischer Verfassungsstaaten. Zielt die demokratische Selbstgesetzgebung, die stets eine wie auch immer fiktive Selbstkonstitution als *We, the people* voraussetzt (Ackerman, 1991), notwendig *auch* auf *Be*grenzung des politischen Raumes, drängt der demokratischen Verfassungsstaaten und Republiken inhärente Universalismus menschenrechtlicher Rechtsnorm notwendig auf *Ent*grenzung. Demnach sind legitime konstitutionelle Demokratien in ihrem inneren Kern immer sowohl grenzüberschreitenden als auch Grenzen setzenden Charakters, denn sie müssen Mitglieder von Nicht-Mitgliedern unterscheiden, aber *auch* als Gleichwertige anerkennen.

Die immer noch allzu gängige Reduktion von Legitimitätsressourcen und Geltungsansprüchen der Demokratie auf majoritäre *Volksherrschaft* und *Selbst-*

bestimmung unter Abkoppelung der zwingend erforderlichen, universalistisch begründeten (Menschen-)Rechte, Verfahren und Normen begründet indes eine kulturrelativistische Haltung.

Nur so ist es zu erklären, dass etwa über Jahre die Rechtmäßigkeit *gewählter* iranischer Präsidenten, der Hamas nach den Wahlen im Westjordanland oder zuletzt die massiven staatlichen Diskriminierungen unter der einjährigen Herrschaft der zunächst demokratisch gewählten Muslimbruderschaft in Ägypten trotz der Verfolgung von Dissidenten, Minderheiten und Homosexuellen oftmals als *demokratisch legitimierte Regierungen* behandelt und bisweilen öffentlich offensiv in Politik und Medien verteidigt wurden. Es führte bei Kritik zu einem ebenso oft bemühten wie fehlgeleiteten Argument, *der Westen* respektiere demokratische Entscheidungsprozesse nicht, wenn er die Legitimität der Muslimbruderschaft oder seiner Zeit der gewählten Hamas-Regierung infrage stellte. Solches Demokratiemissverständnis legitimiert letztlich u. a. zumindest Tyranneien der Mehrheit unter Preisgabe oder Relativierung von Menschenrechten.

Menschenrechtsregime und Good Global Governance: Herausforderungen an nationale und internationale Politik

Transnationale Good Governance zielt auf multiple, überlappende Ebenen der politischen Praxis und Systeme politischer Regelung. Im Übergang zu post-westfälischen Rechts- und Politikformen zielt eine *menschenrechtsorientierte* transnationale Good Governance auf Regieren *jenseits* der National- und Weltstaatlichkeit (Rittberger, 2001) – auf eine produktive und rationale Balance zwischen souveränen Interessen einerseits und der Durchsetzung kosmopolitischer Normen bzw. Standards andererseits. Die noch schwächlich entwickelten institutionalisierten Formen einer post-westfälischen internationalen Rechtsordnung und Governance reagieren auf entgrenzte Problemstrukturen und nationalstaatliche Handlungsdefizite (Neyer & Beyer, 2004, S. 174). Dies betrifft auch die Frage der Menschenrechte und ihre neuen Bedingungen. Die entstandenen Rechtsinstitutionen und neuen internationalen Ordnungsformen und Menschenrechtsregime sowie Strukturen einer trans- und supranationalen Governance bilden immer noch ein fragiles System, das auf die Unterstützung gerade der führenden liberalen konstitutionellen Demokratien angewiesen ist.

Ich möchte abschließend jenseits der Frage nach globaler Schutzverantwortung drei in der Debatte um internationale Menschenrechte oft wenig berücksichtigte Aspekte einer menschenrechtlichen Good Global Governance hervorheben: (a) die Relevanz der Ratifikation von Menschenrechtskonventionen in nationalen politischen Systemen; (b) Optionen menschenrechtlicher Konditionalisierungen von Kooperation und Hilfsleistungen; und (c) die Bedeutung globalen sozialen Wertewandels und globaler Öffentlichkeit.

(a) Beth Simmons (2009) hat in einer ausgezeichneten Studie empirisch dargelegt, dass die Ratifizierung von Menschenrechtskonventionen kein nur formaler Akt ist oder bloßer Teil eines *dead letter regimes*. Vielmehr zeigen sich laut Simmons unter bestimmten Bedingungen signifikante Effekte im Hinblick auf die Verbesserung der Menschenrechtssituation und nationales Recht in diversen Nationalstaaten. U. a. können Menschenrechtsaktivisten in semi-autoritären politischen Systemen mithilfe entsprechender Vereinbarungen Druck erzeugen. Auch gibt es nachweislich Prozesse dessen, was soziale Konstruktivisten als partielle Norminternalisierung infolge von peer pressure und Imitation von internationalen Erwartungen begreifen. Die geringsten Wirkungen zeigen sich laut Simmons an zwei Polen staatlicher Ordnungssysteme: einerseits in gefestigten konstitutionellen (westlichen) Demokratien, in denen menschenrechtliche Standards in die Bürgerrechte der jeweiligen Verfassung eingeschrieben und politisch-kulturell verankert sind, und andererseits in extrem repressiven autoritären Staaten, die in der Tat die Weltöffentlichkeit täuschen, aus ausschließlich strategischen Gründen Menschenrechtskonventionen unterzeichnen und konsequent missachten. Es sollte von daher von entsprechender Bedeutung sein, Staaten zu bindenden Menschenrechtskonventionen zu bewegen.

(b) Menschenrechtliche *good global governance* erfordert den verstärkten politischen Einsatz von sanktionierender und anreizschaffender Konditionalität in bi- und multilateralen Kooperationen, Hilfsleistungen, Verträgen und ökonomischen Rahmenvereinbarungen. Eine *good governance* gegen Menschenrechtsverletzungen ist darauf angewiesen, neue Instrumente und Handlungsoptionen zu erproben. Verbunden mit den Verhandlungsregimen, die u. a. auf politische und ökonomische Kooperationsangebote zielen, müsste das vielfach in die Kritik geratene Konzept der Konditionalisierung eine kritische, jedoch viel breitere Aktualisierung in Bezug auf Menschenrechtspolitik erfahren. Konditionalität besagt, dass bi- und multilaterale Verträge, Vereinbarungen und Leistungen an Bedingungen geknüpft sind, die im Falle der Nichteinhaltung entzogen, zurückgefordert oder nicht geleistet werden. Bisher fand Konditionalität zumeist im Bereich der Entwicklungshilfe in Bezug auf autoritäre Auflagen einer fiskalischen Sparpolitik Anwendung und war gekoppelt an Kredite durch IWF und Weltbank (Abrahamsen, 2004). Neben der *punishment conditionality* sollte eine *incentive conditionality* Bestandteil von bi- und multilateralen Vereinbarungen, also eine Konditionalisierung mit politisch-ökonomischen Anreizsystemen stärker erprobt werden. Sie funktionieren nicht auf Grundlage direkter Dominierung und Imposition mit »Bestrafung«, sondern durch Versprechen der Inklusion und Inkorporierung (ebd.). Erst seit den 1990er Jahren ist überhaupt »the prevention of democratic regression [...] a pressing concern for the international donor community« (Santiso, 2003, S. 2).

Japan hat seit Beginn der 1990er Jahre *human rights conditionalities* als Anreizsystem eingeführt. Staaten mit entsprechenden Menschenrechtsverbesserungen haben demnach mehr Hilfsleistungen bekommen; obschon der Erfolg einer tatsächlichen Kopplung jüngst in Zweifel gezogen wird (Furuoka, 2005). Reformen von Entwicklungshilfe jedenfalls »tend to emphasize technical dimensions of aid effectiveness« (ebd., S. 3). Paradoxerweise tendiert auch die jüngste Reform der EU dazu, Hilfen zu entpolitisieren im Sinne technischer Effizienzkriterien und von menschenrechtlichen politischen Konditionen weiter zu entkoppeln (ebd., S. 20). Es wäre dagegen eine dringliche Aufgabe, *conditionality* als einen Mechanismus in Antwort auf reale oder potenzielle Menschrechtsverbrechen oder menschenrechtswidrige Politik stärker zu nutzen als bisher (vgl. Scholte, 2004; Rensmann, 2007).

(c) Globalisierter Wertewandel und globalisierte Öffentlichkeiten erhöhen den Druck auf Regime, die Menschenrechte verletzen. Menschenrechtsansprüche werden dabei zunehmend lokal angeeignet und artikuliert – entgegen ihrer immer noch weit verbreiteten kulturellen Relativierung. Sowohl die Entwicklung des internationalen Rechts, und insbesondere der internationalen Menschenrechte, als auch deren mithin globale politisch-kulturelle Aneignungen in unterschiedlichen politischen Gemeinschaften – durch Minderheiten, Ausgegrenzte, Flüchtlinge und Verfolgte sowie Oppositionelle in autoritären Regimen – zeigen jedenfalls: Das Zeitalter der Relativierung von Menschenrechten und der schrankenlosen Souveränität national Recht setzender Staatsmacht sollte in einer »partiell globalisierten Welt« (Keohane, 2001) an sein Ende gekommen sein.

Literatur

Abrahamsen, R. (2004). The Power of Partnerships in Global Governance. *Third World Quarterly, 25*(8), 1453–1467.

Ackerman, B. (1991). *We, the people.* Cambridge, MA: Harvard University Press.

Archibugi, D. (2008). *The Global Commonwealth of Peoples. Toward Cosmopolitan Democracy.* Princeton: Princeton University Press.

Arendt, H. (1955). *Origins of Totalitarianism.* San Diego: Hartcourt.

Benhabib, S. (2002). Political Geographies in a Changing World. Arendtian Reflections. *Social Research, 69*(2), 539–567.

Benhabib, S. (2004). *The Rights of Others. Aliens, Residents and Citizens* (S. 25–48). Cambridge: Cambridge University Press.

Doornbos, M. (2001). ›Good Governance‹. The Rise and Decline of a Policy Metaphor? *Journal of Development Studies, 37*(6), 93–108.

Franceschet, A. (2002). *Kant and Liberal Internationalism. Sovereignty, Justice and Global Reform.* London: Palgrave Macmillan.

Furuoka, F. (2005). Human Rights Conditionality and Aid Allocation. Case Study of Foreign Policy Aid. *Perspectives on Global Development & Technology, 4*(2), 125–146.

Habermas, J. (2006). *The Divided West.* Cambridge: Polity Press.

Held, D. (1995). *Democracy and the Global Order. From the Modern State to Cosmopolitan Governance.* Stanford: Stanford University Press.

Horkheimer, M. & Adorno, T. W. (1969). *Dialektik der Aufklärung: Philosophische Fragmente.* Frankfurt a. M.: Fischer.

Ignatieff, M. (2000). *Human Rights as Politics and Idolatry.* Princeton: Princeton University Press.

Jacobsen, D. (1997). *Rights Across Borders. Immigration and the Decline of Citizenship.* Baltimore: Johns Hopkins University Press.

Kant, I. (1795). Zum ewigen Frieden. Ein philosophischer Entwurf. In A. Buchenau, E. Cassirer & B. Kellermann (Hrsg.) (1923 [Reprint]), *Immanuel Kants Werke* (S. 425–474). Berlin: Verlag Bruno Cassirer.

Keohane, R. O. (2001). Governance in a Partially Globalized World. *American Political Science Association, 95*(1), 1–13.

Krasner, S. D. (1982). Structural Causes and Regime Consequences. Regimes as Intervening Variables. *International Organization, 36*(2), 185–205.

Neuman, G. L. (2003). Human Rights and Constitutional Rights. Harmony and Dissonance. *Stanford Law Review, 55*(5), 1863–1901.

Neyer, J. & Beyer, C. (2004). Globales Regieren. In G. Göhler, M. Iser & I. Kerner (Hrsg.), *Politische Theorie* (S. 173–189). Wiesbaden: UTB.

Norris, P. & Inglehart, R. (2009). *Cosmopolitan Communications. Cultural Diversity in a Globalized World.* New York, Cambridge: Cambridge University Press.

Reinicke, W. (1998). *Global Public Policy. Governing without Government?* Washington: Brookings Institution Press.

Rensmann, L. (2007). Menschenrechtsregime zwischen Kosmopolitanismus und staatlicher Souveränität. Zur politischen Theorie einer Global Good Governance. *Zeitschrift für Genozidforschung, 1*(8), 131–160.

Rensmann, L. (2013). Back to Kant? The Democratic Deficit in Habermas' Global Constitutionalism. In T. Bailey (Hrsg.), *Deprovincializing Habermas. Global Perspectives.* (S. 27–49). London, New York, New Delhi: Routledge.

Rittberger, V. (Hrsg.). (2001). *Global Governance and the United Nations System.* Tokyo: United Nations University Press.

Santiso, C. (2003). Sisyphus in the Castle. Improving European Union Strategies for Democracy Promotion and Governance Conditionality. *The European Journal of Development Research, 15*(1), 1–28.

Scholte, J. A. (2004). Civil Society and Democratically Accountable Global Governance. *Government & Opposition, 39*(2), 211–233.

Simmons, B. (2009). *Mobilizing for Human Rights. International Law in Domestic Politics.* New York, Cambridge: Cambridge University Press.

Tajbakhsh, S. & Chenoy, A. (2006). *Human Security. Concepts and Implications.* London: Routledge.

Zürn, M. (2004). Global Governance and Legitimacy Problems. *Government & Opposition, 39*(2), 260–287.

Politische Bildung und Schule

Ein kritischer Rückblick auf 36 Jahre Tätigkeit als Lehrer

Lothar Nettelmann

Europa ein Lernprojekt. Mit diesem Vortrag begann Oskar Negt Ende 2013 das zweitägigen Symposium zu Lebensthemen, Zivilisationsprozessen und demokratischer Verantwortung, das diesem Sammelband zugrunde liegt. Im Rückblick, nach 36 Jahren Berufserfahrung als Gymnasiallehrer für Politik an einer UNESCO-Projekt-Schule in Norddeutschland bleibt der Eindruck, dass Europa, zumindest in Niedersachsen, nie ein Lernprojekt gewesen ist.

Die gegenwärtig in mehrfacher Hinsicht problematische Lage Europas, die kulturelle, politische und ökonomische Krise (vgl. Fischer in diesem Band), hat neben offensichtlichen Angriffen auf den Lebensstandard größerer Bevölkerungsteile in der Europäischen Union die Solidarität und das gegenseitige Vertrauen der Völker Europas einer schweren und langwierigen Prüfung unterzogen. Sie gefährdet die Idee eines geeinigten und gewaltfreien Europas und fuhrt zu Vertrauensverlusten gegenüber den politischen Akteuren auf nationaler und kontinentaleuropäischer Ebene. In diesem Zusammenhang können die wirtschaftspolitischen Erschütterungen, die die Europäische Union wohl in die schwerste Krise seit ihrer Gründung führten und deren längerfristiger Ausgang weiterhin nicht absehbar ist, auch als Versäumnisse im Bereich der (allgemeinen) politischen Bildung gedeutet werden.

So wurden auf dem Höhepunkt der Finanzkrise im Jahr 2011, als das Unbehagen in der deutschen Bevölkerung angesichts fortgesetzt steigender Finanzierungshilfen in Milliardenhöhe für Griechenland oder Portugal sich zunehmend vergrößerte, die von nationalen Klischees geprägten Stereotypen reflexartig aufgegriffen. Mit gegenwärtig leider wieder hoffähigen Begriffen wie *Faule Südländer* und *Pleitegriechen* wurde die gesamtwirtschaftliche Leistungsfähigkeit von Volkswirtschaften auf defizitäre Charakterzüge reduziert und die komplexe Euro-Krise scheinbar ursächlich aufgeklärt. Damit wurde das große Vereinigungsprojekt der europäischen Völker, die nach den Katastrophen der Weltkriege den großen kollektiven Wunsch nach Friedfertigkeit und Kooperation eindrucksvoll bezeugten, unverantwortlich in Misskredit gebracht. Bundeskanzlerin Merkel mahnte vor der CDU-Basis in Hochsauerland am 17.05.2011 dringende Verhaltensänderungen bei den verschuldeten Bevölkerungen an. Mit einem vermeintlich früheren Pensionseintritt und einem höherem Urlaubspensum müsse Schluss sein. Ihre Botschaft war unmissverständlich: die Schuldnerstaaten hätten sich jetzt umstandslos an die wirtschaftspolitischen Musterknaben und ihr Diktat zu halten. »Geliebte Vorurteile, da seid ihr wieder. Das spricht Otto Normalverbraucher so richtig aus der Seele«, kommentierte Reiner Wandler damals in der TAZ die Ratschläge der Kanzlerin wie auch andere populistische Äußerungen. (TAZ, 19.05.2011).

Wie entgegnen wir aber Tendenzen von Banalisierung, Skandalisierung und Verengung komplexer Sachverhalte, von Verflechtungen auf simple Personalisierungen, wie sie weiterhin in diesen und anderen Zusammenhängen täglich in den Medien zu beobachten sind? Wir, die in Universität und Schule Tätigen, sind in Gegenwart und Zukunft der Erziehung von jungen Menschen verpflichtet.

Zum Wesen der Politischen Bildung – wozu dient sie?

Es muss sich gar nicht um die offenkundig großen Krisen handeln, die unser Verantwortungsgefühl ansprechen. Schülerinnen und Schüler werden manchmal als renitent angesehen und entsprechend diszipliniert, dies mit all den an sich ungewollt negativen Folgen. Lehrerinnen und Lehrer werden allein gelassen bezüglich der zunehmenden Egoismen, der Kommunikationsunfähigkeit und den Aggressionen in der Gesellschaft. Und diese Veränderungen in der Gesellschaft erleben wir in der Schule und spüren sie im Unterricht. Leider werden Jugend-Studien von Lehrern wie auch der Schuladministration, kaum zur Kenntnis genommen. Wie geht man damit um, wenn z. B. Schülerinnen berichten, dass Kollege X völlig unangemessene, z. B. frauen- oder fremdenfeindliche Äußerungen von sich gegeben hat? Darf man einfach darüber hinweg gehen oder abwiegeln? Es geht um politische Korrektheit, um Werte und Normen, die wir zu vermitteln haben in den Gesellschaften Europas. Zwei zentrale Fragen stellen sich bezüglich der Politischen Bildung im Allgemeinen und ihrer Umsetzung in der Schule: Warum ist es wichtig, junge Menschen politisch zu bilden? Was bedeutet es, politisch gebildet zu sein?

Junge Menschen werden in ihrer familialen Erziehung und schulischen Bildung in die Gesellschaft eingeführt. Kinder verinnerlichen die von ihrer Familie vorgelebten und in der weiteren Umgebung erfahrenen Verhaltensweisen. Sie lernen in ihrem Sozialisationsprozess die in einer Gesellschaft gegebenen tradierten Regeln, Gebote und Verbote kennen. In der kindlichen Entwicklung werden Normen nicht hinterfragt. Diese sind je nach Ausrichtung und Entwicklungsstand einer Gesellschaft zu akzeptieren und zu befolgen. Die Politische Bildung setzt damit bereits in der kindlichen Sozialisation ein. Sie wird vermittelt in einem direkten wie indirekten Erziehungsprozess. Die qualitative Weiterentwicklung soll dann durch die Bewusstmachung von Zusammenhängen erfolgen. Dazu gehört die Kenntnis der Entwicklung auf einer vertikalen Zeitachse, also im historischen Kontext, wie auf einer horizontalen Achse. Es sind Bezüge, die in der Gegenwart wahrgenommen werden können und sollten. Diese gliedert sich in Ebenen, die in der Schule durch Unterrichtsfächer abgedeckt werden, die allgemein an den Bedingungen des künftigen Lebens orientiert sind. Dass die zu erlernenden Inhalte und zu erwerbenden Fertigkeiten den sich wandelnden Erfordernissen und ständig neu definierten Anforderungen der Moderne entsprechen und über Leistungsnachweise dokumentiert werden müssen, ist ein gültiger Grundsatz in Bildung und Ausbildung.

Die Politische Bildung arbeitet mit ihren Methoden einer kritischen Betrachtung von Regelsystemen. Die jungen Menschen sollen befähigt werden, diese zu hinterfragen, bezüglich der Wirkungen und Folgen sowie der Legitimation in der Lebenswirklichkeit. Es muss die Frage nach demokratischer Partizipation Betroffener beim Handeln der ökonomischen Subjekte, die Diskussion über mögliche Vorteile für eine Gruppe wie die Nachteile anderer erfolgen, auch der indirekt Betroffenen. Einen Bezugsrahmen bildet die *ethische Verantwortung* für das Handeln in der eigenen oder einer anderen Gesellschaft. Das Spezifikum der Politischen Bildung setzt ein bei den Bezügen zu Mikro- wie Makrobereichen einer Gesellschaft und ihren Machtbeziehungen. Eine sinnvolle Methode zur Erfassung der Problematik kann darin bestehen, eine Falsifikation oder Rückkoppelung der Gedankengänge durchzuführen. Man kann untersuchen, in welchen Dimensionen Politische Bildung durchgeführt wird, inwieweit sie unabhängigen und wissenschaftlich gesicherten Kriterien genügt, inwieweit politische Implikationen administrativ einfließen. Man kann die Standards in mehr oder weniger demokratisch verfassten Staaten betrachten. Dazu gehören z. B. die Einengungen durch politische Ideologien oder religiös ausgerichtete Systeme. Die Einrichtung einer umfassenden Politischen Bildung oder die Einschränkung andererseits sind dann ein Gradmesser für den Demokratie-Charakter einer Gesellschaft, für Rechtsstaatlichkeit, Freiheit und soziale Gerechtigkeit.

Es wäre in diesem Zusammenhang sinnvoll, zu untersuchen, inwieweit die Behandlung der Medien im Unterricht der Politischen Bildung eine Rolle spielt. Dies könnte am Beispiel der Presse geschehen, die in den sechziger Jahren als *Vierte Gewalt* apostrophiert wurde. Als Beispiel böten sich an der *Spiegel* in seiner zunächst positiv angesehenen kritischen Haltung in unserer Demokratie und andererseits die eine lange Zeit negativ konnotierte Springer-Presse. In einigen Lehrbüchern für Sozialkunde gibt es entsprechende Kapitel. Die Gefahr besteht, dass die Behandlung der Medien in der Sekundarstufe I oftmals eher den Intentionen der Lehrer entspricht und weniger mit dem Bewusstsein und den Wünschen der Schüler korreliert.

Politische Bildung in den Wertfächern

Eine lange Zeit war es in den Wertfächern üblich, nach gegenseitigen Stereotypen gegenüber den Nachbarn zu fragen. Dies ist vor allem gegenüber Polen geschehen. Die Beschäftigung damit basierte zumeist auf Angaben aus der Literatur. Die Lösungen der jeweiligen Fragestellungen erfolgten zumeist durch Anwendung traditioneller Unterrichtsmethoden des Gymnasiums. Sie ging kaum über die moralische Ebene hinaus. Eine Ursache mag in der Anwendung exegetischer Methoden der Literaturwissenschaft liegen. Es dominieren Textanalysen im Sinne von Interpretationen. Sozialwissenschaftliche Methoden werden kaum angewandt. Die relativ junge Politikdidaktik hat sich aber auch nicht auseinandergesetzt mit den Wechselbeziehungen zu den Anwendungen der interpretativen Methoden der sprachlichen Fächer. Einen weiteren Bereich stellen die Methoden der *Exegese* dar, von denen sich die Methoden der Sprachwissenschaftler wiederum abheben. Sie wären es wert, kritisch betrachtet zu werden in Bezug auf überschneidende Fragestellungen sowie methodisch-didaktischen Zugang. Seitens der Lehrer für Sprachen wird ein exegetischer Zugang zudem als negative Kritik und damit abwertend verstanden. Dieses erfolgt ohne Zugang zur Didaktik und Methodik des Religionsunterrichtes, in dem die *Exegese* eine spezifische Funktion hat. Die Religionskunde müsste sich mit Methoden der sozialkundlichen Fächer auseinandersetzen, zumal es Überschneidungen zu den Inhalten der Geografie und der Geschichte gibt. Es wäre sinnvoll, diese Wechselbeziehungen unter dem Dach der Politischen Bildung einzurichten und anzuwenden. In den Fächern Werte und Normen

(WuN) und Politik-Wirtschaft könnten sich praktikable Anknüpfungspunkte ergeben.

Zur Vorurteilsproblematik und der Erziehung zur Toleranz

Von Vorurteilsbetrachtung und -bewältigung zur Analyse von Mentalitäten zu kommen, erscheint mir unabdingbar für Studenten aller pädagogischen Fächer. Eine inhaltliche Hilfe könnten die Schriften von Norbert Elias bieten. Sehr viel gegeben hat mir z. B. die Studie über Etablierte und Außenseiter (Elias & Scotson, 1990). Sie ist auf die Mikro- wie Makrobereiche von Gruppen und Gesellschaften anwendbar. Sie ist gut in der Schule anwendbar, weil sie das Nachdenken über beschriebene gesellschaftliche Realitäten bewirkt.

Ursachen für bisherige Unterlassungen liegen in den unterschiedlichen inhaltlichen wie auch den methodischen Ansätzen der beteiligten und miteinander konkurrierenden Disziplinen: Religion, Religionswissenschaften, Philosophie, den diversen Sparten der Sozialwissenschaften sowie den politischen Implikationen und Rahmenbedingungen. Ein Beispiel für Konflikte im Kollegium in den 80er Jahren war die Haltung gegenüber dem Militär. Es gab Militarismus-Vorwürfe gegenüber Kollegen, die bei der Bundeswehr gedient hatten, sowie Vorbehalte gegenüber Jugendoffizieren, die die Schulen besuchten. Es mangelte oftmals an der Fähigkeit und dem Willen zur selbstkritischen Auseinandersetzung mit eigenen Anschauungen und Zielen. Leider war es dann nicht möglich, eine gegenseitige kritische Auseinandersetzung in einem angemessenen Diskurs zu führen. In der Schule war eine inhaltliche Auseinandersetzung mit den europäischen Militärbündnissen in den Rahmenrichtlinien nicht vorgesehen und wurde in der Unterrichtspraxis weitgehend ausgespart. Die Rahmenbedingungen des Kalten Krieges für Europa blieben zumeist eine leere Floskel. Es mag damit zusammenhängen, dass sich seit den 60er Jahren eine Anti-Haltung gegenüber den USA im Zusammenhang mit dem Vietnamkrieg herausgebildet hatte. Wahrscheinlich spielte andererseits der in den 60er Jahren begonnene Verständigungs- und Aussöhnungsprozess mit Polen sowie das langsam in das (west-)deutsche Bewusstsein eindringende Böse der deutschen Nazi-Diktatur in Bezug auf Osteuropa eine wesentliche Rolle. Möglicherweise liegt die Ursache in der Nichtbewältigung zeitgeschichtlicher Phänomene. Aus Unkenntnis konnten Aversionen gegenüber Kollegen entstehen, die sich entsprechend engagiert oder auch qualifiziert hatten. Eine langfristige Lösung liegt in der Einübung von Kommunikationsfähigkeit sowie im Praktizieren von kollegialer Toleranz.

Ziel der Politischen Bildung muss bleiben: Erziehung zu engagiertem Verhalten, zur Verantwortung, zu Zivilcourage. Wir benötigen dazu eine Streitkultur. Die Akzeptanz des jeweiligen *Andersseins*, des Denkens und Handelns eines anderen Menschen muss Ausdruck von Politischer Kultur sein. Lehrer zeigen dadurch individuelle Stärke, wenn sie diese den Schülerinnen und Schülern beispielhaft vorleben. Unabdingbar dafür ist Zivilcourage bis hin zu zivilem Ungehorsam.

Resignation und Hoffnung

Es ist nicht zu erkennen, dass Lehrerinnen und Lehrer in ihrer Ausbildung hinreichend befähigt werden, einen tragfähigen, sinnvollen Diskurs zu führen, zu leiten und zu intendieren, also ihren Schülerinnen und Schülern dieses als wichtige *Humantechnik* zu vermitteln. Anzuregen wären fakultätsübergreifende Lehrveranstaltungen, in der Diskurskultur vermittelt würde. Nur dann könnte die Schule diese Voraussetzungen für Studium und Beruf liefern. Es muss gesichert sein, dass in Sozialberufen Tätige im Übergang von der Industriegesellschaft zur Postmoderne fachlich begleitet werden. Lehrer und Sozialarbeiter verfügen über ein immer mehr veraltendes Wissen. Man steht den wahrnehmbaren aber nicht erklärbaren Veränderungen im Verhalten und Denken der jeweils jüngeren Generation hilflos gegenüber und wendet erfolglos tradierte Methoden an. Sie dürfen nicht allein gelassen werden bezüglich der zunehmenden Egoismen, der Kommunikationsunfähigkeit und den Aggressionen in der Gesellschaft. Denn diese Veränderungen in der Gesellschaft werden in der Schule erlebt. Zu Beginn meines Studiums sagte uns ein älterer Chemieprofessor: »Meine Herren, lernen Sie keine Daten und Konstanten auswendig. Sie können alles in Büchern nachlesen. Es kommt im Studium darauf an, dass Sie chemisch denken lernen.« Und dieses Denken-Lernen gilt in besonderem Maße für die Fächer der Politischen Bildung.

Zur Genese des Politischen: Persönliche Prägung in der Nachkriegszeit

Die Politische Bildung ist grundsätzlich ein Bestandteil allen pädagogischen Wirkens. Die Wahrnehmung des Politischen erfolgt in der gesamten Sozialisation, die sich durch Akzeptanz, Verinnerlichung und Nachahmung von Verhaltensweisen der Vorbilder einer Gesellschaft äußert. Dazu gehört das erlernte Wissen. Dies alles ist in seiner Gesamtheit integrativ zu verstehen. Ich möchte dieses anhand von Beispielen aus meiner Vita zeigen.

Kindheit und Schulzeit

Meine Prägung – sie erfolgte zunächst indirekt als Kind der Nachkriegszeit – kann stellvertretend für viele Kollegen gesehen werden. In der Familie wurde oft erzählt, dass mein Großvater Gustav im April 1945 starb und bei seiner Beerdigung amerikanische Tiefflieger über unser Dorf Richtung Hannover flogen. Ich wurde zwei Jahre später geboren. Meine Eltern lebten, wie alle Dorfbewohner, in beengten ärmlichen Verhältnissen und waren auf Selbstversorgung angewiesen. Mein Leben hat von frühester Kindheit die Erfahrung meines Vaters begleitet, der als Schwerverwundeter den Krieg überlebte und mit Geduld und vorbildlicher Haltung sein Leiden bis ins hohe Alter getragen hat. Unterschwellig wurde bis nach der Kuba-Krise 1962 immer wieder die Russenangst gegenwärtig. Dies geschah in den ersten Nachkriegsjahren besonders durch die Flüchtlinge und Vertriebenen, die, wie auch wir, damals im Hause des Großvaters Friedrich lebten. Die Einwohnerzahl des Dorfes hatte sich nach dem Kriege etwa vervierfacht.

Meine Sozialisation begann mit der frühkindlichen Wahrnehmung des Korea-Krieges (1950–1953). Dann ereignete sich kurz nach meiner Einschulung der 17. Juni 1953. Im Oktober 1956 erklärte der Lehrer pädagogisch-moralisch, dass die Kinder in Ungarn hungerten und wir die Pausenbrote nicht in den Papierkorb werfen sollten. Erst viel später erfuhr ich, dass der von uns Kindern verehrte Lehrer Paul P. zusammen mit seiner späteren Ehefrau Eva, beide aus Königsberg/Preußen stammend, von 1936 bis 1938 in Hannover studiert hatten. Er wurde danach zur Wehrmacht eingezogen und hat den Krieg als Hauptmann der Artillerie überlebt. Dieser sensible Pädagoge hatte nichts mit dem Militärischen im Sinn und wurde für mich zu einem beispielgebenden Lehrer. Anderen merkte man später durchaus ihre Kriegserfahrungen an, oftmals unangenehm, da unverarbeitet. Diese seien aber nicht erwähnt. Zwei andere Lehrer der Mittelschule, die den Krieg überlebten, beide ebenfalls Ostpreußen, hatten eine unterschiedliche Distanz zum Militärischen gewonnen und waren für mich ebenfalls beispielhafte Pädagogen geworden. Sie ließen in mir den Wunsch entstehen, Lehrer zu werden. Sie vermittelten ebenfalls die Neigung zu den Naturwissenschaften sowie zu Erdkunde, Geschichte und Sozialkunde. Am Gymnasium wurde diese Neigung zu einer konkreten Zielrichtung.

Mein Klassenlehrer, Paul R., ein Hannoveraner kurz vor der Pensionierung, gab meinem Vater den Rat, ich solle doch nach der Mittleren Reife auf das Gymnasium wechseln. Mehrere Lehrer des zuvor neu gegründeten Gymnasiums in Gehrden waren Angehörige der Flak-Helfer-Generation gewesen oder zählten zu den *Weißen Jahrgängen* ab 1928, die nicht mehr zum Wehrdienst in der Bundeswehr einberufen worden sind. Sie verkörperten die skeptische Generation der fünfziger und sechziger Jahre und wurden zu pädagogischen Vorbildern. Sie vermittelten den Sinn zur Partizipation in gesellschaftlichen Organisationen, zum verantwortungsvollen politischen Mitwirken. So konnte ich z. B. in der 12. und 13. Klasse in den Sommerferien an von zwei Lehrern der Schule organisierten Fahrten nach Frankreich teilnehmen. Diese Fahrten wurden finanziell durch das Deutsch-Französische Jugendwerk ab 1962 gefördert. Dabei besuchten wir u. a. die Gräberfelder bei Verdun, das *Ossuaire* (Beinhaus) für die vielen unidentifizierten getöteten Soldaten, dann die Gedenkstätten der alliierten Invasion in der Normandie, z. B. in Arromanches-les-Bain, sowie das 1944 zerbombte Caen. Die Fahrten wurden für mich beispielhafte Anregung für die eigenen in den Ferien organisierten Fahrten nach Polen. Seit den achtziger Jahren fördert das Deutsch-Polnische Jugendwerk Begegnungen mit jungen Menschen in Polen. Die Frankreich-Fahrten prägten auch mein späteres Rollenverständnis als Lehrer, nämlich mich für die Schüler zu engagieren, auch über den engen Rahmen der Schule hinaus.

Die Befreiung Europas von der deutschen NS-Gewaltherrschaft war sicherlich prägend für mein Interesse an Polen und für mein Engagement ab 1975 als Lehrer. Dort erfolgten Besuche der KZ-Gedenkstätten in Auschwitz, Stutthof und Majdanek im neu entstandenen Polen, in *Volkspolen*, wie es damals genannt wurde. Die Nationalhymne war geblieben, die weiß-rote Fahne auch. Nur vom weißen Adler hatten die neuen Machthaber die Krone entfernt. Die großen propagandistischen Spruchbänder, die überall zu sehen waren, ignorierten die Menschen, wie bei meinen Studienreisen ab 1975 deutlich wurde.

Das erste politische Interesse war entstanden durch die transponierte Euphorie über J. F. Kennedy. Seine Schrift über die Zivilcourage (Kennedy, 1992) wurde in der Schule empfohlen. Die Spannungen anlässlich des Mauerbaus 1961 nahmen wir in der neunten Klasse noch nicht in ihrer tiefen Bedeutung wahr. Die Kuba-Krise 1962 wurde schon intensiv im Unterricht besprochen. Am Gymnasium erfolgten dann ab 1963 die entscheidenden ersten Auseinandersetzungen mit dem Nationalsozialismus. Der Auschwitz-Prozess war 1964 abgehalten worden und es hatte eine Ausstellung in Hannover gegeben. Ein bezüglich Israels engagierter Lehrer vermittelte ein entsprechendes Problembewusstsein. Die Schule richtete eine Polit-AG und ein Forum Politikum ein. Dieser hervorragende Lehrer wurde später ein prominenter Ratsherr der Stadt Hannover und Leiter der Niedersächsischen Landeszentrale für Politische Bildung (NLzfPB). In seinem Lebenswerk ist er mit dem langjährigen Aussöhnungs- und Verständigungsprozess zu den mit der deutschen Vergangenheit traumatisch verbundenen Ländern, Nationen, Glaubensgruppen befasst, die unter den Stichworten Israel und Polen subsumiert werden können.

Die Zeit bei der Bundeswehr 1966–1968

Mein Interesse an den Naturwissenschaften und Zeitgeschichte/Politik vertiefte sich. Ich plante, nach dem Abitur Chemie und Geografie zu studieren. Mit der Versetzung in die 13. Klasse kam im April 1966 die überraschende Mitteilung, dass wir im September nach einem halben Kurzschuljahr Abitur machen müssten. Die Kultusministerkonferenz hatte beschlossen, den Schuljahresbeginn auf den Termin nach den Sommerferien zu verlegen. Alles ging nun rasend schnell. Ich wurde am 1.10.1966 in der Schule entlassen und musste am 3.10.1966 den Wehrdienst antreten. Nur drei Klassenkameraden sind nicht einberufen worden. Dieses geschah ohne jegliche Vorbereitung. Wir hatten keinerlei Informationen darüber, was uns erwarten würde. Wie die meisten meiner Kameraden verlängerte ich den Dienst freiwillig auf zwei Jahre.

Die gesellschaftspolitischen Spannungen des Jahres 1966 (Stagnation des Wirtschaftswachstums, Anstieg der Preise und Arbeitslosenzahlen, Positionsbestimmung im westlichen Bündnissystem), die zur Großen Koalition als Folge der Rezession führten, wurden bei der Bundeswehr nur begrenzt wahrgenommen. Ich erinnere mich noch, dass der bisherige Außenminister Gerhard Schröder (CDU) neuer Verteidigungsminister wurde und in seiner Amtszeit der militärisch aggressive Begriff der *Vorwärtsverteidigung* ersetzt wurde durch *Vorneverteidigung*. War dies ein kleines Zeichen beginnender Entspannung im Kalten Krieg, der noch im Bewusstsein der Menschen in Europa dominierte? Mir erschien es so und es bedeutete eine gewisse Hoffnung auf Entspannung.

Die Tragweite der von Journalisten als Sechs-Tage-Krieg bezeichneten militärischen Auseinandersetzung zwischen Israel, Jordanien und der VAR (dem damaligen Staatsverbund Ägypten-Syrien) 1967 wurde kaum in seiner langfristigen Folgewirkung erkannt. In der Bundeswehr wie auch der Presse wurde er eher militärtechnisch diskutiert. Unser Kompanie-Chef konnte sich als Experte beweisen und über Strategie und Taktik dozieren. Meine Aversionen gegenüber gewissen Uniformträgern wurden damals und auch danach immer wieder bestätigt. Die damals gemachten Eindrücke und Einschätzungen von Dienstgradinhabern in Hierarchien und später von Amtsinhabern im Beamtenapparat führten zur Geringschätzigkeit. Sie entwickelte sich vor allem gegenüber jenen, die ihre frühere Funktion als Reserveoffiziere durchscheinen ließen. Der Vergleich mit dem historischen preußischen Reserveleutnant oder gar dem Untertan in Heinrich Mann, lag manchmal nahe. Ich wurde sensibel gegenüber Personen, die ihre Ich-Stärke offenbar von ihrem Amt oder gar äußeren Machtsymbolen wie Uniformen ableiten. Es war in der Schule mein Bestreben dem entgegenzuwirken. Dieses ist Oberstufenschülern durchaus zu vermitteln.

Einen nachhaltigen Eindruck hinterließ für meine späteren Erinnerungen die Situation im Juni 1967, als engagierte junge Leute in Hannover die Auslieferung der Bildzeitung vom Druckhaus am Steintor bewirkten. Es war die Reaktion auf die Tötung des Studenten Benno Ohnesorg, dessen Familie im Raum Hannover lebte. Ich wurde damals zufällig Zeuge dieser Ereignisse nach einem privaten Besuch der Altstadt zusammen mit Kameraden. Danach gab es aufgrund der Zeitungsberichte lange Diskussionen in meinem damaligen Umfeld. Das politische Bewusstsein entwickelte sich zunehmend.

Damals war der Anteil der Abiturienten und qualifizierter Berufsabsolventen in der Kaserne in Hannover, in der sich Fernmelde-Einheiten und Stäbe befanden, relativ hoch. Die meisten Wehrpflichtigen und Zeitsoldaten beabsichtigten, nach der Entlassung zu studieren oder sich anderweitig zu qualifizieren. Zugleich war die Politisierung der neu eingezogenen Rekruten erkennbar gestiegen, vor allem nachdem im Juli 1967 der Folgejahrgang von Abiturienten nach Abschluss des Kurzschuljahres eingezogen wurde. Diese und die weiteren Jahrgänge waren bereits erheblich durch Informationen und Diskussionen in der Schule mit den Veränderungen der innenpolitischen Situation vertraut. Dieses in einer deutlich höheren Qualität als mein im Vergleich dazu noch recht unpolitischer Abiturjahrgang. Sehr deutlich war der gravierende Anstieg der Wehrdienstverweigerer ab 1967/68. Es gab inzwischen organisierte Beratungen zur Kriegsdienstverweigerung (KdV). Die Folge war ein nennenswerter Anteil von nicht anerkannten Verweigerern, die über die unwürdigen und höchst problematischen Methoden der sehr einseitig besetzten Kommissionen zur Gesinnungsüberprüfung der Antragsteller berichteten. Die gesellschaftlichen Spannungen hatten nun die Bundeswehr erreicht. Wie man hörte, soll es auch in der DDR zunehmend Spannungen in der Nationalen Volksarmee (NVA) gegeben haben. Dort wurden die Verweigerer als Bausoldaten eingesetzt oder inhaftiert, wie auch in Frankreich. Vor dem Hintergrund dieser Erfahrungen ist es nicht zu unterschätzen, dass im Grundgesetz das Recht auf Verweigerung aus Gewissensgründen verankert ist.

Ein anderer Ansatz war die Einführung der *Inneren Führung* bei der Schaffung der Bundeswehr in Westdeutschland, für die sogar ein hoher General zuständig war. Man wollte mit dem alten Prinzip von *Befehl und Gehorsam* brechen und den *Staatsbürger in Uniform* schaffen. Mir hatte es damals imponiert und mich motiviert, meine Pflicht zu tun. Auch ich teilte damals die Auffassung, angesichts des evidenten Kalten Krieges einen Beitrag zu leisten zum Erhalt des Friedens in Europa. Zu einer Relativierung der historischen Problematik und einer kritischen Sichtweise bin ich erst im Studium gekommen. Dazu trug sehr die fragwürdige Rolle der USA im sich ausweitenden Vietnam-Krieg bei, ihre völkerrechtswidrigen Aktionen und gar die Verbrechen gegen die Menschlichkeit in der Praxis dieses Krieges im gesamten Indochina. Erst lange danach wurde aufgedeckt, inwieweit die Nachbarländer damals in z. T. geheimen Militäraktionen einbezogen waren. Anzeichen dafür gab es aber auch damals schon.

Eine Prägung erfuhr ich noch kurz vor meiner Entlassung aus der Bundeswehr 1968, nämlich den völkerrechtswidrigen Einmarsch der Truppen des Warschauer Paktes in die Tschechoslowakische Sozialistische Republik (ČSSR), die Zerschlagung des *Prager Frühlings*. Dieser Akt einer militärischen Aggression durch die damalige Machtelite der UdSSR im Verbund mit Teilen des übrigen kommunistischen Lagers wird bis heute in Tschechien mit dem Einmarsch Nazi-Deutschlands 1938 verglichen. Ich verfügte damals zusammen mit einem Kameraden in unserer Zwei-Mann-Stube über einen eigenen Fernseher und wir konnten im August und September 1968 angesichts unserer umfangreichen frei verfügbaren Zeit die vom Österreichischen Fernsehen weitergeleiteten dokumentarischen Aufnahmen sehen. Dieses alles trug dazu bei, mich mit Osteuropa, mit dem *kommunistischen Machtbereich*, wie er eine lange Zeit im Westen genannt wurde, zu befassen. Der *Prager Frühling* hatte zuvor und noch lange danach die Diskussionen in Europa im linksliberalen Milieu beflügelt. Es gab die große Frage zur Reformfähigkeit des Sozialismus bzw. im Sozialismus. Es waren aber vor allem die Theoretiker in Westeuropa, die optimistisch und z. T. mit Euphorie auf die Ansätze in Ungarn blickten oder das Jugoslawische Modell diskutierten. Insgesamt ist aber das damalige Wissen über die reale gesellschaftspolitische und wirtschaftliche Situation dieser Länder unzureichend gewesen. Insbesondere der erklärte Veränderungsunwille der Spätstalinisten in der DDR, in der ČSSR oder in Rumänien wurde erheblich unterschätzt. In Polen glaubte nur eine kleine intellektuelle Minderheit am Ende der siebziger Jahre an die Reformfähigkeit des Systems. Alle Hoffnungen wurden enttäuscht und durch den Systemzusammenbruch überlagert. Gleichwohl sind die Gedankenführungen historisch berechtigt und sollten nicht in Vergessenheit geraten angesichts der Verwerfungen in der heutigen globalisierten Welt.

Die Wissenschaft von der Politik und der Abbau des Politischen

Ich wurde im September 1968 entlassen und wollte, wie die meisten meiner damaligen Kameraden, sehr schnell einen großen Abstand gewinnen. Ich habe mich danach an der TH Hannover für das Höhere Lehramt (HL) eingeschrieben. Aus zwei Jahren Militärdienst bei der Bundeswehr hatte ich das Beste gemacht, was für mich möglich war. Andererseits habe ich mindestens 20 Jahre gebraucht, um mit den eigenen inneren Konflikten fertig zu werden, die mit der Entscheidung zum freiwilligen Militärdienst für 24 Monate verbunden waren. Dann hatte ich erreicht, mit mir selbst Frieden zu schließen bezüglich Militär-, Kriegs-, Abschreckungs- und Friedensdienst, wie auch immer man es damals bezeichnet hat. Insofern kam mir das auf umfangreiche und grundlegende Informationen und Bezüge angelegte und zur Reflexion anregende Studium sehr gelegen.

Wissenschaft von der Politik

Das Studienfach Wissenschaft von der Politik war wenige Jahre zuvor unter der Leitung von Peter von Oertzen eingerichtet worden und die Hochschule wurde wegen der verstärkten Lehrerausbildung in Technische Universität umbenannt. Die Spannungen zwischen der kritisch aufgeschlossenen Dozenten- und Studentengeneration einerseits und den Konservativen andererseits, waren sehr bald erkennbar. Von Oertzen hat bis in die 80er Jahre das politische Denken vieler junger Menschen geprägt, so auch meines. Er war Spezialist für die *Räte-Bewegung*. Heute ist dieser Bereich für die Politische Bildung eher historisch interessant. Wichtiger wäre heute die Auseinandersetzung mit Formen der *Direkten Demokratie*. Sie müsste das Nachdenken über Praktikabilität und Auswirkungen in einer Gesellschaft einschließen, die leider inzwischen durch die *Generation Verblödung* gekennzeichnet ist. Das damalige Angebot war sehr groß und die Auswahl zwangsläufig subjektiv. Auch in den Fächern Psychologie und Soziologie gab es Lehrende, die den Namen des Standortes Hannover nachhaltig geprägt haben. Schwerpunkte gab es in der Auseinandersetzung mit der jüngsten Geschichte: NS-Zeit, Faschismus, auch die Massenpsychologie des Faschismus, die Spannungen und Strömungen der 50er Jahre in Westdeutschland, die mit Weichenstellungen verbunden waren. Schwerpunkt war auch die DDR bezüglich Gesellschaft, Wirtschaft und auch ihr Schul- und Ausbildungssystem. Es ist offensichtlich, dass gerade diese für die Politische Bildung dominanten Schwerpunkte in der schulischen Praxis mittlerweile zurückgedrängt wurden.

An dieser Stelle möchte ich die Grundlagen meiner Entwicklung zur Politischen Bildung und zum *Homo Politicus* auf dem von Peter von Oertzen und seinen Mitarbeitern vorgezeigten Weg darstellen, nämlich einer starken kritischen Ausprägung der *Wissenschaft von der Politik*. Anschließend werde ich über die schrittweise Ablösung kritischer Herangehensweisen durch die Etablierung neoliberaler Prämissen in Schule und Universität sprechen.

In ihren Bezügen zur *Soziologie* und *Ökonomie* als Pflichtfächern, sowie der nachdrücklichen Empfehlung, die Geschichte des 19. Jahrhunderts zu kennen, waren die Ausrichtungen der Sozialwissenschaften stark geprägt durch die *Kritische Theorie* und die Auseinandersetzungen mit den Strömungen des *Marxismus*. Wenn im Studium die *Kritische Theorie* gewissermaßen eine Grundwelle darstellte und man sich mit den Ansätzen Max Horkheimers, Herbert Marcuses und Theodor Adornos beschäftigte, durch die Pflichtlektüre von Ralf Dahrendorf, Iring Fetscher und auch Wolfgang Leonhard sowie Werner Hofmann in den *Marxismus*, in dessen Theorien wie auch die Praxis eingeführt wurde, so war das allgemeine Ziel das *Kritische Denken* als grundlegende Methode. Selbstverständlich las man auch die Originale. Die Lektüre von Max Weber wurde dringend nahegelegt. Die Lektüre der Vierteljahreshefte für Zeitgeschichte war eine Selbstverständlichkeit. Ergänzt wurden sie durch diverse Periodika der Sozialwissenschaften und Geschichte.

Zur zweiten Ausbildungsphase zum Höheren Lehramt ergab sich dann eine Diskrepanz. Ansätze zur Kritischen Theorie wurden geduldet, zumeist waren sie den an der Ausbildung beteiligten älteren Kollegen fern. Die in den frühen 70er Jahren, also der beginnenden Reformphase, der Entwicklung und Ausgestaltung der Reformen der gymnasialen Oberstufe zur Kollegstufe noch geforderten und angestrebten Freiräume, ihre methodische und didaktische Offenheit, die Stärkung der Verantwortung der Fachlehrer, wurde nach und nach eingeengt. Peter von Oertzen war von 1970 bis 1974 Kultusminister in Niedersachsen. Die Reformen wurden nach Ende der sozialliberalen Koalition in Niedersachsen durch die unerwartete Wahl des neuen Ministerpräsidenten Ernst Albrecht (1976) in der folgenden Zeit eingeengt. In der Phase der Ära Schröder (ab 1990) knüpfte man begrenzt wieder daran an. Jetzt machte sich aber der wirtschaftspolitische und weltpolitische Paradigmenwechsel bemerkbar.

Die Zurückdrängung kritischer Analyse und des Hinterfragens

Unter der Ägide des Kultusministers Rolf Wernstedt (1990-1998), der ein universell gebildeter Fachkollege und Fachwissenschaftler war und der sich nicht immer im Konsens mit seinem Ministerpräsidenten befand, sollte die Politische Bildung im weitesten Sinne gestärkt werden. Dazu sollte die Philosophie mit der Religionskunde und den Sozialwissenschaften zu erweiternden Unterrichtsfach Werte und Normen als Abitur-Prüfungsfach verbunden werden. Dies hätte eine Verwissenschaftlichung der Religionslehre und damit eine Stärkung der Politischen Bildung über das sozialwissenschaftliche Denken, ihre Methoden und Ansätze in diesem erweiterten Bereich bedeutet. Die Ansätze scheiterten nach den ersten Anfängen am Ende der 90er Jahre. Die Widerstände der Schulphilosophen und der Religionskundler waren zu groß. Außerdem waren die Finanzierungsprobleme der Fort- und Weiterbildungsmaßnahmen unterschätzt worden. Bei den Trägern der niedersächsischen Politik gab es kaum Resonanz. Die nachfolgende Ministerin stand eher der Ökologiebewegung nahe und die im Ministerium sowie den Fraktionen des Niedersächsischen Landtages, in Politik und Wissenschaft zunehmend vertretenen Damen aus der Emanzipationsbewegung, die über die Parteien und Verbände sowie im Bildungsbereich zu zunehmendem Einfluss gekommen waren, hatten das zweifellos sinnvolle Bestreben, ihre spezifischen Ziele zu verfolgen.

Das Ziel, die traditionellen Methoden der Politischen Bildung, sozialwissenschaftliche Methoden, in den Unterrichtsfächern (Geschichte, Politik, Erdkunde und Werte und Normen) zu verankern, war nur teilweise erreicht worden. Die Einbeziehung dieser Methoden in die Geschichtswissenschaft, die Zurückdrängung der traditionellen Historiografie, trug andererseits dazu bei, das Fach Politik zu schwächen und in seiner Bedeutung zurückzudrängen. Parallel dazu wurde an den Schulen die neoliberale Grundtendenz eingeleitet. Ihre abrupte Umsetzung nach der Abwahl der letzten SPD/Grüne-Regierung wurde deutlich sichtbar nach dem Amtsantritt des neuen Ministerpräsidenten Christian Wulff im Jahre 2003. Die noch gültigen Rahmenrichtlinien im Fach Politik, die noch weit gefasste Schlüsselthemen zuließen, wurden – offenkundig über direkte Weisung – in einengende Themen überführt. Diese mündeten nach und nach ein in die Festlegung weniger politisch aktueller Kursthemen, in Themen, die eher fernab der gesellschaftspolitischen Realitäten des eigenen Bezugsrahmens lagen.

Die inhaltlichen Ansätze der *Kritischen Theorie*, insbesondere ihre Methoden des Denkens, der *kritischen Analyse* sowie des *Hinterfragens* historischer und gesellschaftlicher Zusammenhänge, sind zurückgedrängt worden. Ob man sich mit den Bedeutungsverschiebungen an den Universitäten und der Schule auseinandergesetzt hat, ist zu bezweifeln. Zu meinen eigenen Erfahrungen gehört, dass ich mich vor allem mit Ostpolitik und noch mehr mit Osteuropa auseinandergesetzt habe und auch dort meine Arbeitsschwerpunkte im Unterricht hatte. Solange es möglich war, also bis zu den Einengungen durch neue Lehrpläne und dem gravierenden Paradigmenwechsel ab etwa 2003, habe ich versucht, hieraus eigenständig Kriterien einer Politischen Bildung zu entwickeln. An all dieses knüpfen sich große Fragen an: Wer legt die Inhalte, Themen für spätere Lehrerinnen und Lehrer fest, die an den Universitäten zu erlernen, und die Methoden, die an den Ausbildungsstätten zu praktizieren sind? Welche politischen Implikationen fließen angesichts der unterschiedlichen – wechselnden – Mehrheitsverhältnisse und Koalitionen in den 16 Bundesländern in die Abfassung der Lehrpläne ein?

Die Rahmenrichtlinien stellten einen relativ weit gefassten Rahmen dar, innerhalb dessen die Lehrbücher verfasst und der Unterricht, also auch die Abiturprüfungen, abgehalten werden mussten. Die neu entwickelten Methoden der *Schlüsselthemen*, die eine Zeit lang mühevoll in Fortbildungskursen vermittelt worden waren, ließen noch relativ weit gefasste Entscheidungsspielräume für die Fachgruppen und die einzelnen Fachlehrer zu. Sie haben die didaktische wie methodische Orientierung an – pflichtgemäß anzustrebenden und möglichst zu erreichenden – *Lernzielen* abgelöst. Inzwischen erfolgt die Orientierung und Festlegung von *Kompetenzen* entsprechend der beruflichen Bildung und Ausbildung. Bezüglich *Lernzielorientierung*, *Schlüsselthemen* und *Kompetenzen* ist zu fragen, inwieweit die aus der beruflichen Fort- und Weiterbildung übernommenen Kategorien der *Kompetenzen* wirkliche Innovationen sind, die die Bildung im Allgemeinen und die schulische Bildung im Besonderen fördern und verbessern. Die neuen Lehrpläne – in der Tendenz nach bayerischem Muster und vergleichbar mit denen der östlichen Bundesländer, in gewisser Weise auch denen der DDR –, forderten einen recht hohen Verbindlichkeitsgrad. Die in den 70er Jahren angestrebte relative didaktische Gestaltungsfreiheit für die gymnasiale Oberstufe, die durchaus in Anlehnung an die Freiheit von Forschung und Lehre zu verstehen ist, war zurückgezogen worden. Steuerung und Kontrolle *von oben* wurden auch in Niedersachsen eine Prämisse. Ein starker und loyaler Schulleiter konnte durch direkte und indirekte Unterstützung, auch in der Auseinandersetzung mit übergeordneten Behörden, viel bewirken. Bürokratische, technokratische und auf Anpassung bedachte spätere Schulleiter konnten oder wollten es nicht oder waren anderweitig dazu nicht in der Lage. Vielleicht war es auch eine Frage der Auswahl dieser Personen. Hinzu kommt die angestrebte Vergleichbarkeit der Abschlüsse mit dem generellen Hang zu Kontrollen, um die vermeintliche Vergleichbarkeit unter den Bundesländern herzustellen.

Angesichts all der Entwicklungen des letzten Jahrzehnts kann man durchaus von einem intendierten Ende des Politischen in der Politischen Bildung sprechen. Die Durchsetzung neoliberaler Prämissen war dem kritischen Denken, dem Hinterfragen von Zusammenhängen, überlagert worden. Symbol war zunächst die kurzfristige Abschaffung der Niedersächsischen Landeszentrale für Politische Bildung (NLzfPB) durch die Regierung Wulff im Jahre 2004. Es war der einzige bis heute inakzeptable Fall in der Bundesrepublik. Danach folgte die Umbenennung des Faches Politik in Politik-Wirtschaft. Die Vertreter eines unabhängigen kritischen Denkens wurden in Universitäten und Schulen nach und nach einflussloser. Sie können ihren Bildungsauftrag, der ihrem Fachverständnis, ihrer Fachqualifikation und Verantwortung entspricht, nur noch eingeschränkt wahrnehmen.

Das Paradigma neoliberaler Entwicklung

Was mögen die Faktoren für die Etablierung des neoliberalen Paradigmas in der Ausrichtung der Politischen Bildung in der Schule sein? Eine Rahmenbedingung ist die sich in den 70er Jahren abzeichnende Überlegenheit der marktwirtschaftlich-kapitalistischen Ökonomie, die zu den Ereignissen von 1980 in Polen, zu den politisch-ökonomischen Offenbarungen Gorbatschows (1985) und dann zum endgültigen Zusammenbruch der staatssozialistischen Volkswirtschaften in Osteuropa führte, symbolisiert durch die Selbstauflösung des Rates für gegenseitige Wirtschaftshilfe (RGW) und des Warschauer Paktes im Jahr 1991. Die neoliberale Welle erreichte ausgehend in den 70er Jahren über die USA und GB die Länder der EG. Im Prozess der Globalisierung verschwanden die Kompetenzen der Nationalstaaten in der Wirtschaft. Betroffen waren auch Bereiche der Außen- wie Innenpolitik – und damit langfristig auch der gesamte Bildungssektor, jetzt in der Europäischen Union. Kennzeichnend dafür ist der sog. Bologna-Prozess, in dem letztlich die Definitionsgewalt über weite Bereiche der Bildung, ihre Themenstellung, Auswahl der Entscheidungsträger, die Kontrollmechanismen und Steuerung nur scheinbar demokratischen und objektiven Ebenen zugeordnet wurden. Gesamtgesellschaftliche Partizipation, gar von Betroffenen, ist auf dem Altar der Weltökonomie geopfert worden.

Die angestrebte Vergleichbarkeit der jetzt universellen Abschlüsse ist nur scheinbar eine den jungen Menschen dienende Errungenschaft. Der zweck- und zielgerichtete ideologische Charakter ist offensichtlich. Der naheliegende Gedanke an das in hohem Maße ineffiziente und in weitem Maße ungerechte, desolate Bildungssystem der USA liegt nahe. Sicherlich werden vergleichende Studien in einigen Jahren möglich sein. Aber wer sucht diejenigen Experten aus, die dann neutral und unvoreingenommen die Studien durchführen werden? Werden sie von den jetzigen privaten Bildungseinrichtungen eingesetzt, dann ist die Zielrichtung abschätzbar. Angemerkt sei noch, dass in den USA keine akzeptable Politische Bildung existiert. Es gibt keinen Unterricht in Geschichte oder Geografie, der fachwissenschaftlich wie didaktisch-methodisch unseren bisherigen Standards und Intentionen entspricht.

Woran es in der Politischen Bildung mangelt

Gesellschaftshistorische Wissensdefizite

Ein zentraler Diskussionspunkt ist die Frage nach der Beziehung von fachlichen Inhalten politischer Bildung und Erfordernissen der zukünftigen Berufspraxis, z. B. als Lehrer. Sinnvoll wäre eine Bestandsaufnahme dessen, was die jungen Frauen und Männer an der Universität gelernt haben, nach welchen Gesichtspunkten die Schwerpunkte im Studium gesetzt worden sind und was schließlich davon übrig bleibt in der Schulpraxis und dort umgesetzt werden kann. Die Konzentration auf *Pflichtinhalte* tendiert zur Überlastung und zu nicht lösbaren Konflikten über die Auswahlkriterien. Als Beispiel ein Blick in die eigene Praxis: Meiner Erfahrung nach hat sich das historische Wissen der Referendare im Fach Politik verringert, also das Wissen um die Bereiche der 20er, 30er und 40er Jahre. Kenntnisse über das 19. Jahrhundert und damit die Basis der sozialen Bewegungen sind kaum noch vorhanden. Auch das Wissen um die prägenden ersten 20 Jahre der BRD ist für sie eine nur in Auszügen bekannte ausgewählte Zeitgeschichte. Ein erhebliches Problem stellt das verbreitete *Defizit gesellschaftssoziologischen Wissens* dar. Der Bezug der Unterrichtsfächer Geschichte und Politik zur Gesellschaftsgeschichte bzw. zur Historischen Soziologie ist unzureichend. Im Fach Erdkunde ist es der zu geringe Bezug zu Sozialgeografie, Wirtschaftsgeografie und Kulturgeografie. Der zunehmend wieder angestrebte Bezug zur Naturgeografie trägt die Funktion einer Entpolitisierung mit sich.

Eine Erklärung dieses bildungspolitischen Prozesses aus zeitgeschichtlich ableitbaren Beweggründen wie aus zu begrenztem Wissen der gegenwärtig Handelnden kann in den gesellschaftspolitischen Spannungen und Auseinandersetzungen seit Beginn der 70er Jahre liegen. Dies kann durchaus auch als Folge der sog. 68er-Bewegung gesehen werden. Es sind auch die zeitgeschichtlich relevanten Gewaltereignisse der 70er Jahre einzubeziehen in die Kritik an Teilen des linken Spektrums in der Gesellschaft. Andererseits gab es für die Gegner linksliberaler Entwicklungen im Verbund mit großen Teilen der Medien Gelegenheiten zur Instrumentalisierung in den politischen Auseinandersetzungen. Jenseits von politischer Korrektheit breiteten sich entsprechende Tendenzen aus. Dies ist durchaus auf den zunehmend an Einfluss gewinnenden privaten Mediensektor jenseits der Seriosität vergangener Dekaden zurückzuführen. Es ist verkürzt die als neoliberal bezeichnete Entwicklung in der Weltökonomie als maßgebliche Ursache einzuordnen.

Bei einer Rückschau machen sich vor allem auch die Generationsunterschiede bemerkbar. Ist die Nachkriegszeit und sind z. B. die 60er Jahre für uns noch real erlebte Zeitabschnitte, die mit den damals entwickelten Wertmaßstäben beurteilt werden, so sind diese Zeiten für heutige Referendare und erst recht Schülerinnen und Schüler vergangene Geschichte, zu der kaum persönliche Beziehungen herzustellen sind. Es ist zu fragen, inwieweit an den Universitäten noch kritische historische Rückblicke aus den Bedingungen einer Politischen Bildung abzuleiten sind. Andere damals relevante Themenbereiche haben sich in den 60er bis 80er Jahren in den Vordergrund geschoben. Eine sehr lange Zeit hatte die Auseinandersetzung mit *Entwicklungshilfe* und *Dritter Welt* den Unterricht der Oberstufe dominiert. Dass diese Themen auch heute unverändert relevant sind, zeigen die Konflikte in der arabischen Welt ebenso wie die ökonomischen Umwälzungen im Rahmen der *Globalisierung*. Wie können diese isolierten Themenansätze sinnvoll in die Politische Bildung eingebunden und in überschaubaren Zeiträumen vermittelt werden?

Wissensdefizite in Bezug auf die Nachbarn

Einige Beispiele, um deutlich zu machen, woran es in der Politischen Bildung (hier schließe ich die Wertfächer ein) mangelt: Was wissen wir über unsere Nachbarn im Süden, Westen und Osten? In der Regel leider sehr wenig. Der Publizist Henryk M. Broder schrieb in einer österreichischen Zeitung:

> »Im Unterschied zu uns Deutschen seid ihr Österreicher ... von Haus aus Zyniker. Ihr habt die angenehme Eigenschaft, nichts ernst zu nehmen. Schon Karl Kraus hat gesagt: Wien ist die Versuchsstation des Weltuntergangs. [...] Es gibt in Österreich

eine Leichtigkeit des Seins, die uns Piefkes abgeht. Nichts ist wichtig, es kommt, wie es kommt und hinterher hält man sich sowieso nicht an die Regeln. Das ist mir sehr sympathisch. Die Deutschen wollen dagegen immer richtig seriös sein. Deutsch sein bedeutet: Eine Sache um ihrer selbst willen zu tun« (Broder, 2013, S. 8f.).

Zu den Niederländern: Es gibt gewisse Stereotype. Zumeist wird wohl die Käseproduktion mit ihnen assoziiert, vielleicht noch die Beherrschung der Blumenmärkte. Nichtwissen dagegen über den spezifischen Freiheits- wie Toleranzbegriff der Niederländer, ihre ausgeprägte Bürgergesellschaft, das Funktionieren der *Versäulung*. Zu den Polen: Es gibt seit vielen Jahren eine Auseinandersetzung und auch eine Aufarbeitung der Problematik gegenseitiger negativer Stereotype, die in der Regel bis ins 19. Jahrhundert zurückzuführen sind. Was wissen wir über die bis heute wahrnehmbaren Elemente der Adelsgesellschaft, die die Polnische Nation definierte? Was über die tragischen, gar traumatischen Verwerfungen dort in den vergangenen zwei Jahrhunderten?

Zur Schweiz: Wir wissen nördlich der Alpen herzlich wenig über diese Alpenbewohner mit ihren vier Sprachzonen. Schillers *Wilhelm Tell* war einmal Pflichtlektüre in der Mittelstufe. Über die Schweiz und ihre Menschen haben unsere Schüler im Deutschunterricht aber kaum etwas erfahren. Dann ist da vielleicht noch das Alphorn-Blasen oder der Skiurlaub für Besserverdienende dem Bundesbürger geläufig. Ja, und dann gibt es den berühmten Schweizer Käse und den Fendant aus dem Wallis. Und dann gibt es die kleinen Sticheleien: Die Schweizer Armee ist dazu da, die Löcher in den Käse zu schießen. Deshalb haben die Schweizer Reservisten alle ihren Karabiner im Schrank.

Eine Begebenheit, die ein Selbstverständnis in der Schweiz illustriert und die als Stereotyp ein Schlaglicht wirft auf die Situation in der Schweizer Gesellschaft der Nachkriegszeit: Eine Schweizer Bürgerin mit Wohnsitz in Norddeutschland hat als einzige Tochter von ihrem Vater dessen Geradzug-Karabiner geerbt [Schweizer K11]. Der Vater hatte immer fleißig mit diesem Gewehr, das ihm der Staat übereignet hatte und das er zu Hause aufbewahrte, aus Überzeugung die Landesverteidigung geübt. Die Tochter hat als Alleinerbin dieses Gerät im Kofferraum über die Grenze gebracht. Der deutsche Zoll hat den Erbschein geprüft und sie konnte weiterfahren. Vom deutschen Waffenrecht wusste sie nichts. Sie erfuhr, dass ihr Hausarzt, mein Schwager, Mitglied eines Schützenvereins sei. Sie gab es ihm mit den Worten: »Herr Doktor, es steht bei mir nur im Schrank herum und ich kann nichts damit anfangen. Können Sie es gebrauchen«? Mein Schwager nahm es als Berechtigter an, damit kein Unheil geschehen konnte. Man darf es in Deutschland als Ordonnanzgewehr auf dem Schießstand benutzen.

Warum die Schweiz aber seit mehr als sieben Jahrhunderten als relativ befriedet gilt, ist leider uninteressant für uns Deutsche. Warum eigentlich? Warum zieren sich die Schweizer gegenüber den anderen Europäern und wollen nicht Mitglied der EU werden? Warum wollen sie ihren Fränkli behalten? Wie funktionieren die Machtbalancen z. B. in den Niederlanden und der Schweiz? Woher leiten die Schweizer Bürgerinnen und Bürger ihr Selbstverständnis ab? Warum hat das Prinzip der Direkten Demokratie für die Schweizer Gesellschaft einen so hohen Stellenwert? Warum haben sich andererseits die männlichen Wähler einiger Kantone so lange geziert, bis das Wahlrecht für Frauen überall eingeführt wurde? All diese Beispiele müssen ihre Bedeutung für die sozialwissenschaftliche Forschung haben und müssten deshalb im Unterricht der Fächer, die für die Politische Bildung von Bedeutung sind, einen angemessenen Platz finden. Letztlich geht es dabei auch um die Frage: Wer sind wir Deutschen, wir Europäer eigentlich? Wie sind unsere Eigenschaften? Unsere Verhaltensweisen wären seriös zu beschreiben und vielleicht zu erklären oder abzuleiten.

Zum Abschluss sei mir der Hinweis gestattet, dass ich während meiner gesamten Tätigkeit als Lehrer eng mit meinem Kollegen Dr. Gerhard Voigt (1944–2014) zusammengearbeitet habe. Unsere Diskurse waren Basis für viele Projekte und Publikationen.

Literatur

Broder, H. M. (2013). Wir Piefkes und die Lust am Untergang, Interview. *Kleine Zeitung, 22.09.*, 8–9.
Elias, N. & Scotson, J. L. (1990). *Etablierte und Außenseiter.* Frankfurt a. M.: Suhrkamp.
Kennedy, J. F. (1992). *Zivilcourage.* Wien: ECON-Taschenbuchverlag.
Voigt, G. (2012). *Die islamische Revolution in Iran als Gegenstand der Politischen Bildung und als Herausforderung für den sozialwissenschaftlichen Unterricht. Untersuchungen zum Paradigmenwandel in der Politischen Bildung und zum Diskurs in der Politikdidaktik.* Diss. Hannover. Universität Hannover.
Wandler, R. (2011). *Mit Merkel am Ballermann.* http://www.taz.de/!71032/ (20.09.2014).

Demokratisierungsprobleme

Europas Krise, Neoliberalismus und die Rolle der Menschenwissenschaften

Michael Fischer

Im Jahr 2014 scheinen sich die Europäische Union und insbesondere die Eurozone auf dem Weg in ihre schwerste Krise seit ihrer Gründung zu befinden. Die Gefahr einer teilweisen, vielleicht auch weitreichenden Desintegration zumindest der Eurozone und vielleicht auch der Europäischen Union bis hin zu einer Zersplitterung mancher Mitgliedsstaaten scheint zum Greifen nah, so weit sind sich viele Beobachter einig. Weniger Einigkeit herrscht hingegen bei der Frage nach dem Wesen oder der *Ursache* dieser Krise und dementsprechend auch bei den Vorstellungen, was aus ihr folgen könnte oder wie ihr angemessen zu begegnen sei.

Wenngleich es hinsichtlich tieferer Gründe unterschiedliche Auffassungen gibt, steht bei allen Differenzen in den derzeitigen Debatten die ökonomische Dimension im Vordergrund. Die nicht zuletzt durch wirtschaftswissenschaftliche Lehrmeinungen gestutzte Krisenlösungspolitik, wie sie insbesondere durch die *Troika* aus Europäischer Zentralbank, Europäischer Kommission und Internationalem Währungsfonds – im Hintergrund gestützt durch den Europäischen Rat der Regierungschefs – durchgeführt wird, weist jedoch bei näherem Hinsehen bemerkenswerte Einseitigkeiten auf, und hat offenbar eher zur Verschärfung jener Probleme beigetragen, die offiziell mit ihr gelöst werden sollten. Diese Orientierungsdefizite gehen zu einem nicht unerheblichen Teil auf entsprechende Entwicklungen in den Menschenwissenschaften zurück, darunter insbesondere in den Wirtschaftswissenschaften. Kritiker dieser Entwicklungen sprechen von Neoliberalismus, dessen mehr oder weniger explizite Interessengebundenheit dadurch erkennbar wird, dass sich seine Perspektive als die von Unternehmensleitungen rekonstruieren lässt, genauer: als die von Leitungen transnationaler Konzerne (vgl. Crouch, 2011, S. 103ff.).

Der Direktor des Kölner Max-Planck-Instituts für Gesellschaftsforschung, Wolfgang Streeck, hat eine bemerkenswerte Analyse vorgelegt (2013), in der er nachzeichnet, wie sich nach einer gewissen Phase der demokratisch-nationalstaatlichen Einhegung privater Kapitalverwertungsinteressen nach dem Zweiten Weltkrieg jene Interessen nach und nach von *demokratischen Zumutungen* emanzipierten und im Zuge ihrer sukzessiven weltweiten Machtzuwächse demokratisch legitimierte Wohlstandsansprüche von Mehrheitsbevölkerungen zu ihren eigenen Gunsten beschneiden konnten. Der von ihm beschriebene Prozess stellt sich als ein Amalgam struktureller Gelegenheiten und mehr oder weniger erfolgreichem Handeln bestimmter Akteure dar, bei dem das Resultat einer jeden Etappe wiederum die Entscheidungs- und Handlungsspielräume der nächsten umreißt – wenngleich auf jeder Stufe die Akteure mehr oder weniger planvoll handeln, handelt es sich dabei insgesamt um einen ungeplanten Prozess mit einer allerdings trendmäßigen Richtung. Streeck zufolge habe dieser Prozess inzwischen ein Stadium erreicht, in dem die Politik der *Troika* die Umrisse eines *Konsolidierungsstaates* erkennen lasse, der »das Ende des demokratischen Kapitalismus« bedeute, also das Ende der Einheit von demokratischem Wohlfahrtsstaat und kapitalistischer Wirtschaftsweise, die lange Zeit als quasi-natürlich gegeben aufgefasst wurde (vgl. Streeck, 2013, S. 235ff.). Der Ansatz von Streeck lässt sich integrieren in und erweitern durch einen prozesssoziologischen Ansatz in der Tradition von Norbert Elias, der Demokratisierung auch in institutionellen, funktionellen und habituellen Dimensionen unterscheidet und konsequent als prozessual und jederzeit reversibel begreift (vgl. Alikhani, 2014). Damit wird nicht nur Europas Krise als eine bestimmte Verlaufsform von Demokratisierungs- bzw. Entdemokratisierungsproblemen und -konflikten erkenn- und erklärbar, sondern auch die Rolle von Menschenwissenschaften wie die Ökonomie auf ihrem derzeitigen Entwicklungsstand in diesem konflikthaften Prozess.

Europa in der Krise – aber in welcher?

Begriff und Wahrnehmung von Krise scheinen in Europa inzwischen permanent zu sein. Doch in welcher Krise befindet sich Europa eigentlich? Eine Krise, welcher Art auch immer, scheint in Deutschland derzeit für den Großteil der Bevölkerung im Alltag kaum spürbar. Gleichwohl sind viele Menschen auch in Deutschland über die Meldungen aus europäischen Ländern wie Griechenland, Spanien oder Portugal beunruhigt, von Schlagworten wie Sozialabbau, Massendemonstrationen, Ausschreitungen etc. Zugleich hat es im Zuge der letzten

Europawahl eine Reihe von Parteien geschafft, Abgeordnete ins europäische Parlament zu entsenden, die explizit für einen Rückbau Europas als politischem Gebilde eintreten. Auch aus Deutschland konnte die europaskeptische Partei *Alternative für Deutschland* (AfD) bei der Europawahl 2014 aus dem Stand heraus nahezu sieben Prozent der Stimmen gewinnen und damit sieben Abgeordnete im Europaparlament stellen. Was sagen diese Entwicklungen aus?

Es gibt nicht wenige Kritiker, die in und für Europa v. a. eine *politische Krise* attestieren: Das Institutionengefüge leide unter erheblichen Mängeln und insbesondere einem Legitimationsdefizit; die Wahlbeteiligungen bei der Europawahl sind notorisch niedrig – das Europaparlament, immerhin das weltweit einzige demokratisch gewählte (national-)staatenübergreifende Parlament, wurde auch 2014 von deutlich weniger als der Hälfte der Bürgerinnen und Bürger der Mitgliedsländer gewählt. Auch sei die Legislativkompetenz des Europaparlaments unzureichend und lückenhaft; letztlich initiierten und entschieden ohnehin die – unter notorischen Demokratiedefiziten leidende – Europäische Kommission und der Europäische Rat aus den jeweils national, aber eben nicht auf europäischer Ebene gewählten Regierungschefs der Mitgliedsländer und ihrer Ministerinnen und Minister über europäisch relevante Gesetzgebungsverfahren.

Ein anderer Strang fokussiert eher auf eine *kulturelle Krise* Europas, die sozusagen den Bodensatz der daraus lediglich resultierenden Krisenphänomene darstelle, die sich gleichermaßen in den institutionellen Mängeln, den ökonomischen Desintegrationstendenzen und in zunehmend europaskeptischen Stimmungen von Bevölkerungen in Mitgliedsländern manifestiere. Demzufolge erscheine die Europäische Union als ein Europa der Eliten, ohne Massenbasis; gemeinsame, die Mitgliedsstaaten übergreifende europäische Werte seien praktisch kaum vorhanden und eine europäische Identität bzw. Identifizierung mit Europa bestenfalls schwach ausgeprägt. Europa sei lediglich als Zweckverband von Mitgliedsländern zur Verbesserung der jeweils eigenen wirtschaftlichen bzw. materiellen Situation verstanden worden, wobei die seit 2008/2009 anhaltende Krise dieser Erwartungshaltung einen kräftigen Dämpfer verpasst habe.

Schließlich, und das ist in den öffentlichen Diskursen kaum zu übersehen, ist die Rede von einer *ökonomischen Krise* Europas, insbesondere der Eurozone, die auf fundamentale Konstruktionsfehler der Europäischen Wirtschafts- und Währungsunion zurückgehe, im Verbund mit einer zu frühen Integration eines zu uneinheitlichen Wirtschaftsraumes (Unterschiede in Wettbewerbsfähigkeit, Produktivität etc.) und sehr unterschiedlich ausgabefreudigen bzw. disziplinierten und undisziplinierten Regierungen. Seit jüngstem deutet sich zudem mit dem Ukraine-Konflikt mit Blick auf Russland sowie mit der NSA-Überwachungsaffäre mit Blick auf die USA eine (außen-)sicherheitspolitische Krise an, die europapolitische Grundorientierungen infrage bzw. vor besondere Herausforderungen stellt.

In welcher Krise befindet sich nun also Europa? Eine vorläufige Antwort könnte lauten: In allen zugleich, und man könnte den Komplex dieser *multidimensionalen Krise* (Fitzi, 2014) noch dadurch erweitern, indem man jene der ökologischen Nachhaltigkeit hinzunimmt. Offenkundig werden die verschiedenen Krisenaspekte aber in unterschiedlich deutlichem Ausmaß erfahren und sind auch in unterschiedlichem Maße handlungssteuernd für verschiedene Akteure und weite Bevölkerungsteile. Aufgrund ihres Tempos und ihrer Eingriffstiefe in den Lebensalltag vieler Menschen erscheint es naheliegend, sich zunächst auf die ökonomische Dimension zu konzentrieren. Dabei wird allerdings auch deutlich, dass die ökonomische Dimension mehr ist als das, was klassischerweise als ökonomisch aufgefasst wird.

Die ökonomische Krise ist mehr als eine ökonomische Krise[1]

Befindet sich Europa in ökonomischer Hinsicht überhaupt noch in einer Krise? Griechenlands *Rückkehr an die Kapitalmärkte* Anfang April 2014 wurde weithin als Zeichen einer allmählichen Erholung gedeutet und bei ihrer Reise nach Athen am Tage nach dieser Meldung wies die deutsche Bundeskanzlerin darauf hin, dass die schmerzhaften Reformbemühungen erste Erfolge zeigten, wenngleich Griechenland sicher noch nicht über den Berg sei und die Reformen daher nicht nachlassen dürften. Die für Europas Krise verallgemeinerte Schlussfolgerung lautet, dass die Krisenlösungspolitik und insbesondere die im Wesentlichen aus Sparauflagen für Staat und öffentlichen Sektor sowie Liberalisierung, Deregulierung und Privatisierung bestehenden Maßnahmen der *Troika* aus Europäischer Zentralbank, Internationalem Währungsfonds und Europäischer Kommission erfolgreich seien.

Seitens der offiziellen Politik dürfte dieser Schluss weniger einer realistischen Beurteilung der Lage als eher taktischen Erwägungen im Zusammenhang mit der Europawahl geschuldet sein. Abgesehen davon, dass viele sogenannte Fundamentaldaten wie Arbeitslosigkeit oder Wirtschaftswachstum in den von der

---

1 Dieser Abschnitt stellt eine Überarbeitung von Passagen aus meinem Beitrag »Europas Krise – am Ende des ›demokratischen Kapitalismus‹? Anmerkungen zur ›Streeck'schen Frage«« (Fischer, 2014b) dar.

Krise am stärksten betroffenen Staaten sich eher noch bedenklicher entwickeln, als eine Erholung anzudeuten, basiert er auf einem Bild der Krise und ihrer Ursachen, das keineswegs den Tatsachen entspricht. Es ist bemerkenswert, wie schnell in der offiziellen Politik und der medialen Berichterstattung die Finanzmarktkrise 2007/2008 aus dem Blick geriet und stattdessen sich das Bild der Staatsschuldenkrise verfestigte, deren Ursache einerseits in einem zu ausgabefreudigen Verhalten der Regierungen der *Krisenstaaten* und andererseits in der mangelnden Wettbewerbsfähigkeit ihrer Wirtschaft gelegen habe. Bereits in ihrer Regierungserklärung vom 19. Mai 2010 machte Bundeskanzlerin Merkel deutlich, dass aus ihrer Sicht »zu viele wettbewerbsschwache Mitglieder der Euro-Zone [...] über ihre Verhältnisse gelebt [haben] und [...] damit den Weg in die Schuldenfalle gegangen [sind]« (Merkel, 2010). Bilder von *faulen Südländern* einerseits und *tugendhaften Deutschen* andererseits waren schnell zur Hand und damit ein moralischer Unterbau zur Legitimation des Abbaus öffentlicher Daseinsfürsorge und des Absenkens von Masseneinkommen in den von der Krise am stärksten betroffenen Ländern. Dieses Narrativ und die daraus gezogenen politischen Schlussfolgerungen halten sich nicht nur bis heute, sondern finden zunehmend auch Anwendung auf andere Länder der Eurozone, die in wirtschaftliche Schwierigkeiten zu geraten drohen. So schreibt etwa Alexander Hagelüken in der Süddeutschen Zeitung vom 5. April 2014 über Frankreich und Italien:

> »Beide Länder brauchen mehr als ein Ausgabenpaket, sie brauchen eine Neuorientierung: weniger Sozialstaat, weniger Beamte, bessere Ausbildung, weniger Steuern für Firmen, die international konkurrieren. Beide Länder brauchen einen Schröder-Moment: Den Mut, mit dem der frühere Bundeskanzler der Gesellschaft eine Agenda 2010 verordnete.«

Das Problem dabei ist allerdings, dass nicht nur Ursachen und Wirkungen vertauscht, sondern auch fundamentale wirtschaftliche Interdependenzen ignoriert werden – mit fatalen wirtschaftlichen und sozialen Folgen.

Folgen der Lösung der *falschen Krise*

Die Senkung öffentlicher Ausgaben, sei es bei Staatsbediensteten oder bei Sozialleistungen, führt zunächst zu einem Rückgang der Nachfrage, da auch die entsprechenden Einkommen öffentlich Beschäftigter und von Transferempfängern zurückgehen. Um die Privatwirtschaft in Schwung zu bringen, sollen Steuern, insbesondere für Unternehmen, gesenkt werden, was noch einmal die Einnahmebasis des Staates schwächt. Deregulierungen auf dem Arbeitsmarkt und Absenkungen tariflicher Standards sollen den Unternehmen Flexibilität verschaffen, um leichter Beschäftigung zu schaffen oder im Bedarfsfalle leichter wieder abbauen zu können. Doch Lohnsenkungen und Entlassungen in der Privatwirtschaft verschärfen über die entsprechenden Steuerausfälle die Mindereinnahmen des Staates und zudem sehen sich die Unternehmen mit einer sinkenden bzw. immer weniger kaufkräftigen Nachfrage konfrontiert, weshalb sie weiter zu sparen bzw. ihre Preise zu senken versuchen (oder nach deutschem Modell ihr Heil im Export suchen, wobei ihnen sinkende Preise tendenziell helfen). Im Ergebnis schrumpft das Bruttoinlandsprodukt (BIP), der Staat kann nicht so schnell sparen, wie seine Einnahmen wegbrechen, und letztlich steigt die staatliche Schuldenquote. Dies ist geschehen in allen Ländern, in denen dieses Rezept angewandt wurde. So verzeichnete Griechenland zu Beginn der Krise im Jahr 2008 einen öffentlichen Schuldenstand von knapp 113 Prozent des BIP, während dieser im Jahr 2011 über 170 Prozent betrug, seither allerdings mit leicht fallender Tendenz (und gravierenden Konsequenzen für die Bevölkerung). Spanien hingegen wies 2008 einen öffentlichen Schuldenstand von gerade einmal 40 Prozent des BIP auf und lag Ende 2012 bereits bei 86 Prozent, mit weiter steigender Tendenz. Und in beiden Ländern sinkt das BIP weiter, in Griechenland zuletzt 2012 um 6,7 Prozent, in Spanien um 1,7 Prozent (alle Daten: Eurostat).

Ein vollständigeres Bild der *Erfolge* einer solchen Politik umfasst auch die Entwicklung der Arbeitslosenquoten, die Ende 2013 in Griechenland bei fast 28 Prozent und in Spanien bei nahezu 26 Prozent lag, und in der Eurozone insgesamt bei 12 Prozent – das sind insgesamt über 19 Millionen Personen. Zum Vergleich: Vor der Krise betrug die Arbeitslosenquote im Euroraum im Jahr 2007 »nur« 7,5 Prozent, in Spanien und Griechenland jeweils 8,3 Prozent (alle Daten: Eurostat). Eine weitere Begleiterscheinung ist die Zunahme der Ungleichheit, überwiegend dadurch, dass die Einkommen der Ärmeren stärker schrumpfen als die Einkommen der Reicheren. In Griechenland beispielsweise schrumpfte das reale, inflationsbereinigte Einkommen des ärmsten Zehntels zwischen 2008 und 2012 um bemerkenswerte 40 Prozent, das des reichsten Zehntels »nur« um 34 Prozent: In Spanien ging es parallel dazu um knapp 25 bzw. 15 Prozent zurück (Unger et al., 2013, S. 23f.). Ein weiterer Aspekt ist der Rückgang der Lohnquote – ein geradezu säkularer Trend, der sich seit Ende der 70er Jahre in nahezu allen entwickelteren Volkswirtschaften beobachten lässt, der sich aber in der Krise und durch die Krisenlösungspolitik noch verschärft hat: In Griechenland lag sie Ende 2012 bereits unter 50 Prozent (2008 noch knapp 56 Prozent), was bedeutet, dass mehr als die Hälfte des – wie erwähnt, erheblich geschrumpften – Volkseinkommens aus Gewinn- und Vermögenseinkommen bestanden (die in der Regel noch ungleicher verteilt sind als Erwerbseinkommen).

Folgt man Wolfgang Streeck, handelt es sich bei dieser aus Sicht der Mehrheitsbevölkerungen verfehlten Krisenlösungspolitik durchaus nicht um ein Versehen, sondern um eine weitere Etappe im Bemühen des globalisierten Kapitals um die Vorherrschaft gegenüber nationalen, mehr oder weniger demokratischen Regierungen und ihrer Wohlfahrtspolitik, ideologisch unterfüttert und ermöglicht durch ein neoliberales Verständnis von *Wirtschaft* (vgl. Streeck, 2013, S. 90ff.).

Das deutsche Modell als Vorbild für Europa? Eine *verhängnisvolle Spaltung*

Blickt man nur auf die jüngeren Entwicklungen in Deutschland, so kann der Eindruck entstehen, als wenn dieses Land nicht dazugehöre. Die gängige Interpretation dieser Unterschiede zwischen Deutschland und insbesondere den Krisenländern des Euroraums wird offiziell in Deutschlands Rolle als vermeintlicher *Musterschüler* und Vorbild für eine gelungene Anpassung an die wirtschaftlichen Herausforderungen des 21. Jahrhunderts durch die Reformen der Agenda 2010 gesehen. Danach bräuchten auch andere Länder einen »Schröder-Moment« (Hagelüken), wenn sie die Krise überwinden und die Herausforderungen der Zukunft meistern wollen. Das oberste Ziel, so wird häufig betont, besteht dabei in einer Verbesserung der Wettbewerbsfähigkeit.

Was allerdings aus einzelwirtschaftlicher Sicht, also aus Perspektive eines einzelnen und mit anderen um Marktanteile, Umsätze und Profitchancen konkurrierenden Unternehmens unmittelbar plausibel ist, das sich etwa um entlassene Beschäftigte aufgrund von Rationalisierungsmaßnahmen kaum kümmern muss, wirft ernste Fragen auf, was mit *Wettbewerbsfähigkeit* gemeint ist, wenn es sich um ganze Volkswirtschaften handelt. Als positiver Indikator werden häufig Export- oder Leistungsbilanzüberschüsse zitiert. Aber die sind logisch nicht verallgemeinerbar, da es immer eine Gegenseite geben muss, die entsprechende Defizite aufweist. Die Nicht-Anerkennung dieses fundamentalen Zusammenhangs, der im etablierten Mainstream der Ökonomie kaum thematisiert wird, stellt eine geradezu klassische *verhängnisvolle Spaltung* (Waldhoff, 2009) dar, bei der Teile der grundsätzlich wahrnehmbaren Realität im Dienste einer Abwehr unliebsamer, angstbesetzter Aspekte bzw. einer *Identifizierung mit dem Gewinner/Angreifer* abgespalten werden. Nicht von ungefähr hat der Ökonomie-Nobelpreisträger und als *Querdenker* bekannte Paul Krugman bereits 1994 darauf hingewiesen, dass es sich bei dem Ideal der Wettbewerbsfähigkeit mit Blick auf Staaten bzw. Volkswirtschaften um eine *gefährliche Obsession* handelt (Krugman, 1994). Diese Problematik erschließt sich erst, wenn man auch die Entwicklung von Interdependenzen und damit Verteilungsfragen berücksichtigt.

Finanzmarktkrise und realwirtschaftliche Ungleichgewichte, wie sie sich in hohen Exportüberschüssen (insbes. Deutschlands) einerseits und hohen Exportdefiziten (u. a. Griechenlands, Spaniens) ausdrückten, hängen eng mit Verteilungsentwicklungen zusammen und haben bis heute maßgeblichen Einfluss auf Verlauf und Entwicklung der Krise in Europa. Deutschlands Volkswirtschaft nach den Agenda-Reformen war und ist hierbei ein nicht unerheblicher Teil des Problems. Daher ist es umso bemerkenswerter, dass offizielle Politik, prominente Ökonomen und mediale Berichterstattung dieses Modell zu einem Teil der Lösung zu erklären versuchen. Die Problematik wird vielleicht etwas deutlicher, wenn man anstelle des positiv bewerteten Begriffs des Exportüberschusses – wo Deutschland mittlerweile den Weltmeistertitel hält – durch den (volkswirtschaftlich vielleicht nicht ganz sauberen) weniger ansehnlichen Begriff des Importdefizits wählt.

Aus kritischer Perspektive wird oft angeführt, dass Deutschland vor allem durch den relativ geringen Anstieg seiner durchschnittlichen Lohnstückkosten in problematischer Weise Wettbewerbsvorteile auf den internationalen Märkten innerhalb und außerhalb Europas gewonnen habe. Dies ist zwar nicht gänzlich verkehrt, leitet aber allzu oft zu dem Kurzschluss über, dass Deutschlands Exporterfolge im Sinne hoher Ausfuhrmengen (nicht zu verwechseln mit dem Exportüberschuss) vor allem auf preislicher Wettbewerbsfähigkeit beruhten. Das ist aber nur sehr bedingt der Fall, etwa in dem Maße, in dem Deutschlands Mitgliedschaft in der europäischen Währungsunion eine weitergehende Aufwertung der Währung seiner gehandelten Güter verhinderte. Möglicherweise wären Deutschlands Exporterfolge andernfalls geringer ausgefallen, jedoch nicht zwangsläufig die relativen -überschüsse bzw. Importdefizite. Letztlich verbucht Deutschland seine größten Exporterfolge in Bereichen von Gütern, die im internationalen Vergleich eher hochpreisig und wo die sektoralen bzw. branchenspezifischen Lohnstückkosten nicht besonders niedrig sind: Kraftfahrzeuge, Maschinen und Maschinenteile, zunehmend auch chemische und pharmazeutische Produkte (vgl. Brenke, 2013). Was hingegen weit dahinter zurückblieb, ist die Binnennachfrage und damit auch die Nachfrage nach Importen (und letztlich auch Investitionen im Inland). Auch dafür findet sich allerdings wieder eine scheinbare Erklärung im populären Narrativ, nämlich dass *die Deutschen* einfach sparsamer sind, denn immerhin werden durchschnittlich zehn Prozent des verfügbaren Einkommens gespart. Faktisch verbergen sich dahinter sehr ungleiche Einkommensentwicklungen, mit erheblichen Auswirkungen auf Unterschiede im Nachfrage- und Sparverhalten: Während zwischen 1999 und 2009 das ärmste Einkommenszehntel einen realen Einkommensverlust von nahezu zehn Prozent hinnehmen musste, selbst mittlere Einkommen noch real stagnierten und auch das neuntreichste Zehntel gerade mal einen Einkommenszuwachs von etwas über drei Prozent verzeichnen konnte, wuchs das reale Einkommen des reichsten Zehntels um beinahe 17 Prozent (van Treeck & Sturn, 2012). *Die Deutschen* waren dabei vielleicht insofern sparsamer als andere, als die Beiträge des reichsten Zehntels zur Gesamtersparnis auf knapp 40 Prozent anstiegen (anstatt ihre Einkommenszuwächse für Konsum auszugeben), während die Ärmeren überwiegend ihre Nachfrage einschränkten, anstatt ihren Lebensstandard über Kredite aufrechtzuerhalten (wie z. B. in den USA bis zum Ausbruch der *Subprime-Krise*). Daher ist es nicht ganz abwegig, im Falle Deutschlands eher von einem Importdefizit anstelle eines Exportüberschusses zu sprechen (ausführlicher zum Komplex Verteilungsentwicklung und Exportüberschuss/Importdefizit: Fischer, 2014a).

Die Agenda-Politik der rot-grünen Bundesregierung nach der Jahrtausendwende hatte insofern ihren Anteil an dieser Verteilungsentwicklung, als sie unter dem Ziel der Beschäftigungsförderung gerade den Ausbau eines Niedriglohnsektors vorantrieb, insbesondere im Dienstleistungsbereich. Wolfgang Streeck selbst schrieb 1999 mit Rolf Heinze als Berater der Bundesregierung im Magazin *Der Spiegel*:

>»Das eigentliche Beschäftigungsdefizit der deutschen Volkswirtschaft liegt im Bereich niedrigproduktiver Dienstleistungsarbeit. [...] Schwierigkeiten bestehen dort, wo es um die Expansion geringproduktiver Beschäftigung geht, deren Entlohnung notwendigerweise ebenfalls niedrig sein muss. Beschäftigungspolitisch erfolgreichere Länder unterscheiden sich von uns vor allem dadurch, dass sie sich viel schneller als wir dazu haben durchringen können, die hier bestehenden Beschäftigungspotentiale zu nutzen« (Heinze & Streeck, 1999, S. 41).

Mit der Agenda 2010 hat sich Deutschland dann allerdings doch *durchgerungen*, und zwar mit *Erfolg*, wie schon 2005 der damalige Bundeskanzler Gerhard Schröder beim Weltwirtschaftsforum in Davos feststellte:

>»Wir haben einen der besten Niedriglohnsektoren aufgebaut, den es in Europa gibt. [...] Wir haben einen funktionierenden Niedriglohnsektor aufgebaut, und wir ha-

ben bei der Unterstützungszahlung Anreize dafür, Arbeit aufzunehmen, sehr stark in den Vordergrund gestellt« (Schröder, 2005).

In der Tat lagen 2011 die Arbeitskosten im privaten Dienstleistungssektor etwa 20 Prozent unter denen des verarbeitenden Gewerbes (Stein et al., 2012) und die *Anreize dafür, Arbeit aufzunehmen–* u. a. die Aussicht, nach nur einem Jahr Arbeitslosigkeit mit dem Arbeitslosengeld II auf Sozialhilfeniveau abzurutschen – haben nicht nur erheblichen Druck auf Arbeitslose ausgeübt, sondern auch auf Beschäftigte und ihre betrieblichen und gewerkschaftlichen Interessenvertretungen insgesamt. In der Folge war die Lohnentwicklung insgesamt recht *moderat*, wenn man einmal von Beschäftigten im höheren und Topmanagement absieht. Betrachtet man die aggregierte Beschäftigungsentwicklung in Deutschland, sind mittlerweile tatsächlich mehr Menschen in Arbeit als je zuvor, allerdings hat sich das Volumen der insgesamt gearbeiteten Stunden kaum erhöht: Die Arbeit wurde praktisch nur auf mehr Köpfe verteilt, sozialversicherungspflichtige Vollzeitbeschäftigung vielfach in prekäre Teilzeitbeschäftigung zerlegt (Dauderstädt, 2013), und nicht zuletzt ist auch in Deutschland der Anteil der Lohneinkommen am gesamten Volkseinkommen von über 60 Prozent im Jahre 2000 auf etwa 55 Prozent im Jahre 2007 gesunken.

Deutschland hat damit eine zentrale Rolle bei der Entstehung der Krise in Europa gespielt (und spielt sie jetzt auch bei der problematischen Krisenlösungspolitik), allerdings bestand diese nicht allein in den realwirtschaftlichen Verwerfungen aufgrund der Agenda-Politik. Hinzu kam eine Deregulierungspolitik der Finanzmärkte, die eine Umleitung der wachsenden Ersparnisse (einerseits aufgrund der ungleichen Verteilungsentwicklung, andererseits aber auch durch die Privatisierung sozialer Sicherung, z. B. *Riester-Rente*) weg von potenziell produktiven realen Investitionen hin zu rein spekulativen und hochriskanten *Finanzinnovationen* begünstigte. Deutschland fügte sich hier, oftmals unter großem Nachdruck seitens der offiziellen Politik und der Ökonomenzunft, in einen globalen Trend ein, der eher in den angelsächsischen Ländern, allen voran den USA, seinen Ausgang nahm und der allgemein mit dem Begriff der *Finanzialisierung* bezeichnet wird (vgl. hierzu und zum Folgenden auch Deutschmann, 2014).

Die Rolle der *Finanzialisierung*

Finanzialisierung bedeutet zum einen, dass Bedeutung und Einfluss des Finanzsektors gegenüber anderen Wirtschaftssektoren massiv gewachsen sind und ein

Ausmaß erreichen, in dem dieser Sektor in mehreren Hinsichten dominant wird. Bei Streeck (2013) fügt sich diese Entwicklung konsequent in die Entwicklungssequenz des Kapitalismus seit der Nachkriegszeit ein, aber sie ist durch einige Besonderheiten gekennzeichnet, die eine nähere Betrachtung verdienen. Auf den ersten Blick erscheint sie in einem massiven Wachstum von Geldvermögen und Finanzanlagen im Vergleich zum Bruttosozialprodukt. Während 1980 das weltweite Bruttosozialprodukt mit ca. 10 Billionen US-Dollar und das weltweite Finanzvermögen mit ca. 12 Billionen US-Dollar noch nahezu gleichauf lagen, überstieg 2007 unmittelbar vor Ausbruch der Finanzmarktkrise das weltweite Finanzvermögen mit gut 202 Billionen US-Dollar das globale Bruttosozialprodukt von etwa 55 Billionen US-Dollar beinahe um ein Vierfaches. Nach einer leichten Korrektur von Vermögenswerten im Zuge der Finanzmarktkrise setzt sich diese Entwicklung fort, denn in 2012 (2. Quartal) betrugen die weltweiten Finanzvermögen bereits wieder 225 Billionen US-Dollar, das weltweite Bruttosozialprodukt hingegen – immerhin – etwas über 71 Billionen US-Dollar (McKinsey Global Institute, 2013). Letzteres ist zwar eine Stromgröße, während Vermögen Bestandsgrößen sind, aber es ist vielleicht bereits deutlich geworden, dass auch die entsprechenden laufenden Einkommensansprüche aus Vermögen an den Volkseinkommen zugenommen haben (Lohnquote vs. Gewinnquote).

Zum anderen bezeichnet Finanzialisierung eine damit einhergehende materielle, weitgehende Entkopplung von Finanz- und Vermögenswerten von der *realen Wirtschaft*. Die Trennlinie zwischen Finanz- und Realwirtschaft ist keine fixe und nicht leicht identifizierbar, schließlich gehört die Vermittlung von Ersparnissen auf der einen Seite und Krediten auf der anderen in Produktion und Dienstleistungen zur zentralen, letztlich *realwirtschaftlichen* Aufgabe des Finanzsektors. Finanzwirtschaftliche *Innovationen* jedoch, wie beispielsweise die Versicherung von Krediten, die in Derivate verpackt und gebündelt, auf die wiederum mehrfach abgeleitete Derivate aufgelegt und gehandelt werden, führen zu einer immer undurchsichtigeren Komplexität und Verschleierung der Verhältnisse von Schuldnern und Gläubigern, sodass irgendwann völlig unklar ist, ob den gehandelten Finanztiteln überhaupt noch reale bzw. realistische Werte entsprechen. Hinzu kommt, dass bei dem Handel mit Finanztiteln weniger die Einschätzung eine Rolle spielt, ob und inwiefern diese »real« fundiert sind, sondern vielmehr die Einschätzung, wie diese Titel und ihr Kursverlauf von anderen Marktteilnehmern eingeschätzt und wie diese sich dementsprechend wahrscheinlich verhalten werden (vgl. Windolf, 2005). Diese Entwicklung entsprach irgendwann eher einem Kasino und ermöglichte und begünstigte es, dass die Ersparnisse vermögender Deutscher wie auch einfacher Sparer und nicht zuletzt Eigengeschäfte nicht nur privater, sondern auch öffentlicher Banken (man denke an die Rolle vieler Landesbanken bei der Finanzmarktkrise) auf die großen internationalen Finanzmärkte und dabei in zweifelhafte Papiere umgelenkt wurden, anstatt beispielsweise Investitionsbedarfe des einheimischen Mittelstandes zu befriedigen. Ermöglicht wurde dieser Prozess dadurch, dass die Aufsichtsregime in rechtlicher und institutioneller Hinsicht solche Geschäfte billigten bzw. zuließen, begünstigt wurde er dadurch, dass die *innovativen Finanzprodukte* deutlich höhere Renditen versprachen, als *langweilige Kreditvermittlung*. Zwischen 1997 und 2007 explodierte das weltweite Handelsvolumen von Börsenderivaten vom ca. 11fachen auf fast das 42fache, das von außerbörslich gehandelten vom knapp 14fachen auf beinahe das 24fache des globalen Bruttosozialprodukts. Der bei Weitem darunter liegende Handel von Devisen (knapp Faktor 5), Aktien und Anleihen (knapp Faktor 3) hingegen stagnierte nahezu. Von der Politik und der vorherrschenden Wirtschaftswissenschaft wurde diese inhärent instabile Entwicklung ignoriert und es gab nur wenige Ökonomen, die auf die sich hier auftürmenden Risiken hinwiesen. Mit der Finanzmarktkrise 2007/2008 platzte die Blase schließlich.

In der Zwischenzeit hatten auch deutsche Ersparnisse, die aufgrund der beschriebenen zunehmenden Ungleichverteilung massiv zunahmen, nicht nur US-amerikanischen einkommensschwachen Konsumenten billige Hypothekenkredite ermöglicht (z. B. über Lehman-Zertifikate), sondern waren unter anderem in großem Maßstab auch im spanischen und irischen Immobiliensektor involviert, an griechischen Banken beteiligt und nicht zuletzt z. B. auch in italienische Anleihen (u. a. Betriebsrenten der ehemaligen Volksfürsorge, inzwischen Generali) investiert. Diese internationale und nicht zuletzt auch intensive europäische Verflechtung des Finanzsystems, in dem nicht nur besonders Vermögende, sondern auch kleine und mittlere Vermögen involviert sind, erschwert die Bewältigung der Finanzmarktkrise, die inzwischen zur Krise Europas geworden ist.

Lobbystrukturen und das befremdliche Überleben des Neoliberalismus

Die angewandten neoliberalen ökonomischen Rezepte negieren Interdependenzen und Verteilungsfragen praktisch vollständig und verschärfen die Probleme zusätzlich. Umso mehr ist danach zu fragen, worin das »befremdliche Überleben des Neoliberalismus« (Crouch, 2011) und seine offenbar zunehmende Dominanz und Wirkmächtigkeit wurzeln.

Es ist naheliegend, die Dominanz neoliberaler Positionen dieser Tage in ihrer Interessengeleitetheit und der gesellschaftlichen Machtstärke dieser Interessen zu verorten, die sich in konkreten Lobbystrukturen manifestieren. Immerhin kommen laut einer Studie von Corporate Europe Observatory, der Arbeiterkammer Wien und des Österreichischen Gewerkschaftsbundes (2014) auf jeden mit der Finanzmarktregulierung in Europa befassten öffentlichen Bediensteten gut vier Lobbyisten der Finanzindustrie, die damit mehr als das Vierfache aller anderen Lobbygruppen zusammen ausmachen, von der Industrie über öffentliche Einrichtungen, Konsumentenvereinigungen oder Gewerkschaften. Es ist nicht ganz unrealistisch anzunehmen, dass diese massive Präsenz der Finanzlobby auch einen gewissen Einfluss auf die europäische Politik nimmt – einen Einfluss, hinter dem demokratisch legitimierte Interessen möglicherweise weit zurückbleiben. Damit befinden wir uns an jenem Punkt, den ich an anderer Stelle als *Streeck'sche Frage* umrissen habe (Fischer, 2014b): Befinden wir uns insofern am Ende des »demokratischen Kapitalismus«, weil die Interessen transnationaler Konzerne und der globalen Finanzindustrie einen Organisationsgrad erreicht haben, der bislang institutionalisierte Formen der Teilhabe an und Mitbestimmung breiter Bevölkerungsschichten über das Zusammenleben und Miteinander ins Leere laufen lässt? Um diese Frage zu beantworten und vielleicht auch in angemessenerer Form stellen zu können, bedarf es einer Erweiterung des theoretischen Bezugsrahmens.

Europas Krise betrachtet als Demokratisierungsprobleme und -konflikte

Die dargestellte Entwicklung lässt sich auch in Form von Demokratisierungsproblemen und -konflikten beschreiben, was ein vollständigeres Bild ihrer Dynamik ermöglicht. Selbst die profunde und hinsichtlich prozessualer Dynamiken vergleichsweise sensibilisierte Analyse Wolfgang Streecks operiert mit einem statischen Begriff von *Demokratie*, der im Kern in den Idealen des vertrauten Modells der Demokratie westlicher Prägung wurzelt. *Demokratie* in diesem Sinne ist v. a. ein Symbol für jene Nationalstaaten seit dem Zweiten Weltkrieg mit einem parlamentarisch-repräsentativen Regierungssystem geworden, deren wohlfahrtsstaatliche Arrangements bis in die 1970er/1980er Jahre expandierten, dadurch immer breiteren Bevölkerungsschichten eine materielle Absicherung gegen individuelle und soziale Risiken wie Arbeitslosigkeit und Altersarmut boten und entsprechende Teilhabe- und Aufstiegschancen ermöglichten. Dass dieses Arrangement von den jeweiligen Bevölkerungen in weiten Teilen als *Überlebenseinheit* erfahren wird, die im Begriff *der* Demokratie eine entsprechende emotionale Wertschätzung erfährt, ist nachvollziehbar. Aus prozesssoziologischer Sicht allerdings stellt sich dies als eine bestimmte Stufe und Form von Demokratisierungsprozessen dar, sozusagen als Momentaufnahme eines sozialen Prozesses, der im nächsten Moment Kurs nehmen kann auf eine weitergehende Demokratisierung oder aber auch in Richtung Entdemokratisierung.

Dabei beschränken sich die prozesssoziologisch orientierten Begriffe der Demokratisierung und Entdemokratisierung keineswegs auf das, was oftmals als *Sphäre der Politik*, z. B. in Abgrenzung zur *Wirtschaft* bezeichnet wird. Nach Norbert Elias sind mit Blick auf die Demokratisierungswellen in der *westlichen Welt* seit dem 18. Jahrhundert v. a. vier Aspekte zu nennen:

> »1. Die Verringerung der Machtdifferentiale zwischen Regierten und Regierenden. [...] 2. Die Verringerung der Machtdifferentiale zwischen verschiedenen Schichten [...] 3. Transformation aller gesellschaftlichen Beziehungen in Richtung auf in höherem Maße reziproke und multipolare Abhängigkeiten und Kontrollen [...] 4. Gesellschaftswissenschaften und gesellschaftliche Ideale als Instrumente der Orientierung in relativ wenig durchschaubaren Gesellschaftsverbänden bei steigender Bewusstheit der Undurchschaubarkeit« (Elias, 1996 [1970], S. 70ff.).

Im Zentrum des prozesssoziologischen Demokratisierungsbegriffes – und dessen grundsätzlich mitzudenkendem, impliziten Gegenteil, der Entdemokratisierung – stehen somit wandelbare Machtbalancen zwischen Menschen als Einzelnen und als Gruppen auf den verschiedensten Ebenen und der entsprechende Komplementäraspekt jeweiliger Entscheidungsspielräume. Ebenso der Wandel von Orientierungsformen in Richtung unpersönlicher (oder, im Gegenteil, mehr persönlicher) Symbole für beobachtbare wie normativ bewertete Formen des Zusammenlebens in der Gegenwart und der (näheren) Zukunft. Zudem erlaubt das Elias'sche Modell von Demokratisierungs- und Entdemokratisierungsprozessen die Differenzierung zwischen institutioneller, funktioneller und habitueller Dimension, die zwar nicht unabhängig, wohl aber unterscheidbar voneinander sind und sich auch in jeweils unterschiedlichen Geschwindigkeiten und Richtungen entwickeln können. Daraus können Prozessprobleme und -konflikte eigener Art resultieren, mit erheblichen Folgen für die involvierten Menschen. Das Institutionengefüge einer Gesellschaft bzw. sozialen Figuration kann der Entwicklung ihrer funktionalen Integration hinterherhinken, wie derzeit beobachtbar mit Blick auf die weltwirtschaftlichen Interdependenzen, wo z. B. asiatische mit europäischen Produzenten konkurrieren und koordinierende bzw. regulierende Institutionen auf dieser globalen Ebene nicht vorhanden oder wie die Welthandelsorganisation oder die International Labor Organisation (ILO) recht unvollkommen sind.

Die Ketten funktionaler Interdependenzen können länger und komplexer sein, als es den involvierten Menschen bewusst ist (was nicht selten der Fall ist) und ihr sozialer Habitus, also ihre sozialen Persönlichkeitsstrukturen können nicht nur der funktionalen, sondern auch der institutionellen Integration hinterherhinken oder im Sinne von Abwehrkämpfen zu einer Idealisierung vermeintlich natürlicher, harmonischerer Gemeinschaften führen und sich in eine andere Richtung entwickeln (vgl. Elias, 1994 [1987], S. 281ff.). Das ist mit Blick auf die europäische Situation der Fall, wenn anstelle eines Bemühens um Demokratisierung der europäischen Institutionen ihre Rückabwicklung und Rückbesinnung auf den (vermeintlich besseren und demokratischeren) Nationalstaat gefordert wird. Dabei lassen sich realiter meist unterschiedliche Strömungen vorfinden, wobei die Frage entscheidend ist, welche Strömung möglicherweise (aus welchen Gründen und wann) dominant wird.

Folgt man der Streeck'schen Analyse, befinden wir uns an einem Punkt, an dem die Interessen privater Großkonzerne, ihres Managements und ihrer dominanten *shareholder*, also Eigentümer, Anteilseigner bzw. Aktionäre die Oberhand gegenüber Nationalstaaten, ob mehr oder weniger demokratisch, gewonnen haben und diesen Vorsprung weiter auszubauen versuchen. Streeck selbst spricht vom »enormen Organisations- und Verwirklichungsvorsprung der neoliberalen Lösung« (Streeck, 2013, S. 235), was auch auf die Rolle der Menschenwissenschaften hindeutet, die ihr dazu verholfen haben. Was sich offenbar herausbildet, ist auf der einen Seite eine transnationale, geradezu globale Elite – manche sprechen von *Klasse* (vgl. Harris, 2014) –, deren Machtquellen insbesondere im Sinne der rechtlich abgesicherten privaten Verfügung über Kapital zwar noch an Nationalstaaten gebunden sind, die diese rechtliche und im Konfliktfalle auch materielle und physische Absicherung garantieren können, deren persönliche (affektive) Bindung an ihre Herkunftsstaaten und -regionen aber immer mehr abnimmt. Die zunehmend internationale Zusammensetzung von Vorständen und Aufsichtsräten globaler Großkonzerne ist daher auch nicht zu verstehen als die Repräsentation jeweiliger nationaler (demokratischer?) Interessen in diesen Gremien, sondern eher in dem Sinne, dass die jeweilige nationale Herkunft ihrer Mitglieder eine immer geringere Rolle spielt. Diese *kosmopolitische Elite* verfolgt weniger Interessen des globalen Gemeinwohls, als vielmehr die ihres jeweils global agierenden Konzerns, dessen Anteilseigner und gewiss auch persönliche Interessen (man bedenke die exorbitanten Einkommenssteigerungen bei Vorstands- und Aufsichtsratsmitgliedern während der vergangenen Jahrzehnte). Diese Interessen werden im Zweifelsfalle auch gegen Mehrheitsinteressen in bislang mehr oder weniger demokratisch legitimierten Wohlfahrtsstaaten durchzusetzen versucht. Die Redewendung von der

»marktkonformen Demokratie«, wie sie nicht zuletzt von Bundeskanzlerin Angela Merkel ins Feld geführt wurde, stellt eine Art Reflexion dieser Entwicklung dar. Was den globalen, institutionellen Integrationsprozess betrifft, ist es in besonderem Maße diese Elite, die ihn vorantreibt – z. B. ablesbar an ihren Bemühungen um immer umfassendere internationale (allerdings immer häufiger bilateraler, anstelle multilateraler) Handelsabkommen und der Herausbildung einer *ökonomischen Supereinheit* im globalen Netzwerk transnationaler Unternehmen:

> »In detail, nearly 4/10 of the control over the economic value of [43.000] TNCs [= transnational corporations] in the world is held, via a complicated web of ownership relations, by a group of 147 TNCs in the core, which has almost full control over itself. The top holders within the core can thus be thought of as an economic ›super-entity‹ in the global network of corporations« (Vitali et al., 2011, S. 6).

Auf der anderen Seite befinden sich die überwiegend in Form von Nationalstaaten organisierten Gesellschaften und ihre Mehrheitsbevölkerungen. Für nicht unerhebliche Teile haben auch bei ihnen grenzüberschreitende Mobilität zugenommen und soziale Chancen sich in räumlicher und anderen Hinsichten enorm erweitert, wenngleich diese Chancen sehr und seit einiger Zeit vielleicht wieder zunehmend ungleich verteilt sind – in regionaler Hinsicht, aber auch innerhalb der einzelnen Staaten. Dabei nehmen zugleich die Einflussmöglichkeiten und -chancen der Einzelnen in Bezug auf das Gesamtgefüge ab, worauf Norbert Elias bereits vor geraumer Zeit hingewiesen hat: »Man mag die zunehmende Integration der Menschheit begrüßen oder nicht. Ganz sicher ist, dass sie zunächst einmal die Ohnmacht des Einzelnen im Verhältnis zu dem, was sich auf der Spitzenebene der Menschheit abspielt, verstärkt« (Elias, 1994 [1987], S. 223). Zugleich bleibt der soziale Habitus im Sinne der sozialen Persönlichkeitsstruktur der meisten Menschen auf den als Überlebenseinheit erfahrenen Nationalstaat abgestimmt – es sind primär die nationalen Regierungen und ihre Verwaltungen, die adressiert werden, wenn es um die Bewältigung sozialer und anderer (z. B. ökologischer) Risiken geht.

Für Europa ergibt sich derzeit die Situation, dass auf Druck der globalen Eliten versucht wird, Einflussmöglichkeiten auf das gesellschaftliche Zusammenleben und ihre institutionelle Gestaltung neu zuzuschneiden. Dies geschieht nicht zuletzt mittels eines Definitionskampfes darüber, was als *politisch* gelten und damit im Einflussbereich mehr oder weniger demokratisch legitimierter Politik verbleiben, und was als *wirtschaftlich* gelten und damit den Kräften globaler Märkte unterworfen werden soll. Es ist in diesem Zusammenhang zu sehen, wenn Streeck auf die Gefahr hinweist, »mit der ›Demokratisierung‹ von Institutionen abgespeist zu werden, die nichts zu entscheiden haben« (Streeck, 2013, S. 237). Die kategoriale Trennung von *Politik* und *Wirtschaft* ist damit nicht nur realitätsunangemessen, sondern selbst Ausdruck und Gegenstand gesellschaftlicher Auseinandersetzungen, an denen Menschenwissenschaften wie die Ökonomie nicht unbeteiligt sind.

Fazit und Ausblick

Wenn man Europas Krise verstehen, realistische Szenarien entwickeln und zur Überwindung der Krise beitragen möchte, ist ein mehrdimensionales Modell sozialer Prozesse erforderlich. In einem solchen Modell wird die Krise als eine Form von Demokratisierungsproblemen und -konflikten erkennbar, bei dem sich zum einen Integrationsprozesse auf institutioneller, funktioneller und habitueller Ebene in unterschiedlichen Geschwindigkeiten und teils unterschiedlichen Richtungen vollziehen und zum anderen die Machtdifferenziale und gegenseitigen Abhängigkeiten zwischen den involvierten Menschen verändern. Die institutionelle Integration hinkt der funktionellen Integration materieller gegenseitiger Abhängigkeiten hinterher, insbesondere was die Herausbildung kontrollierender und regulierender Institutionen betrifft, die von den involvierten Menschen auch kontrolliert werden können und ihnen Rechenschaft schulden. Dieser institutionelle Nachhinkeffekt begünstigt den Aufstieg und die zunehmende Dominanz transnationaler Wirtschaftseliten, die zum einen ihren Organisationsvorsprung gegenüber klassischen politischen Institutionen ausbauen und damit zum anderen ihren Interessen und ihrer Orientierung eher Geltung verschaffen können. Während etablierte Wirtschaftswissenschaften diese Orientierung weitgehend übernehmen bzw. fördern und ihr zu wissenschaftlicher Geltung verhelfen, sind die Orientierungsmuster der Mehrheitsbevölkerungen noch in erheblichem Maße an ihre als Überlebenseinheiten erfahrenen Nationalstaaten gebunden und artikulieren sich politisch entweder eher *progressiv* im Sinne eines vergleichbaren Ausbaus und einer Demokratisierung europäischer Institutionen oder eher *regressiv* im Sinne einer Umkehr des Integrationsprozesses und Rückkehr zum jeweiligen Nationalstaat. Letztere Tendenzen werden angesichts des globalen Integrationsvorsprungs wirtschaftlicher Interessen kaum Chancen auf mittel- und längerfristige Demokratisierungserfolge haben. Erstere Tendenzen können durch einen menschenwissenschaftlichen Ansatz unterstützt werden, der in der Tradition der Prozess- und Figurationssoziologie von Norbert Elias der Komplexität,

Mehrdimensionalität und auch der Reversibilität sozialer Prozesse Rechnung trägt und darüber zu realistischeren Orientierungen und aussichtsreicheren politischen Artikulationsformen beiträgt.

Im vorliegenden Beitrag konnte ein solcher Ansatz mit Blick auf die Krise Europas nur skizziert werden. Aber es erscheint angesichts der Defizite bestehender Erklärungs-, Diagnose- und Prognoseansätze der Mühe wert, ihn empirisch zu fundieren und theoretisch weiter zu differenzieren.

Literatur

Alikhani, B. (2014). Towards a Process-oriented Model of Democratisation or De-Democratisation. http://quod.lib.umich.edu/h/humfig/11217607.0003.202/--towards-a-process-oriented-model-of-democratisation-or-de?rgn=main;view=fulltext (08.09.2014).

Brenke, K. (2013). Zunehmende Diversifizierung der deutschen Warenexporte. *DIW Wochenbericht, 10/2013*, 3–15.

Corporate Europe Observatory, Arbeiterkammer Wien & Österreichischer Gewerkschaftsbund (Hrsg.). (2014). *The Fire Power of the Financial Lobby. A Survey of the Size of the Financial Lobby at the EU level*, ohne Ortsangabe.

Crouch, C. (2011). *Das befremdliche Überleben des Neoliberalismus – Postdemokratie II*. Frankfurt a. M.: Suhrkamp.

Dauderstädt, M. (2013). *Deutschland – ein Wundermärchen*. Bonn: WISO direkt, Friedrich-Ebert-Stiftung.

Deutschmann, C. (2014). Zusammenhang und Entstehungshintergründe von Euro- und Finanzkrise. *Sozialer Fortschritt 1–2/2014*, 2–7.

Elias, N. (1994 [1987]). *Die Gesellschaft der Individuen*. Frankfurt a. M.: Suhrkamp.

Elias, N. (1996 [1970]). *Was ist Soziologie?* Weinheim, München: Juventa.

Fischer, M. (2014a). Deutschlands Exporterfolge und seine Importdefizite: Ein Verteilungsproblem. *Gegenblende. Das gewerkschaftliche Debattenmagazin, Nr. 25*, Januar/Februar 2014. http://www.gegenblende.de/25-2014/++co++1aed7666-8e61-11e3-8839-52540066f352 (08.09.2014).

Fischer, M. (2014b). Europas Krise – am Ende des »demokratischen Kapitalismus«? Anmerkungen zur »Streeck'schen Frage«. *perspektiven ds. Zeitschrift für Gesellschaftsanalyse und Reformpolitik, 1/2014*, 33–42.

Fitzi, G. (2014). Ein Desiderat der Forschung: Europas multidimensionale Krise. *Neue Gesellschaft/Frankfurter Hefte, 7/8 2014*, 16–18.

Hagelüken, A. (2014). Schuld sind die Anderen. *Süddeutsche Zeitung*, 5. April 2014.

Harris, J. (2014). Transnational Capitalism and Class Formation. *Science & Society 78*(3), 312–333.

Heinze, R. & Streeck, W. (1999). An Arbeit fehlt es nicht. *Der SPIEGEL 19/1999*, 38–45.

Krugman, P. (1994). Competitiveness: A Dangerous Compassion. *Foreign Affairs*, März/April 1994, 28–44.

McKinsey Global Institute (2013). *Financial globalization: Retreat or reset? Global capital markets*. ohne Ortsangabe.

Merkel, A. (2010). Regierungserklärung von Bundeskanzlerin Merkel zu den Euro-Stabilisierungsmaßnahmen. Berlin: Stenografische Mitschrift des Deutschen Bundestages, 19. Mai 2010.

http://www.bundeskanzlerin.de/ContentArchiv/DE/Archiv17/Regierungserklaerung/2010/2010-05-19-merkel-erklaerung-eu-stabilisierungsmassnahmen.html (08.09.2014).

Schröder, G. (2005). Rede von Bundeskanzler Gerhard Schröder vor dem World Economic Forum am 28. Januar 2005, Davos. http://gewerkschaft-von-unten.de/Rede_Davos.pdf (08.09.2014).

Stein, U., Stephan, S. & Zwiener, R. (2012). Zu schwache deutsche Arbeitskostenentwicklung belastet Europäische Währungsunion und soziale Sicherung. *IMK Report.77*, November 2012.

Streeck, W. (2013). *Gekaufte Zeit. Das Ende des demokratischen Kapitalismus. Frankfurter Adorno-Vorlesungen 2012*. Frankfurt a. M.: Suhrkamp.

Unger, B., Bispinck, R., Pusch, T., Seils, E. & Spannagel, D. (2013). Trendwende noch nicht erreicht. Verteilungsbericht 2013. *WSI Report 10*, November 2013.

van Treeck, T. & Sturn, S. (2012). *Income Inequality as a Cause of the Great Recession? A Survey of Current Debates*. Genf: International Labour Office.

Vitali, S., Glattfelder, J. & Battiston, S. (2011): The network of global corporate control. *PLoS ONE 6(10)*. http://arxiv.org/pdf/1107.5728v2.pdf (08.09.2014).

Waldhoff, H.-P. (2009). *Verhängnisvolle Spaltungen. Versuche zur Zivilisierung wissenschaftlichen Wissens*. Weilerswist: Velbrück Wissenschaft.

Windolf, P. (2005). Was ist Finanzmarkt-Kapitalismus? *Kölner Zeitschrift für Soziologie und Sozialpsychologie 45*/2005, 20–57.

Sozialpsychologie & Gruppenanalyse

Streifzug durch das Unterholz latenten Wissens

Ein Beitrag zur reflexiven Revolution

Hans-Peter Waldhoff

»Die Humanwissenschaften vermeiden ebenso wie die Naturwissenschaften Selbstbezüglichkeit und Selbstreflektion als maßgebliches Fundament von Erkenntnis« (Milkau-Kaufmann & Rötzer, 1996, S. 102). Am Rande der etablierten Wissenschaften gibt es jedoch fruchtbare Versuche zur Erweiterung und Vertiefung von Reflexivität, die ihre eigenen, zu wenig verbundenen Traditionslinien aufweisen. Diese sind hinsichtlich gesellschaftlicher Bezüge und der Wir-Schichten menschlicher Identitäten vor allem im Bereich wissenssoziologischer Arbeiten zu suchen (Engler, 1992; Heilbron, 1999). Psychoanalytische Ansätze erlauben darüber hinaus, uns zu den nicht ohne Weiteres zugänglichen vor- und unbewussten gesellschaftlichen und individuellen Schichten menschlichen Lebens in Beziehung zu setzen. Sie unterliegen, vor allem wenn sie sich auf wissenschaftliche Arbeit selbst beziehen, weitgehender Ablehnung und Verdrängung im herrschenden Wissenskanon:

> »Die Ablehnung trifft sowohl das diesbezügliche Standardwerk Angst und Methode in den Verhaltenswissenschaften (1967) von Georges Devereux, als auch die entsprechenden Arbeiten Gaston Bachelards zur Psychoanalyse der objektiven Erkenntnis (1938). [...] Anlaß, das Unbewußte als entscheidendes Moment in die Erkenntnistheorie einzuführen, waren für Devereux die Schwierigkeiten und Verzerrungen, die in den Sozialwissenschaften auftreten, für Bachelard die Thematisierung des Verhältnisses von Begriff und Imagination oder von Wissenschaft und Poesie« (Milkau-Kaufmann & Rötzer, 1996, S. 102f.).

Freuds Traumdeutung (1900a) ist das grundlegende Werk hinsichtlich der Einbeziehung unbewusster und selbstbezüglicher Prozesse in wissenschaftliches Wissen eines neuen Typs. Aber auch bei einem etablierten Neurowissenschaftler wie Daniel L. Alkon finden wir die keineswegs nur beiläufige Beobachtung und Selbstbeobachtung: »Keine Wissenschaft, und sei sie noch so quantitativ, läßt sich vom Wissenschaftler abtrennen« (Alkon, 1995, S. 14). Alkon erläutert das hinsichtlich seiner Forschungen:

> »Eine quantitative, oft mathematische Sprache beschreibt neuronale Funktionen; die Sprache der Selbstanalyse ist dagegen subjektiv, metaphorisch, manchmal nonverbal. Die Fragen werden zwar in unterschiedlichen Sprachen gestellt, aber sie sind oft dieselben. Nach wie vor möchte ich wissen, wer oder was ich bin« (ebd., S. 13).

Zur Annäherung an latente Schichten des Wissens

Wie nähert man sich den vorbewussten und unbewussten Prozessen, als Einzelner oder als Gruppe, welche unserem Denken, so auch dem wissenschaftlichen Denken, zugrunde liegen? In einem faszinierenden neueren *Versuch psychoanalytischer Theorieentwicklung* hat Michael Schröter am Beispiel Norbert Elias gezeigt, wie dieser sich der *unbedachten Tiefe* in seiner Wissenschaftspraxis stillschweigend immer wieder als kreativer Quelle zugewandt hat (vgl. Schröter, 1993, S. 692), in seiner Wissenschaftstheorie hingegen spät und mit großer Vorsicht.

Erst in seinem letzten Buch, der wissenssoziologischen Symboltheorie, wird das dem Denken zugrundeliegende *komplexe Unterholz vorsprachlicher Triebe und Fantasien* ausdrücklich thematisiert (Elias, 1991, S. 69ff.) In einer gruppenanalytischen Forschungsgruppe hat Elias gemeinsam mit S. H. Foulkes schon früher erfahren können, wie viel Versuch und Irrtum dieser potenziell jedoch ein- und aussichtsreiche Weg erfordert (Waldhoff, 2009, S. 191–247). Versuche, unbewusste Prozesse in die Wissensentwicklung einzubeziehen, können wissenschaftliches Wissen zivilisieren, weil sie erlauben, unkontrolliert wuchernde affektive Wahrnehmungsverzerrungen besser zu verstehen und sogar in erkenntnisfördernde Bahnen zu lenken.

Es muss nicht immer der Traum, Freuds Königsweg, sein. Das Mehr, welches es über unsere sprichwörtliche Schulweisheit hinaus zwischen Himmel und Erde gibt, wird nicht nur nächtlich erträumt, sondern uns auch in Tagträumen und manchmal in tagtraumartigen Fehlleistungen, in überraschenden Einfällen, in freier Assoziation, in kreativen Prozessen sowie vermittels potenziell kreativer Störungen aller Art nahegelegt. Es gilt, diese scheinbaren Abfallprodukte nicht achtlos am Wegesrand liegen zu lassen. Zu Abfall und Abweg werden sie ja nur durch die Normierungspraxis bürokratisierter und industrialisierter, jedenfalls fragmentierender Wissensproduktion, die, wie ihr industrielles Pendant, Abfallberge von Unpassendem erzeugt. *Le travail en miettes* ist das in der französischen Industriesoziologie genannt worden, das Denken in Bruchstücken ist die analoge Erscheinung über-arbeitsteiliger Wissensproduktion (Friedmann, 1959). Deren Enge ist aus methodisch überhöhter Angst vor Kontrollverlust gespeist, Angst, auf einer intellektuellen Reise Unerwartetes, gar Fremdes, zu erfahren. Vielleicht ist es schon Angst, überhaupt Erfahrungen zu machen. Der moderne Tourismus bietet ja auch Reisen an, auf denen möglichst wenig fremd ist, kaum etwas neu erfahren wird. Vermeidung und Abwehr von Fremdheitserfahrungen mögen scheinbare Entlastung in unsicheren und belastenden Lebens- und Arbeitswelten versprechen.

In Wissensgesellschaften mit der starken Prägekraft wissenschaftlicher Institutionen und Verfahren ist an diesen wegen ihrer systematisierten Form exemplarisch eine Zivilisationsproblematik zu studieren: die der entscheidenden Differenz zwischen bloßen Informationen und Wissen als zur eigenen Person und den eigenen Gruppen in Beziehung gesetzten Informationen und Wissensbestandteilen (vgl. Cohn, 2009); oder auch die der Differenz zwischen wissenschaftlicher Produktion von Unbewusstheit und wissenschaftlicher Arbeit an der Erweiterung von Bewusstseins-Chancen, auch durch Einbeziehung zuvor latenten Wissens (vgl. Erdheim, 1990). Es gilt im letzteren Sinne, welcher auf sinnvolle Zusammenhänge zielt, nicht nur, die Beziehung zwischen Denkenden und Gedachtem und zwischen Beobachtern und Beobachteten zu reflektieren, sondern vor allem auch die Beziehung zur eigenen Person in ihrer Wahrnehmungstätigkeit einzubeziehen.

Reflexivität bedeutet, das eigene Spiegelbild und den eigenen Schatten mit in die Bildbetrachtung zu nehmen und nicht projektiv als im Forschungsobjekt schattenhaft und unheimlich eingelagerten Fremdkörper misszuverstehen. Die institutionellen Arrangements, in denen wir arbeiten, existieren und unsere Welt erforschen, behindern diesen reflexiven Blick, diese Steigerung lebendiger Wahrnehmung, auf einer institutionellen wie auf einer intrapsychischen Ebene, »wo nichts verharret, alles flieht, wo schon verschwunden, was man sieht«, um es mit Goethes Versen zu sagen, in denen er anfügt: »und mich umfängt das bängliche, das graugestrickte Netz« (zit. n. Safranski, 2013, S. 570). Wenn es demgegenüber »bei den Wissenschaften mehr auf die Bildung des Geistes, der sie behandelt, als auf die Gegenstände selbst ankommt« (ebd.), um sowohl die Welt als auch sich selbst im dialektischen Wechselspiel zu erfahren, braucht es so radikale wie sanfte Änderungen der Erkenntnismethoden: radikal, weil es an die Wurzel der Erkenntnisfähigkeit geht, sanft, weil es nicht um das Zerreißen von Zusammenhängen geht, sondern darum, diese neu und lebenssteigernd umzugestalten. Das Einbeziehen der ganzen Menschen in einen wissenschaftlichen Prozess belebt diesen wie jene. Wer sich erlaubt, ganzheitlich und lebendig zu betrachten, tötet nicht die Gegenstände seiner Betrachtung durch den *»bösen Blick«* der herrschenden Form der modernen Wissenschaft ab (vgl. Devereux, 1988).

Synthesebildung als menschliche Vitalfunktion (Gleichmann, 2006) ist das Leitmotiv eines Ausweges aus dem graugestrickten Netz bürokratisch oder industriell normierter Denkmuster, in denen die Thematisierung der emotionalen Infrastruktur kognitiver Prozesse und die Herstellung der real bedeutsamen Verbindung zwischen wissenschaftlicher und persönlicher Erfahrung gegen implizit oder explizit gesetzte institutionelle und verinnerlichte Verhaltensstandards verstößt und daher gern im unbewussten Bereich belassen wird (Barbalet, 2009; Erdheim, 1990; Ciompi, 1997). Hier geht es, wenn auch vorerst nur auf der Wissensebene, um Leben und Tod, um Lebenstriebe und Todestrieb in wissenschaftlichen Prozessen, nicht zuletzt um den kognitiv-emotionalen Tod zerrissener Verbindungen und den Gegenpol der Synthesebildung, dessen Bedeutung sich auch gestaltpsychologisch erklären ließe; ordnenden Zusammenhang stiften, der vor Augen steht, aber noch unsichtbar ist. »A City visible, but unseen« hat Salman Rushdie ein Kapitel seiner *Satanischen Verse* genannt (Rushdie, 1988). Der Inhalt der Theoriebildung und die Form ihrer Erarbeitung spiegeln sich ineinander. Anknüpfend an Heinrich von Kleist geht es um das allmähliche Verfertigen der Gedanken in Prozessen der Kommunikation mit anderen, zum Beispiel denen, über die in Menschenwissenschaften nachgedacht wird, mit Zuhörern und Leserinnen, mit sich selbst und mit Wissensbeständen und den diese entwickelnden Denkkollektiven. In einer kleinen Skizze habe ich versucht, dieses Vorgehen in den Kontext einer vielfach gebrochenen Entwicklungslinie oppositioneller Wissensproduktion am Rande der herrschenden Lehren und Institutionen zu stellen (vgl. Waldhoff: »Wo denken wir hin?«, in diesem Buch). Wie war und wie ist es möglich, einen Raum menschlicher Verflechtungen zu schaffen, in dem die Denkenden und ihr Gedachtes gehalten sind, in dem Wahrnehmungen zu Erkenntnissen führen?

Erinnerungen tauchen auf

Es hat seine ganz eigene Bewandtnis mit dem Auftauchen wirklicher, tiefer Erinnerungen. Sie lassen sich nicht erzwingen. Ihr Auftauchen folgt eigenen Gesetzen, im Widerstreit zwischen Suche und Widerstand. In Prousts Beschreibung der unwillkürlichen Erinnerung:

»Ich [...] spüre, wie etwas in mir sich zitternd regt und verschiebt, wie es sich zu erheben versucht, wie es in großer Tiefe den Anker gelichtet hat; ich weiß nicht, was es ist, doch langsam steigt es in mir empor; ich spüre dabei den Widerstand und höre das Rauschen und Raunen der durchmessenen Räume« (Proust, 1979, S. 65).

Vielleicht besser zunächst etwas aus mittlerer Tiefe, durch nicht zu starke Widerstände gehemmt: ein Schritt freier assoziativer Verknüpfungen der Wissensgewinnung. Ich nehme zum Beispiel ein auftauchendes Bild, eines der vielen, die wir sonst am Wegesrand liegen lassen:

Verspätet, in einem Taxi, sehe ich eine frühere Version meiner selbst, vor vielen Jahren, unterwegs zu meinem Psychoanalytiker. Vor mir, die freie Fahrt blockierend, ein Lastkraftwagen, Aufschrift *Deutsche Kinderspedition*; ich reiße die Augen auf: *Deutsche Kleiderspedition* wird es nun auf den zweiten, nicht unbedingt besseren Blick. Eine Erkenntnis blitzt aus dem Unbewussten auf, Treibstoff für einen analytischen Prozess, Belebung eines bisher nicht so klar wahrgenommenen Gefühls beim Durchgang durch fünf Familien in der Kinderzeit. So wird das Suchen nach Zusammenhängen, Verbindungen, nach Synthesenbildung, zum Lebensthema.

Zürich, vor Kurzem, ein anderes Verkehrsmittel. Tramhaltestelle; Aufschrift: *Ohne Halt keine Freiheit* – wie wahr, aber als Touristikreklame? Zweiter Blick: *Ohne Halt zur Freiheit*, es geht um eine neue direkte Flugverbindung Zürich–Havanna. Ein doch arg reduzierter touristischer Freiheitsbegriff, die Freud'sche Fehlleistung war für mich erkenntnisdienlicher. Beide Assoziationen zusammen zeigen den Preis für die haltlose Reise durch all die Familienwelten.

»Es schwinden, es fallen
Die leidenden Menschen
Blindlings von einer
Stunde zur andern,
Wie Wasser von Klippe
Zu Klippe geworfen,
Jahr lang ins Ungewisse hinab.«

So heißt es in Hölderlins *Hyperion* (2005, S. 197). Es hat Gründe, welche Zeilen, Texte, Bilder, Klangbilder, auch jene modellhaften Zusammenhangsbilder, die wir als Theorien bezeichnen, sich über die Jahrzehnte einprägen.

Passt für mich zu jener Stadt, in der ich eine Ausbildung zum Gruppenanalytiker durchlaufen habe, eine der späten Erfahrungen des Gehaltenseins als Grundlage für die allmähliche Entwicklung neuer Spielräume. Die erste Ausbildungssequenz am Seminar für Gruppenanalyse Zürich (SGAZ) vor 14 Jahren: Auf der Hinfahrt verspätet, verirrt, verwirrt, verschwitzt. Kaum angekommen in den Räumen an der Quellenstrasse, ein Name, dessen passende Schönheit mir erst viel später zugänglicher wurde, jetzt aber verweist sie mich noch wie autistisch allein zu meinen quälenden Quellen, panisch wieder raus: Aktentasche in der Tram vergessen, Durchsagen der Tramfahrer, Funkanfragen, Verzweiflung, alles vergeblich. Später findet sich die Tasche, es war Januar, unter langen Mänteln im Vorraum. Selbst dort hingestellt und sofort vergessen: *schon verschwunden, was man sieht.* Danach gewissermaßen mich selbst zum Verschwinden gebracht. Überhäuft von der Vorsilbe »ver«. Trotzdem erstaunlicherweise gut in der Gruppe aufgenommen. Die Projektion früherer und frühester familiärer Gruppenerfahrung, der Fragmentierung, der Panik, des Chaos, weiß Gott was noch, auf die analytische Gruppe begegnet von Anfang an einem noch unverstandenen Angebot zu korrektiver Erfahrung. Abends, Hotel, Anruf bei einer Freundin: »Diese Gruppenanalyse funktioniert tatsächlich, aber ich weiß nicht, ob ich in ihr funktionieren kann.« Nachts Fieber. Ein Abgesandter der Gruppe besucht mich in der Mittagspause. Am nächsten Tag kann ich zurückkehren. Zum Glück nimmt es seinen Lauf. Die Inszenierung der inneren und äußeren Explosionen kann ich allmählich in Treibstoff für die zu leistende Arbeit umwandeln.

Was Wunder, dass der große Entwurf von Foulkes, sich in der freien Gruppenassoziation nicht zu verlieren, sondern zu verbinden, ein freieres Denken als Probehandeln im geschützten Raum der analytischen Gruppe, neue Energieströme freisetzt und Horizonte aufreißt. Der Versuch, nachträglich zusammenzufügen, was in der frühen Erfahrung auseinanderflog: Die erste Familie, bei schon nach zwei Jahren verschwundenem Vater, als Krieg zwischen der Mutter und ihren Eltern, zwei Parteien, die nur über das Kind zwischen den Fronten im gemeinsam bewohnten Haus Hassbotschaften austauschten; Szenen mitangesehener Gewalt; Selbstmorddrohungen des Kindes, das sich in der Toilette einschließt und durch die Tür schreit, verzweifelte Suche nach einem geschützten Raum im innerfamiliären Krieg; unvergessene Albträume, in denen mein damaliges Kinder-Ich immer wieder, Nacht für Nacht, von geträumten Wölfen um die auch real dort noch immer stehenden Weltkriegsbunker hinterm häuslichen Garten gehetzt wird.

Die Weltkriege, die Massenmorde, die Verfolgungen und die unzureichenden Schutzräume pumpen ihr Gift, im Hintergrund der individuellen Schicksale mit ihren kriegsähnlichen Mikrokosmen, noch durch viele Generationen. Erzählungen vom Großvater, im Ersten Weltkrieg zerschossenes Knie, steifes Bein, später kaisertreuer Deutschnationaler, der aber die Nazis nicht leiden konnte, kleiner Reichsbahnbeamter. Anfang 1945 kommt sein Bruder, SS-Obersturmbannführer, bei ihm in Görlitz zu Besuch, aus dem nahen Polen. Ihm täte der Arm weh von den vielen Erschießungen. Mein Großvater schmeißt ihn raus. Nur mit Mühe kann der Mann des schwarzen Korps davon abgehalten werden, den eigenen Bruder so kurz vor Kriegsende anzuzeigen und verhaften zu lassen. Ich sehe diesen mutmaßlichen Massenmörder in meiner frühen Kinderzeit als blasse, schwarz gekleidete Gestalt am *Ofen* sitzen, bevor ihn, wie ich später erfuhr, der Lungenkrebs zerfrisst; irdische Gerechtigkeit widerfährt ihm nicht. Fragment aus einer von Millionen deutscher Familienerzählungen, einer, die ich in Zusammenhang mit meiner späteren Faszination für Kritische Theorie und vor allem für Norbert Elias' Zivilisationstheorie sehe. Es ist die Beschäftigung mit einer Theorie, in deren Zentrum die Kontrolle der Gewalttaten und der ihr zugehörigen Affekte steht und die als eine der säkularen Antworten eines deutschen Juden auf die Vernichtungspolitik der Nationalsozialisten betrachtet werden kann. Zugleich wird in dieser Zivilisationstheorie Synthesebildung, das Denken in Zusammenhängen und Prozessen, wie ein heilsames Fließen dem Widerhall zerstörerischer Praktiken im statischen und zerlegenden, letzlich abtötenden Denken, wie er im Wissenschaftssystem dominiert, entgegengesetzt.

Hier tauchen, unversehrt ins Gedächtnis gemeißelt, eigene Gedichtzeilen aus meiner späten Adoleszenz auf:

»Welch eisige Kälte
Um Leichenbeschauer.
Sie öffnen die Öfen.
Zeiteichen der Trauer
Tanzen irre Elche.
Blutrote Blumen offnen weit ihre Kelche.«

Wie das Gedicht hieß, weiß ich nicht mehr. Aus heutiger Sicht würde ich diese unausgesprochen mörderische Krematoriumsvision, die mich an das verweste zwölfjährige Reich erinnert, vielleicht »Blutrote Blumen« nennen; denn am eindrücklichsten finde ich jetzt, wie aus Eis, Tod, Feuer und Wahnsinn doch wieder, vielleicht dank der Trauer, farbiges Leben blüht.[1]

Entwickelt sich, wenn die individuellen und kollektiven Traumata unserem Gedächtnis verfügbar werden, Hoffnung auf eine befreiende Bewegung und bewegende Befreiung unseres Denkens und Fühlens (vgl. Weilnböck, 2007)? Je-

---

1 Aus tiefem kollektivem Unbewussten scheint hier die Legende vom Phönix aus der Asche hineinzuwirken. Warum es nicht Zeitzeichen, sondern »Zeiteichen« heißt, weiß ich nicht.

denfalls, so scheint mir, verbirgt sich hier eine der Quellen eines lebenslangen Lernprozesses, der sich um das Vermeiden abtötenden Denkens (Devereux, 1988) bemüht und sich in der Leidenschaft für lebendige Sprache, gerade auch in der theoretischen Reflexion, spiegelt. Beides zähle ich zu den Kriterien einer Zivilisierung von Wissen und Wissenschaften (Waldhoff, 2009). Und dann doch noch ein wenig weiter auf dem Königsweg: Der Einbruchstraum, Zeichen und Deckerinnerung früher Traumatisierung und ihrer Abwehr, das *Elternhaus* als unsicherer Ort: Mörder brechen ins Haus ein und erschlagen alle; nur ich kann mich unter der schwarzen Ebenholzbank, die noch immer existiert, in der Diele verstecken. Die Mörder kommen näher und näher auf der Suche nach mir, nach Art der Grimm'schen Märchensätze: »*Ich rieche, rieche Menschenfleisch*«.[2] Ich konzentriere mich aufs äußerste: »*Aufwachen, aufwachen*«, und es gelingt, kurz bevor sie mich haben.

Welch eine reflexive Selbstrettung zwischen Traum und Wirklichkeit: Das Kind rettet sich aus dem lebensbedrohlichen Albtraum, indem es im Traum versteht, im Traum zu sein, zugleich das Lebensbedrohliche zu Recht weiter im ganzen Körper spürend.

Eine Strategie gegen destruktive Dynamik. Kein sich Hinwegträumen aus unerträglichen Verhältnissen. Nichts von dem traumartigen Zwang (*dreamlike compulsion*), den Elias in seiner Studie über eine Gruppe jugendlicher Außenseiter schildert, die schließlich genau das Verhalten entwickelt, welches ihr von den sie ihrer Lebenschancen beraubenden Etablierten vorgeworfen wird (Elias & Scotson, 1990). Vielmehr ein Hinausträumen aus dem Albtraum, ein energisches Hineinträumen in das wache Leben. Gleichwohl nur eine Notlösung angesichts sehr begrenzter kindlicher Möglichkeiten. Im Alter von neun Jahren nimmt das Jugendamt das Kind aus dem eingebrochenen Familienhaus. Es ist allerdings leichter, das Kind aus dem Haus zu nehmen, als das Haus aus dem Kind.

Nun taucht sie doch noch auf, unabweisbar, die Außenalster-Szene. Sie hat viele Zeiten: Nimmt ihren Anfang vor über 60 Jahren, als sie geschah, falls sie geschah, denn ich war zwar dabei, meine bewusste Erinnerung aber nicht – für dennoch unbewusst vorhandene Erinnerungsspuren spricht aber manches; setzt sich fort vor vielleicht 45 Jahren, zu Beginn einer furchtbar langen, furchtbar gebrochenen Adoleszenz, in der meine Mutter mir diese Geschichte eines versuch-

---

2   Aus Brüder Grimm: *Der Teufel mit den drei goldenen Haaren*, aber auch in *Die sieben Raben* und einer Reihe weiterer Märchen. Die Angst, gefressen zu werden, scheint eine Urangst zu sein. Eine weitere archaische Schicht des kollektiven Unbewussten klingt im oben erzählten Traum auch in Gestalt der Ähnlichkeit zum Märchen vom Wolf und den sieben Geißlein an.

ten Suizids im neunten Monat erzählte; hinzu kommen weitere Zeitschichten: immer wieder, wenn diese Erzählung eines unwirklich frühen Schreckens auftaucht. Und jetzt wird sie erneut präsent in einer knappen Niederschrift, einer Schicht, welche Durchsicht zu schaffen hofft. Mein Vater also, den ich nicht bewusst kennengelernt, im Alter von zwei Jahren zuletzt gesehen hatte, taucht hier vor meiner Geburt auf als einer, der nach abgebrochenem Theologie- und abgeschlossenem Medizinstudium eine Stelle im Hamburger Gesundheitsamt gefunden hatte. Gegen Ende der Schwangerschaft will meine Mutter ihn dort besuchen. Der Pförtner schaut auf ihren Bauch und führt sie zum Direktor. Der sagt, Herr Dr. Waldhoff hat nur zwei Wochen hier gearbeitet, dann ist er nie mehr erschienen. Wo ist seinerzeit ein Mann hingegangen, der Monat um Monat weiter zur Arbeitszeit aus dem Haus geht und pünktlich am Feierabend zurückkehrt? Wie haltlos ist diese Familie? Wie groß die Not einer werdenden Mutter, die am selben Abend hochschwanger in die Außenalster zu gehen versucht und es dann zum Glück nicht über sich bringt, sich selbst und das ungeborene Kind ums Leben zu bringen? Was habe ich pränatal in meiner embryonalen Kammer erlebt? Was beim ersten Anhören des Berichtes darüber? Warum beschäftigt mich das Thema der geschützten Räume, vor allem als Denkräume, und des *Containing* (Bion, 1992) so sehr? Auch das Thema des abtötenden Denkens (Devereux, 1988) und der alternativen, lebensförderlichen Wege? Mit diesem ganzen Komplex verbindet sich schließlich ein Gefühl neuer Geburt, einer Offenheit für Kinder, vor allem eigene, dann andere, für »das Wunder, das den Lauf der Welt und den Gang menschlicher Dinge immer wieder unterbricht und vor dem Verderben rettet [...], die Tatsache der Natalität, das Geborensein«, die »frohe Botschaft« immer neuen Anfangens, derentwegen »man für die Welt hoffen darf« (Arendt, 2014, S. 316f.).

Die gute Seite der Verbindung zur Bibliothekarin-Mutter lief über immer neue Bücher, Kinderbücher zunächst: Die Erfahrung der Bücherwelt als eines rettenden Raumes.

Kreative Wissenschaft und literarische Erinnerung

Auf der einen Seite sehe ich Devereux' Erinnerung an jene aus seiner Sicht »typischen« Menschenwissenschaftler, die, ihre Forschungen schildernd, mit der Bemerkung schließen, nun müssten sie nur noch alles Lebendige streichen, dann sei es publikationsreif. Demgegenüber die lebendige, schöpferische wissenschaftliche Erzählung, wie wir sie etwa bei Sigmund Freud finden, welcher der Entzauberung von Welt und Wissen neuen Zauber abgewinnt. Methodisch entscheidend bei der Arbeit mit freien Assoziationen, gleichschwebender Aufmerksamkeit oder Bions *Rêverie* im Sinne von träumerischem Ahnungsvermögen (vgl. Hinshelwood, 2004), ist es nicht etwa, absichtsvoll eine persönliche Erinnerung einzubringen in der Hoffnung, diese möge etwas zur Klärung eines Wissensprozesses beitragen. Vielmehr geht es darum, einen Raum offen zu halten, in dem einfach etwas ohne Bemühen oder Wunsch im Verlauf eines zeitlosen Augenblicks, eines *Kairos*, auftauchen kann, ein Traum, ein Bild, wie es hier geschehen ist.

Das Wort *Kreativität* wird oft oberflächlich und inflationär gebraucht. Es erzählt aber eigentlich eine Geburtsgeschichte und eine Schöpfungsgeschichte und kann als Gegen- und Komplementärbegriff zu Destruktivität verstanden werden, Lebenstrieb gegen Todestrieb. Es hat mit Risiko, Glück und Wehen zu schaffen. Wenn es in der biblischen Genesis heißt, die Erde war wüst und wirr, und im Evangelium des Johannes dies in Verbindung mit dem berühmten »im Anfang war das Wort« gebracht wird und dieses als väterlich gedachte Wort Ordnung schafft, um Leben zu ermöglichen, so wiederholt sich diese Schöpfungsgeschichte mit jeder menschlichen Geburt und muss sich immer wieder im Leben wiederholen, damit dieses seine Chance hat, damit aus beängstigender Wirrnis ein kohärenter Lebensraum gestaltet werden kann. Wie auch immer der elterliche Akzent zwischen Vater und Mutter oder anderer engster Bezugsperson gesetzt wird, so können wir jedenfalls annehmen, dass solche großen Schöpfungserzählungen über den menschlichen Makrokosmos ihre Kraft aus den immer wiederholten Erfahrungen der menschlichen Mikrokosmen schöpfen, so wie umgekehrt die großen Erzählungen geeignet sind, das jeweils persönliche Leben in seiner Erfahrbarkeit zu fassen, zu steigern und zu erhellen. So spiegeln sich die Geburts- und Schöpfungsgeschichten verschiedener Größenordnung ineinander und finden ihre Entsprechung in ihrer eigenen erzählerischen Entstehung, in allen kreativen Prozessen künstlerischer und wissenschaftlicher Art.

Es gibt andere Assoziationen, nicht nur erlebte, auch erlesene Erinnerungen. Fast ununterbrochen brodeln Verse aus der Hexenküche im *Faust* mir durch den Kopf. Den Versen folgt das Bild der mit einem Globus spielenden Hexenkatzen aus Gründgens' Hamburger Faustverfilmung. Nachts wache ich mit Bild und Versen auf; den ganzen Tag stehen sie mir vor Augen und liegen mir in den Ohren. Zuerst gelesen in der Adoleszenz, dann in Gründgens Faust-Verfilmung gesehen, basierend auf seiner Inszenierung in meiner Geburtsstadt, im Deutschen Schauspielhaus Hamburg. Sie wollen um jeden Preis in diesen Text aufgenommen und genauer betrachtet werden. Die Verse lauten, vom Hexenkater gesprochen:

»Das ist die Welt;
Sie steigt und fällt
Und rollt beständig;
Sie klingt wie Glas –
Wie bald bricht das!
Ist hohl inwendig.
Hier glänzt sie sehr,
Und hier noch mehr:
›Ich bin lebendig!‹
Mein lieber Sohn,
Halt dich davon!
Du mußt sterben!
Sie ist von Ton,
Es gibt Scherben.«

Es gibt also Scherben, ach schade! In diesem Punkt hatte ich die Leseerinnerung für mich verändert: Eine brüchige, gefährdete Welt, die aber doch in einem Hoffnungsbild nicht gerichtet ist, sondern gerettet. Der gläserne oder tönerne Globus meiner Erinnerung war trotz Rollens und Geworfen Seins heil geblieben. Ein Sohn, der sterben muss, aber nichtsdestotrotz sagt: »Ich bin lebendig«; ein christliches und ein biografisches Motiv in der literarischen Erinnerung umstandslos ineinandergewirkt. Der gläsern klingende Globus, der symbolisch für die brüchige Welt steht, sich im Weltverhältnis bewegt. Jedenfalls geht es ums Ganze, Abgerundete; um Leben und Tod; um Glänzendes; um einen brüchigen Hohlraum; mich gemahnt dieser, was Wunder, an eine gefährdete Gebärmutter und Mutter, an noch viele weitere gefährdete Menschenräume, ein Begriff, der mir vermutlich abwandelnd aus den *Menschenlandschaften* des türkischen Dichters Nazim Hikmet (1994) zugeflogen ist. Vielleicht sind die literarischen Erinnerungen, verglichen mit vielen Theoriegebäuden, die »*festgemauert in der Erden*« (Schiller: *Das Lied von der Glocke*) zu stehen scheinen, zerbrechlicher, aber lebendiger.

Die Suche nach Theorien zur reflexiven Zivilisierung des Denkens

Die literarischen und die biografischen Erinnerungen, wie sie sich der gleichschwebenden Aufmerksamkeit anbieten, fügen sich zusammen. Ist es so anders mit den wissenschaftlichen Erinnerungen? Greifen wir unter den vielen gelesenen Texten und studierten Theorien nicht auf einer weiteren Ebene entweder Lebensthemen auf oder wehren diese abtötend ab?

Freud hat in *Jenseits des Lustprinzips*, wo er zuerst den Dualismus von Lebens- und Todestrieben formuliert hat, beklagt, »daß man leider selten unparteiisch ist, wo es sich um die letzten Dinge, die großen Probleme der Wissenschaft und des Lebens handelt«. Er folgert daraus:

> »Ich glaube, ein jeder wird da von innerlich tief begründeten Vorlieben beherrscht, denen er mit seiner Spekulation unwissentlich in die Hände arbeitet. Bei so guten Gründen zum Mißtrauen bleibt wohl nichts anderes als ein kühles Wohlwollen für die Ergebnisse der eigenen Denkbemühung möglich« (Freud, 1920g, S. 64f.).

Das bleibt gültig. Aber seit seiner *Traumdeutung* und der Erfindung der Wissenssoziologie (Engler, 1992) gibt es Wegweiser, die darauf hindeuten, wie man mit dem Wissen von diesen unwissentlichen Einflüssen umgehen kann, und seit der Entwicklung der ethnopsychoanalytischen Wissenschaftstheorie (Devereux, 1988, Erdheim, 1990) sogar, wie sich aus dieser Not eine Tugend machen ließe, die Selbst- und Objekterkenntnis dialektisch zu erweitern erlaubt (Heilbron, 1999).

Das sind einige Assoziationen und Gedanken, die auftauchen, wenn ich in gleichschwebender Aufmerksamkeit über die allmähliche Verfertigung eines Symposiums und Buches über Denkmöglichkeiten und Lebensthemen im Kommunikationsprozess mit anderen und mir selbst nachdenke. Diesem liegt ein *Versuch über die Zivilisierung des Wissens* zugrunde (Waldhoff, 2009), angesichts und entgegen der *Aggressivität in der Wissenschaft* (Erdheim & Nadig, 1980), unternommen in einem Buch, das erst abgeschlossen werden konnte, als ich, als einleitende Quintessenz, den Versuch unternommen hatte, das Containing-Modell des britischen Psychoanalytikers und Gruppenanalytikers Wilfried Bion auf den wissenschaftlichen Prozess anzuwenden (Waldhoff, 2009).

Diese unvermeidlich stattfindende Übertragung bewusster zu gestalten, ließe sich auch aus dem Kontext von Bowlbys bindungstheoretischem Lebensthema mit seinem Begriff der *inneren Arbeitsmodelle* begründen, für die der Grundstein in der frühen Mutter-Kind-Dyade gelegt wird. Daniel Sterns Theorie, »nach der sich psychisch nicht einzelne Selbst- und Objektrepräsentanzen herausbilden, sondern Repräsentationen von Beziehungen zwischen Selbst und Objekt« (vgl. Stern, 1992, Teil 2), kann als Grund für die unauflösbare Dialektik von Selbst- und Objekterkenntnis auch im wissenschaftlichen Prozess mit dessen inneren und institutionellen Arbeitsmodellen begriffen werden.

Bion analysiert die frühe Mutter-Kind-Kommunikation dergestalt, dass das Kind, wenn es dem Ansturm innerer Emotionen, insbesondere Ängste, nicht standhalten kann, diese auf die Mutter projiziert oder in diese entleert. Die Aufgabe einer hinreichend guten Mutter im Sinne Winnicotts ist es nun, diese Ängste in sich aufzunehmen, sie zu verarbeiten, um sie dann in gefilterter und entgifteter, für das Kind verträglicher Form, an dieses zurückzugeben. Die Gefühle des Kindes werden also angenommen und respektiert, zugleich in einer sowohl realitäts- als auch kindgerechten Weise verwandelt an dieses zurückgegeben. Den Kindern wird so die Möglichkeit eingeräumt, wirkliche und wirksame Erfahrungen zu machen, durch Erfahrung zu lernen, indem sie ihre ganz eigenen Erfahrungen zu denen der gesellschaftlichen Welt, in der sie aufwachsen, vermittelt durch die Mütter und Väter, in Austausch und Beziehung, ins Verhältnis, auch im Sinne der Angemessenheit, zu setzen lernen. Umgekehrt lernen die Mütter, Väter und andere vitale Bezugspersonen immer wieder aufs Neue, wie es ist, als auf Vertrauen hoffender Fremdling auf und in die Welt zu kommen. So wird die Dialektik von Sozialisation und der Individualisierung sozialer Gegebenheiten in Gang gesetzt und *gehalten*. Denn diese Erfahrung der Annahme, der Korrektur durch Abstimmung mit anderen und schließlich des Haltens zunächst chaotisch anstürmender innerer und äußerer Ereignisse kann nun verinnerlicht werden; zugleich kann die Haltung der Vorbilder, die diese Erfahrung vermitteln, psychisch integriert werden. Damit entstehen relativ stabile und flexible innere Denkräume, die Panik und Chaos zu halten und zu ordnen vermögen, in Korrespondenz und dialektischem Austausch mit den äußeren Denkräumen der ersten eigenen, der familiären und später, wenn es gut geht, aller anderen Gruppen, welche lebensfreundliche äußere und innere Spielräume zulassen. Nur so können wirkliche und wirksame Erfahrungen erworben werden, die gehalten und angeeignet statt ausgestoßen werden (Bion, 1992).

Schon in der frühesten Eltern-Kind-Kommunikation entsteht Wissen als Beziehungswissen. Die Fähigkeit, den Zustand des anderen wahrzunehmen und sich mit ihm abzustimmen, scheint sich gleichzeitig und in gegenseitiger Abhängigkeit mit der Integrationsfunktion des Gehirns, mit der Fähigkeit der Gestaltwahrnehmung, zu entwickeln: Auf die komplexere Ebene wissenschaftlichen Wissens übertragen, kann man demnach vermuten, dass die Fähigkeit zur Kommunikation zumindest mit lebenden Forschungsobjekten als intersubjektive Kommunikation psychogenetisch mit der Fähigkeit zum Interesse am Entdecken lebendiger Zusammenhänge, an der Synthesebildung, untrennbar verbunden ist (vgl. Sander, 2009, S. 282ff.).

Es ist offensichtlich, dass Eltern, die diese basalen Lernprozesse in entsprechenden gesellschaftlichen Zusammenhängen gut genug durchlaufen und fortführen konnten, diese auch ihren Kindern besser vermitteln können. Es handelt sich um Mehr-Generationen-Prozesse, welche in gesamtgesellschaftliche Prozesse eingebettet sind (vgl. Moré, 2013). Aus diesem Grund kann beispielsweise Norbert Elias in seinen Studien über die Deutschen begründet vermuten, dass traumatische Erfahrungen des Dreißigjährigen Krieges (1618–1648) sich bis auf die Anfälligkeit der deutschen Mentalität für den Nationalsozialismus auswirken konnten – und damit gewissermaßen, auf einen zweiten, nur unterbrochenen Dreißigjährigen Krieg 1914–1945.

Krieg als extremste Steigerung des *Angriffs auf Verbindungen* auf allen Ebenen der menschlichen Existenz, um den Begriff des Psychoanalytikers und früheren Panzerkommandanten im Ersten Weltkrieg, Bion, zu zitieren, lähmt entsprechend die vitale menschliche Denkfähigkeit und verengt die Wahrnehmungsfähigkeit aufs Äußerste. Der frühere Bundeskanzler, Verteidigungsminister und Weltkriegsoffizier Helmut Schmidt hat diese Beobachtung kürzlich in einem Interview zu seinem 95. Geburtstag in ähnlicher Weise artikuliert (Di Lorenzo, 2013). Selbst der jüdische Zivilist Sigmund Freud musste diese Erfahrung zu Beginn des Ersten Weltkrieges machen, als er eine ihm zunächst unbegreifliche Arbeitsunfähigkeit – und seine Arbeit war eben die denkende Verarbeitung menschlicher Gefühlswelten – beklagte. Dem allerdings folgte umso intensiveres Nachdenken über die Frage *Warum Krieg?* bis zu der des Unbehagens an der modernen Kultur, zu welcher die moderne Wissenschaft beispielhaft gehört. Bei der Wiedereroberung von Erfahrungsfähigkeit hat ihm entscheidend geholfen, dass er spätestens von der *Traumdeutung* (1900a) an dem herrschenden modernen Wissenschaftstypus eine reflexive Alternative als Denkhaltung entgegensetzen konnte (vgl. Bauman, 1995). Die Ethnopsychoanalytiker Devereux und Erdheim haben das beispielhaft reflektiert, Erdheim und Nadig am Beispiel der *Zerstörung der wissenschaftlichen Erfahrung durch das akademische Milieu* (Erdheim & Nadig, 1980).

Indem ich selbstreflexiv den Beobachtungsmodus in die Beobachtung einzubeziehen suche, habe ich schließlich in eine Theorie der Zivilisierung menschlichen Wissens Bions Theorie des *Lernens durch Erfahrung* (Bion, 1992) und sein Modell der Dialektik von *Container und Contained*, des Haltenden und des Gehaltenen, integriert. Bion selbst legt nahe, dass jener menschliche *Denkapparat*, der allmählich aus der Verbindung von psychischen Elementen entsteht, nicht nur grundsätzlich die Umwandlung emotionaler Erfahrung in kognitive Aktivität bewirkt, sondern spezifisch auch der Entwicklung von Theorien zugrunde liegt, mit denen gedacht wird (vgl. Hinshelwood, 2004, S. 359).

Das Gradiva-Modell

Wissenschaftlerinnen und Wissenschaftler sollten, um zugleich wissenschaftlicher und menschlicher zu werden, aufgreifen, was ihnen im gesellschaftlichen und natürlichen Leben als emotional bedeutsam begegnet, es jedoch den menschlichen Gesellschaften in lebensfördernd verarbeiteten und beziehungsoffenen Zusammenhangsmodellen zurückgeben und zur Verfügung stellen. Das entspricht bereits Goethes vielleicht eben deshalb nicht einflussreich gewordener Auffassung von Wissenschaft: »Der Mensch kennt nur sich selbst, insofern er die Welt kennt, die er nur in sich und sich nur in ihr gewahr wird« (zit. n. Safranski, 2013, S. 528). Die dafür notwendigen Denkwelten (Hinshelwood, 1994) müssen intrapsychisch und institutionell in allen Lebensbereichen gesichert werden, nicht zuletzt im potenziellen Schlüsselmedium der wissenschaftlichen Reflexion (vgl. Engler, 1992; Heilbron, 1999; Hinshelwood, 1987). Sie sollen nicht im Sinne weltabgewandter Meditation gesichert werden – das wäre nur ein weiteres Abspaltungsprodukt –, sondern, dabei einen Umweg über die Distanzierung von aktuell überwältigenden Konflikten gehend, als gemeinsame und kommunikative Denkräume des Erlangens von Erfahrung über innere und äußere Welten.

So findet beispielsweise in einer gruppenanalytischen Supervision in einer Institution, die durch Vertrauensverlust (vgl. Möller, 2012) erodiert und fragmentiert, keine Flucht aus der Wirklichkeit statt, sondern im Gegenteil dient dieser geschützte Denkraum dazu, Wahrnehmungsverzerrungen so weit zu entgiften, dass die Denk- und Arbeitsfähigkeit wiederhergestellt werden kann (vgl. Hinshelwood, 1987). Vamik Volkans Konzept der informellen Diplomatie und seine Konfliktbearbeitungsgruppen beziehen die aus der offiziellen Diplomatie verbannten Gefühle und kollektiv Unbewusstes ein. Gerade in ihrer unausgesprochenen, sogar ungedachten Form beherrschen diese in zwanghafter Wiederkehr des Verdrängten die Beziehungsmuster über lange Zeit. Die Vermittler selbst arbeiten in interdisziplinären Wissensverknüpfungen und stellen vielfältige Beziehungen zu den Konfliktgruppen auf der Gefühls- und Wissensebene her. So können sich durch tiefe Konflikte aneinander gefesselte Gruppen gemeinsam mit den Vermittlern zu einem Verstehen durcharbeiten, dass es sich eben um miteinander geteilte Konflikte handelt, um bisher unsichtbare Bindungen, und sich so, wenn die machtpolitischen Rahmenbedingungen es erlauben, aus Sackgassen herausarbeiten, in welche die dissoziativen Manöver offizieller Diplomatie geführt haben (Volkan, 2003).

Das Grundmodell, welches ich hier im Auge habe, lässt sich anhand von Freuds *Gradiva*-Studie verdeutlichen (vgl. Freud, 1907a). Der wissenschaftlich wie menschlich entscheidende Kunstgriff dieser Studie besteht darin, dass Freud ein abtötendes Beziehungsmuster und dessen allmähliche Revitalisierung aufgreift – ähnlich wie er das in einer therapeutischen Psychoanalyse tun würde –, aber dies in einer nicht-abtötenden Weise beschreibt. In seiner Analyse des Wahns und der Träume in W. Jensens Roman *Gradiva* schildert Freud, wie der junge Archäologe Norbert Hanold seine Jugendliebe Zoe (übersetzt: *Leben*) in seiner Fantasie in ein steinernes Relief aus in die Ferne verrückter Zeit verwandelt, welches eine in spezieller, erotisch getönter Weise schreitende junge Römerin darstellt. Von diesem Relief lässt er sich einen Gipsabdruck anfertigen, den er bewundert, während er die in unmittelbarer Nähe und Gegenwart lebende Zoe nicht mehr wahrnimmt. Diese ist es schon durch ihren Vater, ebenfalls ein Wissenschaftler, gewohnt, wie eine Tote behandelt zu werden. Freud begibt sich nun ohne Berührungsängste mitten in den Wahn seines jungen Helden, spürt die potenziell heilenden Aspekte in der Dynamik der Wahnvorstellungen auf und vermeidet es vor allem, mittels klassifizierender Diagnostik von Krankheitsbildern den geschilderten Menschen sich und seinen Lesern künstlich ferne zu rücken und fremd zu machen. Indem er also – beispielhaft für sein psychoanalytisches Menschenbild, die entsprechende Wissenschaftsauffassung und Heilungsmethode – Menschen nicht auf ein Symptom reduziert und dieses klassifizierend fixiert, spießt er analysierte Romanfiguren und Patienten nicht abtötend wie einen Schmetterling in einer Sammlung auf, ja er lässt selbst den Patientenstatus in den Hintergrund treten. Dadurch versucht er, in Symptomen erstarrte Menschen denkend und therapeutisch handelnd wieder in ihren Lebensfluss zu bringen, den er analysierend-schreibend miterzeugt.

Mit anderen Worten nimmt er Prozesse, die – wie der Umgang der Romanfigur Norbert Hanold mit seinem Liebesobjekt Zoe – Abtötung repräsentieren, in seine Theoriebildung dergestalt auf, dass diese wieder in ihren lebendigen Zusammenhang gestellt werden. So lassen sich Räume für theoretische und menschliche Entwicklung öffnen und existenzielle Ängste, vor allem Todesängste, verstehend und in verarbeiteter Form in zwischenmenschliche Beziehungen zurückgeben. Es kommt, im Sinne von Bions Containing-Modell, welches ich hier bereits bei Freud in höchstem Maße wirksam sehe, darauf an, »die Elemente des Prozesses, die Vernichtung und Tod repräsentieren, zu ertragen und in sich zu bewahren« (vgl. Hinshelwood, 2004, S. 360). Freud tut das, indem er Wirkungen des Todestriebes, ohne diesen schon so zu benennen, beschreibt, diese Wirkungen aber in seiner lebendigen Technik der Beschreibung dergestalt aufhebt, dass eben die Gestalt der Theoriebildung auf übergeordneter Synthese-Ebene lebensnahe Zusammenhänge herstellt.

Dies ließe sich geradezu als *Gradiva-Modell wissenschaftlicher Kommunikation* beschreiben, insofern überdies *Gradiva* die Schreitende bedeutet und hier ein methodisch neuer wissenschaftlicher Weg beschritten wird, zudem mit einer weiblichen und einer erotischen Konnotation, die unter anderem an Melanie Kleins *epistemophile Komponente der Libido* und Bions Annahme eines basalen menschlichen Wissenstriebs, den er dem Lebens- und Todestrieb als Drittes zur Seite stellt, erinnert (vgl. Hinshelwood, 2004, S. 306, 711ff.). Wilhelm Reich sieht Liebe, Arbeit und Wissen als die Quellen unseres Lebens und gewichtet so ebenfalls Wissen als grundlegend (vgl. Kriz, 2001; Nicola, 2014).

Thomas Manns zentraler, aus Hans Castorps Schneetraum geborener Hinweis im Zauberberg, welcher eine frühe Phase seiner Verarbeitung psychoanalytischen Wissens enthält – »*Der Mensch soll um der Güte und Liebe willen dem Tode keine Herrschaft einräumen über seine Gedanken*«[3] (Mann, 2002, S. 600) –, gewinnt im Zuge der hier entwickelten Gedanken eine weitere Tiefendimension: In der Struktur der Denkprozesse selbst sollen die malignen Wirkungen des Todestriebes, etwa in der Form erstarrender Wissenspartikel, in lebendige Ströme immer neuer Zusammenhänge eingebettet werden (vgl. Waldhoff, 2011).

In meinen Beiträgen zu diesem Buch habe ich versucht, meinen persönlichen, literarischen und wissenschaftlichen Erfahrungen in Verbindung mit denen von anderen die verallgemeinerungsfähigen Aspekte abzugewinnen. Dafür kann es essenziell sein, latente, oft außerhalb des Bewusstseinszusammenhangs liegende Wissens- und Erfahrungsschätze zu bergen, beispielsweise durch das Zulassen freier Assoziation. Diese müssen keineswegs stets veröffentlicht werden. Dies ist vielmehr ein Risiko. Aber es hilft, sie sich selbst, beispielsweise in supervidierten Gesprächsprozessen in geschützten Gruppen, mit geeigneten Dialogpartnern oder in Arbeitsjournalen als systematischem Dialog mit der eigenen Person, zugänglich zu machen und zu reflektieren. So wächst Selbst- und Objekterkenntnis im dialektischen Wechselspiel. Ausgewählte Aspekte anderen zur Verfügung zu stellen, kann dabei eine große kommunikative Hilfe bedeuten. Hans-Heinrich Nolte tut das in diesem Buch und an anderer Stelle (Nolte, 1997). Nevim Cil hat in einem selbstreflexiven Kapitel ihrer Dissertation auf Basis eines Arbeitsjournals Vergleichbares versucht (Cil, 2007). Ich tue es hier. Jede und jeder kann dabei das Thema seiner und ihrer besonderen Wahrnehmungsfähigkeit entdecken und erweitern.

Aber besteht nicht die Gefahr, die eigenen inneren Welten, wie sie aus den eigenen äußeren Welten entstanden sind, durch die wir im Laufe unseres Le-

---

3   Hervorh. im Orig. Dieser Satz ist als einziger des ganzen Romans kursiv gedruckt.

bens hindurchgehen und die durch uns hindurchgehen, unzulässig auf spätere Außenwelten und Objekte unseres Forschens und Nachdenkens zu übertragen? Ja, diese Gefahr besteht: Sie besteht am ungebrochensten und in voller Verwilderung, wenn wir sie nicht zu reflektieren lernen. Deshalb dieser Versuch als einer der Zivilisierung des Wissenserwerbs und Denkens im Sinne einer kontrollierten Lockerung von Affektkontrollen im Wissensprozess (vgl. Waldhoff, 2009, S. 105–130, Waldhoff, 2014)[4]. Große Modelle dafür finden sich, wie gesagt, in Freuds Selbstanalysen in *Die Traumdeutung* (1900a) und weiteren Werken anderer Autoren, so auch bei Goethe. Dabei kommt es darauf an, den *Gefühlston des Denkens* (Freud, 1900a, S. 470) bewusster zu hören und angemessen zur Geltung kommen zu lassen.

Zum Teufel

In meinen Beiträgen zu diesem Buchprojekt kamen Goethes *Mephisto*, ein Kater in der Hexenküche und Salman Rushdies *Satanische Verse* zu Wort, in einer Fußnote der *Teufel mit den drei goldenen Haaren* der Grimm'schen Märchen und gleich noch wird der Teufel in Thomas Manns *Doctor Faustus* seinen Auftritt haben. Was haben so viele teuflische Einfälle zu diesem Thema zu bedeuten? Kommt das *Teuflische* an den unbewussten Prozessen, am latenten Wissen, vor allem daher, dass hier eigentlich Eigenes als ausgestoßenes Abfallprodukt behandelt, abgespalten und eben verteufelt wird? Können unbewusste Denkprozesse, wieder einbezogen, kreative Zerstörung falscher Vorstellungen bewirken und so vielleicht stets das Böse wollen, aber indirekt dem Schöpferischen den Weg bahnen?

Kommen wir abschließend zu Adrian Leverkühn, dem faustischen Künstler Thomas Manns, der seine abgespaltene musikalische Potenz, weil sie »zum Teufel« ist, bei eben diesem sucht. In der Teufelsszene, dem einzigen szenischen Bestandteil des Romans, dringt aus der halbdunklen Ecke des Zimmers ein Kältestrom. Er erkennt jemanden dort sitzen. Gespräch und ans Mittelalterliche anknüpfender Teufelspakt nehmen ihren Lauf. Aber der Künstler fragt zwischendrin zweifelnd ausgerechnet den Teufel, was ihm dessen Realität beweise. Vielleicht sei dieser nur ein Hirngespinst, ein Produkt seiner durch die Geschlechtskrankheit pathologischen Wahrnehmung? Vielleicht aber, entgegnet der Teufel, helfe die Syphilis ihm auch nur zu verschärfter Wahrnehmungsfä-

---

4 Cas Wouters und Norbert Elias haben dies mit der Formulierung *controlled decontrolling of emotional controls* auf den Begriff gebracht (vgl. Wouters, 2007, S. 230–237).

higkeit, zum Sehen, was andere nicht sehen. Folgen wir dieser Spur. Jeder kann demnach das zu seiner besonderen Wahrnehmungsfähigkeit passende Lebensthema finden, nicht fernab als blaue Blume der Romantiker, sondern mitten im Leben, als in beide Richtungen begehbare Brücke zwischen innerem und äußerem Leben. Spätestestens die Bildung von künstlerischen Gestaltungen oder wissenschaftlichen Synthesen erfordert das Einfließen unbewusster Prozesse und eine Kommunikation psychischer Strukturen mit denen des Erkenntnisfeldes.

Zur reflexiven Revolution

Die hier erörterte Frage der Reflexion und Reflexivität hat ihre philosophiegeschichtlichen Vorläufer. Das Verhältnis wahrnehmender Subjekte zu wahrgenommenen Objekten kann jedoch seit der Entwicklung von Psychoanalyse und Wissenssoziologie, sowie unter Berücksichtigung der großen Romane der letzten zweihundert Jahre, ganz anders und viel genauer betrachtet werden.

Wie in einer Nussschale ist der Kern vertiefter Reflexivität in einem Fallbeispiel, einer unscheinbaren Selbstbeobachtung Sigmund Freuds, enthalten. In seiner Selbstanalyse einer Erinnerungsstörung stößt er unter anderem auf den Umstand, dass ein Entfremdungsgefühl, »ein Zweifel an einem Stück der Realität«, dem Abwehrmechanismus der Verschiebung geschuldet ist, nämlich der Verschiebung von einer gegenwärtigen Beziehung zwischen Beobachter und Beobachtetem in die Vergangenheit und »von meiner Beziehung zur Akropolis weg auf die Existenz der Akropolis selbst« (Freud, 1932, S. 254). Der forschende Blick auf Akropolis, Athen und die gesamte Landschaft wird durch einen fast cartesianischen Zweifel an der äußeren Realität ge- und verstört, weil die eigene Beziehung zu dieser Realität in der Wahrnehmung unterschlagen wird. Mit anderen Worten sehen wir hier eine Wahrnehmungsstörung dadurch entstehen, dass der Forscher die eigentlich realitätsgerechte Wahrnehmung, welcher die Beziehung von Erkenntnissubjekt zu Erkenntnisobjekt, einschließlich der durch diese ausgelösten und zugleich verdrängten Assoziationen, zugrunde zu legen gewesen wäre, durch das Zerreißen und die Unbewusstmachung dieser Verbindung so sehr stört, dass er sowohl das Objekt verkennt als auch sich selbst. Erst als die Erinnerung ein Menschenalter später immer wieder und zunehmend dringlicher auftaucht und Freud sich zu einer Selbstanalyse entschließt, die die richtigen Verknüpfungen rekonstruiert, kann er Licht in das Phänomen bringen und findet so im hohen Alter ein Stück Versöhnung mit diesem und mit der in der Erinnerungsstörung verborgenen Erinnerung an seine Beziehung zum eigenen Vater.

Hier sei die These gewagt, dass die gesamten »rein« objektivistischen Tendenzen der Wissenschaftskultur wegen ihres Angriffs auf die Verbindungen zwischen Erkenntnissubjekten und Erkenntnisobjekten entsprechende grundlegende Wahrnehmungsstörungen, eine akademische Produktion von Unbewusstheit und eine dissoziative Wissenschaftspathologie erzeugen. Es wäre eine Untersuchung wert, wie sich die einzelnen Forscher dieser Tendenz jeweils erwehren, wenn sie lebendige Forschung treiben möchten.

Der alternative Weg einer Dialektik von Selbst- und Objekterforschung ist, wie der Erinnerungskünstler Proust wusste, gerade hinsichtlich des ersten Schritts nicht einfach:

> »Eine schwere Ungewißheit tritt ein, so oft der Geist sich überfordert fühlt, wenn er, der Forscher, zugleich die dunkle Landschaft ist, in der er suchen soll, und wo das ganze Gepäck, das er mitschleppt, keinen Wert für ihn hat. Suchen? Nicht nur das: Schaffen. Er steht vor einem Etwas, das noch nicht ist, und das doch nur er in seiner Wirklichkeit erfassen und dann in sein eigenes Licht rücken kann« (Proust, 1979, S. 64).

Das ganze wertlos gewordene Gepäck kann das überlebter Denkzwänge und Theoriemodelle sein. Wenn man beispielsweise in der äußeren Realität in einen dunklen Brunnen fällt, steckt man möglicherweise fest. Nicht unbedingt so in einem seelischen Brunnen – es sei denn, man übernimmt aus dem frühen Behaviourismus die objektivistische Vorstellung der menschlichen Seele als einer »black box«, in die man keinen Einblick hat oder haben kann. Das ist eine Variante des von Elias als *homo clausus* kritisierten okzidentalen Menschenbildes der geschlossenen, isolierten, dunklen und im Kern einsamen Persönlichkeit, die auch das Menschenbild in der Philophiegeschichte stark beeinflusst hat. Da lehrt uns beispielsweise die Märchenwelt andere Wirklichkeiten. Seine Heldinnen oder Helden fallen durch den dunklen Brunnenschacht nicht in ein enges und in sich geschlossenes Seelenleben, sie fallen eher in eine weite, hellere und bevölkerte Welt (beispielsweise in *Frau Holle*), die sie schließlich in ihr Leben integrieren können. Auch Prousts Ich-Erzähler Marcel[5] bleibt keineswegs in enger Selbstbespiegelung gefangen, ihm erschließen sich vielmehr auf der Suche nach der verlorenen Zeit, durch sich selbst dabei nur hindurchgehend, auf 3.000 Sei-

---

5 Dieser Vorname wird nur einmal genannt, ansonsten bleibt der Ich-Erzähler namenlos. Er ist nicht identisch mit dem Autor, auch wenn er viele von dessen Zügen trägt. Er bleibt eine (Selbst-)Imagination des Autors.

ten weite Gesellschaftswelten. Wenn wir den gesellschaftstheoretischen Wert des radikal subjektiven Ansatzes, von dem Devereux in Bezug auf den Herzog von Saint-Simon spricht (Devereux, 1988, S. 180), welcher sich und uns die höfische Gesellschaft seiner Zeit aufschließt, beim Wort nehmen, nämlich bei der ethymologischen Herkunft des Wortes »radikal«, dann finden wir an der Wurzel des Subjekts die anderen. Und die sind nicht immer, wie in Sartres beklemmender Fantasie mit dem bezeichnenden Titel »*Huis clos*«, die Hölle. Wir fahren mit ihnen vielmehr in unserer Beziehungswelt, wie in Goethes *Faust, vom Himmel durch die Welt zur Hölle* und zurück. Bei Proust erschließt sich den Lesern eine ganze Epoche, eine Nachfolgewelt der höfischen Welt von Saint-Simon, auf den er sich oft bezieht, und durch diese hindurch eine ganze *condition humaine*.

Weil wir im tiefsten Inneren der Individuen weite Menschenlandschaften finden und in den weiten Menschenlandschaften miteinander verbundene Individuen, ist, tiefen- und sozialpsychologisch betrachtet, jede Psychoanalye zugleich eine Gruppenanalyse und jede Gruppenanalyse eine Psychoanalyse. Eine psychoanalytisch-wissenssoziologische Erkenntnistheorie versucht entsprechend die psychischen Strukturen von Forschern, die soziale Struktur und das gesellschaftsgeschichtliche Umfeld von Forschergruppen – im Sinne der Denkkollektive und Denkstile Ludwik Flecks (1980) – und die des jeweiligen Forschungsfeldes in den Blick zu nehmen.

Michael Schröter hat am Beispiel der Arbeitsweise von Norbert Elias, den er lange als wissenschaftlicher Mitarbeiter begleitet hat, eine psychoanalytische Theorie von Forschungs- und Erkenntnisprozessen skizziert, welche die ethnopsychoanalytische Wissenschaftstheorie erweitert und vertieft:

> »Ein Forscher dieses Typs überlässt sich kontrolliert dem Strom seines Vor- oder Unbewußten. Dabei tastet er die Realität auf Zusammenhangsmuster ab, die mitgebrachten Erlebnis- und Phantasiemustern homolog sind. [...] Erkenntnis entsteht, wo Strukturen des Stoffes mit eigenen, oft unbekannten Strukturen zusammenschießen« (Schröter, 1993, S. 127f.).

Die Chance einer reflexiven Zivilisierung des jeweiligen Wissensstroms eröffnet sich zum einen, wie Schröter am Beispiel der Entstehung des Denkgebäudes der Elias'schen Zivilisationstheorie herausgearbeitet hat, durch eine kontrollierte Lockerung der Affektkontrollen im Forschungs- und Erkenntnisprozess (Waldhoff, 2009, S. 105ff., 281ff.; Waldhoff, 2014). Also dadurch, dass die das Forschen und Denken begleitenden Gefühle und Fantasien besser wahrgenommen werden, auch dadurch, dass möglicherweise aus dem Vor- und Unbewussten auftauchende

Bilder und Gedanken zur Kenntnis genommen und auf eventuelle Zusammenhänge mit dem Forschungsthema untersucht und gegebenenfalls in dieses einbezogen werden. Soweit diese auftauchenden Fantasien, Erinnerungen, Gefühle und Gedanken sich auf die Relation zum »Forschungsobjekt« beziehen, können sie als Gegenübertragungen betrachtet werden. Versucht man, solche möglichen Gegenübertragungsreaktionen als Forschungsinstrument einzusetzen – und zwar nicht nur als Lippenbekenntnis (Haase, 1996, S. 21) –, so eröffnet sich zum anderen eine Denkebene, die über die am Beispiel Elias diskutierte noch hinausgeht, weil sie die im Folgenden analysierte implizite Methode expliziert:

> »Es hängt von Faktoren wie Materialbeherrschung, Gestaltungskraft und wissenschaftlichem Gewissen ab, wie weit sich die gefundenen Verknüpfungen mit der Wirklichkeit decken und in einer Form gefaßt werden, die andere zu überzeugen vermag; für ihren Erfolg ist entscheidend, ob die psychischen Binnenstrukturen das draußen gegebene Material überwältigen oder in einer konsensfähigen, nachprüfbaren Weise aufschließen. Die Herstellung des sozialen und Sachbezugs ist die Leistung wissenschaftlicher Sublimierung. Die Triebkraft aber, die überhaupt für das Auge des Forschers bestimmte Muster im Chaos der Daten aufscheinen läßt, entstammt seiner Phantasie und den frühen, affektgeladenen Lebenserfahrungen, die sie speisen« (Schröter, 1993, S. 713f.).

Es könnte also hilfreich sein, die eigene Fantasie und ein paar frühe affektgeladene Lebenserfahrungen in ihrer Beziehung zu den eigenen Lebensthemen, Denkrichtungen und Forschungsinteressen nicht nur zu postulieren, sondern genauer zu befragen. Diese werden dann nicht mehr unter dem Deckmantel einer »Objektivität«, die andere Menschen und die eigene Menschlichkeit zu Gegenständen versteinert, von der Erkenntnisgewinnung abgespalten. Nach einer lange herrschenden Tradition extremer Abstraktion, die wissenschaftliches Denken erst da beginnen lässt, wo einem Hören und Sehen vergeht, und alles davon Abweichende verteufelt, zeichnet sich in diesem von Goethe über Freud und die Wissenssoziologie zur Ethnopsychoanalyse (insbesondere Erdheim, 1990) von vielen betriebenen Projekt die Chance einer reflexiven Revolution ab, einer grundlegenden epistemologischen und methodologischen Umkehrung (Haase, 1996, S. 21) bisheriger Verfahrensweisen durch Reflexivität. Die an dieser Stelle mögliche Frage: »Aber wo denkt Ihr hin?«, wird hier zunächst hinsichtlich alternativer Denkwege bedacht.

Vom Begründer der Soziologie, Auguste Comte, wird berichtet, dass sein Arbeitsplatz sich vor einem großen Spiegel befand und er so ganz augenfällig darüber reflektieren konnte, dass Menschen, wenn sie über menschliche Gesellschaften denken und schreiben, sich immer auch über sich selbst äußern (Korte & Ernst, 2011, S. 17). Ein wichtiger Schritt auf dem Weg zu einer reflexiven Revolution.

Um Forscher und Erforschte in ihrer Wechselwirkung in den Blick nehmen zu können, müssen Forscher sich auch selbst in die Augen sehen. Sonst können sie die Forschungsfelder im doppelten Sinne nicht in ihr eigenes Licht rücken: In die ihnen eigene Ausrichtung der »Forschungsscheinwerfer« und in das den jeweiligen Interessengebieten angemessene Licht. Die reflexive Revolution ist eine sanfte Revolution. Es mag sinnvoll sein, Sozialforschern eine therapeutische Psychoanalyse zu verordnen, wie Max Horkheimer das am frühen Institut für Sozialforschung in Deutschlands Weimarer Republik getan hat. Es wäre aber vollkommen sinnlos, ja Sinn zerstörend, die Veröffentlichung des Zusammenhangs von Selbst- und Fremderfahrung zu verordnen. Es kann nur darum gehen, entsprechende Reflexionen anzuregen und auch zu ihrer Verschriftlichung zu ermutigen, beispielsweise in persönlichen Forschungstagebüchern. Ausgewählte Veröffentlichungen könnten in Absprache mit Kontrolllesern erfolgen. Ein Großprojekt dieser Art ist das Rote Buch von C. G. Jung, welches die unbewusste und emotionale Infrastruktur eines tiefenpsychologischen Lebenswerks dokumentiert (Jung, 2009).

Lebensthemen erkunden

Man kann jedoch, wie in diesem Buch, die Frage nach Lebensthemen stellen. Sie zeigen an, wo Erkenntnisfähigkeiten und Erkenntnisfelder stimmig sind. Sie sind, wenn es gelingt, an ihrer sprachlich-emotionalen Leuchtkraft erkennbar. Sie schöpfen aus gelebtem Leben Perspektiven für die Zukunft. Sie erfordern jedoch keine bestimmte Reflexionsweise noch Reflexionstiefe. Jeder und jedem bleibt es vielmehr überlassen, sein Gebiet und seine Beziehung zu diesem, so weit man es selbst verstanden zu haben glaubt, authentisch, aber selektiv darzustellen (Cohn, 2009, S. 125). Der Versuch des Verstehens der eigenen Lebensthemen ist immer lohnend, im Falle von Forschern oder Künstlern doppelt: Für Produkte wie Produzenten wissenschaftlicher oder künstlerischer Arbeiten. Das braucht jedoch seine Zeit und ist vermutlich nie ganz beendet. Der US-Neurowissenschaftler Daniel L. Alkon beispielsweise berichtet, dass der Zusammenhang verschiedener drängender Forschungsfragen und deren gemeinsame Wurzel in kindlicher Trauer und Wut über die schwere, letztlich tödliche Traumatisierung einer engen Kindheitsfreundin durch deren Vater ihm erst nach zwanzig Jahren Forschungsarbeit bewusst geworden sein. Das Befreiende und Zusammenhang stiftende dieses Erkenntnis- und Selbsterkenntnisprozesses trägt die außerordentliche sprachliche, intellektuelle und emotionale Qualität seiner dieser Kindheitsfreundin gewidmeten Studie *Gedächtnisspur (Memory's Voice)* (Alkon, 1995).

Das Beste ist schließlich, wenn sich uns angesichts unserer Vergänglichkeit durch die eigenen Lebensthemen hindurch neue und die der anderen weiter öffnen. Der selbstanalytische Aspekt des Denkens ist selbsttranzendierend (Barbelet, 2009, S. 62ff.). Wir stoßen auf eine eigene Lebensader und schließen uns mittels ihrer in vollerem Strom an den großen Kreislauf des Lebens an. Auf die Menschen- und alle Lebenswissenschaften gemünzt wird dann im fremden Leben vor allem das Leben sichtbar und die Fremdheit tritt zurück. Dann lassen sich die begrifflichen und materiellen Untersuchungssonden nicht mehr starr und ohne Rücksicht auf den eigenen Sinn und die eigenen Sinne der Menschen, über die man nachdenkt, ausrichten. Als Untote Erforschte werden wieder zu wirklichen Menschen und Kommunikationspartnern.

Die Frage: *Wo denken wir hin?*, wird zunächst oft von der Frage dominiert: *Von woher denken wir?* – in der Tat unterliegen wir Denkzwängen. Erweiterte und flexible Objekt- und Selbsterkenntnis wird, sobald wir dieser Dialektik Raum schaffen, mit der Emanzipation von älteren Lebensthemen hin zu neuen möglich: Wenn wir uns durch die älteren Themen und Muster wirklich durchgearbeitet haben, wenn diese ausgeglüht sind. An die Stelle von Denkzwängen, die umso zwingender bleiben, je mehr Unbewusstheit sie und uns beherrscht, können neue, unerwartete Spielräume treten, eine gewisse Freiheit der Entscheidung, auch darin, wo wir älteren Lebensthemen und Wahrnehmungsmustern treu bleiben wollen oder sie als abgelebt betrachten. In jedem Fall ändert sich der Denkmodus: Anstelle von Begriffen und Gedanken, die *uns* denken, tritt ein unendlicher Dialog mit Unbewusstem und Gesellschaftlichem. So gewinnen wir selbst mehr Spielraum als Denker unserer Gedanken.

Ein Beispiel: Der US-Israelische Medizinsoziologe Aaron Antonovsky war über weite Strecken seines Wissenschaftlerlebens ein konventioneller Medizinsoziologe und Fragebogenexperte. Eines Tages erhob er in Israel den Gesundheitsstatus einer Gruppe von Frauen. Zu dieser Zeit konnte man noch, wenn man nachts durch die Straßen ging, die allnächtlichen Albtraumschreie der Holocaustüberlebenden hinter den Schlafzimmerfenstern hören. Einer Eingebung folgend verglich er, obwohl das gar nicht vorgesehen war, zusätzlich noch die Frauen mit einer Holocaustvergangenheit mit Frauen ohne eine solche. Der Gesundheitszustand der Frauen mit Holocaustvergangenheit erwies sich als schlechter. Was Wunder, hätte er sich an dieser Stelle sagen können, seiner Untersuchung und dem Forschungsfeld *Folgen der Verfolgung* eine Fußnote hinzufügen und zur Tagesordnung übergehen können. Das tat er nicht. Gern wüsste man mehr über die biografischen Quellen, die ihn in diesem Augenblick und fortan zu einer radikalen Umleitung seiner Fragestellung führten. Das aus dieser Wende entstandene Hauptwerk und sein theoretisches Schlüsselkonzept des *Kohärenzgefühls* als zentraler Gesundheitsressource ist seinen Eltern gewidmet (Antonovsky, 1997). Vorgeschlagen hat diesen Schlüsselbegriff seine Frau, eine Entwicklungspsychologin. Der Begriffsbildung liegen also gute und wesentliche Beziehungserfahrungen zugrunde. Das Modell lässt sich mit Bions Containing-Konzept zwanglos verbinden. Die Wahrnehmungsänderung bestand ganz einfach darin, dass er sich fragte, warum der Gesundheitszustand der überlebenden Holocaustopfer angesichts schwerster Traumatisierung und gesundheitlicher Belastung nicht noch wesentlich angegriffener war. Im nächsten Schritt untersuchte er dann, und das war von nun an sein Lebensthema, wie es gerade den relativ gesündesten Frauen unter den Überlebenden gelungen war, ihre Gesundheit in solch wunderbarem Maße wiederzugewinnen und zu erhalten. Seine Untersuchungen haben zugleich eine, wenn auch wenig ausgearbeitete, wissenstheoretische Ebene: Die Beobachtung, dass unser gesamtes westliches medizinisches Denken und Wahrnehmen pathogenetisch orientiert sei, also fokussiert und fixiert auf die Ursachen von Erkrankungen; es würde demgegenüber mindestens von gleichem Wert sein, darauf zu achten, wie und mittels welcher Ressourcen es Menschen gelingt, relativ gesund zu bleiben. Der pathogenetischen Fixierung auf einzelne Krankheitsbilder sei eine komplementäre salutogenetische Orientierung auf ganze Personen mit ihrer Lebensgeschichte zur Seite zu stellen. »Ganzheitliche Ansätze der älteren Heilkunde gewinnen so in der Gegenwart neue Aktualität« (Vanja, 1993, S. 205). Heilkundliche kollektive Erinnerung und heilende personliche Erinnerung werden über die Psychoanalyse hinaus belebt und wirken auf neue Weise belebend. Zugleich wird die dichotomische Aufspaltung in entweder *gesund* oder *krank* durch ein Balancemodell abgelöst, in dem unterschiedliche Mischungsverhältnisse von gesünderen und kränkeren Anteilen für alle Menschen angenommen werden.

Es besteht wenig Grund anzunehmen, dass die kritisierte pathogenetische Grundorientierung auf die Menschenwissenschaft Medizin beschränkt sein sollte. Vielmehr scheint es sich um die abgemilderte Variante jenes wissenschaftlichen Todestriebes zu handeln, der vitale Zusammenhänge in allen Menschenwissenschaften und im herrschenden Wissenschaftstypus der modernen Epoche in Elemente aufzulösen bestrebt ist und bei entsprechenden Macht- und Ideologieverhältnissen, wie in der nationalsozialistischen Medizin, der begrifflichen

Auflösung die Zerstörung der zu bloßen Objekten degradierten Menschen folgen lässt. Eine salutogenetische Perspektive, wie sie mich nach dem Durcharbeiten durch das Unterholz meines latenten Wissens viel mehr interessiert, könnte versuchen, verschiedene Handlungsoptionen zu ermöglichen und besonders darauf zu achten, wie es Menschen gelingt, sich in Kooperationsbeziehungen zu verbinden und destruktive äußere und innere Einflüsse sublimierend umzuformen. Es geht hier keineswegs um ein naives, sogenannt positives Menschenbild. Antonovsky schaut nach den kollektiv und individuell gesünderen Verhaltensmöglichkeiten von Menschen, gerade weil er die vielen destruktiven Dynamiken sieht. Die alternativen Strategien, wie sie hier anhand einiger Beispiele entwickelt wurden, bestehen darin, Ängste, Aggressionen, Traumatisierungen und ideologisch vergiftete Menschen-, Gesellschafts- und Weltbilder aufzunehmen und diese wissenschaftlich oder künstlerisch dergestalt zu verarbeiten, dass sie in lebensförderlicher Weise in die Gesellschaft zurückgespielt werden können. Echte Lebensthemen sind eben auch *Lebens*-Themen.

Nehmen wir zum Vergleich die legendären Experimente der Sozialpsychologie, wie sie zum Kanon der Lehrbücher zählen, beispielsweise das Milgram-Experiment oder das Stanford-Prison-Experiment (vgl. Hobmair, 2013, S. 389ff.). Letzteres scheint, insbesondere wegen der unreflektierten Involvierung des Forschungsleiters, seines zunehmenden Aufgehens im selbsterzeugten Sog der Gefängnisleiterrolle, geradezu mit Angstlust auf die Erzeugung des alternativlos destruktiven Verhaltens der in die Rolle der Gefängniswärter geschlüpften studentischen Versuchspersonen fixiert zu sein. Auch wenn die bewusste Intention eine ganz andere ist, erinnert mich diese Haltung ein wenig an die jener KZ-Wärter, die behaupten, im Konzentrationslager käme, und zwar bei den Häftlingen, die wahre Natur *des* Menschen zum Vorschein. Es sind aber die Versuchsanordnungen selbst, die das Verhalten hervorrufen, welches sie untersuchen und, in letzterem Beispiel extrem zynisch, verurteilen. Dieser Typus der Wissenschaft und Forschung enthält und erzeugt selbst das destruktive Potenzial, welches er dann selbstzufrieden bei den zu Objekten degradierten Versuchspersonen zu entdecken meint (vgl. Gray, 2013). Gab es eine konstruktive Nachsorge für die Versuchspersonen in den genannten Experimenten? Warum genau konnten einige Versuchspersonen im Milgram-Experiment sich den Anweisungen, Menschen mit immer stärkeren Stromschlägen zu foltern, widersetzen? Wie vor allem hat die Interaktion von Forschern und Erforschten die Untersuchungsergebnisse des Stanford-Prison-Experiments beeinflusst? Welche Wissenschaftsauffassung kann überhaupt zu einem solchen grausamen und verzerrenden, die eigene Rolle und Person nicht wirklich reflektierenden Forschungsprojekt führen? Wie haben

Forscher und Erforschte das Experiment psychisch verarbeitet? Bei einer Untersuchung ein Jahr nach dem Experiment zeigten sich angeblich bei keinem der Teilnehmer negative Nachwirkungen. Der Gefangene 8612, der als erster zusammengebrochen war, wurde später Psychologe im Gefängnis von San Francisco. Ist das wirklich ein Zeichen von Normalität?

Sozialwissenschaften entstehen durch das Nachdenken von Menschen über Menschen. Forscher und Erforschte kommunizieren potenziell oder real miteinander, sie beeinflussen sich. Wenn in ihnen über Menschen nachgedacht wird, als wären diese leblose Objekte und als wären die Nachdenkenden nicht ebenfalls Menschen und stünden in Beziehung zu jenen, über die sie forschen, verstehen die Forscher weder die Erforschten noch sich selbst. Und ihre Forschungsergebnisse werden ebenfalls Verzerrung bis zur Unverständlichkeit riskieren. Nicht-reflexive Sozialwissenschaften segeln unter falscher Flagge: Menschenwissenschaften, die das Menschliche der Wissenschaftler und ihrer sogenannten *Forschungsobjekte* nicht mit einbeziehen, sind gar keine; sie sind weder menschlich noch wissenschaftlich.

Zumindest lässt sich der Psychologie wie allen Humanwissenschaften wünschen, dass sie sich auf ihren Gründungsimpuls zurückbesinnen und dessen verstreute Weiterentwicklungen fortführen:

> »Sie ist von ihren disziplinären Anfängen her ein Unternehmen der reflexiven Selbstverständigung der Subjekte und bezieht sich auf epochale Veränderungen, auf den krisenhaften Verlust bislang bestimmender Sinnkonstrukte und Leitziele jeweils möglicher oder geforderter Lebensführung« (Keupp, 2010, S. 252).

Die beschränkte Wiederholung dessen, was ist, in der Darstellung und unter der vereist klirrenden Fahne der Objektivität, gibt uns bestenfalls die Hälfte des Lebens. Erst die dynamische gegenseitige Spiegelung und Wechselwirkung innerer und äußerer sowie eigener und fremder Welten, ferner der symbolischen Welt unserer Begriffe, Zeichen und Methoden (méthodos: *Gang einer Untersuchung*) kann den Bezug zum ganzen menschlichen Universum herstellen; der letztere Weg führt zu Modellen des Denkens als lebensfreundlichem und wirklichkeitsgerechtem Probehandeln. Anstelle der Produktion von Denkmodellen, die ein *betäubendes Gefühl von Wirklichkeit* (Steiner, 2014, S. 77ff.) systematisch betonieren und so im entfremdenden Denken die entfremdeten Beziehungsmuster verstärkend wiederholen, sind wir sehr wohl fähig, den Stoffwechsel zwischen unseren psychischen Mikrokosmen und den gesellschaftlichen Makrokosmen wieder zu beleben (vgl. Waldhoff, 2009, S. 307ff.; 2014). C. W. Mills' Training

Soziologischer Fantasie, die uns helfen soll, unsere Biografie im Lichte der Weltgesellschaft zu verstehen und die Weltgesellschaft im Lichte unserer Biografie, den Mikrokosmos im Makrokosmos und den Makrokosmos im Mikrokosmos, ist ein Musterbeispiel dieses anderen, reflexiven Weges (Mills, 1967). Dafür bedarf es stabiler, flexibler und lebendiger äußerer und innerer Denkräume, die wir uns im übertragenen Sinne getrost wie eine Gebärmutter kreativer Prozesse vorstellen dürfen.

Der Blick für die Dialektik zwischen Objekterkenntnis und Selbsterkenntnis, wie ich ihn in meinen beiden Beiträgen in diesem Buch anhand dafür geeigneter Theoriemodelle programmatisch skizziert habe, wird zugleich exemplarisch und experimentell in diesem Text erprobt: Durch freie wissenschaftliche, literarische und biografische Assoziationen konnte ich, wie ich hoffe, eine klarere Sicht auf die Zusammenhänge meiner biografischen Erinnerungen, Leseabenteuer und Erkenntnisinteressen gewinnen und plausibel vermitteln. Vielleicht regt das die eine oder den anderen zu entsprechenden eigenen Erkundungen an. Entdeckungsreisen zu den eigenen Lebensthemen steigern Erkenntnisinteresse, Gestaltungskraft und Chancen auf authentischen Austausch mit sich und anderen.

Literatur

Alkon, D. L. (1995). *Gedächtnisspur. Auf der Suche nach der Erinnerung.* Stuttgart: Klett-Cotta.
Antonovsky, A. (1997). *Salutogenese. Zur Entmystifizierung der Gesundheit.* Tübingen: dgvt-Verlag.
Arendt, H. (2014). *Vita activa oder Vom tätigen Leben.* München: Piper.
Barbalet, J. (2009). *Consciousness, Emotions and Science.* In D. Hopkins et.al., Theorizing Emotions. Sociological Explorations and Applications. Frankfurt a. M.: Campus.
Bauman, Z. (1995). *Moderne und Ambivalenz. Das Ende der Eindeutigkeit.* Frankfurt a. M.: S. Fischer.
Bion, W. R. (1992). *Lernen durch Erfahrung.* Frankfurt a. M.: Suhrkamp.
Cil, N. (2007). *Topographie des Außenseiters. Türkische Generationen und der deutsch-deutsche Wiedervereinigungsprozess.* Berlin und Tübingen: Schiler.
Ciompi, L. (1997). *Die emotionalen Grundlagen des Denkens. Entwurf einer fraktalen Affektlogik.* Göttingen: Vandenhoeck & Ruprecht.
Cohn, R. (2009). *Von der Psychoanalyse zur themenzentrierten Interaktion.* Stuttgart: Klett-Cotta.
Devereux, G. (1988). *Angst und Methode in den Verhaltenswissenschaften.* Frankfurt a. M.: Suhrkamp.
di Lorenzo, G. (2013). *Lebensfragen.* Dokumentarfilm über und mit Helmut Schmidt. ARD 23.12.2013
Dinzelbacher, P. (Hrsg.). (1993). *Europäische Mentalitätsgeschichte.* Stuttgart: Kröner.
Elias, N. (1991). *The Symbol Theory.* London: Sage.
Elias, N. (2005). *Studien über die Deutschen. Machtkämpfe und Habitusentwicklung im 19. und 20. Jahrhundert.* Gesammelte Schriften. Band 11. Frankfurt a. M.: Suhrkamp.
Elias, N. & Scotson, J. L. (1990). *Etablierte und Außenseiter.* Frankfurt a. M.: Suhrkamp.

Engler, W. (1992). *Selbstbilder. Das reflexive Projekt der Wissenssoziologie*. Berlin. Akademie-Verlag.
Erdheim, M. (1990). Die Wissenschaftler und ihre Objekte. In M. Erdheim, *Die gesellschaftliche Produktion von Unbewußtheit. Eine Einführung in den ethnopsychoanalytischen Prozeß*. Frankfurt a. M.: Suhrkamp.
Erdheim, M. & Nadig, M. (1980). Die Zerstörung der wissenschaftlichen Erfahrung durch das akademische Milieu. *Berliner Hefte 15*, 35–52.
Fleck, L. (1980). *Entstehung und Entwicklung einer wissenschaftlichen Tatsache. Einführung in die Lehre vom Denkstil und vom Denkkollektiv*. Frankfurt a. M.: Suhrkamp.
Freud, S. (1900a). *Die Traumdeutung*. GW II/III.
Freud, S. (1907a[1906]). Der Wahn und die Träume in W. Jensens »Gradiva«. GW VII.
Freud, S. (1920g). Jenseits des Lustprinzips. GW XIII.
Freud, S. (1932). Brief an Romain Rolland (Eine Erinnerungsstörung auf der Akropolis). GW XVI, S. 250–260.
Friedmann, G. (1959). *Le travail en miettes*. Paris. (deutsch: (1959). *Grenzen der Arbeitsteilung*. Frankfurt a. M.).
Gleichmann, P. R. (2006). *Soziologie als Synthese. Zivilisationstheoretische Schriften über Architektur, Wissen und Gewalt*. Hrsg. v. H.-P. Waldhoff. Wiesbaden: VS Verlag für Sozialwissenschaften.
Gray, P. (2013). *Why Zimbardo's Prison Experiment Isn't in My Textbook. The results of the famous Stanford Prison Experiment have a trivial explanation*. http://www.psychologytoday.com/blog/freedom-learn/201310/why-zimbardo-s-prison-experiment-isn-t-in-my-textbook (19.09.2014).
Haase, H. (1996) Einleitung. In H. Haase (Hrsg.), *Ethnopsychoanalyse: Wanderungen zwischen den Welten*. (S. 7–26). Stuttgart: Verlag Internationale Psychoanalyse.
Heilbron, J. (1999). Reflexivity and its Consequences. *European Journal of Social Theory, 2*(3), 298–306.
Hikmet, N. (1994). *Menschenlandschaften*. Hamburg: Buntbuch Verlag.
Hinshelwood, R. D. (1987). *What happens in Groups. Psychoanalysis, the individual and the community*. London: Free Association Books.
Hinshelwood, R. D. (1994). Attacks on the reflective space: Containing primitive emotional states. In V. L. Schermer & M. Pines (Hrsg.), *Ring of Fire. Primitive Affects and Object Relations in Group Psychotherapy*. (S. 86–106). London, New York: Routledge.
Hinshelwood, R. D. (2004). *Wörterbuch der kleinianischen Psychoanalyse*. Stuttgart: VIP.
Hobmair, H. (2013). *Psychologie*. Köln: Bildungsverlag EINS.
Hölderlin, F. (2005). An die Parzen. In F. Hölderlin, *Sämtliche Gedichte*. Frankfurt a. M.: Deutscher Klassiker Verlag im Taschenbuch, Bd. 4.
Jung, C. G. (2009). *Das Rote Buch. Liber Novus*. Düsseldorf: Patmos.
Keupp, H. (2010). Psychologie. In S. Jordan & G. Wendt (Hrsg.), *Lexikon Psychologie: Hundert Grundbegriffe*. Stuttgart: Reclam.
Korte, H. & Ernst, S. (2011). *Soziologie*. Konstanz: UVK Verlagsgesellschaft.
Kriz, J. (2001). *Grundkonzepte der Psychotherapie*. Weinheim: Beltz PVU.
Mann, T. (2002). *Der Zauberberg*. Frankfurt a. M., Leipzig: S. Fischer.
Milkau-Kaufmann, B. & Rötzer, F. (1996). Georges Devereux. Zum Verständnis der Psychoanalyse als epistemologischer und kulturübergreifender Disziplin. In H. Haase (Hrsg.), *Ethnopsychoanalyse: Wanderungen zwischen den Welten*. (S. 101–115). Stuttgart: Verlag Internationale Psychoanalyse.
Mills, C. W. (1967). *The Sociological Imagination*. London: Oxford University Press.
Möller, H. (Hrsg.). (2012). *Vertrauen in Organisationen. Riskante Vorleistung oder hoffnungsvolle Erwartung?* Wiesbaden: Springer.

Moré, A. (2013). Die inneren Gruppen in der Gruppe – Zur Bedeutung transgenerationaler Übertragungen für das Konzept der Gruppen-Matrix. *Gruppenpsychother. Gruppendynamik, 49*, 252–276.

Nicola, V. (2014). Die Struktur der Panzerung. http://orgontherapie.wordpress.com/die-struktur-der-panzerung/ (17.03.2015).

Nolte, H.-H. (1997). Kompetenzakkumulation im Weltsystem. Der Krieg, Russland und die Liebe zu soliden Sachen. In E. Barlösius, E. Kürsat & H.-P. Waldhoff (Hrsg.), *Distanzierte Verstrickungen. Die ambivalente Bindung soziologisch Forschender an ihren Gegenstand.* (S. 147–160). Berlin: Edition Sigma.

Proust, M. (1979). *Auf der Suche nach der verlorenen Zeit.* Frankfurt a.M.: Suhrkamp.

Rushdie, S. (1988). *The Satanic Verses.* London: Viking Press.

Safranski, R. (2013). *Goethe. Kunstwerk des Lebens. Biografie.* München: Carl Hanser Verlag.

Sander, L.W. (2009). Anders denken. Prinzipien des Prozessverlaufs in lebenden Systemen und die Spezifität des Erkanntwerdens. In L.W. Sander, *Die Entwicklung des Säuglings, das Werden der Person und die Entstehung des Bewusstseins.* (S. 282–303). Stuttgart: Klett-Cotta.

Schröter, M. (1993). Triebkräfte des Denkens bei Norbert Elias. Ein Versuch psychoanalytischer Theorieentwicklung. *Psyche 47*(7), S. 684–725.

Steiner, J. (2014). *Seelische Rückzugsorte verlassen. Therapeutische Schritte zur Aufgabe der Borderline-Position.* Stuttgart: Klett-Cotta.

Stern, D. (1992). *Die Lebenserfahrung des Säuglings.* Stuttgart: Klett-Cotta.

Vanja, C. (1993). Abschnitt »Neuzeit« im Artikel »Krankheit«. In P. Dinzelbacher (Hrsg.), *Europäische Mentalitätsgeschichte.* (S. 200–207). Stuttgart: Kröner.

Volkan, V. (2003). *Das Versagen der Diplomatie. Zur Psychoanalyse nationaler, ethnischer und religiöser Konflikte.* Gießen: Psychosozial-Verlag.

Waldhoff, H.-P. (2009). *Verhängnisvolle Spaltungen. Versuche zur Zivilisierung wissenschaftlichen Wissens.* Weilerswist: Velbrück Wissenschaft.

Waldhoff, H.-P. (2011). *Vom Umgang mit Zauberbergen: Sozialpsychologische Gedanken zur Gruppendynamik in einem Gesundheitsprojekt mit Arbeitslosen.* Unveröffentlichte Antrittsvorlesung Sozialpsychologie an der Leibniz-Universität Hannover vom 16.05.2011.

Waldhoff, H.-P. (2014). Menschen im Singular und im Plural – Norbert Elias' grundlagentheoretischer Beitrag zur Gruppenanalyse. *Gruppenpsychother. Gruppendynamik, 50*, 111–145.

Weilnböck, H. (2007). »Das Trauma muss dem Gedächtnis unverfügbar bleiben«. Trauma-Ontologie und anderer Missbrauch von Traumakonzepten in geisteswissenschaftlichen Diskursen. *Mittelweg 36, 16*, 2–64.

Wouters, Cas (2007). *Informalization: Manners and Emotions since 1890.* London: Sage.

Ein gruppenanalytischer Blick auf wissenschaftliche Prozesse

Eine Würdigung des überfachlichen Doktorandenkolloquiums von Hans-Peter Waldhoff

Uwe Herrmann und Nele Reuleaux

> »Das wir-lose Ich des in der Festung der eigenen Person gefangenen Menschen blockiert auch die Erweiterung des Radius der Identifizierung auf alles Menschliche. Eine Pluralität von Menschen, die sich nur im Singular wahrnehmen, verleugnet die steigenden gegenseitigen Abhängigkeiten im Nahbereich und im weltweiten menschlichen Netzwerk (McNeill & McNeill, 2003), durch deren aktive Anerkennung Lebenssinn gewonnen werden kann« (Waldhoff, 2014, S. 135f.).

Wie hat Hans-Peter Waldhoff zur Gruppenanalyse gefunden? Schließlich zum Seminar für Gruppenanalyse in Zürich? Ist es ein Wunder, dass sein Blick auf einen Flyer fiel, der das Seminar ankündigte? Fällt unser Blick nicht immer zunächst eher auf etwas Vertrautes, um sich dann dem Fremden zuzuwenden? Das Seminar war für Hans-Peter Waldhoff die logische Konsequenz seines ohnehin schon dahin denkenden und fuhlenden Bewusstseins.

Einer der Gründerväter der Gruppenanalyse war Siegmund H. Foulkes. Er hat in seiner Konzeption der Gruppenanalyse auch besonders das Denken des Soziologen Norbert Elias einbezogen, mit dem er sehr vertraut war, wie auch Hans-Peter Waldhoff vertraut mit diesem Denker ist. Elias war zeitlebens bemüht darum, »psychoanalytisches Wissen in soziologisches Wissen zu integrieren« (Waldhoff, 2009, S. 197), denn die Psychoanalyse als Erfahrungswissenschaft öffnete die Türen für ein Denken gegen den von Elias so benannten *Homo clausus*, gegen die *geschlossene Persönlichkeit* (ebd.). Damit richtet sich auch der gruppenanalytische Blick, so Waldhoff, auf das »Ineinandergreifen von individuellen mit gesellschaftlichen Verhaltenszwängen und Verhaltensspielräumen« (ebd.). Diese lassen sich besonders innerhalb einer Gruppe erfahren, erkennen und schließlich als solche benennen, da sich im Mikrokosmos der Kleingruppe all jenes wiederfindet, was in der *Gesellschaft der Individuen* (Elias) hervorgebracht oder im Unbewussten belassen wird. Die Aufhebung der Trennung zwischen Individuum *und* Gesellschaft sowie die Wirkung einer unreflektierten Verwendung der Begriffe sind Kernpunkte des von Elias im Jahre 1939 verfassten Werkes *Die Gesellschaft der Individuen.* Diese ist erfahrungsgemäß

> »in einer sprachlichen Auflockerung und Umarbeitung verhärteter und beziehungsloser Menschenbilder, als Kern der Fetischisierung von Wissen (Sigusch, 2013), zu sehen: Ein gutes Gegengift gegen eine Unbewusstheit der Begriffe, die sonst mehr mit uns denken als wir mit ihnen« (Waldhoff, 2014, S. 124).

So ist es kein Wunder, dass Hans-Peter Waldhoff vor dem Hintergrund seines Wissens um Denk- und Arbeitsstörungen im wissenschaftlichen Kontext auf die Idee kam, ein gruppenanalytisches Doktorandenkolloquium ins Leben zu rufen. Mit Elias erkannte Waldhoff gerade die *geschlossene Persönlichkeit,* diesen, wie er ihn nennt, »affektgepanzerten Persönlichkeitstyp [...] als Hauptquell einer zivilisatorischen Wahrnehmungspanzerung« (Waldhoff, 2009, S. 197). Diese Wahrnehmungspanzerung oder Wahrnehmungsverzerrung findet ihren Ausdruck, so Waldhoff, in »einer vorherrschenden wissenschaftlichen Denkstörung mit in die Irre gehender Begriffsbildungsstrategie« (ebd.), die er auf die *verhängnisvollen Spaltungen* zurückführt, vor allem jene zwischen Denken und Fühlen, dabei stets mit dem Blick darauf, »wie das Begriffsuniversum, das wir zu durchdringen versuchen, zugleich uns durchdringt« (Waldhoff, 2014, S. 126). Sein Angebot eines gruppenanalytischen Doktorandenkolloquiums an der Universität Hannover war ein Wagnis und zugleich ein Zeichen seines Mutes und seines langen Atems, denn nicht immer fand das Angebot Anklang und regen Zulauf. Schließlich gehört für junge Wissenschaftler/innen auch ein gutes Stück Mut dazu, der Wissenschaft *anders* zu begegnen. Schließlich

> »kommt es, gerade in der wissenschaftlichen Kommunikation, mit einem schönen Begriff Sigmund Freuds, darauf an, den *Gefühlston des Denkens* (Freud, 1900a, S. 470) und seine Resonanz bei anderen und gegenüber den Erforschten bewusster zu hören und angemessen sowie freundlich zur Geltung kommen zu lassen. So lässt sich die Abtötung und Fragmentierung von Wissenszusammenhängen [...] vermeiden« (Waldhoff, 2014, S. 140).

Betrachtet man die Theorie der Gruppenanalyse, ist zu konstatieren, dass Psychoanalyse und Soziologie die tragenden Säulen der Gruppenanalyse sind, dazu kommen die analytische Sozialpsychologie und Einflüsse der Gestaltpsychologie. In diesem Zusammenhang berichtet Elias über das vorherrschende Menschenbild vom *Homo clausus*:

> »In diesen Gesellschaften gebraucht man Begriffe wie ›Gruppe‹ oder ›Gesellschaft‹ weitgehend so, als ob sie sich auf etwas außerhalb des Menschen bezögen, auf etwas, das den einzelnen umgibt oder ›umschließt‹. Das durch derartige Sprach- und Denkkonventionen heraufbeschworene Bild ist das einer hohen Mauer um ein einzelnes Individuum herum, von der herab geheimnisvolle Zwerge – die ›Umwelteinflüsse‹ – kleine Gummibälle nach dem Betreffenden werfen, die bei ihm ›Ein-Drücke‹ hinterlassen« (Elias, 2006, S. 18).

Allem gemein ist die Auseinandersetzung mit dem Spannungsverhältnis zwischen dem Du und dem Ich. Diesen Verbindungen im Ich zum Du und umgekehrt, wie auch den Zerstörungen dieser Verbindungen, sollte Beachtung geschenkt werden. Für Foulkes ist die menschliche Seele ein soziales Phänomen, einschließlich der unbewussten Vorgänge, die in ihr am Werk sind. Und immer geht es um Prozesse: um Entwicklungs- und Wachstumsprozesse, um Trennungs- und Annäherungsprozesse, um Wahrnehmungs- und Verarbeitungsprozesse – also um Arbeitsprozesse! Und diese finden immer in tatsächlicher oder fantasierter Anwesenheit anderer statt. Zudem beinhaltet jeder gelungene Arbeitsprozess sowohl die Erfahrung von Mühe als auch von Freude und bestenfalls das gemeinsame Feiern erzielter Ergebnisse.

Alle wissenschaftlichen Prozesse und Arbeitsvorgänge sind von den jeweils in ihnen Wirkenden geprägt, die ihre Erfahrung in Gruppen vor dem Hintergrund ihrer jeweiligen Lebensgeschichte einbringen: Die Familie als die erste Gruppenerfahrung! Gemeinsame Arbeitsprozesse gehen deshalb immer einher mit Differenzerfahrungen, bieten also eine gute Vorübung für ein Verständnis für interdisziplinäre Arbeitsprozesse. Diese Prozesse können viele förderliche Impulse und Motivationen beinhalten. Ebenso kann die kreative Arbeit jedoch von unbewussten inneren wie interpersonalen Konflikten, Widersprüchen und Ambivalenzen beeinflusst sein. Solche hemmenden Faktoren wirken sich meist beeinträchtigend auf den Forschungsprozess aus und können häufig als solche kaum wahrgenommen, geschweige denn im Rahmen der Forschung benannt werden.

Wie hilfreich ein geschützter Raum sein kann und was ein solcher Raum bewirken kann, zeigt ein Blick auf die Grundelemente der Gruppenanalyse: Neben Foulkes ist Wilfried R. Bion ein weiterer Gründungsvater der Gruppenanalyse. Bion hat der hohen Bedeutung der Herstellung eines geschützten, psychischen

Denk-Raumes einen Begriff gegeben, nämlich den Begriff des *Containments*, der über den bekannteren Begriff des *Holdings* von Winnicott hinausgeht. Denn er bezieht sich gleichsam auf die vielfältigen Grenzen zwischen Innen und Außen innerhalb einer Gruppe, wodurch der Gruppenleiter/die Gruppenleiterin sowohl Teil der Gruppe ist als auch Außenstehender bzw. Außenstehende bleibt. Es finden Umformungen von vorher noch nicht Gedachtem, von sinnlicher Erfahrung in Gedanken statt. Bion spricht in diesem Zusammenhang von *Transformation* (Bion, 1965).

Ein solches Containment ist notwendig, um sich in Anwesenheit des anderen erkennen, sich des eigenen Denkens überhaupt erst gewahr werden und sich dessen schließlich bedienen zu können. Von Beginn der Selbstwerdung an wie auch in wissenschaftlichen Prozessen geht es um diese *Auseinander-Setzung* im wahrsten Sinne des Wortes, um innerhalb einer Gemeinschaft eine *beziehungsfähige Selbstbestimmtheit* zu bilden und aufrechterhalten zu können. Bion betont das hierzu notwendige Erreichen von psychischer Getrenntheit und das Erlernen sowohl der Fähigkeit, Unsicherheit zu tolerieren und sich dem Unbekannten zu überlassen, als auch der Fähigkeit, *Verbindungen herzustellen*, in denen sich schließlich Bedeutung generieren kann (vgl. Reerink, 1997).

Im gruppenanalytischen Setting findet also ein interpersonaler und gleichsam ein transformativer Prozess statt, in dem sich Denkprozesse entwickeln: Die Gruppe selbst bildet den Behälter, in dem die Inhalte der Einzelnen Platz haben. Das Containment ist »das Erfassen und Zuordnen von Gefühlszuständen, das Erkennen und Benennen der Qualität des Emotionalen im Selbst und im anderen als Voraussetzung für die Entstehung und Entwicklung des Denkprozesses« (Lüders, 1997, S. 85). Die Vielzahl von Erfahrungen in der Gruppe führt zur »Relativierung und damit ersten Umformung eigener festgefahrener Erklärungsschemata« (Potthoff, 2008, S. 104). Insgesamt führt das Gruppengeschehen »zur progressiven Entgiftung toxischer Affekte« (ebd.), z. B. solcher Affekte wie Angst, Neid, Scham oder Schuldgefühlen, die die eigenen Denkbewegungen einengen oder dazu führen, dass diese als nicht mehr mitteilbar erlebt werden. Die Schaffung eines Angst reduzierenden, aber gleichsam Angst aushaltenden Raumes, in dem Hemmungen, Ängste und Ambivalenzen wahrgenommen werden dürfen, um dann auch in Worten kommunizierbar zu werden, fördert die Entfaltung der eigenen Kreativität innerhalb eines wissenschaftlichen Prozesses. Das Containment der Leitungsperson liegt zudem in ihrer Fähigkeit, Phasen und Zustände von Instabilität der gesamten Gruppe oder Einzelner auszuhalten und diese Phasen selbst als solche zu empfinden, bis sich für eine begrenzte Zeit wieder Stabilität herauskristallisiert, um anschließend wiederum erneuter

Unsicherheit zu weichen. Auf das Aushalten dieser Bewegung kommt es an, weil es keinen statischen Zustand von Stabilität gibt! Zudem führt die Reduzierung von Idealisierungen zu einer realistischen Selbstwahrnehmung und höherer Selbstakzeptanz. An die Stelle von Idealisierung tritt aufgrund der Erfahrung von Individuation in der Gruppe die wechselseitige Bezogenheit und die Anerkennung der gegenseitigen Abhängigkeit.

Eine gruppenanalytische Begegnung ist vornehmlich eine Verabredung mit anderen. Gleichzeitig ist sie aber auch eine Verabredung mit sich selbst. Die Teilnehmerin oder der Teilnehmer tritt an einem »jour fixe« aus seinem beruflichen und privaten Beziehungsgeflecht heraus und bezieht gemeinsam mit den anderen Teilnehmerinnen und Teilnehmern einen gegebenen Raum, den man gewissermaßen als *Schon-Raum*, *Frei-Raum* oder gar als *Schutz-Raum* bezeichnen kann. Die Bedeutung des anderen im gruppenanalytischen Kontext wird von Waldhoff wiederum mit Elias unterstrichen, der den Begriff der *Valenzfiguration* entwickelt hat:

> »Von besonderem Interesse für die gruppenanalytische Arbeit ist der Begriff der Valenzfiguration. [... Dieser] kennzeichnet das Menschenbild von Elias in noch radikalerer Weise als jener der offenen Menschen, der homini aperti, weil er der Offenheit die grundlegende Ausrichtung auf menschliche Bindung hinzufügt; offene Valenzen suchen in erster Linie die Bindung an die komplementären offenen Valenzen anderer Menschen« (Waldhoff, 2014, S. 129).

Für ein erfolgreich gestaltetes Gruppensetting darf diese Bindung nicht in ein Hinausmanövrieren aus dem Blick von außen übergehen. Engagement und Distanzierung schließen sich in diesem Sinne nicht gegenseitig aus. Waldhoff spricht in diesem Zusammenhang von *distanzierten Verstrickungen*. (ebd., S. 131). Elias selbst äußert sich über den für alle menschlichen Beziehungen bedeutsamen Begriff der *Figuration* wie folgt: »Der entscheidende Schritt besteht darin, zu erkennen, daß man selbst als ein interdependentes Individuum, als ein Mensch unter anderen, Teil solcher Figurationen ist« (Elias, 2006, S. 21). Er ist dies nicht als passiver Teil, sondern als ein die Figurationen im Miteinander bildendes Individuum. Dieses webt die eigene Struktur und Dynamik der Persönlichkeit in die entstehende Figuration ein, womit Mensch *und* Figuration »untrennbare, aber deutlich unterscheidbare Ebenen des sozialen Geschehens« (ebd.) darstellen.

Konkret ist das o. g. soziale Geschehen im Rahmen gruppenanalytischer Settings zu erfahren. Für die Teilnehmer/innen einer Gruppe beginnt bereits mit dem Eintritt in den Raum das, was man als *Nutzen* der Treffen zu definieren versucht und doch so schwierig zu versprachlichen ist. Mit Stoppuhr und Maßband zu versuchen, den Nutzen eines solchen Settings zu messen, kann nur scheitern. Die Frage: *Was bringt mir das?*, kann nicht in Euro und Cent beantwortet werden. Eine *Verabredung mit sich selbst* würde ohne die Verabredung mit der Gruppe womöglich nicht stattfinden und dadurch wertvolle Zeit zur Selbst-Erforschung verloren gehen. Schließlich ist eine *Auszeit* von herkömmlichen Denkstrukturen, um gemeinsam mit anderen das Gruppentreffen in Anspruch zu nehmen, für jedes Mitglied der Gruppe verbindlicher, als sich ohne Gruppe selbst für eine reflexive, schöpferische Pause aus dem Tagesgeschäft herauszunehmen. Das weiß jeder, der schon einmal versucht hat, wöchentlich eine Runde sportlich zu laufen, dem das aber erst gelungen ist, als ein Laufpartner gefunden wurde. Der *Zeitverlust* durch An- und Abreise sowie die Sitzungszeit als solche ist nur auf den ersten Blick eine Einbuße. Die verbrachte Zeit mit der Gruppe hat – technisch betrachtet – vielmehr die Funktion einer emotionalen *Tankstelle*, an der man seinen Akku wieder aufladen kann, um die weitere Zeit der Woche gestärkt für seine Projekte nutzen zu können.

Man kommt alleine in die Gruppe und geht wieder alleine, aber es ist etwas passiert. In der Gruppe kann die Teilnehmerin oder der Teilnehmer gleichermaßen etwas loswerden oder ihr etwas geben. Das Sich-Entledigen von Ballast, das Mitteilen und dadurch auch Teilen von Konflikten, Schwierigkeiten und Hindernissen ist für die Teilnehmenden mindestens genauso wichtig wie die gemeinsam gemachte Erfahrung von der Erschaffung eines neuen Denk- und Fühlraumes.

»Der Mikrokosmos der analytischen Gruppe ist geradezu ein Laboratorium dieser gesellschaftlichen Bewegung. Foulkes' Grundkonzept der freien Gruppenassoziation erfordert und trainiert die Fähigkeit zur kontrollierten Lockerung von Affektkontrollen und vertieft sie in Richtung unbewusster Strömungen und inner- wie zwischenseelischer Kommunikation« (Waldhoff, 2014, S. 136).

In diesem Mikrokosmos können neue Verbindungen zu sich, in sich und zu anderen hergestellt werden. Die Versprachlichung eigener Erfahrungen kann in einem erweiterten Kontext der Gruppe wahrgenommen werden. Zudem werden geteilte Rat- und Hilflosigkeit anders erlebt als in der Isolation, und auch die gegenseitige Entwicklung von Hilfestellungen und die bewusste Wahrnehmung der Fähigkeit gegenseitiger Empathie sind Aspekte der Erfahrungen, durch die Veränderung möglich wird, welche die kreative Arbeit fördert. Durch diese Öffnung *blockierter Kommunikationskanäle* (Elias, 2006, S. 22) wird jenes von Elias formulierte Ziel erreicht:

»Gefühlsvalenzen und affektives Handeln wiederherzustellen oder zu entwickeln und auf andere hinzulenken, so dass die Kommunikation durch die Sprache oder durch andere Verhaltensformen realistischer – oder wie wir uns ausdrücken – normaler in Fluss kommt« (ebd.).

Ein gelungener gruppenanalytischer Prozess durchdringt Spannungen und legt innere wie äußere Konflikte frei. Ein wesentliches Merkmal der Beschäftigung mit Konflikten ist die angenommene Notwendigkeit einer Form des Bekämpfens eines Gegners. Das Gegen-etwas-Ankämpfen kann dabei durchaus das Angehen gegen eine normative Instanz sein, die Druck ausübt und dadurch Kreativität hemmt. Bei gruppenanalytischen Gesprächen kann es in diesem Zusammenhang von Fall zu Fall zu einer intensiven Verwendung von Kriegsmetaphorik kommen. Erst im Verlauf des Gesprächs begreifen die Teilnehmenden selbst, dass der Kampf in vielen Fällen nicht gegen einen physisch oder intellektuell überlegenen Gegner geführt wird, sondern gegen *Scheinriesen* oder fantasierte Gegner im eigenen psychischen Innenraum. Der externe oder interne Scheinriese – mit einem kleinen Fingerzeig auf die Kinderbuchfigur Michael Endes – wirkt aus der Ferne groß und bedrohlich. Kommt man ihm näher, erscheint er doch nur noch normal groß. Er ist ent-zaubert. Vorher war man durch das Pendant ge-täuscht, der potenzielle Feind war ver-zaubert. Jetzt ist man aus der Täuschung herausgerissen und – auch im linguistischen Sinne – ent-täuscht. Gegenüber der bereits genannten normativen Instanz, die das betroffene Gruppenmitglied durch eine schein-riesige Übermächtigkeit in Schach zu halten scheint, tritt eine Entidealisierung ein. Man gelangt zu der umgangssprachlich formulierten Erkenntnis, dass andere auch *nur mit Wasser kochen*. Daraus kann man lernen, dass es keine Notwendigkeit gibt, sich kleiner zu machen, als man eigentlich ist. Das heißt nicht, dass vorausgegangene Idealisierungen unnötig gewesen wären, beinhalten sie doch die wesentliche Einübung von Differenzerfahrungen. Dies schließt die Selbsterkenntnis ein, ein ganz gewöhnlicher Mensch zu sein, gegenüber Vorstellungen von sich z. B. als werdender Riese als Ausdruck überhöhter Ansprüche an sich selbst. Aus dieser Erkenntnis folgert auch das – gelegentlich hilfreiche – Eingestehen feindschaftlicher Gefühle. »Nicht Feindschaft und Konflikt, sondern das Zurückziehen der Affekte, die Unfähigkeit, Valenzen auszustrahlen und Bindungen einzugehen, führt zum totalen Zusammenbruch der sozialen Beziehungen« (Elias, 2006, S. 30). Somit bestimmt der Umgang mit dem, das/der als Feind angesehen wird, den Erkenntniszuwachs durch den sozialen und gesellschaftlichen Raum der Gruppe.

Soziologen widmen in der Regel denjenigen Aspekten zwischenmenschlicher Bindungen nicht genügend Aufmerksamkeit, die sich mit dem Arbeitsfeld des

Psychoanalytikers am engsten berühren, nämlich den affektiven Valenzen, der elementaren Bereitschaft der Menschen, sich gefühlsmäßig aneinander zu binden. Ohne diese Bereitschaft wäre keine Kommunikation zwischen Menschen, wäre keine menschliche Gesellschaft möglich. Eine elementare Voraussetzung des sozialen wie des individuellen Lebens würde fehlen.

Der Idealfall des gruppenanalytischen Verfahrens ist eine Gruppe, die unter den Teilnehmer/innen möglichst gleichmäßig Unterstützung und Hilfestellung aufteilen kann. Dazu ist es allerdings notwendig, dass die Balance zwischen dem Geben und dem Nehmen nicht ins Ungleichgewicht fällt oder seitens einzelner Teilnehmerinnen oder Teilnehmer eine Haltung eingenommen wird, die dem freien Gruppengespräch abträglich ist. Gleichgültigkeit gegenüber anderen Gruppenmitgliedern, abwertende Äußerungen im Gespräch oder Auffälligkeiten in Form von Unpünktlichkeiten oder Nichtteilnahmen sind ernste Schwierigkeiten, vor die eine Gruppe und ihre Leitung in Form eines Spaltungsprozesses gestellt werden. Denn selbstverständlich muss auch im gruppenanalytischen Prozess keine Harmonie um jeden Preis geschaffen werden, da zum Erkenntnisgewinn gerade auch die Wahrnehmung negativer Affekte und die Bereitschaft ihrer Bearbeitung gehören. Zum Gelingen tragen das Einhalten von Regeln sozialer Prozesse sowie das Verlassen einer rein fachlichen Ebene in hohem Maße bei. Dabei muss eine Verbindung von Denken und Fühlen geschaffen werden, welche die Gruppe schlussendlich erfolgreich sein lässt. Diese Verbindung des Denkens und Fühlens im Rahmen der Gruppenanalyse ist ein hochgradig dynamischer sozialer Prozess, der sich nicht immer im allgemeinen Sprachgebrauch widerspiegelt. Dem entsprechend »arbeitet Elias unseren gesamten sprachlichen Habitus durch, indem er beispielsweise sagt, dass eine Person keinen Prozess durchlaufe, sondern ein Prozess sei, oder dass die Ausdrucksweise der Wind weht eigentlich unangemessen statisch sei, denn was anderes als das Wehen sei schließlich der Wind?« (Waldhoff, 2014, S. 127f.).

Die Anwendung des gruppenanalytischen Verfahrens bei Doktorandinnen und Doktoranden bzw. Nachwuchswissenschaftlerinnen und Nachwuchswissenschaftlern kongruiert zu diesem Argument. Schließlich *sind* die Promovierenden – nicht nur als wissenschaftliche Personen – polyvalente Prozesse als solche. Sie sind also selbst ihre Metamorphose. Die Gruppenanalyse ist eine der Möglichkeiten, durch eine überfachliche Methode die Kreativität in der Forschungsarbeit zu fördern, und spiegelt die Tatsache wieder, »dass die emotionalen Bindungen eines Menschen normalerweise Gruppencharakter haben« (Elias, 2006, S. 32). Die entsprechenden Gruppen sind in der Regel heterogen zusammengestellt, sodass sich die Mitglieder nicht oder kaum kennen. Eine der wesentlichen Erfahrungen einer Teilnehmerin oder eines Teilnehmers, die im freien Gruppengespräch gemacht werden, ist der Kontakt zur Expertise einer ihr oder ihm womöglich gänzlich unbekannten wissenschaftlichen Domäne. Letztlich sind die Denkstrukturen von Teilnehmerinnen und Teilnehmern unterschiedlicher Disziplinen in der Regel verschieden. Wenn Maschinenbau und Philosophie, Berufspädagogik und Psychologie oder Jura und Gartenbau aufeinandertreffen, kann das den Horizont zu anderen Denkweisen erweitern. Allerdings ist hierbei langsames Annähern an das andere wissenschaftliche Gegenüber und dessen Charakter wichtig. Die Unterschiede, die gelegentlich sogar stereotyp anmuten, sind nicht auflösbar, müssen aber auch nicht aufgelöst werden. Interdisziplinarität hat Grenzen.

»So ist ein Individuum nicht nur Teil eines Ganzen in dem Sinn, in dem ein Planet etwa Teil einer Planetenfiguration oder ein Organ Teil eines Organismus ist. Ein Mensch repräsentiert in mancher Hinsicht mit seiner eigenen Person die Gruppen oder Figurationen, die er mit anderen Personen formte oder formt, als Ganzes, während er gleichzeitig von allen anderen Personen dieser Gruppen deutlich unterscheidbar und verschieden ist« (ebd., S. 34).

Mit dieser Verschiedenheit umzugehen und sie gelegentlich zu überwinden, sie zu umgehen oder gar zugunsten der Teilnehmerinnen und Teilnehmer zu nutzen, ist eine der Aufgaben der gruppenanalytischen Leitung der Gruppe. Meistens genügt jedoch die Anwesenheit und das »Raumgeben« der oder des Leitenden und es braucht keine Moderation, um das interaktive Geschehen positiv und erfolgreich zu gestalten.

In der Chemie existieren Reaktionen von Stoffen, die ohne die Anwesenheit eines dritten Stoffes, des Katalysators, nicht stattfinden würden. Darüber hinaus vermag der Katalysator die Aktivierungsenergie zu verändern. Der Katalysator bleibt im gleichen Zustand wie zuvor und nimmt an der Reaktion, der Veränderung der Materialien nicht teil. Gewiss bleibt der Gruppenleiter ob seiner professionellen Ausrichtung konstant zur Gruppe, anders als die molekulare Struktur des chemischen Katalysators ist er jedoch ein menschliches Individuum, das sich gleichsam stets in Bewegung befindet und sich im Hintergrund ebenfalls stetig verändert. Deshalb lässt sich beim gruppenanalytischen Prozess tatsächlich von einer Reaktion, nämlich im Sinne eines Transformationsprozesses, sprechen. Diesen vollziehen die Teilnehmerinnen und Teilnehmer in Form ihrer (Selbst-)Erkenntnis, die dank der Spiegelungen bzw. der Resonanz durch die anderen Gruppenmitglieder und des Leiters gewährleistet wird. Der Erkenntnisgewinn kann in vielen Fällen schon bald nach der Gruppensitzung produktiv umgesetzt werden. Aber wie bereits gesagt: Man kommt alleine und man geht wieder alleine, aber es ist etwas passiert. Ohne den Katalysator in Form des Gruppenleiters wäre das so nicht möglich.

Überlassen wir Waldhoff als eben einem dieser Gruppenleiter das Schlusswort:

»Denkkollektive können wir uns als Mehr-Generationen-Prozesse vorstellen, als Wandlungskontinuen. Das Wissen erwerbende, die Welt und sich selbst erforschende Ich denkt aus einem sich wandelnden Wir heraus und wieder in dieses hinein« (Waldhoff, 2014, S. 132f.).

Literatur

Bion, W. R. (1965). *Transformations*. London. (Dt. (1997): *Transformationen*. Übers. von E. Krejci. Frankfurt a. M.: Suhrkamp.).
Elias, N. (2006). Soziologie und Psychiatrie. In N. Elias, *Gesammelte Schriften Band 14* (S. 287–330). Frankfurt a. M.: Suhrkamp.
Foulkes, S. H. (2007). *Gruppenanalytische Psychotherapie. Der Begründer der Gruppentherapie über die Entwicklungsstationen seiner Methode in Theorie und Praxis*. Eschborn: Klotz.
Lüders, K. (1997). Bions Container-Contained-Modell. In R. Kennel & G. Reerink (Hrsg.), *Klein – Bion. Eine Einführung. Beiträge zum »Frankfurter Theoretischen Forum« 1996*. (S. 85–101). Tübingen: edition diskord.
Potthof, P. (2008). Mentalisierung und gruppenanalytische Behandlungstechnik. In M. Hirsch (Hrsg.), *Die Gruppe als Container. Mentalisierung und Symbolisierung in der analytischen Gruppenpsychotherapie*. (S. 86–116). Göttingen: Vandenhoeck & Ruprecht.
Reerink, G. (1997). Theorie des Denkens: Freud und Bion. In R. Kennel & G. Reerink (Hrsg.), *Klein – Bion. Eine Einführung. Beiträge zum »Frankfurter Theoretischen Forum« 1996*. (S. 101–112). Tübingen: edition diskord.
Waldhoff, H.-P. (2009). *Verhängnisvolle Spaltungen. Versuche zur Zivilisierung wissenschaftlichen Wissens*. Weilerswist: Velbrück Wissenschaft.
Waldhoff, H.-P. (2014). Menschen im Singular und im Plural – Norbert Elias' grundlagentheoretischer Beitrag zur Gruppenanalyse. *Gruppenpsychother. Gruppendynamik, 50*, 111–145.

Vor der Revitalisierung einer sinnvollen Partnerschaft

Beziehungsanbahnung zwischen Psychoanalyse und Soziologie in Vergangenheit und Gegenwart

Michael Kopel

Zu Beginn der 90er Jahre des vergangenen Jahrhunderts veröffentlichte der Gießener Soziologieprofessor Reimann (1991) sein essayistisches Werk *Der Gesellschaftsbezug der Psychoanalyse*. Darin beleuchtete er einige der unterschiedlichen Verarbeitungsweisen der in Freuds Werken enthaltenen Ansätze einer möglichen Verwendung der Psychoanalyse als Gesellschaftskritik durch Soziologen und Psychoanalytiker. Indem er die Debatte um die gesellschafts- und wissenschaftstheoretischen Implikationen der psychoanalytischen Theoriebildung vorstellt, zeichnet er zugleich, quasi als Hintergrund der jeweiligen theoretischen Diskussionen, immer auch ansatzweise die jeweils gegebenen Vorstellungen über die Aufklärungs- und Veränderungseffekte durch psychoanalytisches Wissen und die sich in den vielfältigen Konzeptionierungsarbeiten der einzelnen Autoren niederschlagende Auffassung des Verhältnisses von Gesellschaft zu ihren Individuen nach.

Schon in seinem Einleitungsteil verweist Reimann jedoch auf eine grundsätzliche Beobachtung, die das damalige allgemeine Verhältnis von Psychoanalyse und Soziologie kennzeichnete. Demnach ist die »Diskussion um die sozialwissenschaftlichen Aspekte der Psychoanalyse [...] nach einer breit und intensiv geführten Diskussion in den späten 60er und frühen 70er Jahren weitgehend verstummt« (Reimann, 1991, S. 1). Wie sehr man sich auch umschaut und sucht, in »der akademischen Soziologie ist wenig von einer produktiven Rezeption der Psychoanalyse zu entdecken« (ebd., S. 2). Diese Einschätzung verleiht seinem Beitrag daher auch den Anstrich einer historischen Rekapitulation am möglichen Endpunkt eines interdisziplinären Austausches zwischen diesen beiden zentralen Menschenwissenschaften. Zumal die meisten Anregungen für einen Diskurs gerade von den Vertretern der unterschiedlichen Sozialwissenschaften gegeben wurden und aus ihren Reihen auch die meisten Diskutanten entstammten.

Mittlerweile ist nahezu ein Vierteljahrhundert seit Reimanns Veröffentlichung und den darin enthaltenen Feststellungen einer eingeschlafenen bzw. weitgehend stillgelegten Diskussion um die sozialwissenschaftlichen Aspekte der Psychoanalyse vergangen. Da es auch zu den Aufgaben von Wissenschaft gehört, einstmals getätigte Aussagen und Gewissheiten auf ihre Gültigkeit zu überprüfen, ist es nach dieser langen Zeit durchaus interessant zu beleuchten, inwieweit Reimanns bilanzierter Beziehungsstatus noch aktuell ist. Zumal der heutigen Soziologie, die wie alle Disziplinen der Wissenschaftsorganisation einem fortgesetzten Evaluierungsprozess unterliegt, durchaus weitgespannte interdisziplinäre Kontakte bescheinigt werden (Wissenschaftsrat, 2009, S. 43). Dies führt zu der Frage, inwieweit auch psychoanalytische Partnerschaften im Rahmen jener positiv wahrgenommenen Multidisziplinarität eine Rolle spielen.

Ein »totgesagter« Diskurs mit neu ertönenden Herzschlägen

In den letzten Jahren scheinen sich Hinweise zu mehren, dass das lange Zeit vorherrschende Desinteresse füreinander allmählich aufgebrochen wird. Zu den Entwicklungen, die sich dahingehend interpretieren lassen, dass der über Jahre hinweg institutionell weitgehend verstummte oder gegebenenfalls auf isolierte Einzelunternehmungen beschränkte Dialog zwischen Psychoanalyse und Soziologie allmählich revitalisiert werden könnte, gehören beispielsweise die aktuelle Gründungsinitiative einer Gesellschaft für psychoanalytische Sozialpsychologie (GfpS), die Aktivitäten der Arbeitsgemeinschaft Politische Psychologie (AG PolPsy) oder ein verstärktes Wiederaufgreifen von sozialpsychologischen Ansätzen wie denen von Erich Fromm oder Peter Brückner (Bruder et al., 2013). Im letzteren Fall zeigt sich die stärkere öffentliche Präsenz der Neuen Gesellschaft für Psychologie e. V. (NGfP), die interdisziplinäre Diskussionen anregen will und im Austausch den gesellschaftlichen Gesamtzusammenhang von Ökonomie, Politik, Kultur, Sozialem und Psyche kritisch hinterfragt. Zu den gleichgerichteten Entwicklungen gehört auch die auf der 61. Jahrestagung der Deutschen Gesellschaft für Psychoanalyse, Psychotherapie, Psychosomatik und Tiefenpsychologie (DGPT) gegründete Arbeitsgruppe Psychoanalyse und Gesellschaft, deren Ziel es ist, »die kultur- und gesellschaftskritische Tradition der Psychoanalyse wieder aufzunehmen und ihr in der DGPT einen Rahmen zur Verfügung zu stellen. Dabei soll es zu einem Dialog zwischen DGPT-Mitgliedern und Nichtmitgliedern kommen« (Münch, 2011, S. 295). Im Rahmen der konstituierenden Sitzung dieser Arbeitsgemeinschaft wurden auch analoge Aktivitäten und Initiativen auf regionaler Ebene gesammelt und vorgestellt (Münch, 2011, S. 296ff.). So scheint auch hier der Austausch durchaus gewollt zu sein.

Die im Jahr 2011 neu gegründete Deutsche Gesellschaft für Gruppenanalyse und Gruppenpsychotherapie (D3G) ist in diesem Zusammenhang ebenfalls zu erwähnen, denn Gruppenanalyse »konstituierte sich in einem Versuch zur Integration unterschiedlicher disziplinärer Perspektiven« (Mies & Schultz-Venrath, 2014, S. 84) und ist, wie beispielhaft die Beiträge der *Zeitschrift für Gruppenpsychotherapie und Gruppendynamik* der letzten Jahre zeigten, an der Fortführung und dem Ausbau eines interdisziplinären Austausches, auch mit der Soziologie, sichtbar interessiert. Nicht zu vergessen ist eine Ende 2013 mit dem Memorandum *Zur gegenwärtigen Lage der Psychoanalyse* an die Öffentlichkeit getretene Initiative um den pensionierten Soziologieprofessor und zeitweiligen Mitherausgeber der im deutschen Sprachraum auflagenstärksten psychoanalytischen Monatszeitschrift *Psyche*, Helmut Dahmer, bei der »Freunde der Freudschen Psychoanalyse aus verschiedenen Ländern« an die organisierten Psychoanalytiker appellieren, ihre politische Abstinenz aufzugeben und (möglicherweise auch dahingehend) die psychoanalytische Ausbildung zu reformieren.

Der wohl institutionell augenfälligste Verweis darauf, dass zuletzt vermehrt Impulse aufkommen, die einen Austausch zwischen Psychoanalyse und Sozialwissenschaften zunächst neu beleben und gegebenenfalls langfristig intensivieren könnten, ist allerdings die im Herbst 2009 vollzogene Gründung und Inbetriebnahme der privaten Hochschule International Psychoanalytic University Berlin (IPU). Ihre Initiator/innen wollen ein Gegengewicht und Alternativprogramm zu dem momentan dominierenden behavioralen Paradigma in der universitären Psychologie schaffen. Neben dem Psychologiestudium sollen mit Studiengängen wie »Psychoanalytische Kulturwissenschaften« psychoanalytische Zugangsweisen als wertvolle Perspektive für unterschiedliche kultur- und sozialwissenschaftliche Zugänge wiederentdeckt, praktisch eingeübt und damit letztlich neubelebt werden. Eine weitere private Einrichtung dieser Art ist die 2004 gegründete Sigmund Freud Privat Universität (SFU) in Wien. Mittlerweile kann das Studienprogramm der SFU, z. B. der Studienlehrgang Psychotherapie-Wissenschaft, auch in Niederlassungen in Linz, Paris, Mailand, Ljubljana und seit 2014 auch in Berlin absolviert werden. Die Beteiligten stehen mit ihrem Tun und der Ausrichtung in einer Traditionslinie mit Freud, der bekanntlich seinerzeit schon von einer psychoanalytischen Hochschule träumte (Freud, 1926e, S. 281).

Die Beispiele einer wachsenden Zahl von Arbeitsgemeinschaften, Initiativen und Institutionalisierungen des Bestrebens, die Psychoanalyse aus ihrer gesellschaftlichen Domäne, der Anwendung im klinischen Kontext mit Schwerpunktsetzung auf Krankheitslehre und Therapieform, herauszulösen, einem verstärkten interdisziplinär-wissenschaftlichen Erfahrungsaustausch zuzuführen und auch in einer gesellschaftskritisch orientierten politischen Absicht zu (be-)nutzen, können auf verschiedenartig gelagerte Bedingungen gesellschaftsstruktureller, kulturell-mentaler und erkenntnistheoretischer Art hindeuten, die zusammengenommen einen modernen Begründungszusammenhang für eine (erneute) Kontaktaufnahme zwischen Psychoanalyse und Soziologie darstellen. Um allerdings die etwaige Existenz eines solchen Begründungszusammenhangs in seiner Zusammensetzung näher aufzuschlüsseln – was die Grundlage schafft, um Möglichkeiten und Erfolgschancen eines vorzugsweise weitergehenden interdisziplinären Austausches auf inhaltlicher Ebene zu bestimmen –, bedarf es zunächst einer historischen Erkundung der Beziehungsgestaltung zwischen diesen zentralen Menschenwissenschaften. Gerade auch um zu verstehen, weshalb dieses Kommunikationsverhältnis Reimanns Eindrücken nach quasi erloschen war, nun aber aktuell wieder vehementer propagiert zu werden scheint. Der historische Blick könnte auch zeigen, ob und inwiefern eine Wiederaufnahme schwer zu realisieren ist.

Im ersten Teil des Textes wird deshalb eine grobe Skizze der Beziehungsanbahnung zwischen einer ansatzweise gesellschaftszugewandten Psychoanalyse und einer an ihr interessierten Soziologie bis zur drastischen Neuordnung der Verhältnisse durch die Naziherrschaft gezeichnet. Sie gewährt einen ersten Zugang zu den grundsätzlichen mentalen und gegenstandsspezifischen Barrieren, die eine produktiv-kooperative (Wieder-)Annäherung dieser zentralen Menschenwissenschaften blockieren. Dabei wird im Mittelteil auch abgeschätzt, wie groß diese Schranken sind und ob Reimanns Einschätzung des Beziehungsstatus von 1991 auch gegenwärtig noch gültig ist. Im letzten Abschnitt wird ein augenfälliges soziales Phänomen, der Anstieg von Trennungen und Scheidungen in Zusammenhang mit neuen pluralistischen Lebenskonzepten, beispielhaft dargelegt, um einen Aspekt des allgemeinen Wirkungszusammenhangs anzuzeigen, der die institutionalisierten Psychoanalytiker/innen im Sinne eines Sachzwangs allmählich dazu veranlassen könnte, die soziostrukturelle Realität und ihre Wandlungsdynamik als Grundlage therapeutischer Themen stärker (und auch anders) zu beachten. Die Trennungsthematik, bedingt durch gesellschaftliche Transformationsprozesse (Soziogenese) und verknüpft mit psychischen Kompetenzen und Verarbeitungsweisen (Psychogenese), rückt allein schon durch ihre signifikante Häufung, aber auch den zunehmend registrierten Stellenwert der psychischen Belastung für die Gesellschaftsmitglieder stärker in das Behandlungsfeld der Psychotherapie. Im Rahmen dieser allgemeinen Öffnung hin zum Sozialen, die sich durchaus deutlich an den aufgeführten Initiativen beobachten lässt und einen weiteren Aspekt der heute vielfach schon eingesetzten *Rückkehr der Realität in die Gegenwartspsychoanalyse* (Altmeyer, 2009, S. 408) darstellt, könnten die Experten für die psychischen Belange der Menschen anfangen, sich ebenfalls an einer Kommunikation mit Soziolog/innen zu beteiligen und auf diese Weise automatisch eine Stütze bei der Wiederbelebung, Stärkung und Neufassung einer psychoanalytisch orientierten Sozialpsychologie bilden.

Freuds Arbeiten an einer gesellschaftsorientierten Psychoanalyse

Vermehrte Bestrebungen einer anwendungsorientierten Verknüpfung psychoanalytischer Erkenntnisse mit denen der Soziologie sind seit spätestens den 1920er Jahren anzutreffen.[1] Je nach Zugehörigkeit zu einer der Disziplinen und der damit eingenommenen Perspektive ging es darum, den anwachsenden Wissensbestand der Psychoanalyse an die Sozialforschung heranzutragen, um beispielsweise den qualitativen soziologischen Methodenkatalog zu erweitern, wie dies im Rahmen der *Studien über Autorität und Familie* (Horkheimer et al., 1936) oder später den *Studien zum autoritären Charakter* (Adorno, 1973) mit der Entwicklung einer Faschismus-Skala exemplarisch geschehen ist. Oder es ging darum, Psychoanalyse selbst in soziologischer Absicht als eine kritische Kultur- und Sozialwissenschaft anzuwenden (Lorenzer et al., 1971). Man versprach sich mithilfe von psychodynamischen Konzepten neue Interpretationsweisen gesellschaftlicher Dynamiken und der ihnen zugrunde liegenden psychischen Mechanismen zu offerieren. Dieser Tradition folgend tauchten einige der gewonnenen Einsich-

---

1   Auch wenn Freud im Rahmen dieses Beitrages in Mittelpunkt steht, so nahmen zahlreiche seiner Anhänger/innen der ersten Generation eine gesellschaftsbezogene Perspektive ein und widmeten sich intensiv ihrer Fortentwicklung. Viele von ihnen waren zudem deutlich stärker sozial- und gesellschaftspolitisch interessiert und engagiert. Dies gilt z. B. explizit für Alfred Adler, der die soziale Ausrichtung seines Denkens bereits als junger Arzt mit dem *Gesundheitsbuch für das Schneidergewerbe* (1898) bewies und neben seiner psychotherapeutischen Praxis auch am Aufbau von Erziehungsberatungsstellen und einer individualpsychologischen Versuchsschule beteiligt war (vgl. Danzer, 2011, S. 203). Aber es gilt auch für August Aichhorn, der sich früh mit den gesellschaftlichen Ursachen jugendlicher Delinquenz beschäftigte, für Sigfried Bernfelds psychoanalytische Pädagogik, für Nelly Wolffheim, die die Psychoanalyse in die Kindergärten brachte. Géza Roheim begründete den Vorläufer der späteren Ethnopsychoanalyse. Gesellschaftliche Bezüge der frühen Psychoanalyse verkörperten ebenfalls die gesellschaftspolitisch engagierten Psychoanalytikerinnen Karen Horney und Marie Langer.

ten und psychoanalytischen Interpretationen jeweils wirksamer Sozialisations- und Lebensbedingungen später immer wieder zeitweilig in der Öffentlichkeit auf, vor allem als Beschreibungen neuer Sozialisationstypen, z. B. des Narzisstischen (Ziehe, 1975; Häsing et al., 1981; dazu kritisch Bohleber & Leuzinger, 1981), oder in Form kulturpessimistischer Zeitdiagnosen (Altmeyer, 2013, S. 6–9).

Freud selbst trat seinerzeit sowohl als ein Vorbild gebender Wegbereiter einer mit psychoanalytischen Erkenntnissen arbeitenden Gesellschaftskritik als auch als ambitionierter Fürsprecher einer allgemeinen Interdisziplinarität auf. Seine allmähliche und stetig intensivierte Beschäftigung mit der menschlichen Sexualität, zuerst im Herausarbeiten des Beitrages sexueller Konflikte bei der Neurose (Freud, 1906a, S. 147–159), später bei der Beschreibung der infantilen Sexualität im Rahmen der allgemeinen psychischen Entwicklung und Psychopathologie (Freud, 1905d, S. 30–145), (ver-)führte ihn bereits frühzeitig zu einer analytischen Betrachtung gesellschaftlicher Verhältnisse und dem Verfassen seiner ersten kulturtheoretischen Gesellschaftskritik. Diese ließ aufgrund ihrer Schärfe wenig Raum für eine Relativierung der erkannten Problemlage zu. Die vorherrschende Sexualmoral, so seine Folgerung, war Hauptfaktor für diverse Krankheiten vieler Zeitgenossen und beeinflusste in negativer Weise die allgemeinen Geschlechter- und Liebesverhältnisse, denn wer in die

> »Bedingtheiten nervöser Erkrankung eindringen versteht, verschafft sich bald die Überzeugung, daß die Zunahme der nervösen Erkrankungen in unserer Gesellschaft von der Steigerung der sexuellen Einschränkung herrührt [...] [M]it der Angst vor den Folgen des Geschlechtsverkehr schwindet zuerst die körperliche Zärtlichkeit der Ehegatten füreinander, in weiterer Folge meist auch die seelische Zuneigung« (Freud, 1908d, S. 157).

In ähnlich gravierender Weise schien die öffentliche Sexualfeindlichkeit auch für nachhaltige Beschädigungen des allgemeinen moralischen Empfindens mitverantwortlich zu sein:

> »Die Rücksicht auf die natürliche Verschiedenheit der Geschlechter nötige dann allerdings dazu, Vergehungen des Mannes minder rigoros zu ahnden und somit tatsächlich eine doppelte Moral für den Mann zuzulassen. Eine Gesellschaft aber, die sich auf diese doppelte Moral einlässt, kann es in ›Wahrheitsliebe, Ehrlichkeit und Humanität‹ nicht über ein bestimmtes, eng begrenztes Maß hinausbringen, muss ihre Mitglieder zur Verhüllung der Wahrheit, zur Schönfärberei, zum Selbstbetruge wie zum Betrügen anderer anleiten« (Freud, 1908d, S. 144).

In der Folgezeit seiner Erörterungen zur modernen Nervosität und deren Genese veröffentlichte Freud, insbesondere in den letzten 20 Jahren seines Lebens, eine Reihe »berühmter« Schriften mit einer gesellschaftskritischen Ausrichtung wie *Massenpsychologie und Ich-Analyse* (1921c), *Das Unbehagen in der Kultur* (1930a) oder *Warum Krieg?* (1933b) und legte damit grundlegende theoretische Beiträge zur Massenpsychologie vor. Diese dienten schon seinerzeit als aufklärend benutzte Arbeitsvorlagen für ambitionierte psychoanalytisch orientierte Analysen aktueller sozialer Phänomene. Zu den Themen gehörten u. a. die aktuellen Erfolge faschistischer Bewegungen und damit der Siegeszug eines gewalttätigen Nationalsozialismus in Deutschland, Motive für den um sich greifenden tödlichen Antisemitismus oder die Neigung der Bevölkerungsmehrheit zum Autoritarismus als einem unbewussten Anpassungsprozess unter sozialem Druck. Pionierarbeit haben auf diesem Gebiet u. a. Reich (1971[1933]), Simmel (1932) und Fromm (1941) geleistet.

Visionen einer fruchtbaren Erkenntnisübertragung zwischen einzelnen Wissenschaftsdisziplinen verfolgte Freud zu Lebzeiten fortgesetzt, indem er seine *Lehre vom seelischen Unbewussten* für all diejenigen Wissenschaften als höchst hilfreich präsentierte, »die sich mit der Entstehungsgeschichte der menschlichen Kultur und ihrer großen Institutionen wie Kunst, Religion und Gesellschaftsordnung beschäftigen« (Freud, 1926e, S. 283). Alle bisherigen Hilfestellungen der Psychoanalyse waren seiner Einschätzung nach

> »nur kleine Beiträge im Vergleich zu dem, was sich erreichen ließe, wenn Kulturhistoriker, Religionspsychologen, Sprachforscher usw. sich dazu verstehen werden, das ihnen zur Verfügung gestellte neue Forschungsmittel selbst zu handhaben. Der Gebrauch der Analyse zur Therapie der Neurosen ist nur eine ihrer Anwendungen; vielleicht wird die Zukunft zeigen, dass sie nicht die wichtigste ist« (ebd.).

Auch wenn die Psychoanalyse wiederholt von vielen Seiten Ablehnung erfuhr und aus naheliegenden Gründen angefeindet wurde – Freuds Worte, wonach die »Gesellschaft die rücksichtslose Bloßlegung ihrer Schäden und Unzulänglichkeiten nicht mit sympathischem Entgegenkommen beantworten [kann], weil wir Illusionen zerstören« (Freud, 1910d, S. 111) sind wohlbekannt – scheint in jener ersten Phase ihrer Denk- und Therapieentwicklung das allgemeine erkenntnistheoretische *Interesse an der Psychoanalyse* (Freud, 1913j) mindestens ebenso ausgeprägt gewesen zu sein wie die kategorische Zurückweisung oder eventuelle Berührungsscheu. Die Aussicht, neue Wege zu gehen, die die Psychoanalyse vor allem seit der systematischen Arbeit an Träumen, von denen sie seit 1900 bereits Tausende »sinnvoll übersetzt und für die Kenntnis des intimen menschlichen Seelenlebens verwertet hat« (Freud, 1913j, S. 395), zu versprechen schien, weckte Interesse nicht nur bei jenem kleinen »Kreis von Gelehrten [...], die sich für die Synthese der Wissenschaften interessieren« (ebd.). Das Spektrum an Übertragungs- und Anwendungsmöglichkeiten, das Freud selbst ausführlich und ideenreich u. a. als psychologisches, entwicklungsgeschichtliches, soziologisches und biologisches Interesse skizzierte (vgl. ebd., S. 402ff.), schuf eine sich selbst erfüllende Prophezeiung, der zufolge »Psychoanalyse auch bei anderen als Psychiatern Interesse beansprucht, indem sie verschiedene andere Wissensgebiete streift und unerwartete Beziehungen zwischen diesen und der Pathologie des Seelenleben herstellt« (ebd., S. 391). Letztendlich liegt all ihre Attraktivität, ihr universeller Verwendungs- und Verwertungsanspruch, nicht so sehr in den dargebotenen direkten Erkenntnissen, sondern in der *psychoanalytischen Denkweise* selbst begründet, die »wie ein neues Instrument der Forschung« (ebd., S. 414) erlebt wurde.

Beispiele für Beziehungsanbahnungen und den interdisziplinären Austausch bis zur Naziherrschaft

In welchem Umfang die Anwendung psychoanalytischen Denkens auf andere Forschungsfelder zumindest bis zum Zweiten Weltkrieg praktiziert wurde, offenbaren sowohl der Name wie auch die Inhalte eines 1912 von Freud gegründeten und bis 1937 herausgegebenen Publikationsorgans. Die *Imago, Zeitschrift für Anwendung der Psychoanalyse auf die Geisteswissenschaften* belegte über Jahre (1912–1937), dass die Psychoanalyse sich in der Tat keineswegs auf medizinische Anwendungen beschränken müsste und wollte. So publizierte dort bereits Mitte der 20er Jahre mit Erich Fromm ein unter anderem bei Max und Alfred Weber ausgebildeter Soziologe, der zu einem der bedeutendsten Wegbereiter einer psychoanalytisch orientierten Gesellschaftsforschung wurde. Fromm, dem vonseiten der deutschen Psychoanalytiker wenig Interesse entgegengebracht wurde (Funk, 2014, S. 1), veröffentlichte in der *Imago* zunächst einige Arbeiten, in denen klassische triebtheoretische Einsichten auf religiöse Phänomene angewandt wurden (vgl. Funk, 1980, S. XVI). Recht früh grenzte er sich jedoch in Auseinandersetzung mit den gängigen psychoanalytischen Deutungen kultureller Phänomene von ebendiesen und den sie fundierenden Vorstellungen über das Verhältnis der Individuen zu ihrer Gesellschaft ab und entwickelte einen eigenständigen Ansatz. Im bereits im Jahr 1929 erschienenen Beitrag »Psychoanalyse und Soziologie« (Fromm, 1929) thematisierte er weiterhin bestehende Grundprobleme eines psychoanalytisch orientierten Anwendungsdiskurses, wie sie stellenweise zuletzt umfassender von Reimut Reiche (1995) wieder aufgegriffen wurden, und versuchte anschließend, diese in Gestalt einer *Analytischen Sozialpsychologie* programmatisch zu lösen:

> »Das, was die Psychoanalyse der Soziologie zu bringen hat, ist die – wenn auch noch unvollkommene – Kenntnis des seelischen Apparates des Menschen, der neben technischen, ökonomischen und wirtschaftlichen Faktoren eine Determinante der gesellschaftlichen Entwicklung darstellt und nicht weniger Berücksichtigung verdient als die anderen eben genannten. Es ist die gemeinsame Problemstellung beider Wissenschaften, zu untersuchen, inwieweit und in welcher Weise der seelische Apparat des Menschen verursachend oder bestimmend auf die Entwicklung oder Gestaltung der Gesellschaft gewirkt hat. [...] Freud hat in seinem letzten Buche diese genetische Fragestellung auf die seelische Entwicklung der Gesellschaft ausgedehnt und damit künftiger psychoanalytisch-soziologischer Arbeit wichtige Fingerzeige gegeben. [...] Die Psychoanalyse, die den Menschen als vergesellschafteten, seinen seelischen Apparat als wesentlich durch die Beziehungen des einzelnen zur Gesellschaft entwickelt und bestimmt versteht, muss es als ihre Aufgabe ansehen, sich an der Beantwortung soziologischer Probleme zu beteiligen, soweit der Mensch, bzw. seine Psyche, überhaupt eine Rolle spielt« (Fromm, 1929, S. 3ff.).

Fromm hatte aufgrund seiner soziologischen Ausbildung und der damit einhergehenden gerichteten (soziologischen) Denkbereitschaft und Einübung eines spezifischen Denkstils (Fleck, 1983) einen divergenten Blick auf die Psychoanalyse. Er erkannte beim Operationalisieren der auf das Individuum zentrierten Psychoanalyse die im Denken vorherrschende Spaltung von Individuum und Gesellschaft, die mit Annahmen von »Individualseele« bzw. Psyche, gegenüber einer »Massenseele« einherging (Fromm, 1929, S. 3), als wesentlich (fachbedingte) Perspektivunterschiede. Im Umkehrschluss ergab sich daraus die Gleichgerichtetheit des genuinen Erkenntnisstrebens von Soziologie und Psychoanalyse im Sinne einer Menschenwissenschaft, was naturgemäß eine gegenseitige Annäherung und Fruchtbarmachung implizierte. Damit verband sich zugleich eine erkenntnistheoretische Aufgabenstellung, die im Kern die Geltungsreichweite und damit die eigentliche Relevanz eindimensionaler wissenschaftlicher Erklärungen im Rahmen der Menschenforschung betrifft und Ansätze einer angemessenen (und notwendigen) Integration bzw. Zusammenschau einfordert. Denn die

»These, die Psychologie habe es nur mit dem einzelnen, die Soziologie mit der Gesellschaft zu tun, ist falsch. Denn sosehr es die Psychologie immer mit dem vergesellschafteten Individuum zu tun hat, sosehr hat es die Soziologie mit einer Vielfalt von einzelnen zu tun, deren seelische Struktur und Mechanismen von der Soziologie berücksichtigt werden müssen« (Fromm, 1932, S. 40).

Die Zeitschrift *Imago*, die zu Beginn der theoretischen und publizistischen Tätigkeit Fromms in dem hier relevanten Zusammenhang stand, wie auch die zeitlich spätere *Internationale Zeitschrift für Psychoanalyse und Imago*, bergen insgesamt einen reichen Fundus an (verschüttetem) Anschauungsmaterial eines frühzeitigen und intensiven Austausches zwischen Soziologen und Psychoanalytikern. Gerade heute erscheinen viele der Artikel wie Relikte einer stärker vom Gefühl einer Zusammengehörigkeit der Menschenwissenschaften geprägten Wissenschaftskultur. Weitere drei Beispiele aus unterschiedlichen Ausgaben der *Internationalen Zeitschrift für Psychoanalyse und Imago* sollen dies als eine Art Zeitreise mit richtungsweisender Funktion in eine möglicherweise anstehende Zukunft veranschaulichen.

So machte Grotjahn (1939) auf ein im Jahr 1937 erschienenes Sonderheft einer der bedeutendsten soziologischen Zeitschriften Amerikas, *The American Journal of Sociology*, zur Beziehung zwischen Soziologie, Psychologie und Psychoanalyse aufmerksam. Das Sonderheft sollte zum Ausdruck bringen, »welche Bedeutung und welches Interesse der Analyse hier auf allen Gebieten, besonders aber in letzter Zeit auf dem Gebiete der soziologischen und politischen Wissenschaft entgegengebracht wird« (Grotjahn, 1939, S. 339). Die Beiträge darin werden flüchtig erwähnt und sind thematisch breit gefächert. Sie reichen von Adlers Definition einer Neurose bis zur Erläuterung der Forderung seitens Harry Stack Sullivans nach psychologisch ausgebildeten, ja letztlich analysierten Soziologen als Bedingung der Möglichkeit zur *objektiven Beobachtung*. Ein Beitrag von Franz Alexander beschäftigt sich wiederum mit zwei typischen Fehlern, die bei den ersten Versuchen einer Vereinigung der sich bislang unabhängig voneinander entwickelnden Soziologie und Psychoanalyse gemacht wurden. Es handelt sich um die Unmöglichkeit, einerseits eine Gesellschaft in der Weise zu analysieren, wie man Individuen analysiert, und andererseits um den Versuch, psychologische Probleme von Individuen ausschließlich soziologisch erklären zu wollen.

In der *Internationalen Zeitschrift für Psychoanalyse und Imago* findet sich auch die vom späteren Begründer der Gruppenanalyse, S. H. Foulkes, verfasste Rezension von *Über den Prozess der Zivilisation* des weithin über die Grenzen der Soziologie als Zivilisationstheoretiker bekannten und leider viel zu oft darauf reduzierten Soziologen Norbert Elias (Foulkes, 1939, S. 179–181; vgl. Waldhoff, 2014, S. 118f.). Die Besprechung fällt positiv aus, denn Elias trägt gemäß Foulkes mit seiner Arbeit u. a. dazu bei, zu den zwei traditionellen Quellgebieten der Erforschung der für Menschen existenziellen Überich-Bildung, nämlich der Phylo- und Psychogenese, mit der Soziogenese eine dritte, die historische Dimension beizusteuern (vgl. Foulkes,1939, S. 180). Aus diesem Grund soll, so seine Empfehlung, »jeder Analytiker dieses Buch selbst studieren, wenn er überhaupt Einblick in die Wichtigkeit hat, die gesellschaftliche und geschichtliche Prozesse für das Verständnis der Einzelperson haben. Er wird darin eine Fülle von Information und Anregung finden« (ebd., S. 181).

Ein weiteres Kleinod ist der Abdruck einer Diskussion zu »Über die durch den Krieg verursachten Änderungen in unserer psychischen Ökonomie« zwischen dem britischen Psychoanalytiker Edward Glover und dem deutschen Soziologen Karl Mannheim (Glover, 1940, S. 336–345; Mannheim, 1940, S. 346–355). Letzterer ist vor allem für seine Arbeiten im Rahmen einer Entwicklung der Wissenssoziologie bekannt geworden. Die Diskussion geht in eine Tiefe, die hier nicht dargestellt werden kann. Sie repräsentiert einen von vielen Versuchen der Klarstellung von Forschungsmethoden und Sichtweisen, aufgrund derer Psycholog/innen und Soziolog/innen möglicherweise zusammenarbeiten könnten.

Der kommunikative Bruch infolge der Naziherrschaft

Der lediglich ausschnitthaft wiedergegebene Dialog zwischen den Repräsentanten der Psychoanalyse und Soziologie konnte allerdings in solcher Weise nicht lange aufrechterhalten werden. Wahrscheinlich liegt genau hier auch das Fundament für das Überdauern von bisher ungelösten Fragen wie der nach dem gesellschaftlichen Unbewussten (vgl. z. B. Busch, 2001, S. 392–421). Die Konversation brach schnell und weitgehend infolge der Übernahme des Staatsapparates durch die NSDAP und ihr repressives Vorgehen gegen die Psychoanalyse ab.[2] Betrachtet man die Gesamtheit der soziologischen und psychoanalytischen Themenausrichtungen, ihre Moden und Forschungsschwerpunkte der Nachkriegszeit, so wurde

---

2   Allerdings stellte der Beginn der Naziherrschaft auch einen weitreichenden institutionellen wie personellen Einschnitt für die deutsche Soziologie dar, der die Fortführung einer kritischen Gesellschaftstheorie nicht mehr gestattete. Eine distanzierte disziplingeschichtliche Aufarbeitung der Reichssoziologie setzt erst langsam ein (vgl. z. B. van Dyk & Schauer, 2010; Schnitzler 2012).

eine Fortführung des Dialoges seitdem nur sporadisch und von einer Minderheit angegangen.

Einerseits blieb der Austausch bestehen und intensivierte sich zeitweilig aufgrund der destruktiven Folgen der Nazifizierung Deutschlands. Der darauf folgende, die Welt schockierende *Zusammenbruch der Zivilisation* (Elias, 1989, S. 391–515) generierte, wie schon zuvor die millionenfache Bereitschaft der Deutschen, Hitler zu folgen (Marks, 2007), vielfach neue Fragen, die in den Mittelpunkt des Forschungsinteresses rückten. Viele der damals engagiertesten Analysten jener gesellschaftlichen Entwicklungsdynamik, oftmals als Vertreter der Freud'schen Linken etikettiert und zum Schutz ihres Lebens aus Deutschland geflüchtet, setzten diese thematische Traditionslinie auch nach ihrer Remigration fort. Sie hatten den Anspruch, kritische Theorie in praktischer Wirkungsabsicht zu betreiben, wofür insbesondere die Neueinrichtung des Instituts für Sozialforschung im Jahr 1951 und die dort getätigte kritische Theoriearbeit im Sinne der Untersuchung des politischen Bewusstseins der Westdeutschen steht. Wiggershaus (1986) schildert ausführlich die Nachkriegsgeschichte des Instituts für Sozialforschung wie auch die politische Bedeutung der dort entfalteten *Frankfurter Schule*. Die ihr zugehörigen Forscher stellten jedoch, trotz ihrer öffentlichen Bekanntheit und der fortgesetzten Aufnahme der *Kritischen Theorie* in (auch neueren) Lehrbüchern der Soziologie (neuerdings z. B. Rosa et al., 2013, S. 114–134; Gertenbach et al., 2009, S. 197–225; Korte & Ernst, 2011, S. 79–93), keine dominante Richtung in der Soziologie dar.

Komplementär dazu wandte sich die institutionalisierte Psychoanalyse im Zuge der Machtübernahme durch die Nationalsozialisten von der gesellschaftszugewandten Forschungsrichtung weitgehend ab. Sie richtete stattdessen ihr Augenmerk nun hauptsächlich auf die therapeutische Praxis und die Entwicklung klinischer Theorien (vgl. Schülein, 2013, S. 196). Ausschlaggebend dafür war eine im Grunde »von oben« her initiierte inhaltlich-institutionelle Verwandlung der Psychoanalyse, die aus Furcht vor der Auflösung der 1910 gegründeten Deutschen Psychoanalytischen Gesellschaft (DPG) wie so manche finale Rettungsmaßnahme zwischen den Alternativen Leben oder Tod sehr radikal ausfiel. Eine Zukunftsperspektive für Juden und jüdische Psychoanalytiker schien in Deutschland, ebenso wie in Österreich, nicht wahrscheinlich. So schrieb Freud in einem seiner Briefe damals: »Die Zukunft ist ungewiss, entweder ein österreichischer Fascismus oder das Hakenkreuz. Im letzteren Fall müssen wir weg« (Freud, 1960a, S. 434). Beim Versuch, die Psychoanalyse zumindest als Institution doch noch zu retten, wurde diese bereits im Jahr 1934 »zu einer neutralen Wissenschaft von der Seele« erklärt (Richter, 1996, S. 123). Ernest Jones, von 1934–1949 Präsident der Internationalen Psychoanalytischen Vereinigung (IPV), begründete diese Neuausrichtung auf dem 13. Internationalen Psychoanalytischen Kongress folgendermaßen:

»Dieser 13. Kongress findet jedoch wiederum in einer verhängnisvollen Situation in der Geschichte der Psychoanalyse statt [...] wonach Politik und Wissenschaft sich nicht besser mischen lassen als Öl und Wasser. [...] Anzeichen der Ungeduld über gesellschaftliche Verhältnisse und des Eifers, sie zu verändern, fehlen bei uns keineswegs. Aus meinen Aufzeichnungen ergibt sich: Wer immer solchen Impulsen nachgibt, wird im selben Maße weniger Psychoanalytiker sein« (Jones, 1934, S. 486–487; zit. n. Steiner, 1994, S. 614).

Damit wurde jegliche Verbreitung sozialer Ideen in Zusammenhang mit der Psychoanalyse faktisch zu ihrem Missbrauch. Mehr noch, im Zuge dieser radikalen Ausrichtung wurde den organisierten Psychoanalytiker/innen nicht nur deren eigene politische Betätigungen untersagt. Politische Themen durften in der therapeutischen Analyse selbst nicht mehr angesprochen werden. Die wohl bekannteste Szene innerhalb dieses komplexen Zusammenhanges um die Befangenheit im Zeitgeschehen, verordnete Selbstzensur, hoffende Zurückhaltung und ängstliche Ungewissheit war die Kontroverse um Wilhelm Reichs politisches Engagement gegen die Nationalsozialisten und seine Art der Psychoanalyse. Sein sozialpolitisch-psychoanalytischer Ansatz wurde von vielen Psychoanalytikern, darunter auch den Einflussreichsten, damals abschätzig als Gemisch von Politik und Analyse oder gar, in der Wiedergabe der Worte Freuds durch seine Tochter Anna, als »Vergewaltigung der Analyse ins Politische, wo sie nicht hingehört« (A. Freud, 27.4.1933; zit. n. Lockot, 1994, S. 39) aufgefasst. Letzten Endes wurde 1934 der unbequeme Reich, wenige Jahre zuvor noch Leiter des therapeutisch-technischen Seminars am Ambulatorium der Wiener Psychoanalytischen Vereinigung (vgl. Diercks, 2009, S. 174–190), als eine Art Opfergabe aus der psychoanalytischen Gemeinde (DPG & IPV) ausgeschlossen. Die Bedeutung der Episode um Reich als Schlaglicht auf die NS-Geschichte der Psychoanalyse, aber auch im Hinblick auf die (Nicht-)Verarbeitung eines nationalsozialistischen Traumas (Freudl, 2001, S. 139–159), wurde in letzter Zeit mehrfach ausführlich dargelegt und diskutiert (Fallend & Nitzschke, 1997; Peglau, 2013) und so dem öffentlichen wie auch psychoanalytischen Gedächtnis wieder zugänglich gemacht.

Mit der verordneten Abwendung der institutionalisierten, »offiziellen« Psychoanalyse von der Gesellschaft entschwanden aus dem Blickfeld der Analytiker nolens volens zunehmend diejenigen Themen, die einen kooperativen interdisziplinären Austausch ermöglichten. Je länger die Kommunikation ausblieb, umso höher wurden die Hürden für eine erneute Kommunikationsanbahnung in Richtung einer psychoanalytisch orientierten Sozialpsychologie. Dies gilt natürlich für beide Seiten, also auch für die Vertreter der Sozialwissenschaften, denn die

> »Trennung von klinischer Erfahrung implizierte für die gesellschaftskritische Anwendungen dagegen das doppelte Risiko, einerseits den Anschluss an (Weiterentwicklungen der) psychoanalytische(n) Theorien zu verlieren, andererseits in das zu fallen, was Freud als ›wilde Psychoanalyse‹ kritisiert hatte« (Schülein, 2013, S. 197).

Die verquere Lage der heutigen psychoanalytisch orientierten Sozialpsychologie

Für den heutigen Nachwuchs junger Wissenschaftler/innen impliziert das von Schülein aufgeführte *doppelte Risiko*, dass neben dem offenkundigen Problem einer allgemein feststellbaren bildungs- und wissenschaftspolitischen Marginalisierung der noch existierenden psychoanalytischen Sozialpsychologie (Gast, 2010; Krovoza, 2009; AG PolPsy, 2010) ein grundlegendes erkenntnis- und wissenschaftstheoretisches Kommunikations- und Verständnisproblem hinzukommt.

Der heute noch fortgesetzte Bezug zur Psychoanalyse und ihre mögliche Anwendbarkeit im gesellschaftskritischen Sinn beschränkt sich vielfach auf die Rezeption von althergebrachten Werken wie *Das Unbehagen in der Kultur* und damit die klassischen triebtheoretischen Annahmen und Wissensbestände Freuds sowie seiner direkten Nachfolger. Oder es wird auf das zurückgegriffen, was z. B. Adorno in seiner ihm eigenen Aneignung und Interpretation für Psychoanalyse gehalten hat, also Sekundärquellen. Dieser Zugang ist nach wie vor berechtigt als erste Orientierung. Leider vernachlässigt man dabei oftmals, zu fragen, welche Gestalt die heutige Psychoanalyse oder – und hier beginnt es schon mit den entsprechenden Ungewissheiten und der Uninformiertheit – die tiefenpsychologisch fundierte bzw. psychodynamische Psychotherapie aufweist. Welche strukturell bedeutsamen wissenschaftlichen Unterschiede sind in den vergangenen Jahrzehnten nach Freud aufgekommen? Und besonders wichtig und ebenso oft schlichtweg unterschlagen: Was sind die aktuell dominanten (latenten und expliziten) Menschenbilder und welches Verständnis von Vergesellschaftung geht damit jeweils einher?

Zumindest erste Ansätze einer Art von Problemstellung hinsichtlich der von Schülein als *doppeltes Risiko* bezeichneten Problemstruktur, die eben in letzter Konsequenz auch Barrieren eines anthropologisch orientierten Vergleiches darstellen, werden gegenwärtig unter dem Stichwort *Selbstmarginalisierung* der psychoanalytischen Sozialpsychologie im deutschsprachigen Raum entwickelt. Zu ihrer Eigenschaft gehört nämlich bedauerlicherweise eine nicht zu vernachlässigende Selbstbezüglichkeit, also das Versäumnis,

> »neuere psychoanalytische und neuere soziologische Ansätze und kritische Theorien [aufzugreifen], die zur Beantwortung der Fragen der psychoanalytischen Sozialpsychologie, aber auch zur Generierung neuer Fragestellungen möglicherweise fruchtbar gewesen wären« (Brunner et al., 2012, S. 55).

Eine weitere Schwierigkeit konstruktiver Dialoganbahnung liegt sicherlich auch in der gegebenen Uneinheitlichkeit darüber, was unter psychoanalytischer Sozialpsychologie eigentlich zu verstehen ist. Dies ist schon allein daran ersichtlich, dass einige der Vertreter oftmals auch von einer politischen Psychologie sprechen. Gewisse »theoretische Annahmen der Psychoanalyse auf soziale Phänomene zu beziehen« (Busch, 2012, S. 62), ist ein sehr vager gemeinsamer Nenner. Zumindest ist er zu schwach, um die für eine ausreichende Gruppenkohärenz notwendigen identifikationsstiftenden Gefühlsbande in dem Maße mobilisieren zu können, dass eine Gesamtschwächung dieser Denkbewegung im Anschluss an die 70er und 80er Jahre des vergangenen Jahrhunderts verhindert werden konnte. Der Mangel einer systematischen Synthese der bisherigen Ansätze als Ergänzung und vor allem als logische wissenschaftstheoretische Konsequenz der vorhandenen deskriptiv-historischen Übersichtsarbeiten gehört hier zu den schwerwiegendsten selbstverschuldeten Belastungen. Sie wiegen so schwer, da der Ansatz der psychoanalytisch orientierten Sozialpsychologie von der Idee her eine anwendungsbezogene Vermittlung von zwei Wissenschaften bezweckt, die unterschiedliche Integrationsstufen des menschlichen Universums (Elias, 1990, S. 225ff.; Fröhlich, 1991) zum Gegenstand haben und die damit zwangsläufig unterschiedliche Perspektiven, Methoden, Denkweisen, kurzum Denkstile entwickeln mussten.

So ist die mit der Nachkriegszeit noch nicht gänzlich erloschene Geschichte einer psychoanalytisch orientierten Sozialpsychologie in einer unvorteilhaften Weise durch eine ausgedehnte Disparität bezüglich der Aneignungsniveaus der psychoanalytischen Theorie(n) charakterisiert. Dies gilt gleichsam für den fachlich-beruflichen Hintergrund der Akteure im Sinne eines tradierten Denkstils, auch und gerade bezogen auf die Anhängerschaft bestimmter Theorietraditionen, aber auch den Wissensstand gegenüber soziologischen Phänomenen und damit ihrem Gesellschaftsbild. Unterschiede bestanden und bestehen auch bezüglich der Motivation der Autoren in einer ideologischen Besetzung ihrer Kritik der analysierten Gesellschaftsverhältnisse. Dieses umfasst zwangsläufig auch das Niveau der realisierten wissenschaftlichen Haltung der Gesellschaftsanalysten als einer heiklen Balancierung der eigenen Affekte zwischen notwendigem Engagement und gebotener Distanzierung (Elias, 1990, S. 7–183). Schülein zeigte kürzlich in diesem Zusammenhang, den er selbst als »prekäres Verhältnis von Skepsis, Kritik und Affekt« beschrieb, einige der bestehenden Unterschiede an den Beispielen Marcuse, Mitscherlich und Adorno auf (Schülein, 2013, S. 198ff.).

Was sich der Wahrnehmung jedoch einmal als negativ assoziiertes Auseinanderdriften der psychoanalytisch orientierten Sozialpsychologie aufdrängt, kann auf der anderen Seite in positiver Weise als ein Polyideismus interpretiert werden, der von einer großen Bandbreite an Ideen und vitalem Interesse an dem Gegenstand als solchem zeugt. Wie breit gefächert das erkenntnistheoretische Angebot der (Freud'schen) Psychoanalyse sich faktisch präsentierte und zur Theoriearbeit anregte, zeigt u. a. das von Dahmer zusammengestellte Anschauungsmaterial der Praxis und Theoriegeschichte von Freud bis in die 1980er Jahre in Gestalt der Textsammlung *Analytische Sozialpsychologie* (Dahmer, 1980). Hilfreiche Übersichts- und Einordnungsarbeiten zu der vielschichtigen Geschichte, den prägenden Akteuren, exemplarischen Themenfeldern sowie innerfachlichen und an die Öffentlichkeit dringenden Debatten (Brunner et al., 2012; Brunner & Lohl, 2012; Busch, 2006), aber auch Neuinterpretationen und perspektivische Ergänzungen klassischer Texte (Schülein & Wirth, 2011), sind auch in neuester Zeit erschienen. Sie alle zeigen, dass die Psychoanalyse in den Sozialwissenschaften zumindest eine Vergangenheit hatte.

In der Nähe eines Kommunikations-GAUs: Wenn der Austauschpartner Psychoanalyse allmählich verschwindet

Eigentümlicherweise ist die Marginalisierung der psychoanalytisch orientierten Sozialpsychologie vergleichbar mit der Entwicklung der psychoanalytischen Variante der Psychotherapie. Diese verlor im Stellungsspiel der therapeutischen Grundkonzepte in der Klinischen Psychologie und Psychotherapie in der Vergangenheit viel an Boden. Eckert beschreibt die aktuelle akademische Situation als den *Weg zu einer Monokultur* folgendermaßen:

> »An den Universitäten […] ist eine zunehmende Monopolisierung nicht zu übersehen. Schon 2009 waren von den 47 Universitätsprofessuren für Klinische Psycho-

logie und Psychotherapie 42 mit Vertretern der Verhaltenstherapie (VT), vier mit Psychoanalytikern und zwei mit Gesprächspsychotherapeuten besetzt. 2011 sind noch zwei Psychoanalytiker und eine Gesprächspsychotherapeutin Universitätsprofessoren. 2009 waren 68 Prozent der Ausbildungsteilnehmer mit Schwerpunkt VT. Dieser Anteil wird steigen, wenn die vom Bundesgesundheitsministerium favorisierte Direktausbildung für Psychotherapeutische Psychotherapeuten – analog der Medizinerausbildung – Realität wird« (Eckert, 2013, S. 280).

Eine weitgehend psychoanalysebereinigte Universitätenlandschaft scheint es auch in Österreich zu geben (Aigner, 2006). Wandte sich die Psychoanalyse also einstmals angesichts bedrohlicher Rahmenbedingungen von der Gesellschaft ab, kultivierte jedoch als Erfahrungswissenschaft in der therapeutischen Praxis ihren Ansatz der umfassenden Beschäftigung und Ausleuchtung der vielfältigen Aspekte der menschlichen Subjektivität, scheint nun der Bestandsschutz für diesen Ansatz selbst aufgehoben zu sein. Er kommt im Grunde als Lehrgebiet an der Universität nicht mehr vor. Die ohnehin ungewisse Wiederbelebung des Austausches zwischen Psychoanalyse und Soziologie wird durch das weitgehende Fehlen eines psychoanalytischen Gesprächspartners als neue Rahmenbedingung verkompliziert. Abgesehen vom Umstand, dass die klassische Psychoanalyse in der Regel nicht zum Curriculum sozialwissenschaftlicher Universitätsausbildung gehört, entschwinden nun auch die möglicherweise einzig geeigneten Anlaufstellen für einen geregelten interdisziplinären Wissensaustausch. Was als Alternative bleibt und faktisch längst zu den Realitäten gehört, ist eine autodidaktische – und damit auch störungsanfällige – Beschäftigung mit der Psychoanalyse seitens der Soziolog/innen.

So ist es nachvollziehbar, dass angesichts eines historisch bedingten Kommunikationsabbruchs, einer im Selbst- und Wissenschaftsverständnis der jeweiligen Vertreter mitbegründeten Selbstbezüglichkeit, den grundsätzlichen Differenzen im symbolischen und beruflichen Zugang zu gesellschaftlichen Phänomenen sowie den neuen Bedingungen der Marginalisierung, Schülein knapp 15 Jahre nach Reimann die aktuelle Ausgangslage für einen grundsätzlich *sinnvollen Diskurs* folgendermaßen schildert:

»Ein Nachruf wäre verfrüht, aber die Lebenszeichen des Diskurses sind spärlich. [...] Dies jedoch nicht aufgrund von genauer Prüfung und Kenntnis. Schon deshalb nicht, weil die Psychoanalyse in der Soziologie weitgehend unbekannt ist. Bis auf wenige Ausnahmen [...] gibt es kaum Kenntnisse von Freud, geschweige denn von modernen psychoanalytischen Konzepten. Psychoanalyse existiert innerhalb der Soziologie im Grunde nur als Gerücht – und dieses Gerücht unterscheidet sich kaum von den üblichen Vorurteilen, mit denen sich die Psychoanalyse plagen muss: dass sie eine wirre Form von Spekulationen über seltsame, herbeiphantasierte Dinge sei. Eine Kontaktaufnahme mit psychoanalytischen Themen und Methoden ist daher praktisch kein Thema« (Schülein, 2007, S. 57).

Eine solch düstere Diagnose eines langjährigen Kenners der Materie und Verfechters des Diskurses kann resignativ auf andere wirken und bei entsprechend vorliegenden Tendenzen gar den Weg zu einem endgültigen inneren Rückzug bahnen. Trotz dieser offenkundig nicht optimalen Aussichten ist es verfrüht, den Kopf in den Sand zu stecken. Schließlich macht Not erfinderisch und wo Düsterheit Einzug gehalten hat, wird sie den geografischen Bedingungen und allgemeinen Erfahrungswerten gemäß irgendwann von Helligkeit abgelöst. Die kürzlich von Brunner und Lohl (2012) publizierten Befragungsergebnisse zur Lage und Zukunft der psychoanalytischen Sozialpsychologie (ebd., S. 46–55) zeigen selbstreflexive Kritik und Einsichtsmomente in die bislang fortgeführten Versäumnisse. Sie lassen den Wunsch nach Öffnung erblicken. Die Befragten bieten darüber hinaus Vorschläge zur Gesundung und Stärkung an:

> »Im Zentrum steht v. a. die Forderung, sich sichtbarer und zugänglicher zu machen. Gelingen könnte dies durch den Anschluss an interdisziplinäre und internationale Diskurse, durch Interventionen in aktuelle öffentliche Diskurse, [...] überhaupt stärkere interne und externe Vernetzung« (Brunner & Lohl, 2012, S. 51).

Ausgedehnter Pessimismus und die Annahme einer Opferrolle sind demnach nicht die prominentesten Gefühlslagen; es gibt Hinweise auf Mobilisierungspotenziale. Allein die Umfrage-Initiative, welche überhaupt Gelegenheit zur Meinungsäußerung gab und damit einen vermittelten Austausch ermöglichte, zeugt davon. Die kürzlich erfolgte Gründung einer Gesellschaft für psychoanalytische Sozialpsychologie (GfpS) und andere Initiativen bilden weitere, Zuversicht transportierende Beispiele. Darüber hinaus ist zu beachten, dass das Vertrauen in die Selbstwirksamkeit zu den wichtigsten Fähigkeiten resilienter Menschen gehört. Analog auf die psychoanalytisch orientierte Sozialpsychologie angewandt könnte man daher schlussfolgern: Die in den geäußerten Hinweisen aufscheinende Überzeugung, durch Verhaltensänderung und neu justiertes Engagement auf die verquere Lage der psychoanalytisch orientierten Sozialpsychologie positiv einwirken zu können, lässt auf ein Vorhandensein der zur Bewältigung der anstehenden Herausforderungen notwendigen Resilienz im Sinne Ungers (2008) als erfolgreiches Navigieren hin zu den Ressourcen, die man zu seinem Wohlergehen benötigt, schließen. Am grundlegenden erkenntnistheoretischen Potenzial für die Bewältigung ihrer Aufgabe im Rahmen der wissenschaftlichen Arbeitsteilung mangelt es der psychoanalytisch orientierten Sozialpsychologie schließlich nicht, wie die bereits aufgeführten historischen Beispiele veranschaulichen. Diese Aufgabe besteht – im Idealfall und damit als Verwirklichung einer selbstverständlich interdisziplinär operierenden Menschenwissenschaft – in der Aufschlüsselung und Erklärung gesellschaftlicher Phänomene nach dem Wie- und Warum-Fragemodus mittels der Verzahnung sozio- und psychogenetischer Perspektiven unter Beachtung der gesellschaftlichen Positionen entlang der *Für-Wörter-Serie* (Elias, 1996, S. 132ff.). Unerwartete Schützenhilfe bei ihrer Rehabilitation kann – heutzutage durchaus überraschend, zugleich jedoch gut möglich – von den professionellen Psychoanalytiker/innen selbst kommen.

Lichtstrahlen am interdisziplinären Horizont: Ansätze einer sozialen Öffnung der Psychoanalyse in der Gegenwart

Als letzten Fremdbeitrag seiner bereits erwähnten Textsammlung *Analytische Sozialpsychologie* platzierte Dahmer einen ursprünglich 1978 in der Zeitschrift *Psyche* publizierten Text von Paul Parin, der zu beantworten suchte, *Warum die Psychoanalytiker so ungern zu brennenden Zeitproblemen Stellung nehmen* (Parin, 1980). Seine vielgliedrige Argumentationskette schließt Parin mit folgender Kritik an seinen Psychoanalyse-Kollegen:

> »Diejenigen, die eine Zeitkritik noch leisten können und die soziale Isolation in ihrer Gruppe ertragen, machen sich vielleicht nur ›ungern‹ ans Werk. Wir verlieren damit die Illusion, dass wir zu brennenden Fragen der Zeit schon zureichend Stellung nehmen, wenn wir lediglich ihren schädlichen Folgen im Seelenleben unserer Analysanden begegnen. Dort finden wir sie vor. Wir können jedoch nicht viel gegen sie unternehmen, solange wir die gesellschaftliche Realität nicht anschauen dürfen und sie mit unserer Kritik verschonen« (ebd., S. 662).

Parins intendierte Mahnung und seine Schlussfolgerungen haben bezüglich Brisanz und Aktualität in den über 30 Jahren seit ihrer Publikation nichts eingebüßt. Seine Forderung nach einer Öffnung hin zur gesellschaftlichen Realität bekommt heute einen neuen Antrieb. Mittlerweile scheinen nämlich die umfassenden gesellschaftsstrukturellen und funktionalen Umwälzungen der Gegenwart

Tendenzen einer verstärkten Auseinandersetzung und Beachtung der sozialen Verhältnisse und Lebenswelten seitens einer immer größeren Zahl von tiefenpsychologisch/psychodynamisch orientierten Psychotherapeut/innen zu bedingen. Entsprechende Transformationsprozesse werden entwicklungsbeschreibend u. a. als Modernisierung, Digitalisierung, Vernetzung (Castells, 2001), Globalisierung oder schlichtweg als Beschleunigung (Rosa, 2005) etikettiert und in Form mittlerweile allgemein eingebürgerter Diagnosefloskeln wie Ellenbogengesellschaft, Leistungs- oder Wettbewerbsgesellschaft, Müdigkeitsgesellschaft (Han, 2010), Konsumgesellschaft, narzisstische Gesellschaft (Maaz, 2013) oder depressive Gesellschaft (Ehrenberg, 2004) massenhaft kritisch erlebt und hinterfragt.

Bei der allmählichen Erweiterung der Perspektive hin auf das Soziale werden die nun aufmerksamer beachteten vielfältigen gesellschaftlichen Veränderungen überwiegend unter dem Gesichtspunkt von »Unsicherheit, Desorientierung, Destabilisierung und einem Vakuum bezüglich ethischer Normen und Werte« (Fabian & Ammon, 2013, S. 129) betrachtet. Verständlicherweise, werden doch die persönlichen Ressourcen der Menschen unter dem allgemeinen Modernisierungsdruck in zentralen Lebensbereichen wie Arbeitsgestaltung (Haubl, 2011, 2013; Haubl et al., 2013; Morgenroth, in diesem Band) und Organisation des Familienlebens häufig ausgereizt. »Nicht alle sind für diese Herausforderungen gerüstet. Gerade die vulnerablen Menschen spüren den Druck am deutlichsten« (Cierpka et al., 2014, S. 1). Die entsprechenden Aspekte einer soziokulturell turbulenten Ära, die als *Flüchtige Moderne* in all ihren Bereichen unter dem Primat eines fortgesetzten Wandels steht (Bauman, 2003), etablieren sich folglich auch tatsächlich in den materiellen und subjektiven Biografien der jungen und erwachsenen Klienten, worauf mit neuen inhaltlichen und behandlungstherapeutischen Schwerpunkten wie beispielsweise der Identitätstherapie (Seiffge-Krenke, 2012, 2014) reagiert wird. Die Wandlungen von Störungsbildern und Modifizierungen der Behandlung zeugen als Ganzes davon, dass der zum Teil in den einzelnen Verflechtungsaspekten noch ungeklärte soziodynamische Transformationsprozess eben keine äußere, d. h. nachrangige Dimension im psychischen Leben der Menschen bildet. Ändern sich aus vielerlei Gründen die Beziehungen zueinander, so ändern sich auch die beteiligten Menschen im Rahmen und als Element des unaufhörlichen Zivilisationsprozesses (Elias, 1976).

Wie eng verzahnt die Sozio- und Psychogenese allgemein ist, bzw. in welchem Maße die Beachtung gesellschaftlicher Prozesse immer einer sozio- und psychogenetischen Perspektive bedarf, lässt sich am Beispiel der Wechselwirkung von strukturellen Merkmalen moderner Paarbeziehungen und den psychischen Herausforderungen für Erwachsene und Kinder im Fall des Scheiterns der Liebesverbindung erahnen. Dies wird –wenn auch nur rudimentär – nachfolgend als Zusammenhang umrissen. Dieser Rückkopplungsprozess zeigt auch, wie erforderlich die Wiederbelebung einer psychoanalytisch orientierten Sozialpsychologie, sowohl als Vermittlungsdisziplin zwischen Psychoanalyse und Soziologie wie auch als Forschungsansatz mehrdimensionaler Prozesse ist.

Die sozialpsychologische Dimension der Trennungsproblematik

Die *Flüchtige Moderne* als strukturiertes Lebensfeld und damit als vorgefundene Sozialisations- und Individualisierungsbedingungen schließt neue Gefährdungslagen für Kinder und Heranwachsende im Zusammenhang mit der Ausbildung von Selbststeuerungsfunktionen, der persönlichen Identität und allgemein der psychischen Stabilität ein. Die neu gelagerten Herausforderungen entstehen u. a. dadurch, dass die Gesamtheit der gesellschaftlichen Beziehungskonditionen wie ausgeprägte Mobilität oder allgemeine Berufstätigkeit in besonders gravierender Weise die Gestaltungsmöglichkeiten, die Wertschätzung und Stabilität von intimen Paarbeziehungen betrifft. Folglich berührt sie auch die persönliche Lebenspraxis der eigenen Eltern und spiegelt sich aktuell in der Verbreitung neuer Familienformen und in pluralistischen Ausgestaltungen von Partner- und Elternschaft (z. B. Ein-Eltern-Familien, nicht-eheliche Elternschaft, Patchwork- und Regenbogenfamilien) (Schwab & Vaskovics, 2011) wider.

Zu den fundamentalen Bestandteilen der gängigen Lebenskonzepte auf der gegenwärtigen Entwicklungsstufe der im hohen Maße ausdifferenzierten Gesellschaften gehört eine gestiegene Instabilität, sodass Trennung und Scheidung statistisch gesehen ein immer wahrscheinlicher werdendes biografisches Ereignis wird. Die Gründe für Partnerschaftskonflikte und Trennungen von Paaren oder Verheirateten sind dabei sehr vielfältig (Hötker-Ponath, 2012, S. 14–20; Bodenmann, 2011), wobei laut der psychologischen Scheidungsforschung vor allem sogenannte partnerschaftliche Kompetenzdefizite, insbesondere mangelnde Kommunikationsfertigkeiten, bedeutsam sind (Zemp & Bodenmann, 2013). Dabei weisen entsprechende Trennungsprozesse – unabhängig von der signifikanten Häufigkeit des *Entliebens* und damit einer möglicherweise gedachten Gewöhnung und Relativierung – aufgrund der vielfältigen emotionalen und materiellen Verluste oft die Qualität eines kritischen Lebensereignisses auf. Die gravierenden Einbußen beziehen sich z. B. auf den Partner als einer bedeutsamen Quelle und Verankerung der *affektiven Valenzen* im Sinne von lebenswichtigen Gefühlsbefriedigungen

(Elias, 1996, S. 146ff.). Oder sie beruhen auf der Aufgabe eigener Lebens- und Selbstentwürfe, die mit einer Auflösung der zentralen Wir-Einheit als einem der Zentren der persönlichen Sinngebung erzwungenermaßen einhergeht. Kast beschreibt die möglichen qualitativen Erlebnisweisen der sich im Trennungsprozess manifestierenden psychischen Entbindung für die Beteiligten folgendermaßen: »Das Abbrechen einer Beziehung, ohne dass der Partner stirbt, kann ähnliche Verzweiflung auslösen, kann ähnlich unser Selbsterleben erschüttern wie der reale Tod« (1982, S. 159). Die Anforderungen an die Verlustverarbeitung sind für die Involvierten somit teilweise mit den psychischen Bewältigungsansprüchen bei entwicklungsbedingten Übergängen im Leben eines Menschen vergleichbar und verlangen u. a. die Restrukturierung des Selbstwertgefühls, der personalen Kompetenzen oder die Reorganisation von Rollen (vgl. Hötker-Ponath, 2009, S. 29f.).

Was für die Erwachsenen mit zum Teil krankheitswertigen Verarbeitungsweisen verbunden ist,[3] stellt zweifellos eine mindestens ebenso anspruchsvolle Herausforderung für die in den Trennungsprozess eingebundenen Kinder und Heranwachsenden dar. Im Rahmen des Trennungsgeschehens fühlen viele Kinder sich »vom gehenden Elternteil – manchmal auch von beiden – verlassen und reagieren mit Wut und Trauer oder auch mit Depression. Ihre Sicherheit und ihr Selbstwerterleben sind tief erschüttert« (ebd., S. 142). Dabei erleben sie »die Scheidung ihrer Eltern selten als Chance für einen Neubeginn, sondern reagieren – besonders am Anfang – mit diversen Belastungssymptomen, die sich je nach Gelingen der Trennungsbewältigung nach zwei Jahren deutlich verändern« (ebd., S. 20). Ergebnisse einer Langzeitstudie über 25 Jahre zu den Scheidungsfolgen für Kinder legen es nahe, die weit verbreitete Annahme, eine Scheidung destabilisiere Kinder nur vorübergehend, als Mythos anzusehen. Scheidung ist eine Erfahrung mit lebenslanger Ausstrahlung und geht mit einer signifikanten Erhöhung des eigenen Scheidungsrisikos einher (Wallerstein et al., 2002).

Doch nicht nur die Trennung als vollzogenes Ereignis und die ihr folgende Nachscheidungszeit sind emotional schwer belastend. Auch und gerade die Vorscheidungszeit (Kaslow, 2001), die in der Regel durch elterliche Auseinandersetzungen charakterisiert ist und ein negatives innerfamiliäres Klima schafft, wird

---

3 In einer Studie des Soziologen Amendt (2006) berichteten von 3.601 Scheidungsvätern lediglich 22,5%, nicht an gesundheitlichen Problemen im Zuge der Scheidung zu leiden. Grundsätzlich haben Trennungen und Scheidungen einen erheblichen Einfluss auf die Gesundheit der Involvierten. So sollen Mütter nach der Scheidung eine vierfache Steigerung an Symptomen wie Depression, Krankenhauseinweisungen, Arbeitsplatzproblemen erleben, während die Steigerung unter Vätern das Neunfache beträgt (vgl. Amendt, 2013, S.61).

mittlerweile aufgrund der Ergebnisse verschiedener Studien oftmals als ein größerer Risikofaktor aufgefasst als die eigentliche Trennung (vgl. Schär & Studer, 2013, S. 73). Die Verflochtenheit der einzelnen Faktoren führt auch hier dazu, dass in der modernen Entwicklungspsychologie die Scheidung als ein kritisches Lebensereignis innerhalb der lebenslangen Entwicklung betrachtet wird.

Insgesamt hat der in der Regel hauptsächlich von den Eltern gebildete Familienrahmen als materieller und mentaler Raum der biologischen Reifung und psychosozialen Entwicklung in der Gegenwart von seiner früheren Funktion nichts eingebüßt, sein institutioneller Bestand ist allerdings heute keine Selbstverständlichkeit mehr. Wird er durch verschiedene Belastungen gestört, bleibt er fragil bezüglich verlässlicher Unterstützungsstrukturen oder bricht gar in Form von Trennung oder Scheidung einmal oder gar mehrmals zusammen, kann die idealtypischerweise »hinreichend gute« primäre Quelle der entwicklungsfördernden Ressourcen sich ebenso in eine Quelle von Risikofaktoren verwandeln. Dabei gilt es zu beachten, dass psychische Störungen des Erwachsenenalters vielfach bereits im Kindes- und Jugendalter beginnen und z. B. die sich gesellschaftlich nach und nach verlängernde Adoleszenzphase als *psychosoziale Pubertät* ohnehin mit grundlegenden Entwicklungsaufgaben und psychischen Belastungen einhergeht, an deren (gelungenem) Ende die Übernahme reifer sozialer Verantwortung in Beruf, Partner- und Elternschaft steht (vgl. Herpertz-Dahlmann et al., 2013, S. 432). Diese Übergangszeit mit gestiegenen sozialen Anforderungen ist dabei mit einem allgemeinen Anstieg der Häufigkeit psychischer Störungen verbunden. Hinzu kommen noch die heutigen »Verschiebungen in objektiven Markern des Erwachsenenalters« (Seiffge-Krenke, 2014, S. 87), in deren Zug man ebenfalls elterlicher Unterstützung bedarf. Haben Eltern ab der Geburt ihrer Kinder als primäre Bezugspersonen idealtypisch die elementare Qualität für die Herstellung von *Bindungsbeziehungen* (vgl. Strauß, 2012, S. 166) und damit einen entscheidenden Anteil an der Gestaltung der schicksalhaften kindlichen interpersonalen Lerngeschichten, so werden sie auch nachfolgend in dieser Funktion gebraucht und sind präsente Mitgestalter jugendlicher Lebenserfahrungen, gerade auch im Sinne einer Stütze bei der Ausbildung einer grundierenden Eigenwert-Substanz, die den Eckpfeiler ihrer lebenslangen individuellen *Selbstwert-Beziehungen* (Elias, 1990, S. 307ff.) bildet.

Vor diesem Hintergrund könnte die signifikante Häufung von Trennungen und Scheidungen in Zusammenhang mit der soziostrukturellen Transformationsdynamik der Gegenwart durchaus eine gesellschaftliche Relevanz bekommen. Dies auch, weil die ausgeprägte Transformationsdynamik menschlicher Beziehungsgestaltung der Herausbildung eines geeigneten Repertoires an gesellschaftlich verbreiteten Trennungs- und Scheidungsritualen vorauseilte. Gut verständlich ist daher der Bedarf an entsprechenden psychologischen Wegweisern für die Betroffenen (z. B. Hötker-Ponath, 2012). Gleiches gilt für darauf bezogenes Wissen und Fortbildungsmöglichkeiten für Therapeut/innen, die in ihrer Praxis von hilfesuchenden Patient/innen in einer veränderten Lebenssituation mit psychologisch komplexen Ablösungs- und Trauerphänomenen infolge ihrer Verbreitung als einer sozialen Tatsache zunehmend konfrontiert werden. Das Risiko der massenhaften Verwandlung von in diesem Fall Scheidungskindern zu psychisch auffälligen Scheidungswaisen, gewissermaßen die neue Erscheinungsweise einer Pathologie der Normalität und willkommener Angriffspunkt der Modernekritik, ist allerdings keine zwangsläufige Entwicklung im Zuge der Privatisierung der Erziehung und Modernisierung der Kindheit. Auch wenn die *Bella-Studie*[4] des Robert Koch-Instituts zur Gesundheit von Kindern und Jugendlichen in Deutschland neben familiären oder partnerschaftlichen Konflikten zwischen den Erziehenden auch das Aufwachsen in Ein-Eltern-Familien und Stieffamilien durchaus zu den Risikofaktoren für die Entwicklung psychischer Störungen zählt (Ravens-Sieberer et al., 2007, S. 874) und in den Praxen der Kinder- und Jugendärzte und -ärztinnen Verhaltensstörungen mittlerweile »mit einem Anteil von über zehn Prozent nach Husten und Fieber inzwischen den dritthäufigsten Beratungs- und Behandlungsanlass darstellen« (Ärzte Zeitung, 13.06.2014).

Abschließende Bemerkungen

Die hier vorgenommenen Erwägungen hinsichtlich der Zukunftsperspektive eines (erneuten) kommunikativen Austausches zwischen Soziologie und Psychoanalyse sind zweifellos unvollständig. Die Funktion des Artikels entspricht vielmehr einem ersten Ausstoß von Orientierungsbojen in einem Meer aus verschütteter Tradition, Abstimmungsschwierigkeiten wissenschaftlicher Sprachen samt der darin zum Ausdruck kommenden anthropologischen Perspektiven und einer grundlegenden Unwissenheit der beiden Fachdisziplinen voneinander. Reimanns Beziehungsdiagnose von 1991 trifft in ihrer Allgemeinheit weiterhin zu. Die Aufgabe der Abklärung und Bestimmung des praktischen Nutzwertes der Soziologie und Psychoanalyse füreinander war und ist von hoher Bedeutung,

---

4   Die BELLA-Studie ist das Modul zur psychischen Gesundheit des bundesweiten Kinder- und Jugendgesundheitssurveys (KiGGS) des Robert Koch-Instituts. Das Akronym Bella steht für »BEfragung zum seeLischen WohLbefinden und VerhAlten« (http://www.bella-study.org).

weil man dafür, neben der profunden Kenntnis der jeweils fremdartigen Symbolbestände und des darin kodierten Wissens als Grundlage der Kommunikation, ebenso auf eine übergeordnete Reflexion des allgemeinen Verhältnisses der beiden Disziplinen zueinander, also eines Bezugsrahmens dieser Wissenschaften, angewiesen ist. Selbst wenn beide Wissenschaften mit dem »Studium menschlicher Wesen zu tun [haben], besitzen wir im Augenblick noch kein klares, theoretisches Modell, das uns veranschaulichen könnte, wie die verschiedenen Wissenschaften vom Menschen ineinanderpassen« (Elias, 1972, S. 11). Die wissenschaftliche Herausforderung ist daher beachtlich.

Vorteilhaft für den Beginn der Zusammenarbeit und damit die Wiederbelebung einer vom Inhalt her sinnvollen Diskussion, die bereits einmal fruchtbares Wissen über Menschen hervorbrachte, könnte der Umstand sein, dass die gewöhnlich von Soziolog/innen untersuchten Aspekte der gesellschaftlichen Entwicklung zunehmend sichtbar eine psychotherapeutische Relevanz gewinnen. Die gesellschaftlichen Entwicklungsprozesse und ihr heutiges Wandlungstempo als Grundlage der offenkundigen strukturellen Veränderungen der Art und Weise, wie Bindungen und Beziehungen mit anderen gestaltet und erlebt werden, also das primäre Tätigkeitsfeld der Psychotherapeut/innen, müssen eingehender berücksichtigt und verstanden werden. Die gesellschaftliche Transformation verändert selbst die Funktion der Psychoanalyse und macht ein anderes Wissen über Gesellschaft, letztlich ein interdisziplinäres Wissen über Menschen und ihre sozialen Verflechtungen, notwendig. Auch deshalb, weil die Psychoanalytiker/innen (wie die Soziolog/innen) als Gesellschaftsmitglieder sich diesen Entwicklungen selbst nicht entziehen können.

Nimmt man die neuen Annahmen zur Wirksamkeit der Psychotherapie ernst, wonach die Hauptwirkung der Therapie auf die Beziehung zurückgeht (vgl. Orlinsky, 2013, S. 224), müsste das Augenmerk auch und sehr viel stärker auf die Gesamtheit der Beziehungen gelegt werden, also die Gesellschaft selbst, in die jeder der Patient/innen zwangsläufig eingebunden ist. Schließlich erleben sie die Gesellschaft verkörpert in ihren persönlichen Beziehungen. Die individuellen Psychen, einst in der Konzeption Freuds und seiner Nachfolger noch teilweise abgeriegelt und von der gesellschaftlichen Realität isoliert, würden damit nochmals stärker aufgeschlossen werden und in der Tat den Charakter einer bereits stellenweise propagierten seelischen Vernetzung (Altmeyer & Thomä, 2006) bekommen. Dies wäre auch eine theoretische Weiterführung hinsichtlich der Anthropologie und damit des Menschenbildes. Zudem ist dies ein originäres Feld der psychoanalytisch orientierten Sozialpsychologie und damit geeignet für mögliche interdisziplinäre Anschlüsse.

Am augenfälligsten und wohl mit der höchsten praktischen Relevanz für die psychotherapeutische Tätigkeit, die dort geäußerten Narrationen der Klient/innen und Interventionen und deren sozialer Inanspruchnahme scheint aber zu sein, dass die aktuellen Entwicklungstendenzen sozialer Strukturen, die die Menschen gemeinsam miteinander weitgehend ungeplant vornehmen, den Stellenwert einer intersubjektiven Sichtweise und den Wertgehalt persönlicher Beziehungen und deren hohe Beanspruchung nachdrücklich aufzeigen:

> »In der heutigen modernen westlichen Kultur kommt der Psychotherapie eine bedeutende, ja fast schon symbolische Rolle zu. [...] Der Sinn des eigenen Lebens, die Erfüllung, hängt stark von den Wechselfällen der wenigen dauerhaften Beziehungen ab, in die man emotional tief investiert hat. Es ist verständlich, dass professionelle Hilfe in Zeiten der Not gesucht wird, entweder weil diese zentralen Beziehungen gefährdet sind oder auseinanderbrechen, oder weil sich die Beziehungen nicht wie erhofft entwickelt haben oder eigenen und fremden Erwartungen nicht gerecht werden. [...] Psychotherapeuten sind Spezialisten für die Reparatur der psychologischen Schäden, die in, nach oder durch die Beziehungen im privaten Leben auftreten können« (Orlinsky, 2013, S. 220ff.).

An der hohen Scheidungsrate und deren Bedeutung für die Beteiligten kann man diese (moderne) Not musterhaft ablesen. Zugleich offenbart das Beispiel die unabdingbare Verschränkung sozio- und psychogenetischer Perspektiven bei der Betrachtung von Menschen. Die heutzutage jeweils auf eine Dimension des Menschen spezialisierten Wissenschaften sind – und dies gilt es immer wieder zu betonen – in letzter Konsequenz Ergänzungen füreinander. Das Psychische hat eine gesellschaftliche Dimension, das zweifellos Persönliche ist gar nicht so individuell. Menschen sind nur als Ergebnis von Bedingungen und Beziehungen zu denken. Und so sollten auch die Wissenschaften vom Menschen sich ihrer gegenseitigen Bedingungen und Beziehungen wieder bewusster werden und systematisch die Revitalisierung eines interdisziplinären Dialogs anstreben.

Literatur

Adorno, T. W. (1973). *Studien zum autoritären Charakter*. Frankfurt a. M.: Suhrkamp.
(AG PolPsy) = Arbeitsgemeinschaft Politische Psychologie (2010). Politische Psychologie heute? *Journal für Psychologie, 18*(1). http://www.journal-fuer-psychologie.de/index.php/jfp/article/view/173/207 (09.08.2014).

Aigner, J.-C. (2006). Das Ich und die Vielen. *Kosmos Österreich, 16,* 9–12. http://www.kulturforumberlin.at/kosmos-oesterreich/kosmos-16 (09.08.2014).
Altmeyer, M. (2009). Kritische Glosse: Dreiecksbeziehungen. Annäherungen im interdisziplinären Diskurs über das Subjekt. *Psyche – Z Psychoanal, 6,* 399–413.
Altmeyer, M. (2013). Die exzentrische Psyche. *Forum Psychoanalyse, 29,* 1–26.
Altmeyer, M. & Thomä, H. (Hrsg.). (2006). *Die vernetzte Seele. Die intersubjektive Wende in der Psychoanalyse.* Stuttgart: Klett-Cotta.
Amendt, G. (2006). *Scheidungsväter. Wie Männer die Trennung von ihren Kindern erleben.* Frankfurt a.M.: Campus-Verlag.
Amendt, G. (2013). Dem Leid der Männer die Anerkennung verweigern. In M. Franz & A. Karger (Hrsg.), *Scheiden tut weh. Elterliche Trennung aus Sicht der Väter und Jungen* (S. 57–79). Göttingen: Vandenhoeck & Ruprecht.
Ärzte Zeitung (2014). *Immer mehr Kinder mit Verhaltensstörungen.* http://www.aerztezeitung.de/politik_gesellschaft/praevention/article/862919/paediater-melden-immer-kinder-verhaltensstoerungen.html (09.08.2014).
Bauman, Z. (2003). *Flüchtige Moderne.* Frankfurt a.M.: Suhrkamp.
Bodenmann, G. (2011). Partnerschaftsstörungen: Ätiologie/Bedingungsanalyse. In M. Perrez & U. Baumann (Hrsg.), *Klinische Psychologie und Psychotherapie* (S. 1115–1124). Bern: Huber.
Bodenmann, G. (2013). *Lehrbuch Klinische Paar und Familienpsychologie.* Bern: Huber.
Bohleber, W. & Leuzinger, M. (1981). Narzißmus und Adoleszenz. Kritische Bemerkungen zum »Neuen Sozialisationstypus«. In Psychoanalytisches Seminar Zürich (Hrsg.), *Die neuen Narzißmustheorien: zurück ins Paradies?* (S. 119–132). Frankfurt a.M.: Syndikat Verlag.
Bruder, K.-J., Bialluch, C. & Lemke, B. (Hrsg.). (2013). *Sozialpsychologie des Kapitalismus – heute. Zur Aktualität Peter Brückners.* Gießen: Psychosozial-Verlag.
Brunner, M., Burgermeister, N., Lohl, J., Schwietring, M. & Winter, S. (Hrsg.). (2012). Zur Geschichte der psychoanalytischen Sozialpsychologie. *Freie Assoziation, 15*(3+4), 15–78.
Brunner, M. & Lohl, J. (2012). Außerdem würde ich gerne mal einen Orgon-Akkumulator bauen. Zu Vergangenheit, Gegenwart und Zukunftsperspektiven der psychoanalytischen Sozialpsychologie. Geschichtsüberblick und Umfrageergebnisse. *Psychologie und Gesellschaftskritik, 36(2/3),* 31–60.
Busch, H.-J. (2001). Gibt es ein gesellschaftliches Unbewusstes? *Psyche – Z Psychoanal, 2001(4),* 392–421.
Busch, H.-J. (2006). Psychoanalytische Sozialpsychologie in Frankfurt – eine Tradition und ihre Zukunft. In H.-J. Busch (Hrsg.), *Spuren des Subjekts* (S. 13–54). Göttingen: Vandenhoeck & Ruprecht.
Busch, H.-J. (2011). Die Gegenwart psychoanalytischer politischer Psychologie und die Zukunft des Subjekts. In M. Leuzinger-Bohleber & R. Haubl (Hrsg.), *Psychoanalyse: interdisziplinär – international – intergenerationell. Zum 50-jährigen Bestehen des Sigmund-Freud-Instituts* (S. 336–351). Göttingen: Vandenhoeck & Ruprecht.
Busch, H.-J. (2012). Unbehagen – und sonst gar nichts? Eine psychoanalytisch-sozialpsychologische Gegenwartsdiagnose. *Psychologie und Gesellschaftskritik, 36*(2/3), 61-81.
Castells, M.(2001). *Der Aufstieg der Netzwerkgesellschaft.* Opladen: Leske + Budrich.
Cierpka, M., Kast, V. & Henningsen, P. (2014). Herausforderungen an die Psychotherapie heute. *Psychotherapeut, 59*(2), S. 81.
Dahmer, H. (Hrsg.). (1980). *Analytische Sozialpsychologie.* Frankfurt a.M.: Suhrkamp.
Danzer, G. (2011). *Wer sind wir? – Auf der Suche nach der Formel des Menschen.* Heidelberg: Springer-Verlag.

Diercks, C. (2009). Wilhelm Reich und das therapeutisch-technische Seminar. In C. Diercks & S. Schlüter (Hrsg.), *Die großen Kontroversen in der Psychoanalyse*. Sigmund-Freud-Vorlesungen 2007. (S. 174–190). Wien: Mandelbaum.
Eckert, J. (2013). Machtmissbrauch in den Psychotherapiewissenschaften. Mittel und Wege der Monopolisierung. *Persönlichkeitsstörungen: Theorie und Therapie, 17*(4), 278–287.
Ehrenberg, A. (2004). Das erschöpfte Selbst. Depression und Gesellschaft in der Gegenwart. Frankfurt a. M.: Campus.
Elias, N. (1972). Soziologie und Psychiatrie. In H.-U. Wehler (Hrsg.), *Soziologie und Psychoanalyse* (S. 11–41). Stuttgart: Kohlhammer.
Elias, N. (1976). *Über den Prozess der Zivilisation – Soziogenetische und psychogenetische Untersuchungen*. Frankfurt a. M.: Suhrkamp.
Elias, N. (1989). *Studien über die Deutschen. Machtkämpfe und Habitusentwicklung im 19. und 20. Jahrhundert*. Frankfurt a. M.: Suhrkamp.
Elias, N. (1990). *Engagement und Distanzierung. Arbeiten zur Wissenssoziologie I*, Frankfurt a. M.: Suhrkamp.
Elias, N. (1996). *Was ist Soziologie*. München: Juventa-Verlag.
Fabian, E. & Ammon, M. (2013). Therapeutische Implikationen der Identitätsproblematik in der heutigen Gesellschaft. *Persönlichkeitsstörungen: Theorie und Therapie, 17*(4), 129–137.
Fallend, K. & Nitzschke, B. (Hrsg.). (1997). *Der »Fall« Wilhelm Reich. Beiträge zum Verhältnis von Psychoanalyse und Politik*. Frankfurt a. M.: Suhrkamp.
Fleck, L. (1983). *Erfahrung und Tatsache*. Frankfurt a. M.: Suhrkamp.
Foulkes, S. H. (1939). Norbert Elias. Über den Prozess der Zivilisation, erster Band. *Internationale Zeitschrift für Psychoanalyse und Imago*, XXIV 1939 (1/2), 179–181.
Freud, S. (1905d). *Drei Abhandlungen zur Sexualtheorie*. GW V, S. 30–145.
Freud, S. (1906a). *Meine Ansichten über die Rolle der Sexualität in der Ätiologie der Neurose*. GW V, S. 149–159.
Freud, S. (1908d). *Die »kulturelle« Sexualmoral und die moderne Nervosität*. GW VII, S. 143–167.
Freud, S. (1910d). *Die zukünftigen Chancen der psychoanalytischen Therapie*. GW VIII, S. 104–115.
Freud, S. (1913j). *Das Interesse an der Psychoanalyse*. GW VIII, S. 390–420.
Freud, S. (1921c). *Massenpsychologie und Ich-Analyse*. GW XIII, S. 73–161.
Freud, S. (1926e). *Die Frage der Laienanalyse. Unterredungen mit einem Unparteiischen*. GW XIV, S. 209–286.
Freud, S. (1930a). *Das Unbehagen in der Kultur*. GW XIV, S.421–506.
Freud, S. (1933b). *Warum Krieg?* GW XVI, S. 12–27.
Freud, S. (1960a). Brief an Ernst Freud. 20. Februar 1934. In S. Freud, *Briefe 1873–1939*. Frankfurt a. M.: Fischer.
Freudl, P. (2001). Warum wird Reich nie erwähnt? Wilhelm Reich und das Trauma der deutschen Psychoanalyse, *Psychosozial, 24*(2), 139–159.
Fröhlich, G. (1991). Inseln zuverlässigen Wissens im Ozean menschlichen Nichtwissens. Zur Theorie der Wissenschaften bei Norbert Elias. In H. Kuzmics, & I. Mörth (Hrsg.), *Der unendliche Prozess der Zivilisation* (S. 95–111). Frankfurt a. M.: Campus Verlag.
Fromm, E. (1929). Psychoanalyse und Soziologie. In E. Fromm. *Sozialpsychologie*. Gesamtausgabe Band I (S. 3–5). Stuttgart: Deutsche Verlags Anstalt.
Fromm, E. (1932). Über Methoden und Aufgaben einer Analytischen Sozialpsychologie. In E. Fromm. *Sozialpsychologie*. Gesamtausgabe Band I (S. 37–57). Stuttgart: Deutsche Verlags Anstalt.
Fromm, E. (1941). Die Furcht vor der Freiheit. In E. Fromm. *Sozialpsychologie*. Gesamtausgabe Band I (S. 217–379). Stuttgart: Deutsche Verlags Anstalt.

Funk, R. (1980). Zum Leben und Werk Erich Fromms. In E. Fromm. *Sozialpsychologie*. Gesamtausgabe Band I (S. IX–XXXIV). Stuttgart: Deutsche Verlags Anstalt.
Funk, R. (1983). *Erich Fromm*. Reinbek: Rowohlt.
Funk, R. (2014). *Was den Menschen gelingen lässt: Zur Aktualität der Psychoanalyse Erich Fromms*. Gastvortrag am 18. Juni 2013 an der Internationalen Psychoanalytischen Hochschule Berlin. http://www.fromm-gesellschaft.eu/index.php/publikationen/auf-dieser-seite/dateiensuche1?view=download&fileId=7729. (09.08.2014).
Gast, L. (2010). Kein Ort. Nirgends? Das Subjekt der Erkenntnis und die Idee der Universität. Einige Gedanken aus psychoanalytischer Perspektive. *Psychologie und Gesellschaftskritik, 1*, 153–171.
Gertenbach, L., Kahlert, H., Kaufmann, S., Rosa, H. & Weinbach, C. (2009). *Soziologische Theorien*. München: Fink.
Glover, E. (1940). Über die durch den Krieg verursachten Änderungen in unserer psychischen Ökonomie I, *Internationale Zeitschrift für Psychoanalyse und Imago* XXV (3/4), 336–345.
Grotjahn, M. (1939). Rezension zu The American Journal of Sociology, May 1937, volume XLII. Sonderheft über Soziologie und Psychologie. *Internationale Zeitschrift für Psychoanalyse und Imago*, XXIV (3), 339.
Han, B.-C. (2010). *Müdigkeitsgesellschaft*. Berlin: Matthes & Seitz.
Häsing, H., Stubenrauch, H. & Ziehe, T. (Hrsg.). (1981). *Narziß: ein neuer Sozialisationstypus?* Bensheim: Päd.-Extra-Buchverlag.
Haubl, R. (2011). »Ich gehe kaputt« -»Gehste mit?« Die Psyche in der Leistungsgesellschaft. In M. Leuzinger-Bohleber & R. Haubl (Hrsg.), *Psychoanalyse: interdisziplinär – international – intergenerationell. Zum 50-jährigen Bestehen des Sigmund-Freud-Instituts* (S. 373–393). Göttingen: Vandenhoeck & Ruprecht.
Haubl, R. (2013). Depression und Arbeitswelt. In M. Leuzinger-Bohleber, U. Bahrke, & A. Negele (Hrsg.), *Chronische Depression: verstehen, behandeln, erforschen* (S. 111–130). Göttingen: Vandenhoeck & Ruprecht.
Haubl, R., Hausinger, B. & Voß, G. (Hrsg.). (2013). *Riskante Arbeitswelten: zu den Auswirkungen moderner Beschäftigungsverhältnisse auf die psychische Gesundheit und die Arbeitsqualität*. Frankfurt a. M.: Campus-Verlag.
Herpertz-Dahlmann, B., Bühren, K. & Remschmidt, H. (2013). Growing up is hard – mental disorders In adolescence. *Dtsch Arztebl Int., 110* (25): 432–440.
Horkheimer, M., Fromm, E. & Marcuse, H. (1936). *Studien über Autorität und Familie: Forschungsberichte aus dem Institut für Sozialforschung*. Reprint der Ausg. Springe: zu Klampen, 2005.
Hötker-Ponath, G. (2009). *Trennung und Scheidung – Prozessbegleitende Intervention in Beratung und Therapie*. Stuttgart: Klett-Cotta.
Hötker-Ponath, G. (2012). *Trennung ohne Rosenkrieg: Ein psychologischer Wegweiser*. Stuttgart: Klett-Cotta.
Kaslow, F. (2001). Spaltungen: Familien in der Scheidung. In S. Walper & R. Pekrun (Hrsg.), *Familie und Entwicklung. Aktuelle Perspektiven in der Familienpsychologie* (S. 443–473). Bern: Hogrefe.
Kast, V. (1982). *Trauern. Phasen und Chancen des psychischen Prozesses*. Stuttgart: Kreuz Verlag.
Korte, H. & Ernst, S. (2011). *Soziologie*. Konstanz: UVK Verlagsgesellschaft.
Krovoza, A. (2009). *Politische Psychologie heute. Zur Lage kritischer Sozialwissenschaften an der Universität*. Vortrag auf der Gründungsversammlung des AG PolPsy Hannover am 14. Januar 2009. http://www.agpolpsy.de/wp-content/uploads/2009/02/krovoza-politische-psychologie-heute.pdf (09.08.2014).

Lammer, K. (2014). *Trauer verstehen. Formen, Erklärungen, Hilfen*. Heidelberg: Springer-Verlag.
Langer, M. (1986). *Von Wien nach Managua. Wege einer Psychoanalytikerin*. Freiburg i.Br.: Kore.
Lockot, R. (1994). *Die Reinigung der Psychoanalyse. Die Deutsche Psychoanalytische Gesellschaft im Spiegel von Dokumenten und Zeitzeugen* (1933–1951). Tübingen: Edition Diskord.
Lorenzer, A. (1971). *Psychoanalyse als Sozialwissenschaft*. Frankfurt a.M.: Suhrkamp.
Maaz, H.-J. (2013). *Die narzisstische Gesellschaft: ein Psychogramm*. München: Beck.
Mannheim, K. (1940). Über die durch den Krieg verursachten Änderungen in unserer psychischen Ökonomie II, *Internationale Zeitschrift für Psychoanalyse und Imago* XXV (3/4), 346–355.
Marks, S. (2007). *Warum folgten sie Hitler? Die Psychologie des Nationalsozialismus*. Düsseldorf: Patmos Verlag.
Mies, T. & Schultz-Venrath, U. (2014). Interdisziplinarität in der Gruppenanalyse. Zur Einführung in den Themenschwerpunkt. *Gruppenpsychother. Gruppendynamik, 50*(2), 84–91.
Münch, K. (2011). Arbeitsgruppe Psychoanalyse und Gesellschaft. Protokoll der konstituierenden Sitzung der DGPT-Arbeitsgemeinschaft. In A. Springer, B. Janta & K. Münch (Hrsg.), *Angst* (S. 34–55). Gießen: Psychosozial-Verlag.
Orlinsky, D.E. (2013). Die psychotherapeutische Beziehung, das persönliche Leben und die moderne Kultur. In H. Znoj & T. Berger (Hrsg.), *Die Kunst und Wissenschaft der Psychotherapie* (S. 219–234). Bern: Huber.
Parin, P. (1980). Warum die Psychoanalytiker so ungern zu brennenden Zeitproblemen Stellung nehmen. Eine ethnologische Betrachtung. In H. Dahmer (Hrsg.). *Analytische Sozialpsychologie*. Band 2. (S. 647–662). Frankfurt a.M.: Suhrkamp.
Peglau, A. (2013). *Unpolitische Wissenschaft? Wilhelm Reich und die Psychoanalyse im Nationalsozialismus*. Gießen: Psychosozial-Verlag.
Ravens-Sieberer, U., Wille, N., Bettge, S. & Erhart, M. (2007). Psychische Gesundheit von Kindern und Jugendlichen in Deutschland. Ergebnisse aus der BELLA-Studie im Kinder- und Jugendgesundheitssurvey (KiGGS). *Bundesgesundheitsblatt 50*(5), 871–878.
Reich, W. (1971). *Massenpsychologie des Faschismus*. Köln: Kiepenheuer & Witsch.
Reiche, R. (1995). Von innen nach außen? Sackgassen im Diskurs über Psychoanalyse und Gesellschaft. *Psyche – Z Psychoanal, 3*, 226–258.
Reimann, B.W. (1991). *Der Gesellschaftsbezug der Psychoanalyse. Zur gesellschafts- und wissenschaftstheoretischen Debatte in der Psychoanalyse*. Darmstadt: Wiss. Buchgesellschaft.
Richter, H.E. (1996) Erinnerungsarbeit und das Menschenbild in der Psychotherapie. In P. Buchheim, M. Cierpka & T. Seifert (Hrsg.), *Spiel und Zusammenspiel in der Psychotherapie – Erinnern und Entwerfen im psychotherapeutischen Handeln – Operationalisierte Psychodynamische Diagnostik – Qualitätssicherung*. (S. 121–135). Heidelberg: Springer-Verlag.
Rosa, H. (2005). *Beschleunigung: die Veränderung der Zeitstrukturen in der Moderne*. Frankfurt a.M.: Suhrkamp.
Rosa, H. Strecker, D. & Kottmann, A. (Hrsg.). (2013). *Soziologische Theorien*. Konstanz: UVK Verl.-Ges.
Schär, M. & Studer, A. (2013). Familie: Gelungene Balance zwischen Nähe und Distanz. In C. Steinebach & K. Gharabaghi (Hrsg.), *Resilienzförderung im Jugendalter. Praxis und Perspektiven*. (S. 69–81). Heidelberg: Springer-Verlag.
Schnitzler, S. (2012). *Soziologie im Nationalsozialismus zwischen Wissenschaft und Politik: Elisabeth Pfeil und das »Archiv für Bevölkerungswissenschaft und Bevölkerungspolitik«*. Wiesbaden: Springer VS.
Schülein, J.A. (2007). Psychoanalyse und Soziologie – Schwierigkeiten eines sinnvollen Diskurses. In H.-J. Busch (Hrsg.), *Spuren des Subjekts. Positionen psychoanalytischer Sozialpsychologie* (S. 55–80). Göttingen: Vadenhoeck & Ruprecht.

Schülein, J. A. (2013). Wut und Skepsis: Über Problemlagen psychoanalytischer Gesellschaftskritik. In H. Hierdeis (Hrsg.), *Psychoanalytische Skepsis – skeptische Psychoanalyse*. (S. 185–206). Göttingen: Vandenhoeck & Ruprecht.

Schülein, J. A. & Wirth, H.-J.(Hrsg.). (2011). *Analytische Sozialpsychologie: klassische und neuere Perspektiven*. Gießen: Psychosozial-Verlag.

Schwab, D. & Vaskovics, L. (Hrsg.). (2011). *Pluralisierung von Elternschaft und Kindschaft. Familienrecht, -soziologie und -psychologie im Dialog*. Opladen: Budrich.

Seiffge-Krenke, I. (2012). *Therapieziel Identität: Veränderte Beziehungen, Krankheitsbilder und Therapie*. Stuttgart. Klett-Cotta.

Seiffge-Krenke, I. (2014). Identität im Wandel und therapeutische Herausforderungen. *Forum Psychoanalyse, 30*(1), 85–108.

Simmel, E. (1932). Nationalsozialismus und Volksgesundheit. In L. M. Hermanns & U. Schultz-Venrath (Hrsg.), (1993). *Ernst Simmel. Psychoanalyse und ihre Anwendungen. Ausgewählte Schriften* (S. 151–162). Frankfurt a. M.: Fischer.

Steiner, R. (1994). Es ist eine neue Art von Diaspora. *Psyche – Z Psychoanal, 7*, 583–652.

Strauß, B. (2012). Beziehungserfahrungen, Bindung und seelische Gesundheit. In H. Böker & E. Seifritz (Hrsg.), *Psychotherapie und Neurowissenschaften: Integration – Kritik – Zukunftsaussichten* (S. 165–180). Bern: Huber.

Ungar, M. (2008). Resilience across cultures. *British Journal of Social Work, 38*(2), 218–235.

van Dyk, S. & Schauer, A. (Hrsg.). (2010*)*. »*...daß die offizielle Soziologie versagt hat«. Zur Soziologie im Nationalsozialismus, der Geschichte ihrer Aufarbeitung und der Rolle der DGS*. Essen: Kulturwissenschaftliches Institut.

Vogt, W. (2014). *Heiraten und scheiden. Vom Sinn des Ritus*. http://www.nzz.ch/wissenschaft/bildung/vom-sinn-des-ritus-1.18347352 (30.07.2014).

Waldhoff, H.-P. (2014). Menschen im Singular und im Plural – Norbert Elias' grundlagentheoretischer Beitrag zur Gruppenanalyse. *Gruppenpsychother. Gruppendynamik, 50*(2), 111–145.

Wallerstein, J., Lewis, J. & Blakeslee, S. (2002). *Scheidungsfolgen – Die Kinder tragen die Last: Eine Langzeitstudie über 25 Jahre*. Münster: Votum-Verl.

Wiggershaus, R. (1986). *Die Frankfurter Schule: Geschichte, theoretische Entwicklung, politische Bedeutung*. München: Hanser.

Wissenschaftsrat (2009). Stärken und Schwächen der Soziologie in Deutschland. *Soziologie, 38*(1), 40–48.

Zemp, M. & Bodenmann, G. (2013). In guten wie in schlechten Zeiten? – Warum schlechte Zeiten in Scheidung enden können. *Psychologie in Österreich, 33*(5), 376–382. http://www.psychologie.uzh.ch/fachrichtungen/kjpsych/mediaarchiv/2013/201305_PsychologieOesterreich.pdf (30.07.2014).

Ziehe, T. (1975). *Pubertät und Narzissmus. Sind Jugendliche entpolitisiert?* Frankfurt a. M.: Europäische Verlagsanstalt.

»Ausschließlich im Dienste der Individualität und freien Entwicklung des Menschen«

Demokratische Intentionen der Foulkes'schen Gruppenanalyse

Angela Moré

Zu denjenigen, die sich keine Illusionen über die Entwicklung in Deutschland unter den Nazis machten und darum schon bald nach der Machtübernahme durch die NSDAP im Jahr 1933 emigrierten, gehörte auch der jüdische Psychoanalytiker Siegmund Heinrich Fuchs, damals knapp 35 Jahre alt. 1938 erwarb er die Staatsbürgerschaft seiner Wahlheimat England und änderte die Schreibweise seines Namens in Foulkes. Der 1898 in Karlsruhe geborene Foulkes hatte Medizin in Heidelberg, München und Frankfurt am Main studiert, war aber schon bald nach Beginn des Studiums im Jahr 1919 fest entschlossen, sich der Psychoanalyse zuzuwenden, nachdem ihn die Texte Freuds besonders beeindruckt hatten (vgl. Foulkes, 1974, S. 13). Zwischen 1928 und 1930 ging er nach Wien und erhielt dort seine Lehranalyse bei Helene Deutsch, sein Supervisor war Hermann Nunberg. Nach der Beendigung der psychoanalytischen Ausbildung kehrte er nach Frankfurt zurück, wo er bei Kurt Goldstein in Neurologie ausgebildet worden war (vgl. Lemche, 1993, S. 70ff.). Hier übernahm er nun die Leitung des Ambulatoriums des neu gegründeten Psychoanalytischen Instituts, das im Gebäude des Instituts für Sozialforschung, geleitet von Max Horkheimer, untergebracht war. Dadurch kam er mit zahlreichen bedeutenden Sozialwissenschaftlern und Psychoanalytikern zusammen wie Theodor W. Adorno, Erich Fromm, Herbert Marcuse, Wilhelm Reich, Kurt Lewin, Karl Mannheim und dessen wissenschaftlichem Assistenten Norbert Elias, mit dem ihn auch im englischen Exil eine dauerhafte Freundschaft verband. Dieses intellektuelle Netzwerk und seine Spuren im Denken von Foulkes werden differenziert beschrieben in einem Beitrag von Sabine Rothe (1996) zur Geschichte der *Psychoanalyse in Frankfurt am Main*. In diesem macht die Autorin auch die Bezüge zu Foulkes' Intentionen einer demokratischen Beeinflussung gesellschaftlicher Gruppen deutlich und die verschiedenen Anregungen, die zur Grundlage und Metatheorie der Gruppenanalyse beigetragen haben, darunter auch die Einflüsse von Karl Mannheim und Norbert Elias, der Gestaltschule und vielen anderen Persönlichkeiten des Frankfurter *Kränzchens*.

Die in die Gruppenanalyse einfließenden interdisziplinären Ideen, die sich den Begegnungen mit diesen Persönlichkeiten des sozial- und geisteswissenschaftlichen Lebens verdankten, sind im Denken von Foulkes deutlich erkennbar und werden von ihm selbst immer wieder durch Hinweise auf seine vielfältigen Bezüge bekräftigt.

Der zentrale Stellenwert der Kommunikation: die *gruppendynamische Matrix* und die Bedingungen ihrer Wirksamkeit

Der Kommunikation als einem dynamischen Beziehungsprozess in Gruppen kommt nach Foulkes eine zentrale Funktion für die Freisetzung von Fantasien, Potenzialen und Authentizität zu. Sie führt aber dort, wo sie Beeinträchtigungen unterliegt, zu Störungen der Beziehungen und der persönlichen Entfaltung. Ursachen für diese Kommunikationsstörungen können die eher individuellen Neurosen von zentralen Bezugspersonen sein – vor allem in den frühen Lebensabschnitten – oder aber komplexe soziale Verwerfungen, die mit Machtgefällen, sozialen Ausgrenzungen, gravierenden Benachteiligungen (z. B. des weiblichen Geschlechts oder ethnischer Minderheiten und religiöser Gemeinschaften) und sozialer Not verbunden sind und sich auf die davon Betroffenen psychosozial negativ auswirken. Im Falle von Vertreibung, Verfolgung, Krieg oder auch Naturkatastrophen gehen diese Störungen oft mit traumatischen Eindrücken einher. Allerdings gehen auch die eher individuell erscheinenden neurotischen Störungen in der Regel auf biografisch oder intergenerationell vermittelte, länger zurückliegende sozioökonomische Diskriminierungen oder kollektive Leidenserfahrungen zurück und sind für Foulkes somit die Folge von Störungen sozialer Beziehungen. Dies veranlasst ihn zu der Auffassung, dass grundsätzlich »die akute neurotische Störung als gemeinsames Produkt einer Anzahl von Personen, die bei seiner Entstehung und Erhaltung zusammenwirken« (Foulkes, 1974, S. 11), anzusehen ist. Zugleich ist sie damit primär kulturell vermittelt, nicht biologisch-genetisch bedingt. Diesen Wirkungszusammenhängen setzt er als heilsame soziale Erfahrung die freie Kommunikation in der (therapeutischen) Gruppe mit geschütztem Rahmen und stabilem Setting entgegen. Die Kommunikation der Gruppenteilnehmer/innen wird unter dieser Voraussetzung der nicht reglementierten Offenheit und Spontanität zu einem Äquivalent der freien Assoziation im einzelanalytischen Setting. »Therapie findet als Übersetzung neurotischer Phänomene in Kommunikation statt«, schreiben Harold Behr und Liesel Hearst in ihrem Grundlagenwerk *Gruppenanalytische Psychotherapie* (2009, S. 22) – und weiter: »Die analytische Gruppe wird als der Raum geschaffen, innerhalb dessen sich diese Kommunikation entwickeln kann« (ebd., S. 23). Dem Gruppenleiter kommt dabei die Funktion zu, diesen Kommunikationsprozess zu ermöglichen und zu erleichtern, bzw. Blockaden und Widerstände zu erkennen und mithilfe von Deutungen aufzulösen. Für Foulkes' Selbstverständnis in seiner Funktion als Gruppenleiter war jedoch vorrangig, dass er nicht eine autoritäre und lenkende Rolle einnimmt – selbst wenn er infolge der Übertragungen der Teilnehmenden zunächst mit solchen Fantasien konfrontiert war und die Notwendigkeit erkannte, die aus Übertragungen entstammenden Idealisierungen zunächst zuzulassen, um nicht alte Ängste vor Verlassenheit und Enttäuschung zu mobilisieren. Für ihn war jedoch ein wichtiges Ziel, dass die Gruppe den Leiter immer weniger braucht, die Gruppenmitglieder immer mehr zu Eigenständigkeit und Selbstvertrauen kommen und er sich in eine aufmerksame Präsenz zurückziehen kann, um mehr die Rolle eines Koordinators einzunehmen, die er auch mit der eines Orchesterdirigenten verglich.

Die für Foulkes zentrale Bedeutung von zwischenmenschlicher Kommunikation und Interaktion kommt auch darin zum Ausdruck, dass er neurotische Störungen als Folge einer Isolation von gesellschaftlichen Zusammenhängen, von Ausschluss aus und mangelnder Partizipation an Gruppenprozessen interpretiert. Auch die Durchsetzung von Zwangen und Verboten in autoritär strukturierten Familien, Arbeitsverhältnissen, religiösen Gruppen oder Diktaturen hat die Einschränkung von Handlungs- und Selbstbestimmungsspielräumen der Mitglieder dieser sozialen Gruppierungen zur Folge und führen zu Demotivationen, Aggressionen, regressivem Rückzug und nicht kommunizierbaren Spannungen.

Dem Foulkes'schen Konzept der Gruppenanalyse und der heilsamen Wirkung freier Kommunikation liegt ein entsprechendes Menschenbild zugrunde. Denn Foulkes ging davon aus, dass Menschen sehr wesentlich von den Beziehungserfahrungen in ihren Herkunftsgruppen geprägt sind. Besonderheiten des Milieus, der Kultur oder Religion sowie durch die Herkunftsfamilie vermittelte Formen des Umgangs miteinander führen zu bewussten, aber vor allem auch unbewussten Vorstellungen über das Selbst, über die anderen und über die Beziehungen zwischen Menschen und deren Bedeutung für das Selbst.[1] Die in Verbindung damit verinnerlichten Muster von Beziehungserfahrungen werden in der aktuellen Gruppe reaktualisiert und reinszeniert. Die Betonung der Bedeutung des Hier und Jetzt der Gruppenerfahrung hat eben darin ihre Berechtigung, dass nicht die *bewusste* Erinnerung von Beziehungserfahrungen prägend ist für das aktuelle Erleben und Verhalten, sondern die unbewusst reaktualisierten und dadurch im Hier und Jetzt erneut erlebten verinnerlichten Beziehungsmuster. Somit ist das Vergangene zugleich in den aktuellen Übertragungsbeziehungen in der Gruppe gegenwärtig und kann in dieser bewusst gemacht und durchgearbeitet werden, wird aber zugleich durch andere, unerwartete Reaktionen der Gruppenteilnehmer/innen moduliert und reformuliert (vgl. das Fallbeispiel in Waldhoff, 2012, insbes. S. 6).

Foulkes sah in noch stärkerem Maße als Freud das Individuum als ein soziales und in sozialen Zusammenhängen lebendes und sich organisierendes Wesen:

> »Die Gruppenanalyse betrachtet die soziale Natur des Menschen als etwas Grundlegendes. Sie sieht das Individuum als ein Ergebnis von Gemeinschaftsentwicklungen an [...] Die soziale Natur des Menschen ist eine nicht mehr reduzierbare Grundtatsache« (Foulkes, 1957, S. 164).

In diese Interpretation des Menschen als ein soziales Wesen bezieht Foulkes auch das Unbewusste ein, das in verschiedenen Schichten durch kollektive Symbole wie durch Normen und Gebote konstituiert ist, und spricht darum von der menschlichen Seele als einem sozialen Phänomen, »einschließlich der Prozesse, die normalerweise unbewusst am Werk sind« (Foulkes, 1974, S. 20).

Zu dieser Auffassung trugen nicht zuletzt seine fast täglichen Begegnungen mit den Vertretern des Frankfurter Instituts für Sozialforschung – Max Horkheimer, Theodor W. Adorno, Erich Fromm, Herbert Marcuse, Leo Löwenstein und anderen – bei, mit denen er bis zu seiner Emigration 1933 in Frankfurt engen Kontakt hatte. Gleichzeitig begegnete er weiteren innovativen zeitgenössischen Denkern, die auf ihn großen Einfluss ausübten:

> »The group analytic approach shares with other approaches in group-analysis the psycho-analytic background; but it is nearer, on the other hand, to the ›field‹ and

---

[1] Damit nimmt Foulkes in gewisser Weise auch die Sichtweise Daniel Sterns (1992) vorweg, dass sich nicht getrennte Selbst- und Objektimagines im Unbewussten sedimentieren, sondern es zu inneren Repräsentationen von Interaktionen des Selbst mit anderen kommt.

›Gestalt‹ schools. It has been stimulated in turn by the sociometric work of *J.L. Moreno*, the sociological views of *Karl Mannheim, Norbert Elias*, and others, and the psychological views of *Kurt Lewin*« (Foulkes & Anthony, 1957, S. 31).

In ihrem Beitrag verweisen Foulkes und Anthony auch auf Unterschiede zu anderen gruppenanalytischen Ansätzen, betonen jedoch am Ende, dass sie alle Formen gruppenanalytischen Arbeitens für bedeutsam halten, da jeder von ihnen das Ziel verfolgt, grundlegende Veränderungen in der Charakterstruktur des Einzelnen zu bewirken (ebd., S. 47).

Dem dynamischen Verständnis psychischer Prozesse bei Kurt Lewin widmen Foulkes und Anthony mehrere Seiten. Denn gerade Lewins topologisches Modell drückt die mittels Vektoren veranschaulichten dynamischen Spannungen von widerstrebenden Kräften aus, die sich aus dem grundlegenden Konflikt von Verbundenheit und Unabhängigkeit ergeben. Es handele sich um den uralten Konflikt zwischen individuellen Bedürfnissen und den Anforderungen der Gruppe – ein Konflikt, der auch bei Freud einen zentralen Stellenwert hat. Daher gehe es in jeder Gruppe darum, eine Balance zu finden zwischen den bindenden (kohäsiven) und aufbrechenden (disruptiven) Kräften. Eine Zunahme an Kohärenz in der Gruppe werde in der Regel spontan beantwortet durch eine Zunahme an Unterbrechungen, was zu einem endlosen Wechselspiel von widerstreitenden Kräften führe. Der Grad, in welchem ein Individuum die Einschränkungen seines Bewegungsspielraums durch die Gruppe akzeptieren könne, hänge ebenso vom Grad der gegenseitigen Abhängigkeit in der Gruppe ab wie von den Vorteilen, die das Gruppenmitglied durch seine Zugehörigkeit zur Gruppe genieße (vgl. ebd., S. 34f.).

Foulkes sah es als wesentlich an, die Dynamiken der Gruppe zu kennen und so zu nutzen, dass die Individuen sich so weit von verinnerlichten wie äußeren Zwängen befreien können, dass sie mit ihren Spannungen konstruktiv umzugehen vermögen.[2] Darum sind für ihn auch die Erkenntnisse Lewins über die Auswirkungen von Führungsstilen in Gruppen sehr bedeutsam. Lewin konnte durch Experimente zeigen, dass sich in schwach organisierten Gruppen die Mitglieder ungeschützt fühlen und sich darum voneinander isolieren. Je organisierter und integrierter Gruppen funktionierten, desto schwächer ausgeprägt waren die Grenzen untereinander. Entsprechend leichter funktionierte die Kommunikation in

---

2   Dies ist auch ein zentraler Gedanke bei Karl Mannheim, mit dessen Ideen Foulkes – durch die Vermittlung von Norbert Elias, aber auch durch direkten Kontakt in der Frankfurter Zeit – vertraut war und auf dessen Bedeutung für Foulkes' Denken ich später noch eingehen werde.

der Gruppe, in der nun Spannungen der einzelnen Gruppenmitglieder mitgeteilt und von den anderen aufgenommen werden konnten, wodurch sich eine homöostatische Qualität des Spannungszustands ergab. Diese Beobachtungen Lewins stellten eine Bestätigung des Foulkes'schen Konzepts der Gruppenmatrix dar: Seine gruppendynamischen Untersuchungen zu Modellen und Theorien über die Entwicklung von Kohäsion und Identifikation in Gruppen, über die Ausbildung eines Wir-Gefühls oder aber die Entstehung von Spannungen und Rivalitäten in Gruppen und die Bedingungen ihres Zerfalls entsprachen den Beobachtungen von Foulkes. Lewins Untersuchungen der sich gegenseitig verstärkenden oder nivellierenden Anziehungs- und Abstoßungskräfte (Vektoren) in sozialen Handlungs- und Konfliktfeldern veranschaulichen neben den Gruppenkonflikten auch die Wirkungen intrapsychischer Ambivalenzkonflikte auf das individuelle und soziale Handeln von Individuen in Einzel- und Gruppensituationen.

Während seiner neurologischen Ausbildung bei Kurt Goldstein war Foulkes durch dessen gestaltpsychologische Orientierung entscheidend beeinflusst worden sowie von dessen Modell des neuronalen Netzwerks mit den einzelnen Neuronen als Knotenpunkten in einer komplex vernetzten Matrix. Eine Vorstellung, die durch aktuelle neurowissenschaftliche Forschungen bestätigt wird, welche die ganzheitliche Funktionsweise des Gehirns belegen. Dieses Modell der interdependenten Matrix übertrug Foulkes später auf Gruppen, um die dynamisch vernetzten Kommunikationsprozesse und die bewussten wie unbewussten Reaktionen der Teilnehmer/innen zu beschreiben. Jede Aussage in einer Gruppe betrifft nach diesem Konzept nicht nur die im Vordergrund Kommunizierenden, sondern hat Bedeutung und Auswirkungen auf alle Gruppenmitglieder. Das sich im Vordergrund präsentierende Geschehen setzt unbewusste Themen und Konflikte in der Gruppe in Szene. Für die Beschreibung dieser Vordergrund-Hintergrund-Dynamik stützte sich Foulkes auf die Erkenntnisse der Gestaltpsychologie der sog. *Berliner Schule* um Kurt Koffka, Wolfgang Köhler und Max Wertheimer, mit der auch Kurt Lewin in enger Verbindung stand und die dieser auch im amerikanischen Exil fortsetzen konnte.

Die »Matrix« ist im Gruppengeschehen das psychische Netzwerk gegenseitiger Interdependenzen der Mitglieder einer Gruppe, das sich in Form von Aktionen und Reaktionen manifestiert. Darin sind auch die wechselseitigen Projektionen, Identifikationen, Spiegelungen und Reinszenierungen früherer Beziehungsmuster reaktiviert. Insofern hat die Matrix nicht nur eine inter-, sondern auch transpersonale und transgenerationale Dimension (Foulkes, 1961, insbes. S. 212; vgl. Lemche, 1993; Moré, 2013) und die psychodynamischen Erscheinungen sind für Foulkes entsprechend *transpersonale Manifestationen* (Foulkes,

1961, S. 212). Daraus ergibt sich für ihn zugleich die Schlussfolgerung, dass Psychodynamik und Soziodynamik identisch sind: Die Psyche ist kein in sich abgeschlossener Bereich. Was sich intrapsychisch ereignet, ist in Beziehungserfahrungen und der Spannung zwischen unbewussten Triebkräften und sozialen Forderungen begründet und wirkt auf die sozialen Beziehungen zurück, ein Gedanke, der später auch in der relationalen Psychoanalyse Stephen Mitchells zu finden ist sowie in der neu entwickelten interpersonalen Psychoanalyse (vgl. Potthoff, 2012; Stehr, 2012).

Die übergreifenden Vernetzungen sind Teil der Grundlagenmatrix und ihrer kulturell geteilten bewussten und unbewussten Vorstellungen. Der Wechsel zwischen individueller und kultureller Ebene, die sich in der Durchdringung von Grundlagenmatrix und dynamischer Matrix ergibt, macht die Verflechtungszusammenhänge und Interdependenzen deutlich, die Norbert Elias untersuchte und als *Figurationen* beschrieb. Elias betont auch die Bedeutung der gemeinsamen Arbeit für die Entwicklung einer dynamischen Sichtweise des Verhältnisses von individueller und Gruppenerfahrung bei Foulkes (vgl. Waldhoff, 2014).

In der Gruppe werden die schon bestehenden und verinnerlichten Erfahrungen aus den Verflechtungszusammenhängen jedes Gruppenmitglieds repräsentiert und damit wiederum zu einem neuen Interdependenzgefüge. Darum sei jede Gruppe und die sich in ihr herausbildende Matrix jeweils neu und einzigartig. Foulkes stellt fest:

> »Die Gruppensituation ist eine soziale Situation, und die Interaktion der Mitglieder stellt das Medium des Kontaktes dar. Ihre Dynamik wirkt in der gemeinsamen Matrix dieser interpersonellen Situation« (1974, S. 38).

Das Verständnis der Gruppenprozesse basiert bei Foulkes von Anfang an auf einer Integration neurologischer, soziologischer, sozialpsychologischer und psychoanalytischer Ansätze und Erkenntnisse.

Im Herbst 1940, anlässlich seiner Einberufung zum Militär, bestellte Foulkes erstmals alle seine Patient/innen gleichzeitig ein und ließ sie in der Gruppe darüber frei assoziieren, was dies für sie jeweils zu bedeuten habe. Foulkes war, wie er selbst schreibt, nach dieser ersten Gruppensitzung sofort klar, dass eine neue Ära der Psychotherapie begonnen hatte, aber auch, dass es Jahre dauern würde, ehe dieser neue Ansatz in seiner Bedeutung erkannt und anerkannt werden würde (vgl. Lemche, 1993, S. 71). Seiner Frau sagte Foulkes nach diesem ersten Gruppenexperiment: »Heute war ein historischer Augenblick der Psychiatrie, aber niemand weiß etwas davon« (Foulkes, 1974, S. 14).

Allerdings haben, wie Dieter Nitzgen (2004) aus biografischen Daten von Foulkes, Elias und Bion erschließt, bei diesen schon viel frühere kriegsbedingte Erfahrungen eine wichtige Rolle für die Entdeckung der Bedeutung der Kommunikation für die Gruppe gespielt. Für Foulkes habe sich im Ersten Weltkrieg nicht nur die hilfreiche und notwendige, sondern gar lebensrettende Funktion einer schnell und sicher funktionierenden Kommunikationstechnik gezeigt. Denn ab 1917 war der damals 19-jährige Fuchs Mitglied der *Telefon- und Telegrafentruppe der ehemaligen kaiserlichen Armee* in einer badischen Einheit und diente als deren Angehöriger bei mehreren der großen Schlachten in Frankreich (vgl. ebd., S. 56 und Anm. 1, S. 66). Dies war eine von mehreren Erfahrungen, die er mit seinem späteren Freund und Kollegen Norbert Elias teilte. Elias hatte sich im Ersten Weltkrieg freiwillig zur Nachrichtentruppe gemeldet in der irrigen Annahme, dort weniger den Gefahren an der Front ausgesetzt zu sein (vgl. ebd., S. 56f.). Elias war für den Kriegseinsatz zum Telegrafisten ausgebildet worden und erlebte bis zu seiner eigenen Verwundung zahlreiche Schlachten mit, zuletzt die extrem verlustreiche Schlacht an der Somme, die vom 1. Juli bis 18. November 1916 dauerte. Wie viele andere junge Männer ihrer Generation kehrten auch Elias und Foulkes als veränderte und mehr oder weniger stark traumatisierte Menschen aus dem Krieg zurück. Dem entsprechend bezeichnete Elias später nicht seine Verwundung als die ihn am meisten prägende Erfahrung, sondern die »der relativen Machtlosigkeit des Einzelnen im Gesellschaftsgefüge« (Elias, 2005, S. 32). Bedenkt man, dass das Ausmaß erfahrener Hilflosigkeit und Ohnmacht entscheidend dafür ist, ob ein Erlebnis traumatisierende Wirkung hat, so bringt Elias, der über seine Kriegseindrücke kaum sprechen konnte, dies in seiner allgemeineren, auf die politische Entscheidungs- und Einflussmöglichkeit bezogene Aussage gewissermaßen abstrakt zum Ausdruck. Er war der erste, der in Bezug auf gesellschaftliche Zusammenhänge von einem »Verflechtungszusammenhang« und »Netzgeflecht« sprach, Foulkes aber war laut Nitzgen (2004) der erste, der diesen Begriff des Netzwerks auf die Gruppenanalyse anwandte. Entsprechend äußert Foulkes in seinem Buch *Praxis der gruppenanalytischen Psychotherapie*:

> »Wir beschäftigen uns hier mit Problemen, die bei der bestehenden Vernetzung der Beziehungen im Leben vorkommen [...] Vernetzungen sind mannigfaltig. In unserer Kultur gibt es immer eine Anzahl von solchen Beziehungen, an denen jeder Einzelne teilhat. Wie diese Gruppen untereinander in Beziehung stehen, und wie jeder Einzelne seine Zugehörigkeit zu verschiedenen Gruppen in Beziehung setzt, bzw. das nicht tut, ist höchst charakteristisch« (1978, S. 18f.).

Bisher, so die Kritik Nitzgens, seien zwar die neurologischen Einflüsse von Kurt Goldstein, aber nicht die technischen Konnotationen und Erfahrungshintergründe bei Foulkes für dessen Verständnis von Kommunikation innerhalb eines Netzwerks, der Gruppenmatrix, erkannt worden (Nitzgen, 2004, S. 57). Allerdings spricht Foulkes selbst explizit davon, dass er den Begriff der Vernetzung absichtlich ähnlich wie sein Lehrer Kurt Goldstein verwende, der das Nervensystem als ein Netzwerk mit seiner Vielzahl neuronaler Knotenpunkte verstanden habe, das stets als ein komplexes Ganzes reagiert.

> »Aus diesem Grund bezeichne ich das Gesamtsystem von Menschen, die bei ihren Reaktionen zusammengehören, als eine Vernetzung und die *Einzelmenschen* als *Knotenpunkte*« (Foulkes, 1978, S. 19).

Dieser dezidierte Bezug auf Goldstein schließt nicht aus, dass die von Nitzgen thematisierten Erfahrungen Foulkes' mit dem mehr oder weniger funktionalen technischen Kommunikationsnetzwerk in den Kriegsjahren 1917/18 dessen Denken ebenfalls entscheidend beeinflusst haben. Aber Foulkes ist sich dieses Zusammenhangs entweder nicht bewusst oder er blendet ihn absichtlich aus. Darüber wie über die Motive lässt sich nur spekulieren. Möglicherweise spielten bei ihm wie bei Norbert Elias traumatische Kriegserinnerungen eine Rolle. Dafür spräche, dass Foulkes just anlässlich der psychotherapeutischen Arbeit mit englischen Kriegsteilnehmern auf die Idee kam, ein therapeutisches Kommunikationsnetzwerk in Form einer dynamisch interagierenden Gruppe zu installieren. Und von dieser gruppenanalytischen Psychotherapie bzw. Gruppenanalyse erwartet er, dass sie sich die Dynamik unbewusster Prozesse in der Gruppe in der Weise zunutze mache, dass sie nicht nur die Gruppenmitglieder zu heilen vermag, sondern auch deren Leiter.[3]

Gruppenanalyse als Sozialwissenschaft

Menschen sind für Foulkes von Beginn ihres Lebens an soziale und gruppenbezogene Wesen. Sie haben ein Bedürfnis nach Bezogenheit und treten darum in Austausch miteinander. Die Gruppenmatrix ist das Resultat dieser Austauschbeziehungen, in welchen sich frühere, in ihren Primärgruppen gemachte Er-

---

3 »Sie [die gruppenanalytische Psychotherapie; A. M.] ist eine Art Psychotherapie *der* Gruppe *durch* die Gruppe; einschließlich ihres Leiters« (Foulkes, 1978, S. 11).

fahrungen der einzelnen Gruppenmitglieder wiederholen, indem sie diese in wechselseitigen Erwartungen und Reaktionen reinszenieren. Aus diesem komplexen Geflecht von sich überlagernden und durchdringenden reinszenierten Beziehungsmustern entsteht eine neue komplexe Gruppendynamik, die mehr ist als die Summe der eingebrachten Einzelerfahrungen – wie auch das Musikstück mehr sei als die Summe seiner einzelnen Töne. Auch die daraus in der Gruppe sich bildenden interpersonalen Formen der Abwehr sind Teil der Matrix. In seinem zuerst 1960 veröffentlichten Beitrag »Das Individuum in der Gruppe« spricht Foulkes von der Einmaligkeit der Spezies Mensch, deren Befähigung zu echter Sprache die Bedeutung der biologischen Vererbung zugunsten der kulturellen Vererbung verschoben habe. In Anlehnung an Julian Huxley hebt er die sozialen Errungenschaften des Menschen hervor, die diesen befähigen, seinen Platz in der Welt und seine Rolle darin selbst zu definieren. Von Huxley übernimmt Foulkes auch das Diktum:

> »Es ist unsere menschliche Aufgabe, neue und reichere Lebensmöglichkeiten zu entdecken, ein größeres Maß an Selbsterfüllung zu realisieren und den Evolutionsprozeß, dessen Vorkämpfer der Mensch ist, zu fördern. Das ist unser Privileg, das aber auch eine schwere und fast beängstigende Verantwortung mit sich bringt« (ohne Quellenang.; zit. n. Foulkes, 1960, S. 185).

Diesem fügt er unmittelbar die Bemerkung an:

> »Dies ist die Definition unserer eigentlichen Aufgabe als Gruppentherapeuten, wenn wir die Interaktion von Menschen in Gruppen untersuchen. Ich könnte mir keine schöneren Worte vorstellen und – es sind die Worte eines Wissenschaftlers« (ebd.).

Die Freud'sche Psychoanalyse versteht Foulkes als eine Auseinandersetzung mit dem doppelten, dem biologischen und dem kulturellen Erbe des Menschen, das zu Spannungen und Konflikten führt. Es handele sich um den Zusammenprall der triebhaften Konstitution mit den entwickelten kulturellen Normen, deren Sinn nicht zuletzt darin besteht, die Triebpotenziale einzudämmen und umzulenken (v. a. durch Sublimierung). Da die Gruppe für Foulkes ein Repräsentant der umgebenden Gemeinschaften und ihrer Kulturen ist, erscheint sie ihm als »das ideale Objekt zum Studium menschlicher Grundkonflikte« (ebd.). Entsprechend kann für Foulkes Forschung in den Sozialwissenschaften bzw. in der Psychotherapie nicht durch von außen an diese herangetragene Maßstäbe realisiert werden, die sich auf objektivierende Methoden und statistische Datensicherung stützen. Diese Vorstellung von wissenschaftlicher Forschung bezeichnet er als eine aus der Naturwissenschaft des 19. Jahrhunderts entwickelte Sichtweise, die überholt und dem sozialwissenschaftlichen Forschungsgegenstand nicht angemessen sei.[4] Vielmehr ist für ihn der therapeutische Prozess selbst zugleich ein unmittelbarer Forschungsprozess, der notwendigerweise subjektiv und ungenau sein *muss*, da er auf operativen Vorgängen wie Einsicht, Einsichtsfähigkeit, Ko-Operation und einer spezifischen Haltung des Gruppenleiters basiert. Es bedürfe daher, wie er gemeinsam mit Anthony schreibt, einer dynamischen Wissenschaft der Psychotherapie, die sowohl eigene operationale Konzepte formuliert als auch im aktuellen Therapieprozess Anwendung findet. Die Veränderungsprozesse können nur durch klinische Beobachtung in der therapeutischen Situation erfasst und ausgewertet werden. Darum sei es dringend notwendig, den Grundgedanken zu akzeptieren, dass Therapie Forschung und Forschung auf diesem Gebiet zugleich Therapie ist (vgl. Foulkes, 1957, S. 255). Foulkes versteht jede Humanwissenschaft zugleich als eine Sozialwissenschaft, weil die »menschliche Psychologie niemals auf das isolierte Individuum beschränkt bleiben darf« (1960, S. 185). Der einzelne Mensch, auch als Patient, ist nur »ein Glied in einer langen Kette, einem ganzen Netzwerk von Interaktionen, welches der eigentliche Ursprungsort sowohl der Krankheit wie auch der Heilung ist. Jede Psychologie müßte sich damit zur sozialen Psychologie entwickeln« (ebd.), es bestehe somit auch eine Identität von Psychodynamik und Soziodynamik (1961, S. 212). Denn die Psychodynamik ist nach dieser Konzeption nie etwas, das sich nur in der Psyche des Einzelnen entwickelt und abspielt. Damit entspricht Foulkes' Verständnis einer sozial beeinflussten Psychodynamik der Kritik seines Freundes Elias an dem abendländischen anthropologischen Modell des *Homo clausus* (vgl. Waldhoff, 2009, S. 191ff.).

In der therapeutischen Gruppe wiederholen sich spezifische Merkmale menschlicher Kommunikation, die hier allerdings besser als in den natürlichen Gruppen beobachtet und verstanden werden können, weil die Abwehr (in) der Gruppe wahrgenommen, gedeutet und in Sprache übersetzt werden kann. Es geht Foulkes dabei zum einen um die Aktualebene, auf der sich gegenwärtige Beziehungserfahrungen manifestieren und erlebt werden. Daneben entsteht die Übertragungsebene, die mit insbesondere triangulären (ödipalen) Konflikten verbunden ist, während sich auf der Projektionsebene verstärkt dyadische Kon-

---

4   Sowohl den Bezug auf Huxley wie diese Kritik an der überkommenen quasi-naturwissenschaftlichen Denkweisen der Sozial- und Menschenwissenschaften teilt Foulkes mit Norbert Elias. [Ich danke H.-P. Waldhoff für diesen Hinweis].

flikte abbilden. Ferner findet nonverbale Kommunikation auf der Körperebene statt, die zugleich den Gruppenkörper repräsentiert, in den insbesondere auch unbewusste Körperbilder einfließen. Des Weiteren bezieht Foulkes die sogenannte *Primordialebene* ein, die sich mit unbewussten Universalsymbolen befasst, deren Existenz sowohl Freud als insbesondere auch Jung annahmen und mit deren Herkunft und Gehalten sich beide auseinandergesetzt hatten (vgl. Lemche, 1993).

Die Kommunikation in der Gruppe zeigt zudem zahlreiche Phänomene und Reaktionen, die sich zwischen therapeutischer Reifung und Widerstand bewegen: Übertragungen, Spiegelungen, Resonanz sind ebenso Teil des Prozesses wie Projektionen, Idealisierungen, Entwertungen, Isolierung. Zu den Effekten eines gruppenanalytischen Prozesses gehört zum einen die wachsende Bereitschaft, Verantwortung für sich und die Gruppe als Ganze zu übernehmen, zum andern die zunehmende Fähigkeit der Selbstreflexion auf der Grundlage der Spiegelung durch die anderen. Hinzu kommt die allmähliche Entwicklung zur einfühlenden partiellen Übernahme des Standpunkts eines anderen und damit auch die partielle Relativierung und Reformulierung eigener vermeintlicher Selbst-Verständlichkeiten.

Die therapeutische Gruppe wird damit immer deutlicher zum Repräsentanten der umgebenden Gemeinschaft und Kultur, die nun ihrerseits »zum erstenmal selbst ins Sprechzimmer zu aktiver Mitarbeit in der Behandlung gebeten« werde (Foulkes, 1960, S. 185). Immer aber ist die Gruppensituation eine soziale Situation aufgrund ihres komplexen Netzwerks multipersonaler Beziehungen, weshalb die therapeutische Gruppenanalyse auch »den Grund für eine wahrhaft soziale Psychopathologie und Psychiatrie« lege (Foulkes, 1974, S. 38). Dass der gruppale Kommunikationsprozess als ein neurotische Reaktionen korrigierender und somit heilsamer Prozess funktionieren kann, liegt nach Foulkes ebenfalls in einer sozialen Eigenheit des Gruppenprozesses wie der an ihm teilhabenden Menschen begründet: Die Patient/innen konstituieren, indem sie ihre Abweichung von der Norm wahrnehmen, die eigentliche Norm (ebd., S. 39), die sie mit der Konstatierung ihrer Abweichung zugleich anerkennen und reformulieren. Diese Dialektik ergibt sich für Foulkes daraus, dass die Normen und Tabus sich stets im gesellschaftlichen Kommunikationsprozess entwickelt und in diesem verändert haben und es weiterhin tun. Die Auseinandersetzung der Patient/innen mit ihren Abweichungen, Störungen und Krankheiten ergibt sich auf dem Hintergrund der etablierten Werte, mit welchen sie sich somit zugleich auseinandersetzen und damit ihre Existenz bestätigen. Und die therapeutisch-analytische Gruppe ist nach Foulkes »eine Modell-Gemeinschaft, die den Zugang zum sozialen und interpersonellen Unbewussten ermöglicht« (1974, S. 38f.) – eben das ist ihre

Besonderheit und bedingt ihren spezifischen therapeutischen und gesellschaftlichen Wert.

Gruppenanalyse und Demokratie

Im Jahr 1947 rief Foulkes eine Forschungsgruppe ins Leben mit dem Ziel, dass diese aus Psychoanalytiker/innen und dem Soziologen Norbert Elias bestehende Gruppe sich während ihrer eigenen Kommunikation beobachten und das Beobachtete in den Kommunikationsprozess einfließen lassen solle. Unter der Leitung von Foulkes wollten diese Pioniere der Gruppenanalyse die Gesetzmäßigkeiten des gruppenanalytischen Prozesses in einer Art Selbstversuch oder Selbstanalyse erforschen. Für die soziologisch-wissenschaftliche Auswertung war der ebenfalls nach England emigrierte Freund und Kollege Norbert Elias bestimmt, dem die Aufgabe zufiel, den Prozess gewissermaßen von außen zu beobachten und zu beschreiben. Dass sich hierbei eine Reihe von Spannungen, Konflikten und Konkurrenzen ergab, die nicht vorhergesehen worden waren und ihrerseits sehr viel Aufschluss über die Dynamik einer Gruppe gaben, wenn sich in ihr eine Art Ko-Leitung etabliert, hat Waldhoff (2009, S. 196ff.) durch die Analyse der wiedergefundenen Protokolle der Gruppensitzungen aufgezeigt. Er arbeitet anhand derselben die schwierigen Bewegungen, Ängste und Konflikte heraus, die in dieser Gruppe entstanden waren, die sich in ihrem Prozess der Kommunikation selbst zu beobachten und zu analysieren versuchte. Das dabei notwendige Changieren zwischen Beteiligtsein und beobachtender Distanzierung entspricht allerdings auch der Position, die nach Foulkes die des Gruppenleiters bzw. der -leiterin ist: Teil der Gruppe zu sein und zugleich sich ein Stück weit außerhalb von ihr in einer selbst- und metareflexiven Position zu befinden.

Foulkes kommentiert diesen Prozess in seinem ca. 1947/48 entstandenen Bericht für den International Congress on Mental Health (London 1948), den er unter dem Titel »Eine Gruppe studiert ihre eigene Kommunikation« in das 1964 erschienene Buch *Therapeutic Group Analysis* (dt. 1974) aufnahm. Als einen bedeutenden Vorteil der Gruppenanalyse bezeichnet er hier, dass sie frei von den alltäglichen Reglementierungen im Beruf sei, da sie, »von der Regelmäßigkeit in Bezug auf Versammlungszeit und -ort abgesehen, ein Minimum an reguliertem Vorgehen, ohne Thema oder Programm« erfordere, »eine Anordnung, die die persönlichen Aspekte in den Vordergrund bringen muss« (1974, S. 249f.). In dieser Charakterisierung kommt ein entscheidendes Merkmal seines Konzeptes von Gruppenanalyse zum Ausdruck: das äußerst geringe Maß an Vorgaben und

Reglements – entsprechend dem psychoanalytischen Setting, das die freie Assoziation wünscht und fördert. Dadurch stehen die am Gruppenprozess beteiligten Personen und deren Anliegen im Zentrum.

Sehr wesentlich ist ihm dabei, dass die Patient/innen oder Gruppenteilnehmer/innen zunehmend ihre Ängste und infantilen Unsicherheiten verlieren und zu selbstverantwortlichem Handeln heranreifen.

> »Die Überwindung infantiler Fixierungen und Abhängigkeiten und die Entwicklung einer reiferen Haltung wird so möglich, zusammen mit wirklicher Einsicht« (1961, S. 211).

Neben dem therapeutischen Aspekt hebt Foulkes den Vorteil hervor, dass durch die Interaktionen des Gruppenprozesses die soziale Dimension intrapsychischer Konflikte wieder als solche erlebbar werde, insbesondere auch durch die Irritation von Erwartungen durch unerwartete Reaktionen und die Begegnung mit neuen interpersonellen Erfahrungen, die für viele Teilnehmende zugleich neue soziale Erfahrungen darstellten: die des Zu-ge-hörens durch Zuhören und des Verstandenwerdens, der Akzeptanz und der Reziprozität der interdependenten Bezogenheit. Zugleich ging Foulkes davon aus, dass die Mechanismen und Grundsätze der Gruppenanalyse nicht nur für therapeutische Gruppen Gültigkeit haben, sondern »auf alle Arten Menschengruppen angewendet werden« können (1978, S. 12f.).

Der Gruppenprozess ermöglicht Foulkes zufolge die innere Erweiterung von einer zunächst dyadischen Abhängigkeitsbeziehung (Gruppenteilnehmer/in – Leiter/in) hin zu einer sich weitenden Gruppenbeziehung. Nicht nur für Patient/innen gilt, dass sie im (therapeutischen) Prozess der Gruppenanalyse »auf eine offenere und ehrlichere Weise als je zuvor« wachsendes Verständnis erlangen und damit auch wachsende Toleranz und die Möglichkeit zu einer freieren Persönlichkeitsentwicklung (vgl. Foulkes, 1961, S. 210), die sie auch zu einer demokratischen Grundeinstellung befähigt.

Insbesondere in seinem Beitrag zu »Führertum und gruppenanalytische Psychotherapie« (Kap. IV in 1974) setzt sich Foulkes mit den autoritativen Tendenzen in nicht-analytischen Gruppen und den ihnen zugrunde liegenden Dynamiken auseinander – wobei seine Sicht hier in zahlreichen Aspekten der Analyse Freuds in *Massenpsychologie und Ich-Analyse* (1921c) entspricht. Den Führer einer nicht gruppenanalytisch orientierten Gruppe beschreibt Foulkes als jemanden, der das Gegenteil eines guten Gruppenanalytikers tut. Denn der Leiter einer analytischen Gruppe versucht die Gruppe von ihrem Wunsch nach Führung zu entwöhnen, indem er auf die Führung verzichtet. Gerade durch sein Nichts-Tun werde deutlich (bzw. bewusst), was die Gruppe von einem Führer wünscht und erwartet (Foulkes, 1974, S. 81), nämlich, dass er allwissend und allmächtig sei und der Gruppe magische Hilfe zuteil werden lasse (ebd., S. 87). Denn bewusst, auf der Ebene des Arbeitsbündnisses, gehen die Gruppenmitglieder als erwachsene Menschen untereinander Beziehungen ein. Auf der unbewussten Ebene haben sie jedoch eine Führer-Imago, die sich aus der elterlichen Autorität speist und in den Übertragungsbeziehungen reaktiviert.

Nach Foulkes besteht die Aufgabe des Leiters einer analytischen Gruppe primär in der Lenkung derselben in Analogie zu einem Orchester-Dirigenten, der die einzelnen Stimmen und Instrumente des Orchesters koordiniert. Aber, so betont Foulkes, er sei nicht derjenige, der das Stück komponiert, sondern derjenige, der es interpretiert.[5] Zugleich ist der Gruppenleiter verantwortlich für die Sicherung des Rahmens, damit sich der Prozess im Inneren der Gruppe ungestört durch äußere Faktoren vollziehen kann. Ihm komme daher hauptsächlich die Rolle des Katalysators und Beobachters zu (vgl. 1974, S. 84f.). Sein primäres Ziel müsse es sein, dazu beizutragen, dass die Autorität allmählich vom Leiter auf die Gruppe übergehe.

> »Autoritätsabhängigkeit wird ersetzt durch Vertrauen auf die Gruppe selbst. Der Leiter fördert ununterbrochen den analytischen Prozess. Diese Analyse intrapersonaler und interpersoneller Schwierigkeiten macht Energien frei und fördert die Integration« (ebd., S. 91).

In diesem Kontext werden auch die übergreifenden gesellschaftspolitischen und soziologischen Interessen deutlicher, die Foulkes mit Gruppenanalyse verbindet und die eine elementare Motivation seines eigenen gruppenanalytischen Forschens und Handelns darstellen: die Förderung demokratischer Fähigkeiten und Eigenschaften der Menschen – vergleichbar dem, was Norbert Elias mit dem Impetus der *Zivilisierung* verband. Daraus ergibt sich für Foulkes zugleich

> »eine dringende Notwendigkeit, eine wissenschaftliche Sicht der Gruppendynamik sowie Begriffe zu schaffen, die es uns ermöglichen, in einer allgemein verständlichen Sprache Erfahrungen auszutauschen und Probleme gegenseitig zu verstehen. Durch

---

5   Rothe (1996, S. 171) stellt auch einen Einfluss von Adornos musiksoziologischen Schriften, in welchen er u. a. die Beziehung zwischen Dirigent und Orchester analysierte, auf Foulkes' Verständnis des Gruppenleiters als *Conductor* fest.

diesen Austausch können Fragestellungen und Beobachtungen des Gruppentherapeuten und Gruppenanalytikers zum Studium jeder anderen Gruppe beitragen. Mit Hilfe dieser Orientierung des Leiters wird die gruppenanalytische Situation zum naturgegebenen interdisziplinären Studienobjekt für Biologen, Anthropologen, Soziologen und Psychoanalytiker. Erst da entfaltet sich der lebendige Prozeß in voller Wirklichkeit – als ein koordiniertes und konzertiertes Ganzes« (ebd., S. 92).

In dieser Aussage klingt an, dass Psychotherapie mehr ist als die Heilung des oder der Einzelnen, sie ist eine gesellschaftliche Aufgabe mit gesellschaftlichen Implikationen und Folgen – und es ist unschwer erkennbar, dass Foulkes hier zugleich den Geist der Frankfurter Jahre wiederbelebt mit der für ihn kennzeichnenden gesellschaftskritischen und das Leben der Menschen neu gestalten-wollenden Haltung in einer Atmosphäre des interdisziplinär offenen und kreativen Austauschs. Daher fordert Foulkes in diesem Zusammenhang auch:

»Daß der Geist, in welchem diese Gruppen geleitet werden, und die Qualitäten, die der Leiter braucht, eine wesentliche Beziehung zu den Erziehungskonzepten für einen demokratischen Lebensstil und ein offenes Weltbürgertum haben [müsse]« (ebd.).

Entsprechend diesen Zielen sollen die Qualitäten eines Gruppenleiters diejenigen eines Führers einer demokratischen Gemeinschaft sein, bestimmt von *Bescheidenheit* und *sozialer Verantwortung*, was voraussetze, dass er in sich »leidlich sicher und realitätsbezogen« ist (ebd.). Dieser Erwartung entsprechen seine Vorstellungen von der Funktion und Haltung des Gruppenleiters bzw. der -leiterin. Deren primäre Funktion sieht er darin, den sicheren Rahmen bezüglich Zeit und Ort zu halten und den Gruppenprozess dort zu fördern, wo er aufgrund von Widerständen ins Stocken zu geraten droht. Auch soll der Leiter/die Leiterin der Gruppe keine Werturteile aufdrängen und moralisierende Interventionen vermeiden sowie Ratschläge unterlassen, vor allem aber seine Fähigkeiten zum Besten der Gruppe einsetzen und sich als ihr *erster Diener* betrachten (vgl. 1978, S. 13). Denn:

»Gruppenanalyse hat nicht Anpassung und Sozialisierung zum Ziel. Sie möchte menschlichen Wesen helfen, sich selbst zu finden und ihr eigenes Leben zu leben so gut sie können. Mehr, sie sollten das tun können, ohne durch überflüssige Schwierigkeiten oder, wie es nur allzuoft geschieht, ohne durch autoaggressive Tendenzen gehindert, eingeschränkt oder gestört zu sein [...] Er [der Gruppenleiter; A.M.]

muß der Gruppe folgen, sie an ihr legitimes Ziel führen und ihr helfen, mit zerstörerischen und selbstzerstörerischen Tendenzen fertig zu werden, idealerweise sie ganz ausschalten« (Foulkes, 1961, S. 210).

Schon in der Auseinandersetzung mit Lewins Erkenntnissen zur Gruppendynamik zitierten Foulkes und Anthony Lewins These, dass jede Gruppe in sich den Keim ihrer eigenen Zerstörung trage: »That is to say, every group contains potential disruptive forces« (Lewin, 1951, zit. n. Foulkes & Anthony, 1957, S. 34).

Entgegen wiederholten Vorwürfen, Foulkes habe die Gruppe zu sehr idealisiert und die zerstörerischen Impulse in Gruppen nicht wahrgenommen (vgl. insbes. Nitsuns These der *Anti-Gruppe* (Nitsun, 1991, 1996), verraten diese Zitate, dass er sich der in Gruppen wirksamen zerstörerischen Kräfte durchaus bewusst war, aber der die Gruppe leitenden Person die Aufgabe zuschrieb, diese Tendenzen zu integrieren (»mit ihnen fertig zu werden«) oder sie idealerweise zu beseitigen. Dies könnte wiederum Größen- und Erlösungsfantasien wecken bei jenen, die die Funktion der Gruppenleitung – im therapeutischen wie nichttherapeutischen Zusammenhang – übernehmen. Auch diese Gefahr sieht Foulkes und mahnt dazu, die Grenzen des Machbaren zu erkennen und einzuhalten:

»Was die Funktion des Leiters anbetrifft, ist es von äußerster Wichtigkeit, dass er die dynamischen Grenzen der Situation erkennt und innerhalb dieser bleibt, und das umstandsgebundene Machbare im Auge behält als Grundlage und Abgrenzung seiner Aufgabe« (1978, S. 13).

Und noch deutlicher schrieb er in »Führertum und gruppenanalytische Psychotherapie«: »Er muß der schweren Versuchung gewachsen sein, den lieben Gott zu spielen« (1974, S. 92).

Der Gruppenanalytiker habe in erster Linie die Aufgabe, die gruppenanalytische Situation herzustellen und aufrechtzuerhalten. Das bedeutet auch, die anfängliche Abhängigkeit der Gruppe von ihm nach und nach aufzulösen und die Gruppe von ihm als Autoritätsfigur zu entwöhnen,

»so daß Abhängigkeit durch größere Unabhängigkeit im Denken und Handeln ersetzt wird. So wird das Bedürfnis, geliebt und geleitet zu werden, der Glaube an die Autorität allmählich durch die Autorität der Gruppe ersetzt, welche vor allem die Werte widerspiegelt, die im betreffenden Kulturbereich als ›normal‹ gelten. Aber alle Wertungen sind der Analyse unterworfen, ungeachtet der Tatsache, ob sie als normal betrachtet werden oder nicht« (Foulkes, 1961, S. 213).

Für Foulkes ist die psychotherapeutische zugleich eine schöpferische Aufgabe und in Hinblick auf die Förderung der Entwicklung der Gruppe eine, die von ihm gezielte Aktivität verlangt. Er warnt jedoch davor, nicht zu vergessen, dass auch, wenn der Therapeut sich auf die Gruppe als Ganzheit orientiere, dies nicht über das eigentliche Ziel hinweg täuschen dürfe:

> »Diese Form der Psychotherapie steht letzten Endes ausschließlich im Dienste der Individualität und freien Entwicklung des Menschen« (Foulkes, 1961, S. 214).

Die hier anklingende und von Foulkes selbst wahrgenommene – scheinbare – Paradoxie löst sich dann auf, wenn man die dahinter stehende sozialanthropologische Idee ernst nimmt: dass Individualität selbst das Resultat von Gruppenprozessen ist, eingebettet in den größeren soziokulturellen Rahmen eines Zivilisationsprozesses, der technische und wirtschaftliche Entwicklungen ebenso umfasst wie die Veränderung von politischen, religiösen und kulturellen Ideen und Idealen. In der Tiefenschicht dieser zivilisatorischen Prozesse verborgen liegen die vielfältigen unbewussten Wünsche, Ängste und affektiven Erfahrungen, die in diesen Megagruppenprozessen als dynamische Antriebskräfte oder Widerstände zum Tragen kommen (vgl. Moré, 2014) und in den Prozessen der vielen gesellschaftlichen Kleingruppen repräsentiert sind. Mithilfe der gruppenanalytischen Herangehensweise können und sollen diese analysiert und verstehbar gemacht werden. Die demokratisierende Funktion und Wirkung der Gruppenanalyse stehen auch in der 1974 verfassten Einleitung zu dem Buch *Gruppenanalytische Psychotherapie* im Zentrum seiner Intentionen. Denn, so betont Foulkes, diese Art, Gruppen zu führen, weise den Weg »für die Möglichkeit einer zeitgemäßen Erziehung zum verantwortungsbewussten Staatsbürger. Es ist die besondere Mischung von Autorität und Freiheit, die mir als erstrebenswertes Ideal vorschwebt« (1974, S. 8).

In ähnlicher Weise hatten sich Foulkes und Anthony bereits in *Group Psychotherapy* von 1957 geäußert mit Bezug auf die dort zusammengefassten Forschungsergebnisse Kurt Lewins, denen zufolge ein autoritäres Gruppenklima autoritäre Persönlichkeiten erzeugt, während demokratische Gruppen Demokraten erzeugen:

> »It is for the same good reasons that group analytic psychotherapy has been called a training for democracy, meaning by that the inculcation of an outlook happily adjusted to all aspects of its environment and making no undue demands upon it« (Foulkes & Anthony, 1957, S. 156).

Mit dieser Sichtweise einer demokratisierenden Wirkung der Gruppenanalyse stimmte vor allem der ebenfalls 1933 aus Frankfurt emigrierte ungarisch-deutsche Soziologe Karl Mannheim überein, den Foulkes bereits in Frankfurt kennen gelernt hatte. Mannheim wurde geradezu zu einem Verfechter der Gruppenanalyse als einer Methode für die »endgültige Lösung des Problems sozialer und psychologischer Neugestaltung« (Mannheim, 1939, S. 137). Zwar betonte Mannheim, der selbst nie eine Psychoanalyse gemacht hatte, aber mit der Psychoanalytikerin Julia Mannheim verheiratet war, dass die Gruppenanalyse nicht die therapeutische Funktion der Psychoanalyse ersetzen könne. Aber er erkannte die positive sozialisierende Wirkung der demokratisch geleiteten Gruppe. Darum lag ihm auch an einer Zusammenarbeit mit Foulkes und er lud ihn im Sommer 1945 sowohl zur Publikation eines Werkes über Gruppenanalyse in der von ihm herausgegebenen Reihe *The International Library of Sociology and Social Reconstruction* ein wie auch zu einem persönlichen Treffen, »um mit Ihnen weitere Vorhaben bezüglich Ihrer Studien zu diskutieren« (vgl. Briefe von Karl Mannheim an S. H. Foulkes vom 11. Juni 1945 und 2. Juli 1945, abgedruckt in Winship, 2012, S. 51). Ob ein persönliches Treffen in London noch stattfand, ist ungewiss, da Mannheim plötzlich im Januar 1947 verstarb. Seine Ausführungen zur gesellschaftlichen Bedeutung der Gruppenanalyse lassen nur erahnen, was eine Zusammenarbeit zwischen ihm und Foulkes an weiteren wichtigen Impulsen für die Entwicklung der Gruppenanalyse in ihrer gesellschaftlich-therapeutischen Funktion, aber auch für die Theorie und Praxis der Gesellschaftswissenschaften hätte erbringen können.

Zwar grenzt sich Foulkes verschiedentlich von der soziologischen Sicht der Gruppenanalyse Mannheims ab. Dessen Verständnis von einer analytischen Untersuchung verschiedener Gruppen innerhalb der Gemeinschaft setzte Foulkes ein spezifischeres Vorgehen zur Seite: »eine Methode der Psychotherapie und der psychodynamischen Forschung« – und aus eben diesem Grunde, so Foulkes, »darf ich wohl das Recht beanspruchen, diesen Begriff mit definiert zu haben« (Foulkes am 31.1.1955; zit. n. Waldhoff, 2009, S. 200).[6]

In seinem 1939 verfassten Beitrag »Massenerziehung und Gruppenanalyse« setzt sich Karl Mannheim mit der Zerstörung zivilisatorischer Prozesse in den

---

6   Lemche (1993, S. 72) wie auch Behr & Hearst (2009, S. 28f.) erwähnen, dass Trigant Burrow zuerst im Jahr 1925 den Begriff der *Gruppenanalyse* kreierte. Allerdings verstand Burrow darunter die reziproke Analyse in kleinen Gruppen, die er entwickelt hatte, nachdem ihm das grundsätzlich hierarchische Gefälle in der Therapeut-Patient-Beziehung bewusst geworden war. In der Ablehnung autoritärer Strukturen war er somit noch radikaler als Foulkes.

europäischen Diktaturen, insbesondere dem deutschen Faschismus, auseinander. Ihm folgt ein weiterer, 1941 entstandener Beitrag über »Die Gruppenstrategie der Nazis«. In beiden Beiträgen betont Mannheim die potenziell schöpferischen Kräfte in Gruppen und betont die Notwendigkeit, diese zu erkennen und für die Förderung demokratischer gesellschaftlicher Entwicklungsprozesse zu nutzen. Die Strategie der Nazis habe zunächst darin bestanden, die traditionellen Gruppen zu zerschlagen und die daraus entstandenen Verunsicherungen und Ängste zu nutzen, um die Menschen sofort in neue Gruppenzusammenhänge einzubinden, in welchen ihnen die Anerkennung neuer, weitgehend gegenteiliger Werte aufgenötigt worden war. Dies hielt Mannheim jedoch nicht davon ab, das in der Soziologie wie Psychoanalyse verbreitete Misstrauen gegenüber (Groß-)Gruppen, das sich aus der Generalisierung massenpsychologischer Beobachtungen wie Ängsten speiste, als Vorurteil zu bekämpfen. Das Vorurteil, »daß Gruppenhandlung nur zu Massenpsychosen führen kann« (Mannheim, 1939, S. 126), müsse aufgegeben werden. Denn die dynamischen schöpferischen Kräfte von Gruppen seien bisher oft falsch verstanden oder aber verzerrt und missbraucht worden. Optimistisch formuliert er:

> »Wir dürfen hoffen, daß die neue Gruppenmethode konstruktiven Zwecken dienstbar gemacht werden kann. Hitler hat nur eine bisher ungenutzte Möglichkeit missbraucht und verzerrt, nämlich die schöpferischen Kräfte des Gruppenlebens« (Mannheim, 1941, S. 156).

Mannheim, der 1942 einen Ruf an das Institute for Education der Universität London erhielt, sieht in der Gruppenanalyse als Methode eine Chance, die gesellschaftlichen Gruppen angesichts der industrialisierten Massengesellschaft zu demokratischer Verantwortung und Selbstbestimmung zu erziehen. Gruppenanalyse sei ein neuer Weg, die in ihren Wertvorstellungen verunsicherten Menschen in ihrer Neuanpassung an die moderne Gesellschaft zu unterstützen. Sein Appell lautet: »Die Demokratie muss lernen, das Kräftespiel innerhalb der Gruppen im positiven Sinne zur Herbeiführung einer Katharsis zu verwerten« (ebd.).

Nach Mannheim sind Menschen beständig, wenn auch meist unbewusst, darum bemüht, sich kollektiven Forderungen anzupassen und ihre Fähigkeiten im Interesse ihrer Bezugsgruppen zu nützen. Wie Freud sieht er die Ursache von Konflikten in der Diskrepanz zwischen individueller Anpassungsfähigkeit und den kollektiven Forderungen der Gruppe (ebd., S. 129). Durch die Möglichkeit, verinnerlichte, aber unzeitgemäße Forderungen der Gesellschaft bewusst zu machen und abzulegen und damit vorhandene Spannungen und Konflikte zu reduzieren, bekomme die Gruppenanalyse eine kathartische Wirkung und setze zugleich neue Kräfte und schöpferische Impulse für eine Neugestaltung der Gesellschaft frei. Denn er erkennt hier auch die Auswirkungen gesellschaftlicher Machtinteressen und ihrer Verankerung in starren Strukturen und Normen. Einerseits sei es möglich, dass die Gesellschaft ein zu schwerfälliger Mechanismus sei, der mit überholten Anforderungen dazu tendiere, das Seelenleben des Einzelnen zu erdrücken. »Es ist aber andererseits möglich, dass das Fortbestehen überstrenger Tabus in der autoritären Form der vergangenen Gesellschaft wurzelt, die unterwürfige Seelen schaffen wollte« (ebd., S. 136).

Somit teilten Foulkes und Mannheim das grundlegende Interesse an einer demokratisierenden Einflussnahme auf Menschen in der Moderne (vgl. auch Rothe, 1996, S. 172f.). Für Foulkes war diese Einflussnahme primär verbunden mit einer therapeutischen, auf Heilung ausgerichteten Zielsetzung, die zugleich heilsame Auswirkungen auf die in der Gesellschaft existierenden Gruppen und damit die Gesellschaft insgesamt haben kann. Für Mannheim geht es primär um eine gesellschaftlich breit angelegte Erziehung zu neuen Werten der Verantwortung und des demokratischen Bewusstseins im Rahmen eines umfassenden gesellschaftlichen Erziehungsauftrags und von Angeboten der (Re-)Sozialisation. Wenn Mannheim von Katharsis im Gruppenprozess und von Aufhebung überflüssiger Verdrängung spricht (vgl. Mannheim 1941, S. 136), ist der Unterschied zum therapeutischen Ansatz allerdings nicht mehr groß. Aufgrund ihres individualistischen Ansatzes hielt Mannheim jedoch die Psychoanalyse für das Produkt der liberalen Ära, wohingegen die Gruppenanalyse aus seiner Sicht ein der modernen demokratischen Massengesellschaft angemessenes Verfahren ist, in dem der Therapeut »die psychischen Ströme und Spannungen auszunutzen und sie so zu lenken [weiß; A.M.], dass sie zur Heilung führen« (ebd., S. 139). Mannheim hat bei dieser Darstellung die therapeutischen Vorgehensweisen von Louis Wender, Paul Schilder und August Aichhorn vor Augen. Als dieser Text von Mannheim entstand, hatte Foulkes selbst noch nicht begonnen, gruppenanalytisch zu arbeiten, kannte aber sowohl die Arbeiten von Trigant Burrow als auch diejenigen von Paul Schilder, bei dem er in Wien, als er dort in Lehranalyse war, seine psychiatrische Ausbildung fortsetzte (vgl. Rothe, 1996, S. 165).

Dass der einzelne Mensch in seinem Denken und Fühlen entscheidend von den *Ideologien* derjenigen Gruppen beeinflusst wird, denen er angehört, ist auch für Mannheim ein wesentlicher Gesichtspunkt. Diese bei Menschen mit Anpassungsproblemen oder Delinquenz zu verändern, kommt nach seiner Vorstellung einer Gruppe von verantwortungsbewussten demokratischen Erziehern und Fürsorgern zu, insofern ist die Gruppenanalyse für ihn wesentlich auch eine sozialpädagogische *Heilungs*methode. Mit Foulkes teilt er vor allem das Vertrauen in das kreative Potenzial von Gruppen, das sie zu entfalten vermögen, sofern sie mit bestimmten Funktionen und einer inneren Gliederung verbunden sind, die in der Gruppenanalyse als Rahmen und Setting bezeichnet werden. Unter diesen Umständen würden sie »das geistige Niveau ihrer Mitglieder nicht senken, sondern erhöhen, während der Zerfall der Persönlichkeit im allgemeinen einem Zerfall der Gesellschaft folgt« (Mannheim, 1941, S. 146).

Winship geht davon aus, dass ein gemeinsames Interesse von Foulkes und Mannheim, die Gesellschaft vor einem faschistischen Rechtsruck zu bewahren, schon in der gemeinsamen Frankfurter Zeit bestanden habe, als sie sich dort im Café Marx immer wieder gemeinsam mit Horkheimer, Adorno, Fromm, Marcuse, Benjamin und anderen zu gemeinsamen Vorlesungen und Diskussionen einfanden (Winship, 2012, S. 44). Für Mannheim lag in der Gruppenanalyse eine Möglichkeit, Demokratie bzw. demokratisches Denken und Verhalten zu vermitteln und als Methode so zu entwickeln, dass Individuen sich in der Gruppe demokratischen Prinzipien anpassen konnten. Die Ausrichtung von Foulkes ist nicht edukativ, sondern therapeutisch im engeren Sinn angelegt. Er ging entsprechend seinen therapeutischen wie auch Lebenserfahrungen davon aus, dass ein demokratisches und tolerantes Verhalten ein intrinsisches Motiv bzw. Interesse von Menschen ist, begründet auf Neugierde und dem Wunsch nach gegenseitiger Anerkennung und Unterstützung. In Gruppenbeziehungen könne sich dies dann entwickeln und entfalten, wenn diese nicht von Machtstrukturen überlagert würden, die die Motive und Interessen einer sich wechselseitig fördernden Bezogenheit zerstören. Aus Nitsuns (1991) Sicht bedeutet dies, die elementaren Tendenzen von Neid, Eifersucht, Bemächtigungs- und Zerstörungslust bei Menschen zu unterschätzen und ein idealistisches Bild von der Gruppe zu entwerfen. Denn die Aggression sei etwas dem Menschen Inhärentes, das unter neurotischen Konditionen destruktiv zum Ausdruck komme. Für Foulkes wie Mannheim sind diese destruktiven Tendenzen jedoch die Folge destruktiver gesellschaftlicher Strukturen, die sich auf die Bezugsgruppen der Individuen wie Familie, Nachbarschaft, Arbeitswelt etc. auswirken. Nitsun bemerkt seinerseits, der intellektuelle Hintergrund der Frankfurter Schule, insbesondere deren Marxistische Tradition, habe zu einer utopischen Sicht der Gruppe bei Foulkes beigetragen (vgl. Nitsun, 1991, S. 10). Bedenkt man andererseits die pessimistische Sichtweise, die sich bei dem viel eher am Marxismus orientierten Theodor W. Adorno oder auch bei Horkheimer seit 1933 findet, z. B. in den *Studien zum autoritären Charakter* (Adorno, 1973), aber mehr noch in der *Dialektik der Aufklärung* (Horkheimer

& Adorno, 1944), dann erscheint der Begründungszusammenhang Nitsuns an diesem Punkt als nicht zwingend.

Für Foulkes besteht ein wichtiges Potenzial der Gruppe gerade darin, die wechselseitige Abhängigkeit der Klient/innen dafür zu nutzen, dass zwischen ihnen ein bewusster Austausch entsteht, der von bewussten wie unbewussten Resonanzen, Fantasien, Projektionen sowie Reaktionen, Diskrepanzen und Dissonanzen begleitet wird. Diese zu erkennen und bei Bedarf die Verzerrungen zu bearbeiten, sofern dies den Patient/innen nicht selbst gelingt, ist die Aufgabe des Gruppenleiters bzw. der -leiterin. Ein entscheidendes Ziel der Gruppenanalyse im Foulkes'schen Sinne ist es, die unbewussten Motive und Dynamiken aufzudecken, die verschiedenen Konflikten zugrunde liegen. Diese können auch das Resultat von Herrschaftsansprüchen oder aus (Wünschen nach) Abhängigkeiten motiviert sein und zu Inklusionen und Exklusionen führen, die wiederum Ängste oder aggressive Gegenreaktionen erzeugen. Diese Vorgänge, die im *zivilisierten* Alltag oft verdeckt und subtil, aber häufig auch offen, dann aber rationalisierend begründet auftreten, können in der analytischen Gruppe aufgrund der in dieser bestehenden Bedingungen der Abstinenz und des Nicht-Agierens erkannt, kommuniziert und be- und verarbeitet werden. Dass dies nicht immer gelingt, ist den meisten Gruppenleiter/innen aus ihrer alltäglichen Arbeit wohl schmerzlich bewusst, aber in Prozessen der Inter- oder Supervision wiederum Gegenstand von (Selbst-)Reflexion und des Lernens über menschliche Entwicklungsprozesse, ihre Behinderungen, Blockaden und die Macht des Unbewussten und Widerständigen, das auch mit Selbstschutz, Angstvermeidung und Selbstbehauptung verbunden ist.

Literatur

Adorno, T.W. (1973). *Studien zum autoritären Charakter*. Frankfurt a.M.: Suhrkamp.
Behr, H. & Hearst, L. (2009). *Gruppenanalytische Psychotherapie. Menschen begegnen sich*. Frankfurt a.M.: Klotz.
Elias, N. (2005). *Autobiographisches und Interviews*. Ges. Schriften Bd. 17. Frankfurt a.M.: Suhrkamp.
Foulkes, S.H. (1957). Psychodynamische Prozesse im Lichte der Psychoanalyse und der Gruppenanalyse. In S.H. Foulkes (1974), *Gruppenanalytische Psychotherapie*. (S. 163–176). München: Kindler.
Foulkes, S.H. (1960). Das Individuum in der Gruppe. In S.H. Foulkes (1974), *Gruppenanalytische Psychotherapie*. (S. 184–200). München: Kindler.
Foulkes, S.H. (1961). Gruppenprozesse und das Individuum in der therapeutischen Gruppe. In S.H. Foulkes (1974), *Gruppenanalytische Psychotherapie*. (S. 201–214). München: Kindler.
Foulkes, S.H. (1974). *Gruppenanalytische Psychotherapie*. München: Kindler.

Foulkes, S. H. (1978). *Praxis der gruppenanalytischen Psychotherapie*. 2. unveränd. Aufl. 2007, Frankfurt a. M.: Klotz.
Foulkes, S. H. & Anthony, E. J. (1957). *Group Psychotherapy. The Psycho-Analytic Approach*. Harmondsworth: Penguin Books.
Freud, S. (1921c). *Massenpsychologie und Ich-Analyse*. GW XIII. S. 71–161.
Horkheimer, M. & Adorno, T. W. (1944). *Dialektik der Aufklärung. Philosophische Fragmente*. Frankfurt a. M.: Fischer, 1969.
Lemche, E. (1993). Der gestalttheoretische Aspekt und sein Einfluß auf die Interventionsweise bei S. H. Foulkes. *Gruppenpsychother. Gruppendynamik* 29, 70–102.
Mannheim, K. (1939). Massenerziehung und Gruppenanalyse. In K. Mannheim (1952), *Diagnose unserer Zeit. Gedanken eines Soziologen*. (S. 117–149). Frankfurt a. M.: Büchergilde Gutenberg.
Mannheim, K. (1941). Die Gruppenstrategie der Nazis. In K. Mannheim (1952), *Diagnose unserer Zeit. Gedanken eines Soziologen*. (S. 150–156). Frankfurt a. M.: Büchergilde Gutenberg.
Moré, A. (2013). Die inneren Gruppen in der Gruppe. Zur Bedeutung transgenerationaler Übertragungen für das Konzept der Gruppen-Matrix. *Gruppenpsychother. Gruppendynamik, 49*, 252–276.
Moré, A. (2014). »… bereit zum Abschied sein und Neubeginne …«. Zur Entstehung des Antagonismus von Bindung und Autonomie in den westlichen Kulturen. In B. Nielsen, W. Kurth & H. J. Reiß (Hrsg.), *Entwurzelung – Bindung – Transformation. Introspektiven und Perspektiven für ein humanes 21. Jahrhundert*. Jahrbuch für Psychohistorische Forschung Bd. 15. (S. 97–126). Heidelberg: Mattes Verlag.
Nitsun, M. (1991). The ›Anti-Group‹. Destructive Forces in the Group and their Therapeutic Potential. *Group analysis, 24*(1), 7–20.
Nitsun, M. (1996). *The ›Anti-Group‹. Destructive Forces in the Group and their Creative Potential*. London: Routledge.
Nitzgen, D. (2004). Die Weisen des Realen. Die Entwicklung der Gruppenanalyse im Spiegel des Ersten Weltkrieges. *gruppenanalyse, 14*(1), 55–68.
Rothe, S. (1996). Psychoanalyse im Netzwerk der Gruppe. S. H. Foulkes in Frankfurt a. M. In T. Plänkers, M. Laier, H.-H. Otto, H.-J. Rothe & H. Siefert (Hrsg.), *Psychoanalyse in Frankfurt am Main. Zerstörte Anfänge – Wiederannäherung – Entwicklungen*. (S. 161–179). Tübingen: edition diskord.
Potthoff, P. (2012). Gruppenanalytische Praxis heute: relationale und intersubjektive Perspektiven. *Gruppenpsychother. Gruppendynamik 48*, 397–413.
Stehr, H. (2012). Die intersubjektive Erkundung des Unbewussten in Gruppen am Beispiel von Irvin D. Yaloms Roman »Die Schopenhauer-Kur«. *Gruppenpsychother. Gruppendynamik, 48*, 53–77.
Stern, D. N. (1992). *Die Lebenserfahrung des Säuglings*. Stuttgart: Klett-Cotta.
Waldhoff, H.-P. (2009). *Verhängnisvolle Spaltungen. Versuche zur Zivilisierung wissenschaftlichen Wissens*. Weilerswist: Velbrück.
Waldhoff, H.-P. (2012). Soziologische Zivilisationstheorie und Gruppenanalyse. Chronos und Kairos im beschreibbaren Leben wie im lebendigen Beschreiben. *SGAZette (Jahresmagazin des Seminars für Gruppenanalyse Zürich (SGAZ)), 27*, 3–7.
Waldhoff, H.-P. (2014). Menschen im Singular und im Plural – Norbert Elias' grundlagentheoretischer Beitrag zur Gruppenanalyse. *Gruppenpsychother. Gruppendynamik, 50*, 111–145.
Winship, G. (2012). Die demokratischen Ursprünge des Begriffs ›Gruppenanalyse‹. Karl Mannheims ›dritter Weg‹ für Psychoanalyse und Sozialwissenschaft. *Psychosozial, 127*, 43–52.

Gesellschaftskrankheiten: Entgrenzung und beschädigte Subjektivität

Christine Morgenroth

Alle seelischen Erkrankungen führen bei den Betroffenen und den ihnen Nahestehenden zu großem Leid, zu gravierenden Einschränkungen des Interaktionsvermögens und häufig zu Arbeitsunfähigkeit. Die Wiederherstellung der Liebes- und Arbeitsfähigkeit wird von Freud daher auch als Ziel der psychoanalytischen Kur und als Zeichen der Gesundung gewertet. Er betont in der Schrift *Das Unbehagen in der Kultur*:

> »Es ist nicht möglich, die Bedeutung der Arbeit für die Libidoökonomie im Rahmen einer knappen Übersicht ausreichend zu würdigen. Keine andere Technik der Lebensführung bindet den Einzelnen so fest an die Realität als die Betonung der Arbeit, die ihn wenigstens in ein Stück der Realität, in die menschliche Gemeinschaft sicher einfügt. Die Möglichkeit, ein starkes Ausmaß libidinöser Komponenten, narzißtische, aggressive und selbst erotische, auf die Berufsarbeit und auf die mit ihr verknüpften menschlichen Beziehungen zu verschieben, leiht ihr einen Wert, der hinter ihrer Unerlässlichkeit zur Behauptung und Rechtfertigung der Existenz in der Gesellschaft nicht zurücksteht. Besondere Befriedigung vermittelt die Berufstätigkeit, wenn sie eine frei gewählte ist, also bestehende Neigungen, fortgeführte oder konstitutionell verstärkte Triebregungen durch Sublimierung nutzbar zu machen gestattet« (Freud 1930a, S. 212).

Seit mehr als drei Jahrzehnten bin ich mit einigen Variationen dieser Perspektive befasst und frage, ob die Bedingungen des Erwerbslebens und die Strukturen der Arbeitsgesellschaft auch zur Entstehung seelischer Erkrankungen beitragen können und dies besonders, *weil* die Erwerbsarbeit für Libidoverteilung und Identitätsprozesse so bedeutsam ist. So ist seit der großen Untersuchung von Marie Jahoda und Karl Lazarsfeld (1933/1975) zu den *Arbeitslosen von Marienthal* der Zusammenhang zwischen dem Verlust des Arbeitsplatzes und depressiven Reaktionen wiederholt bestätigt worden und gilt weiterhin als unstrittig.

Die gegenwärtige Entwicklung der Arbeitsgesellschaft lässt sich mit Begriffen wie Beschleunigung, Flexibilisierung und Entgrenzung beschreiben. Gerade Entgrenzung impliziert begrifflich ja durchaus auch Positives: Grenzen sprengen und überwinden, enge Denkmuster verlassen, Kreativität und übergreifende Entwürfe wagen. Heute bezeichnet dieser Begriff vor allem in den Menschen- und Arbeitswissenschaften eine überaus problematische Tendenz, die das Potenzial besitzt, Menschen um ihre Gesundheit zu bringen. Ich untersuche im Folgenden das Verhältnis von Veränderungen der Arbeitsgesellschaft, dem Erwerbsleben und den davon betroffenen Menschen unter dem Begriff der Gesellschaftskrankheiten. Ich wähle diesen Begriff, weil er offen lässt, wo die pathogenen Anteile liegen, wer also eigentlich krank ist – Mensch oder System – und bezeichne damit eine Figuration der wechselseitigen Beeinflussung und Abhängigkeit, die aber nicht unter Gleichen stattfindet. Das Verhältnis von Mensch und System geht in aller Regel zu Lasten des Menschen.

Was sind Gesellschaftskrankheiten?

Seelische Leiden sind zur neuen Volkskrankheit geworden – auf ihr Konto geht annähernd eine Verdoppelung der Arbeitsunfähigkeitstage seit dem Jahr 2000. Aktuell sind 12,5 Prozent aller betrieblichen Fehltage auf seelische Erkrankungen zurückzuführen und der Trend ist ungebrochen.

Immer mehr Arbeitnehmer gehen wegen einer psychischen Erkrankung vorzeitig in Rente. 2010 mussten sich bundesweit fast 71.000 Männer und Frauen wegen seelischer Störungen vor Erreichen der Altersgrenze von 65 Jahren in den Ruhestand verabschieden. Das sind fast 40% aller Renten aufgrund verminderter Erwerbsfähigkeit. 2009 waren es noch 64.500, die deshalb erstmals eine Erwerbsminderungsrente bekamen. Dies geht aus neuen Zahlen der Deutschen Rentenversicherung (DRV) hervor (vgl. DRV, 2012, S. 16f.).

Psychische Krankheiten wie Depressionen oder Angststörungen haben sich nach Angaben der DRV in den vergangenen zehn Jahren zum Hauptgrund für das unfreiwillige vorzeitige Ausscheiden aus dem Berufsleben entwickelt. Sie verursachten 2010 bereits 39,3 Prozent der etwa 181.000 Fälle von verminderter Erwerbsfähigkeit. Erst an zweiter Stelle stehen Schwierigkeiten mit Skelett und

Muskeln, gefolgt von Herz- und Kreislauferkrankungen, die häufig auch psychosomatisch bedingt sind.

Der Ernstfall tritt dabei immer früher ein: 1980 waren alle erwerbs- und berufsunfähigen Neurentner im Durchschnitt 56 Jahre alt. Heute sind sie etwas über 50, und diejenigen mit psychischen Störungen sind sogar noch jünger, nämlich im Schnitt 48,3 Jahre.[1]

Das sind einige Fakten, um den Anstieg der Häufigkeit von seelischen Erkrankungen anzudeuten. Diese Entwicklung hat Gründe. Sie liegen in der gegenwärtigen Veränderung der Arbeitsgesellschaft.

Veränderung der Arbeitsgesellschaft unter der Perspektive von Beschleunigung und Entgrenzung

Der Begriff der Entgrenzung hat, ähnlich wie der Terminus Beschleunigung, in den letzten 15 Jahren eine inflationäre Entwicklung erlebt. Sie entspricht etwa der Geschwindigkeit, mit der sich Lebens- und vor allem Arbeitswelt in einem strukturellen Veränderungsprozess befinden.

Entgrenzung meint zunächst die Auflösung oder das Brüchigwerden, die Erosion von ehemals für sicher gehaltenen Grenzziehungen und Zuordnungen in ganz unterschiedlichen gesellschaftlichen Bereichen: im Verhältnis von Unternehmen und Organisationen zu ihrer Umwelt, zwischen sozialen Schichten oder Lebensstilen, in der sozialrechtlichen Regulierung der beruflichen Arbeitsteilung, in den Geschlechts- und Rollenidentitäten.

Gegenwärtig sind wir Zeugen einer Auflösung der fordistischen Arbeitsgesellschaft, aber keineswegs einer Auflösung der Arbeitsgesellschaft generell. An die Stelle verlässlicher Strukturen und stabiler Grenzen tritt die Institutionalisierung einer instabilen Normalität von gleichzeitigen Entgrenzungs- und Gefährdungsprozessen. Diese Prozesse haben eine materielle Grundlage: Das Ende der *immer währenden Prosperität*, das spätestens seit Mitte der 70er Jahre absehbar und an das Modell der fordistischen Arbeitsgesellschaft geknüpft war. Sauer (2012, S. 5) unterscheidet drei Dimensionen der Entgrenzung, der Erosion von Grenzen:

---

1 Gut 43 Prozent aller Anträge auf eine Erwerbsminderungsrente lehnte die Rentenversicherung jedoch ab, weil, so die Begründung, die Voraussetzungen dafür fehlten. Das subjektive Gefühl dauerhafter Arbeitsunfähigkeit tritt demnach bei den Arbeitnehmer/innen fast doppelt so häufig auf und mündet in den Antrag für Arbeits- und Berufsunfähigkeit.

- Zwischen Unternehmen und Markt
- Zwischen Arbeits- und Lebenswelt
- Zwischen Unternehmen und Arbeitskraft

Die Veränderung zwischen Unternehmen und Markt ist durch eine wachsende Vernetzung der Unternehmen untereinander sowie durch das Prinzip der Vermarktlichung charakterisiert. Die fordistische Arbeitsgesellschaft zeichnete sich durch eine strenge Trennung von Produktionssphäre und privater Lebenswelt aus, die Unternehmen waren deutlich vom Markt getrennt, es gab institutionelle und kollektive Standardisierungen von Beschäftigungsverhältnissen und Arbeitszeiten.

Die Arbeitsprozesse selbst waren ebenfalls durch eine hohe Arbeitsteilung gekennzeichnet, die strikte Trennung von Planung und Ausführung machte immer deutlich, wer Chef ist und wer Arbeiter. Hierarchische Prinzipien von Anweisung und Kontrolle, kollektive und standardisierte Leistungsregulierung sind die Steuerungsprinzipien von Optimierung, deren Prototyp das Fließband darstellt. Heute treten hingegen die permanente Reorganisation, Vernetzung und indirekte Steuerungsformen in den Vordergrund.

Die Entgrenzung zwischen Arbeits- und Lebenswelt ist durch wachsende Flexibilisierung und Entstandardisierung gekennzeichnet. Den flexiblen Erwerbsformen folgen ein Verlust an Sicherheit durch fehlende Planbarkeit und Prekarisierung durch fehlende Einkommenssicherheit. Diese Entsicherung ist ein Bruch mit den traditionellen betrieblichen und sozialstaatlichen Regelungen. Die faktische Zunahme an ungesicherten Beschäftigungsverhältnissen (Werkverträge, Leiharbeit, Befristung) wird mit der Erwartung höherer Flexibilität im Einsatz zeitlicher und räumlicher Art verknüpft. Von 1992 bis 2007 hat die Bedeutung des Normalarbeitsverhältnisses deutlich abgenommen, der Anteil der atypisch Beschäftigten ist hingegen gestiegen und machte 2007 bereits ein Drittel aller Beschäftigungsverhältnisse aus, die Tendenz ist weiterhin steil ansteigend, was überwiegend auf eine Ausweitung der Teilzeitbeschäftigung zurückgeht (Ducki, 2012, S. 7).

Wenn dies mit Niedriglöhnen zusammenkommt, die nicht mehr zur Sicherung der Existenz ausreichen, ist der Bereich der Prekarisierung schnell erreicht. Laut Berichten der internationalen Arbeitsorganisation ILO in Genf sind die Löhne in Deutschland in den letzten zehn Jahren preisbereinigt um 4,5% gefallen, die Löhne im unteren Einkommensdrittel sogar um 20% (Ducki, 2012, S. 7). Prekarisierung betrifft inzwischen auch viele Normalarbeitende und reicht bis weit in die Mitte der Erwerbsgesellschaft. Flexible, individuell und informell ausgehandelte Arbeitszeiten führen dabei zu einer immer dichteren Verschränkung von Lebenswelt und Erwerbsarbeit.

Die Auflösung stabiler Grenzen zwischen Unternehmen und Arbeitskraft ist durch Veränderungen zu beschreiben, in deren Zentrum Phänomene von Subjektivierung und Selbstorganisation stehen. Durch den Abbau betrieblicher Hierarchien wird immer mehr Verantwortung an die Beschäftigten delegiert. Subjektive und lebensweltliche Ressourcen werden verstärkt für die Erwerbsarbeit genutzt und die Bereitschaft dazu wird selbstverständlich vorausgesetzt. Günther Voß hat die dazugehörige Identitätsveränderung der Beschäftigten mit dem Begriff des Arbeitskraftunternehmers treffend erfasst (vgl. Pongratz & Voß, 2003). Daraus erwächst zweifellos ein Zugewinn an Selbstbestimmung, der aber mit bedrohlicher und weitreichender Selbstgefährdung einhergeht.

Entgrenzung findet jedoch ebenfalls in Gestalt der subjektiven Folgen statt, die in Familie und sozialen Strukturen sichtbar werden. Das sind

➢ die Erosion von Grenzen in sozialen Beziehungen, woraus folgt
➢ die Erosion von Ich-Grenzen sowie
➢ die Erosion der Wahrnehmung von Grenzen des Zeiterlebens und der individuellen Belastbarkeit (vgl. Morgenroth, 2004, 2005).

Die beschriebenen Dimensionen der Entgrenzung führen zu einer Veränderung kultureller Leitnormen.

Die Veränderung kultureller gesellschaftlicher Leitnormen

Nicht nur die beruflichen, auch die außerberuflichen Lebensformen unterliegen dem Einfluss technologisch bedingter Veränderungen und wachsender, spezifischer Belastungen. Sie sind weniger durch einmalige besondere Stress-Situationen gekennzeichnet; vielmehr ist ein immer höher geschraubter Dauerstress das Besondere dieses Lebensalltags, der zweifelsfrei unter der Dominanz der Erwerbsarbeit steht. Das Phänomen der Omnipräsenz, der zeitlichen (und mentalen) Überbeanspruchung durch permanente Präsenz am oder für den Arbeitsplatz ist bei vielen Erwerbstätigen derart ausgeprägt, dass Arbeitsmediziner bereits von einer anhaltenden Erholungsunfähigkeit sprechen. Die Arbeitenden sind auch außerhalb des Unternehmens beständig mit beruflichen Fragen beschäftigt, vernetzt über die verschiedensten Kommunikationskanäle mit ihrem Büro und den Schaltzentralen der Macht, gedanklich nicht vom professionellen Kontext der Erwerbsarbeit entkoppelt. Wenn das Mobiltelefon beim Joggen aus beruflichen Gründen klingelt und das Laptop neben dem Bett steht, kann von Freizeit im traditionellen Sinne keine Rede sein. Damit wird die Selbstanforderung zur Beschleunigung transformiert in eine Selbstanforderung der Vergleichzeitigung, *Multitasking,* d.h. die gleichzeitige Bearbeitung verschiedener Arbeitsprozesse, ist die moderne Bezeichnung für simultane Aktivitäten. So wie auf den PC-Bildschirmen zur selben Zeit zahlreiche Fenster geöffnet sind und verschiedene Vorgänge gleichzeitig bearbeitet werden können, so wird die gesamte Lebensorganisation diesem Prinzip der Gleichzeitigkeit unterworfen.

Der Dauerstress liegt in einer oft fatalen Verkettung einzelner Faktoren, die jeder für sich allein durchaus verkraftbar sind und in den jeweiligen Lebenszusammenhang integriert werden könnten: Veränderungen der Lebenssituation durch ein Kind, Wechsel oder Verlust des Arbeitsplatzes oder grundlegende Veränderungen des professionellen Anforderungsprofils, sogar Liebesbeziehung auf Wochenendbasis – jeder Faktor allein kann sogar als anregend erlebt werden und erweitert die persönlichen Fähigkeiten. Die Anforderung jedoch, all diesen Ansprüchen gleichzeitig und bestens zu genügen, übersteigt oft das individuelle Leistungsvermögen. Diese Anforderung wird als gültige nicht nur von äußeren Instanzen formuliert, z.B. von Vorgesetzten, sondern ist ein tief verinnerlichter Selbstanspruch geworden, der als innerer Selbstantreiber wie ein moderner Kategorischer Imperativ wirkt: *Handele immer so, dass das Optimum aller denkbaren Ziele, Effizienzen, Geschwindigkeiten erreicht wird!* Aus diesem extern wie intrapsychisch wirkenden Antrieb heraus wird dieser neuen Simultanitätsnorm und den davon abhängigen normativen Forderungen gefolgt.

Sie lassen sich in mindestens drei Bereichen deutlich identifizieren:
1. Dem Zeiterleben der Simultanität inhärent ist die Forderung nach ständiger Verfügbarkeit. Der dieser Forderung nach Omnipräsenz folgende Imperativ und Antreiber lautet: Sei immer erreichbar!
2. An die Stelle von Verlässlichkeit und Kontinuität ist eine Lebenseinstellung der permanenten Flexibilität getreten. Lebenslanges Lernen und eine buchstäblich grenzenlose Anpassungsfähigkeit kennzeichnen das Anforderungsprofil der modernen Arbeitnehmer/innen, die sich selbst um ihre Beschäftigungsfähigkeit kümmern. Der dazugehörige Antreiber und Imperativ lautet: Sei biegsam und anpassungsfähig!
3. Ein weiterer hochwirksamer Imperativ ergibt sich aus einer Tendenz zum zwanghaften Hedonismus und lässt sich normativ als *have fun* ausdrü-

cken. Ihm liegt die Vorstellung eines immer gut gelaunten, belastbaren und toleranten Menschen zugrunde, der auch Frustrationen mit einem Lächeln begegnet und sie als Option für ein weiteres tolles Erlebnis begreift.

Ein erstes Zwischenergebnis lautet daher: Die Veränderung gesellschaftlicher Leitnormen ist als direkte Antwort auf die Entgrenzungsphänomene in der Arbeitswelt zu verstehen. Letztere geben diejenigen kulturellen Orientierungen vor, die als geltende Normen gesellschaftliche Realität bestimmen und die Muster subjektiver Wahrnehmung prägen. Diese antreibergesteuerten Leitnormen führen Erwerbstätige, die diese Normen verinnerlicht haben, schnell in die Zone der Selbstgefährdung, weil dem Zwang zur Simultanität bestenfalls kurzfristig entsprochen werden kann.

Reaktive Erkrankungen: Sucht und Depression

Den diesen Leitnormen immanenten Leistungsforderungen direkt durch aktivitätssteigernde, stimmungsaufhellende oder beruhigende Substanzen nachzuhelfen, bezeichnet eine unmittelbare Schnittstelle zur Suchtgefahr. Wenn die Befolgung dieser Leitnormen routinehaft, d.h. unreflektiert geschieht, kommt der Mensch in einen aussichtslosen Kampf, in einen Teufelskreis: Da gute Leistung nicht ausreicht, sondern sehr gute, beste, brillante Leistung gefordert ist, die sich am Modell technologischer Effizienz orientiert, geht es immer noch besser, darf man nie mit dem erreichten Ergebnis zufrieden zu sein. Dieser Zustand vervielfältigt sich durch die Gleichzeitigkeitsforderung, in der die Antreiberformel dazu führt, dass die Bestleistungen in verschiedenen Lebensbereichen simultan verwirklicht werden müssen.

Das Auftreten und die Dynamik von Suchterkrankungen können als Folge dieser Selbstüberforderung verstanden werden, die mit der Hilfe psychoaktiver Wirkstoffe kompensiert werden soll. In der psychodynamischen Auffassung von Sucht wird dem Gebrauch von Psycho-Substanzen eine gewisse Brückenfunktion zugewiesen – die Substanz bekommt die Funktion einer Plombe, mit der ein andernfalls unerträglicher Zustand positiv reguliert werden soll. Bestimmte Substanzen wie Alkohol und Nikotin sind zu einer akzeptierten, selbstverständlichen Unterstützung bei der Regulation von Affekten und damit bei der Gestaltung von Alltagsleben geworden. Sie werden als chemische Hilfen eingesetzt, um in diesem Alltag zurechtzukommen, sie sind Bestandteil von Strategien des *Self-Managements*, später auch der Selbstmedikation und -behandlung (vgl. Morgenroth, 2010 S. 18f.). Vorausgehende und/oder begleitende psychische Störungen/Erkrankungen sind ebenfalls ein Ausdruck dieser Überforderung.[2]

Unter Sucht wird

> »ein krankhaftes Verhalten verstanden, ein unwiderstehlicher Drang, sich trotz schädlicher Folgen und abweichend von der soziokulturellen Norm eine Substanz einzuführen oder eine bestimmte Handlung auszuführen« (Bilitza, 2008a, S. 11).

Die Diagnose einer stoffgebundenen Abhängigkeit erfolgt anhand festgelegter Kriterien: Starkes Verlangen, Kontrollverlust, Toleranzentwicklung, Entzugserscheinungen bei Absetzen, Einengung des Handlungsspielraums und Fortsetzung des Gebrauchs trotz negativer Konsequenzen.

Besorgniserregend ist der Konsum der legalen Substanzen Alkohol und Nikotin (vgl. hierzu DHS, 2011). In Deutschland werden jährlich pro Kopf etwa 10 Liter reiner Alkohol konsumiert. 9,5 Millionen Menschen trinken Alkohol in gesundheitlich riskanter Form. 1,3 Millionen Menschen sind alkoholabhängig (in der Altersgruppe zwischen 18 und 64 Jahren sind es 3,4 Prozent der Männer und 1,4 Prozent der Frauen) und jedes Jahr sterben 73.000 Menschen an den Folgen ihrer Alkoholabhängigkeit. Die volkswirtschaftlichen Kosten durch Alkohol betragen jährlich 26,7 Milliarden Euro. Bei Missbrauch von Medikamenten ist mit der allergrößten Dunkelziffer zu rechnen, Abhängigkeit und riskanter Konsum sind aber zweifelsfrei weit verbreitet, Schätzungen sprechen von 1,4 bis 1,9 Mio. in der Erwachsenenbevölkerung.

Wer ist besonders gefährdet, eine Substanzabhängigkeit zu entwickeln? Forschung und therapeutische Praxis aller Richtungen sind sich einig, dass es

---

2   Die Zahl der Krankheitstage wegen psychischer Störungen nimmt seit Jahren konstant zu. So betrug der Anteil dieser Diagnosen (psychische Störungen) an allen Diagnosen im Jahr 2002 23,3%, im Vergleich zu 28,7% im Jahr 2008 (aus: Berechnungen gbe_bund.de, Gesundheitsberichterstattung des Bundes/Stat.Bundesamt). Im Jahr 2010 beliefen sich Schätzungen der gesamtgesellschaftlichen (direkten und indirekten) Krankheitskosten durch psychische Störungen auf Milliardenbeträge: Im Jahr 2011 geht man von 28,6 Mrd. Euro an direkten Kosten aus, hinzukommen 17,9 Mrd. Euro an Produktionsausfall durch Invalidität (vgl. BKK Bundesverband, Abteilung Gesundheitsförderung). Die Krankheitstage und Fehlzeiten aufgrund der direkten und indirekten Folgen einer Suchterkrankung sind in diesen Angaben Bestandteil der insgesamt deutlich ansteigenden Krankheitszeiten aufgrund psychischer Störungen.

keine singuläre Ursache für die Entwicklung einer Abhängigkeitserkrankung gibt, sondern dass es sich um ein multifaktorielles Phänomen handelt, das in den drei Bereichen Milieu und Lebensumstände, Person und ihre Biografie sowie in den Wirkungen der Substanz selbst wurzelt (*Ursachentrias der Abhängigkeit*).

Allerdings führt nicht jeder Gebrauch psychoaktiver Substanzen in eine Suchterkrankung; vielmehr werden fünf *Stadien des Substanzmissbrauchs* unterschieden:
➢ Gelegentlicher Genuss (»Gebrauch«) von Substanzen
➢ Experimentalstadium
➢ Regelmäßiger Konsum ohne Kontrollverlust
➢ Regelmäßiger Konsum mit Kontrollverlust
➢ Abhängiger Konsum multipler Substanzen

Sind die ersten beiden Stadien noch relativ ungefährlich, wird im dritten Schritt in dieser Entwicklung ein regelmäßiger Konsum einer Substanz ohne Kontrollverlust dann gefährlich, wenn der gewünschte Effekt, z. B. die Entspannung oder Angstreduktion durch Alkohol, auch tatsächlich eintritt und als angenehm erlebt wird. Im Sinne positiver Verstärkung ist dies der Türöffner für weiteren Konsum, der zur Gewohnheit wird. Der Körper gewöhnt sich an die Wirkstoffe der konsumierten Substanz und verlangt nach mehr, der Kontrollverlust droht als nächste Stufe. Die besondere Gefahrenzone liegt also zwischen der dritten und vierten Stufe.

Suchtgefahr besteht daher durch den gezielten Einsatz von Substanzen entweder zur direkten Leistungssteigerung (z. B. Amphetamine) oder zur Entspannung nach der Arbeit (*downer* wie Cannabis) bzw. zur Angstlösung/Beruhigung (Diazepine), wenn der arbeitsbedingte Stress zu groß wird.

Die beschleunigte gesellschaftliche Entwicklung vor allem im Erwerbsleben begünstigt die Identifikation mit der Leitnorm, die, auf diese Weise verinnerlicht, zur Ausbildung von Strukturen und Anforderungen im Ich-Ideal führt, die das Subjekt vor Aufgaben stellen, denen es sich nicht gewachsen fühlt und die eine tatsächliche Überforderung darstellen. Der Versuch, diesen Selbstanforderungen zu genügen, führt zu einer permanenten Überforderung und einem räuberischen Umgang mit den eigenen Kräften. Da aber die Leitnormen unrealistisch hoch definiert sind, kann trotz größter subjektiver Anstrengungen dieser Selbstanspruch nicht erfüllt werden. Das führt auf der Ebene subjektiver Reaktionen zwangsläufig zu massiven Enttäuschungen, weil das Ich gegenüber den Ansprüchen dieses Ich-Ideals versagt. Scham und Selbstzweifel, Selbstanklagen und Gefühle von Wertlosigkeit sind die Folge, das Selbsterleben kreist um Gefühle des Ungenügens, der Insuffizienz: Das sind die Charakteristika des depressiven Erscheinungsbildes.[3]

Damit in Zusammenhang steht auch die weitaus höhere Zahl depressiver Erkrankungen bei Frauen. Das Risiko von Frauen, einmal im Leben an einer Depression zu erkranken, liegt doppelt so hoch wie das entsprechende Erkrankungsrisiko der Männer, genauer: die Lebenszeitprävalenz beträgt für Frauen 25 % gegenüber 12 % für Männer (Kühner, 2006, S. 192). In wachsendem Umfang handelt es sich dabei um Erschöpfungsdepressionen, deren Nähe zum Burnout evident ist. Quelle der Erkrankung ist dauerhafte Überforderung durch äußere Bedingungen, die durch eine große innere Bereitschaft zum Erbringen der geforderten Leistung gestützt werden. Nicht also der äußere Zwang allein, vielmehr die Kombination mit den verinnerlichten Normen, diese Ansprüche aus eigenem Willen erfüllen zu wollen, ist der Einstieg, die Grenzen der Selbstsorge permanent zu überschreiten. Die intrapsychische Gratifikation erfolgt durch das Über-Ich, dessen Vorgaben und Normen entsprochen wurde, denn hohe Leistungsbereitschaft ist in einer Leistungsgesellschaft auch ein sozial hoch geachteter Wert.

Auch bei behandelten Depressionen gibt es eine starke Tendenz zu rezidivierenden Verläufen. Ein Drittel der Erkrankten erlitten im Lauf der nächsten drei Jahre nach der Ersterkrankung eine erneute Episode. Es ist davon auszugehen, dass gegenwärtig in Deutschland 4 Millionen Menschen akut an einer behandlungsbedürftigen Depression erkrankt sind, EU-weit sind es akut 20 Millionen Menschen. Die Stiftung Deutsche Depressionshilfe verweist auf ihrer Internetseite auf den Zusammenhang von Depression und Kosten für die Wirtschaft:

»In Deutschland liegen die Kosten depressionsbedingter Frühberentungen bei 1,5 Milliarden Euro jährlich. An Arbeitsunfähigkeit werden nach Angaben des Bundesministeriums für Gesundheit pro Jahr etwa elf Millionen Tage durch über 300.000 depressive Erkrankungsfälle verursacht: Tendenz steigend« (Stiftung Deutsche Depressionshilfe).

---

3 Bei der Techniker Krankenkasse (TK) haben sich die Fehlzeiten wegen psychischer Erkrankungen, die Klinikaufenthalte wegen Depressionen und die Menge der dagegen verordneten Antidepressiva innerhalb fünf Jahren um jeweils rund 50 Prozent erhöht. Das berichtet der *Focus* unter Berufung auf TK-Daten aus den Jahren 2007 bis 2011. Die BKK-Daten beziehen sich auf den Zeitraum 2004 bis 2011.

Diese Daten geben unmissverständliche Hinweise auf eine große Belastung, die sich in Stress ausdrückt und längerfristig zu stressbedingten Erkrankungen führt.[4] Wenn Depressive diese Notbremsung in die Krankheit gezogen haben und aus der Beschleunigung und Verdichtung ihrer Lebenswirklichkeit *ausgestiegen* sind, wird die Rückkehr ins Arbeitsleben zum Hochrisikofaktor, wenn sie unter denselben Bedingungen erfolgt – schneller, mehr, autonomer, unsicherer. Der Rückfall ist geradezu programmiert, wenn sich weder an den äußeren Bedingungen noch an der inneren Haltung etwas verändert.

Nur ein nachdrücklicher Ausstieg aus der inneren, Ich-Ideal-gesteuerten Leitnorm wird hier nachhaltige Veränderungen bewirken: Anerkennung auch für nichtbezahlte Arbeit, ein stabiles Selbstwertgefühl auch unabhängig von erbrachter Leistung, Verlangsamung und Fokussierung der Tätigkeiten sind neue Ziele, an denen sich zu orientieren erst wieder gelernt werden muss. Sie zu verfolgen wird leichter bzw. erst dann überhaupt möglich, wenn es keine individuellen, also vereinzelten Ausstiege sind, sondern wenn begrenzende Selbstsorge auch als neue Leitnorm, als gesellschaftlich geachteter und gelebter Wert auftritt und nicht bloß als Schlagwort und Lippenbekenntnis in modischen Fortbildungen.

Wir können also ein zweites Zwischenergebnis festhalten: Die gegenwärtigen Bedingungen des Erwerbslebens in der Arbeitsgesellschaft – Entgrenzung und Beschleunigung – führen zu Strukturen, die arbeitenden Menschen (und ihren Angehörigen) mehr abverlangen, als die subjektiven Kräfte es hergeben. Aufgrund der veränderten Leitnormen wie *»beeil dich«* und *»sei immer verfügbar«* verinnerlichen Menschen diese Anforderungen, sie wirken dann als innere Antreiber und führen zu dem gewünschten Verhalten aus *freiem Willen*. Die Menschen wollen nun selbst, was sie ohnehin tun sollen. Diese Arbeits- und Lebensbedingungen haben pathogenen Charakter und treiben immer mehr Menschen reaktiv in eine psychische Erkrankung.

---

4   Die Problematik liegt m. E. vielmehr in den Veränderungsprozessen der subjektiven Struktur, die sich umbaut, als wenn ein innerer Sklaventreiber zu immer intensiverer Leistung antreibt. Die Verinnerlichung der Leistungsnorm – »nur wer Sinnvolles leistet ist ein wertvoller Mensch« – treibt Menschen dazu, Raubbau mit ihren Kräften zu treiben und sich selbstgestellten, als kategorischer Imperativ mit ungeheurer Wucht auftretenden Selbstansprüchen zu beugen – und zwangsläufig daran zu versagen. Folgerichtig fühlen sie sich als Versager/innen. Die konkreten Bedingungen der Erwerbsarbeit bedienen diesen Mechanismus perfekt, die geschlechtliche Arbeitsteilung, mit der Frauen der Löwenanteil an der familiären und sozialen Beziehungsarbeit zugewiesen wird, vermehrt den Druck ebenso, wie das Scheitern an den eigenen Ansprüchen immer wahrscheinlicher wird.

Christine Morgenroth

Wohin führt das?

Der Blick auf die Charakteristika der Anforderungen in modernen Arbeitsverhältnissen, wie ich sie eingangs skizziert habe, ergibt folgenden Befund bezüglich der Eigenschaften, die Menschen mitbringen müssen:
- Eine hohe Flexibilität in Einsatz von Zeit und Ort (immer und überall verfügbar zu sein)
- Große Selbstverantwortung und Selbststeuerungsfähigkeit
- Ein enormes Maß an intrinsischer Motivation
- Fähigkeit zur autonomen Prozesssteuerung
- Selbstbewusstsein für das Aushandeln der nötigen Arbeitsbedingungen
- Eigenständigkeit einer passenden Work-Life-Balance
- Fähigkeit zur Selbstsorge
- Leistungsbereitschaft und innere Robustheit gegenüber Stress, der aus ständig wechselnden Aufgaben und Teams entsteht
- Stressresistenz gegenüber Leistungssteigerung unter Zeitdruck

Wer aber besitzt schon alle diese Kompetenzen und gehört zur Gruppe der High-Performer, der Hochleistungsfähigen? Es sind faktisch immer weniger, auch wenn immer mehr Menschen dazu gehören wollen.

Was folgt daraus? Das Anforderungsprofil der entgrenzten Arbeitswelt und das Möglichkeitsprofil vieler Menschen sind wenig kompatibel, sie passen immer weniger zusammen! Um es knapp zu fassen: Das System der Erwerbsarbeit in der Arbeitsgesellschaft hat mit Entgrenzung, Beschleunigung und Vergleichzeitigung einen Charakter angenommen, dessen pathogene Eigenschaften immer deutlicher zutage treten. Es hat das Potenzial, krank zu machen, Menschen zu schädigen. Dafür verringert sich im Gegenzug das Potenzial, besondere, von der Norm abweichende, beschädigte und eingeschränkte oder einfach nur ältere Menschen mit ihren besonderen Arbeitsvermögen zu integrieren, weil die nötigen Schutzräume kleiner werden und die Bereitschaft nachlässt, das Profil der Arbeit dem Leistungsvermögen der Menschen anzupassen. Im Gegenteil läuft die Erwartung exakt anders herum: Der Mensch passt sich immer mehr den Erwartungen an – das wird unter dem Begriff der Subjektivierung verstanden. Bleiben diese Tendenzen ungebremst, wird die Zahl derjenigen Menschen in die Höhe schießen, die als Kranke, Unfähige, Ausgegrenzte, als Verlierer im Kampf um die Leistungsfähigkeit enden werden. Die Beschädigung des Subjekts beginnt ja nicht erst mit der Erkrankung oder der ärztlichen Diagnose. Wird die Erkrankung als Manifestation einer gestörten Balance zwischen Anforderung und Möglichkeit verstanden, ist sie womöglich bereits ein erster Schritt zu einer alternativen Selbstregulation und damit Teil einer Lösung.

Es wird also bedeutsam, die Bereiche zu definieren, in denen beschädigte Subjektivität sich regenerieren kann, und Möglichkeiten auszuloten, die zu Formen des Widerstandes gegen zerstörerische Selbstausbeutung führen. Zudem werden neue, alternative Arbeitsutopien in der oder jenseits der Arbeitsgesellschaft benötigt, deren Entwicklung den Mut erfordert, gegen abtötende Realität kreative Lebensbejahung zu denken, jenseits von Leistungszwängen.[5]

Entgrenzung geht auch mit Individualisierung, Vereinzelung und Isolation einher. Das verletzt ein menschliches Grundbedürfnis nach Begegnung, Kontakt und Ich-Werdung in der Auseinandersetzung mit dem anderen. Erfahrungen im geschützten Raum einer Gruppe, Erfahrungen von Vertrauen und Halt, ja von *Containment* (vgl. Hermann & Reuleaux in diesem Band) stellen alternative Erfahrungsräume bereit, in denen unter Bedingungen schutzbietender, verlässlicher Grenzen Menschen sich selbst im anderen, in den Reaktionen der anderen buchstäblich wiederfinden können, in denen die in der Simultanität auseinander gebrochenen Ich-Anteile wieder zusammenfinden können und der Sinn für das Mögliche eine Entwicklungschance bekommt. Darin liegt eine subversive und letztlich systemsprengende Kraft, die das Subjekt stärkt. Auf sie zu vertrauen, sie zu entwickeln und sie auszubauen – dazu leisten zahlreiche professionelle Verfahren wie z. B. die Gruppenanalyse auch in der Form gruppenanalytisch orientierter Teamsupervision einen wichtigen Beitrag.

Wo denke ich hin?

Heute wird etwas als Chance zu Autonomie und Selbststeuerung verkauft, was faktisch nichts anderes ist als eine immer subtilere Form der Ausbeutung menschlicher Arbeitskraft durch Einflussnahme auf die subjektiven Steuerungspotenziale und deren Vereinnahmung durch Unternehmensinteressen. Als indirektes Steuerungssystem hat dieser Ansatz Verbreitung in zahlreichen Führungskräfteschulungen gefunden und gilt als moderner Leitungsstil. Die alternativen Er-

---

5 In einer der beiden Tagesstätten für psychisch Kranke der *AuE-Kreativschule für Ausdruck und Erleben* bin ich zuständig für das Modul Kreatives Schreiben. Befreit von Behandlungs- und Heilungserwartungen kann ich mich wöchentlich auf die Teilnehmer und die entstehenden Texte konzentrieren und bin jedes Mal völlig überrascht und begeistert von der Qualität, dem Einfallsreichtum und der Originalität der entstehenden Texte. Das sind Potenziale der Patienten, die meist völlig brach liegen und nicht geachtet werden.

fahrungsräume werden kleiner bzw. sie werden zunehmend durch die virtuellen Kompensationen der sogenannten sozialen Netzwerke ersetzt.

Die entgrenzte Arbeitswelt beansprucht die individuelle Libido, sie bietet sich als Objekt libidinöser Besetzungen an, indem sie Befriedigung verspricht und narzisstische Gratifikationen. Sie hat sich auf diese Weise tief in das Innere der Subjekte geschlichen, steuert sie von Innen und führt dort zu ungesunden libidinösen Verschiebungen, letztlich zu pathogenen Entwicklungen. Bezeichnet Freud die Erwerbsarbeit als ein für die Libidoökonomie bestens geeignetes Feld zur Einbindung in Realität und Gemeinschaft, so geht genau diese Qualität in der modernen Arbeitswelt der Entgrenzung verloren, die Libido bindet sich, bildlich gesprochen, an ein dafür ungeeignetes, geradezu schädliches Objekt. Wenn das so ist, muss die symbiotische Verschmelzung von Erwerbsarbeit und Libidobesetzung wieder entzerrt und entwirrt werden.

Dies wird dem Einzelnen nur schwer gelingen, dazu bedarf es der anderen Menschen, gelegentlich wohl auch der professionellen Unterstützung. Es wird darauf ankommen, sichere Orte und geschützte Möglichkeiten auch jenseits der therapeutisch-professionellen Settings zu etablieren. In der Erwerbsarbeit als aktiver Tätigkeit liegt auch weiterhin die Chance zu Selbstverwirklichung und Zufriedenheit, sofern die Bedingungen auch Spielräume für Selbstverantwortung und Selbstregulierung vorsehen und solange die Erholzeiten für echte Regeneration ausreichen. In allen bekannten Arbeitsutopien spielt die arbeitsfreie Zeit eine zentrale Rolle. Der theoretische Entwurf einer solchen Arbeitsutopie steht jetzt an, wo alle technologischen Voraussetzungen zu seiner Verwirklichung längst bestehen, um die Gesellschaft von derartigen Krankheiten zu befreien und die Arbeit für den Einzelnen tatsächlich wieder zu einer Quelle von Befriedigung und Beglückung werden zu lassen.

Literatur

Badura, B., Ducki, A., Schröder, H., Klose, J. & Meyer, M. (Hrsg.). (2012). *Fehlzeiten-Report 2012. Gesundheit in der flexiblen Arbeitswelt*. Berlin, Heidelberg: Springer.
Battegay, R.(1991). *Depression. Psychophysische und soziale Dimension*. Bern: Huber.
Bilitza, K. (Hrsg.). (2008a). *Psychodynamik der Sucht. Psychoanalytische Beiträge zur Theorie*. Göttingen: Vandenhoeck und Ruprecht.
Bilitza, K. (Hrsg.). (2008b). *Psychotherapie der Sucht. Psychoanalytische Beiträge zur Praxis*. Göttingen: Vandenhoeck und Ruprecht.
Bohleber, W. (Hrsg.). (2005). *Depression. Psychoanalytische Erkundungen einer Zeitkrankheit*, Sonderheft Psyche Stuttgart: Klett-Cotta.

Deutsche Hauptstelle für Suchtfragen e.V. (Hrsg.). (2011). *Jahrbuch Sucht 2011*. Lengerich: Pabst.
Ducki, A. (2012). Gesundheit und Gesundheitsförderung in der fexiblen Arbeitswelt: Ein Überblick. In B. Badura, A. Ducki, H. Schröder, J. Klose & M. Meyer (Hrsg.), *Fehlzeiten-Report 2012. Gesundheit in der flexiblen Arbeitswelt*. (S. vii-xii). Berlin, Heidelberg: Springer.
Ehrenberg, A. (2004). *Das erschöpfte Selbst. Depression und Gesellschaft in der Gegenwart*. Frankfurt a. M.: Campus-Verlag.
Deutsche Rentenversicherung Bund: Leitlinien für die sozialmedizinische Begutachtung 2012. http://www.deutsche-rentenversicherung.de/cae/servlet/contentblob/208330/publicationFile/49884/leitlinien_rehabeduerftigkeit_psychische_stoerungen_pdf.pdf (19.09.2014).
Freud, S. (1930a). *Das Unbehagen in der Kultur*. In: Studienausgabe Band 9.
Hau, S., Busch, H. J. & Deserno, H. (Hrsg.). (2005). *Depression – zwischen Lebensgefühl und Krankheit*. Göttingen: Vandenhoeck und Ruprecht.
Jahoda, M. & Lazarsfeld, P. (1933/1975). *Die Arbeitslosen von Marienthal*. Frankfurt a. M.: Suhrkamp.
Kühner, C. (2006). Frauen. In G. Stoppe, A. Bramesfeld & F. W. Schwartz (Hrsg.), *Volkskrankheit Depression? Bestandsaufnahme und Perspektiven*. (S. 191–214). Berlin, Heidelberg: Springer.
Leuzinger-Bohleber, M., Hau, S. & Deserno, H. (Hrsg.). (2005). *Depression – Pluralismus in Praxis und Forschung*. Göttingen: Vandenhoeck und Ruprecht.
Mentzos, S. (1995). *Depression und Manie*. Göttingen: Vandenhoeck und Ruprecht.
Möller, C. (Hrsg.). (2005). *Drogenmissbrauch im Jugendalter. Ursachen und Auswirkungen*. Göttingen: Vandenhoeck und Ruprecht.
Möller, C. (Hrsg.). (2007). *Sucht im Jugendalter. Verstehen, vorbeugen, heilen*. Göttingen: Vandenhoeck und Ruprecht.
Morgenroth, C. (2004). *Von der Eile, die krank macht, und der Zeit, die heilt*. Freiburg: Herder.
Morgenroth, C. (2005). Subjektives Zeiterleben, gesellschaftliche Entgrenzungsphänomene und depressive Reaktionen. Ein sozialpsychologischer Versuch. *Psyche – Z Psychoanal*, 9/10, 990–1011.
Morgenroth, C. (2010). *Die dritte Chance. Therapie und Gesundung von jugendlichen Drogenabhängigen*. Wiesbaden: VS-Verlag für Sozialwissenschaften.
Pongratz, H. J. & Voß, G. (2003). *Arbeitskraftunternehmer. Erwerbsorientierungen in entgrenzten Arbeitsformen*. Berlin: edition sigma.
Sauer, D. (2005). *Arbeit im Übergang – Zeitdiagnosen*. Hamburg: vsa.
Sauer, D. (2012). Entgrenzung – Chiffre einer flexiblen Arbeitswelt. In B. Badura, A. Ducki, H. Schröder, J. Klose & M. Meyer (Hrsg.), *Fehlzeiten-Report 2012. Gesundheit in der flexiblen Arbeitswelt*. (S. 3–15). Berlin, Heidelberg: Springer.
Stiftung Deutsche Depressionshilfe: *Wissen*. http://www.deutsche-depressionshilfe.de/stiftung/wissen.php (19.09.2014).
Stoppe, G., Bramesfeld, A. & Schwartz, F. W. (Hrsg.). (2006). *Volkskrankheit Depression? Bestandsaufnahme und Perspektiven*. Berlin, Heidelberg: Springer.
Wurmser, L. (1997). *Die verborgene Dimension. Zur Psychodynamik des Drogenzwangs*. Göttingen: Vandenhoeck und Ruprecht.

Zivilisationsprozesse & Krieg und Frieden

Habitus versus Situation

Elias' und Collins' Erklärungen von Gewalt und Gewaltbereitschaft im Krieg am Beispiel eines habsburgischen Militärhabitus im Ersten Weltkrieg

Helmut Kuzmics

Das Problem

Erklärungen menschlicher Gewaltbereitschaft oder sichtbarer physischer Gewalt können, wie bei jedem menschlichen Verhalten, entweder stärker auf die Person oder eher auf die Situation gerichtet sein. Der Sozialpsychologe Michael Argyle hat die schlichte Formel V=f (P, S) in einem Aufsatz (1976) mithilfe eines fiktiven Beispiels (Tom, Dick und Harry) illustriert: Es gibt Personen, die generell pünktlich, und solche, die generell unpünktlich sind. Es gibt Situationen, bei denen man im Allgemeinen pünktlich sein muss (Prüfung), und solche, in denen man ein breiteres Zeitfenster zur Verfügung hat und auch nützt. (Der Clou besteht übrigens darin, dass z. B. Dick pünktlicher bei Partys als bei Prüfungen sein kann, was bedeutet, dass nichtlineare Interaktionsaffekte zwischen Person und Situation entstehen können.) Das beobachtbare Verhalten – z. B. man kommt eine Viertelstunde zu spät – kann sowohl auf die relativ stabilen Eigenschaften der Person als auch auf jene der Situation zurückgeführt werden. Übertragen auf das relativ gleichförmige Verhalten ganzer, z. B. nationaler Kulturen, stehen wir ebenso vor der Wahl, dafür relativ stabile Situationen namhaft zu machen (z. B. Rechts- oder Linksverkehr auf Autostraßen in Europa oder in England) oder kollektiv auftretende, typisierbare Persönlichkeitszüge, wie etwa die sparsame oder verschwenderische Verwendung von Gestik in sozialen Interaktionen (englische Reserviertheit versus italienische Kontaktfreudigkeit). Im Falle von Prozessen der Entzivilisierung stellt sich damit spiegelverkehrt die Frage, inwieweit in ihnen situative Zwänge (schleichender »Niedergang«, plötzliche Katastrophe) oder Habitusveränderungen wichtiger sind.

Die Fragestellung, die mich zur näheren Beschäftigung mit der Erklärungsalternative »Person« (Habitus) versus »Situation« geführt hat, betrifft einige bis heute nicht befriedigend gelöste Rätsel des kollektiven Gewaltrausches »Erster Weltkrieg«; genauer: des österreichisch-ungarischen Beitrags dazu (Kuzmics & Haring, 2013). Warum befürworteten führende Militärs der Habsburger Monarchie eine Präventivkriegsstrategie und führten dann den Krieg mit so katastrophalem Erfolg? Elias (1989) hat in seinen *Studien über die Deutschen* ein verbürgerlichtes Kriegerethos genannt, dem er seinen Platz in der Kausalkette eingeräumt hat, die zum Kriegsausbruch führte. Oder waren es eher die Zwänge einer (tragischen) Situation? Das den Krieg weniger erfolgreich führende Österreich – war es habituell weniger erfolgreich oder gab es äußere, strukturelle Momente, die hier wichtiger waren? Oder waren beide untrennbar miteinander verschränkt? Norbert Elias hat dem Phänomen Krieg und Gewalt mehr Aufmerksamkeit gewidmet als die meisten Soziologen des 20. Jahrhunderts (vgl. Elias, 1997, Bd. 1, S. 356–394; Bd. 2, S. 168–287); dasselbe gilt für die Rolle, die er einem »nationalen Habitus« einräumt (Elias, 1989, S. 7–29). In der jüngeren Emotionssoziologie ist es der von Blumer und Goffman entscheidend geprägte Randall Collins, der Gewalt und Krieg (Collins, 2008) ausführlicher behandelt hat, als es sonst unter Emotionssoziologen üblich ist. Seine Denkwelt hat viel mit dem Symbolischen Interaktionismus und dessen Betonung der »Situation« (Blumer, 1973) zu tun, aber auch mit dem Funktionalismus Durkheim'scher Provenienz, dem er – neben der britischen Sozialanthropologie – Goffmans Denken zuordnet (vgl. Maclean & Yocom, 2000).

Vereinfacht gesagt, hat sich für Elias über die Zeit in der europäischen Oberschicht vom Mittelalter bis zur frühen Neuzeit ein psychischer »Habitus« entwickelt, der – als »sozialer« – von vielen geteilt wird und der ehemals häufiger anzutreffenden physischen Gewalt »innere«, zum »Selbstzwang« gewordene Schranken entgegensetzt. Aber nicht überall gleichförmig: Einzelne »national« verfasste Staatsgesellschaften und hier wiederum deren Eliten können den Kriegerkanon früherer Zeiten (z. B. des Hochmittelalters) stärker konservieren als andere, so etwa Preußen/Deutschland im Vergleich mit England. Randall Collins hat in seinem Buch (2008) ganz anders argumentiert. In einer bewusst »mikrosoziologisch« gehaltenen Perspektive (er hat ja auch zeit seines Lebens makrosoziologisch gearbeitet; vgl. z. B. Collins, 1995, zur Kritik am »Sonderweg« Deutschlands und Collins, 2010, zum kriegerischen Erfolg in der Schlacht) erklärt er Gewalt fast ausschließlich aus Situationen, die Gewalt erzeugen, und zielt auf eine allgemeine Theorie von »Gewalt« ab, nicht nur der kriegerischen.

Wie wir sehen werden, gibt es zwischen beiden Ansätzen erstaunliche Überlappungen bzw. Gemeinsamkeiten, aber auch fruchtbare methodologische Differenzen, deren Verständnis helfen kann, den Habitus-Begriff von Elias (insbesondere mit Folgen für den Begriff eines »nationalen« oder »Staatshabitus«) analytisch für die empirische Arbeit besser handhabbar zu machen.

Der vorliegende Aufsatz verfolgt zwei Ziele: einerseits das einer allgemeineren Diskussion beider Theorien, um deren Gemeinsamkeiten und Unterschiede herauszuarbeiten[1], andererseits ein sehr viel spezielleres, in dem es – mit dem allgemeineren Thema nur locker verbunden – um die Möglichkeit geht, institutionelle Entwicklung mit der Analyse eines Militärhabitus zu verbinden. Demzufolge rekonstruiert das folgende Kapitel Elias' Generalmodell der Zivilisierung von (kriegerischer, kriegsnaher und relativ spontaner) Gewalt mit dem Akzent auf der Herstellung eines »friedlicheren« Habitus in Bezug auf Erklärungsziele (Explananda), Mechanismen, Prozessmodelle im Makro- wie im Mikrobereich. Das nächste Kapitel versucht dasselbe für Collins' emotionssoziologische Analyse von Mikrogewalt (die allerdings nicht wenige Beispiele für Makrogewalt – »forward panic«, »moral holidays« – beinhaltet). Darauf folgt eine bilanzierende Gegenüberstellung mit dem Zweck, in beiden Ansätzen Inkonsistenzen und Kategorienfehler oder zumindest problematische implizite Annahmen deutlich zu machen. Einige der Unterschiede zwischen der Betonung von »Habitus« und »Situation« können auf allgemeinere Unterschiede der Methodologien von Elias und Collins zurückgeführt werden. Abschließend referiere ich einige der wichtigsten Einsichten aus der historisch-emotionssoziologischen Arbeit (Kuzmics & Haring, 2013) über die in einem speziellen Militärhabitus auffindbaren Ursachen des militärischen Untergangs der Habsburger Monarchie und bringe sie mit einer Analyse, die situativen Zwängen mehr Gewicht verleiht, in Beziehung.

Habitus und Krieg in Elias' *Über den Prozeß der Zivilisation*

Elias' »Opus magnum« hat ein Generalthema: Wie war es möglich, dass »unsere« zeitgenössischen Zivilisationsnöte (zeitgenössisch heißt hier: nach dem Standard der 30er Jahre des 20. Jahrhunderts) entstehen konnten – neurotische Gehemmtheit, Langeweile, Lustlosigkeit, während gleichzeitig das Leben innerhalb von Staaten doch grundlegend »friedlicher« geworden war? Diese Frage stellte sich ein Mann, der als Kriegsteilnehmer brutale, mechanische Gewalt schwer traumatisiert am eigenen Leib erlebt hatte. Die Antwort gab er in zwei Bänden, von denen der erste sich der Veränderung im Erleben und Empfinden

---

1   Dieser Teil des Aufsatzes stellt eine bearbeitete und gestraffte Fassung der Argumentation in Kuzmics & Haring, 2013, S. 501–517 und 526–528, dar.

europäischer Oberschichten vom Mittelalter bis zur Abenddämmerung einer vor allem »höfisch« geprägten Gesellschaft widmet. Priester, Mönche und Bischöfe blieben ausgeblendet, sofern sie sich nicht auch als Krieger gerierten. Der zweite Band behandelt in prozessualer Perspektive die Veränderung der politisch-militärischen Strukturen sowie des Werdens europäischer Staaten, als Determinanten des Wandels in der psychischen Erfahrung. In diesem Prozess spielten Krieg und Gewalt eine Hauptrolle: Elias widmete ihnen ungewöhnlich viel Aufmerksamkeit. Beide Bände enthalten aber nicht nur einfach eine geschichtliche Erzählung, sondern auch theoretische Modelle, die zur Erklärung einerseits der Veränderungen im psychischen Erleben, andererseits des politischen Aufbaus von feudalen Kriegergesellschaften zu relativ gefestigten Fürstenstaaten herangezogen werden.

Die psychische Dynamik versuchte Elias mit einer modifizierten Triebtheorie (Freud stand Pate) zu erfassen, wobei er »Trieb« weitgehend durch »Affekt« ersetzte und die relativ schwer zu beobachtenden Konstrukte wie Kastrationsangst, Ödipuskomplex, Übertragung und Gegenübertragung vermied. Der Begriff des »psychischen Habitus« ist an den englischen Begriff der »habits« – im Sinne von beobachtbaren Gewohnheiten – angelehnt (es gibt einen Verweis auf John B. Watson) und dient damit der empirischen Überprüfbarkeit, weil er sich auf etwas »Sichtbares« beziehen soll. Die Art und Weise, wie die in den mittelalterlichen bis höfischen Etikettefibeln adressierten Menschen stehen, sich bewegen, was sie tun oder nicht mehr tun, kann sich in Körperhaltung, Gestik und Mimik zeigen; wobei – Stichwort: Gewohnheiten – immer etwas relativ Stabiles gemeint ist. »Selbstzwänge, die zu Automatismen werden«, äußern sich so im Habitus des Höflings oder Kaufmanns. Sie können zu deren »zweiter Natur« werden (vgl. Dunning & Mennell, 1996). Nur aus der Beobachtung, gar der isolierten, heraus kann man aber nicht entscheiden, auf welche äußeren und inneren Zwangslagen Menschen körperlich reagieren.

Wenn man nun »Zivilisierung« im Verständnis Elias' als wachsende Gehemmtheit, Verfeinerung der Bedürfnisse und Pazifizierung als die drei zentralen Dimensionen ansieht, so ist die letztere wiederum in *Über den Prozeß der Zivilisation* in zweifacher Gestalt zu finden: 1. in Form des Zivilisationsschubs, der aus Kriegern Höflinge macht, und 2. als noch allgemeinerer Prozess, der nicht nur bei Höflingen, sondern bei vielen anderen gewaltsames Handeln und überhaupt Aggressivität, die zu physischer Gewalt führen kann, aufgrund innerer psychischer Mechanismen schwierig macht. Elias hat als Beleg für diesen allgemeineren Prozess die Zurückdrängung des Gebrauchs von Messern bei Tisch erwähnt – der Anblick eines auf das Tischgegenüber gerichteten Messers wird nicht nur als bedrohlich, sondern auch als »peinlich« empfunden; der Übeltäter schämt sich.

Ich wende mich hier zuerst der *Wandlung vom Krieger zum Höfling* zu und greife nur die zentralen Punkte heraus:
1. Elias behandelt die Kampfwilligkeit mittelalterlicher Ritter nicht einfach als moralisch zu verurteilende Brutalität, sondern als gelebten Ausdruck von »Lust« – nämlich »Angriffslust«.
2. Für den Stärkeren und Mutigeren gibt es darüber hinaus noch Belohnungen in Form erhöhten Prestiges und besserer sexueller Chancen.
3. Es gibt mehrere Haupttypen von Situationen, die zur Angriffslust führen: der Krieg (Fehde), das Turnier (als Vor- oder Nachbereitung des Krieges), das Vorhandensein machtschwächerer Personen, über die man verfügen will, ganz generell im Umfeld des Kriegers.
4. Angriffslust ist oft begleitet von Gefühlen der Freundschaft und Solidarität mit dem Mitstreiter.
5. Zum Krieger wird man nicht geboren, sondern erzogen (oder: abgerichtet). Wer nicht schon in der Jugend reiten und das Schwert führen kann, wird es nie mehr richtig lernen: der Habitus wird zur »zweiten Natur«.
6. Nicht nur das Auskosten der Angriffslust im Kampf, sondern auch eine geringere Hemmschwelle beim Quälen und Foltern von Wehrlosen kennzeichnet die »Wildheit« der Oberschicht.

Daraus leitet sich die Frage ab: Wie kann man den *Habitus des Höflings* charakterisieren?
1. Die Entwicklung fürstlicher und königlicher Höfe führt zu einer Verfeinerung der Manieren und der Abschwächung physischer Gewalt als Folge der Bestrafung von Duellen und durch die Belohnung der Loyalität der ehemaligen Krieger.
2. Höflinge müssen ihre aggressiven Impulse besser zähmen und sie in Schmeichelei und Witz verwandeln.
3. Ein enges Schema von Regulierungen der Etikette führt zu einer engmaschigeren Selbstzwangapparatur, die physische Aggression durch Scham- und Schuldgefühle bestraft.

Der friedliche Habitus ergibt sich als Resultat eines allgemeineren Prozesses, in dem »innere« Zwänge gewalttätiges Verhalten verbieten. Hierzu stelle ich zentrale Annahmen dar:
1. In Elias' Hauptwerk wird Aggression weniger durch die Identifikation mit anderen geschwächt als durch die Angst vor Sanktionen Machtstärkerer, deren Werte man verinnerlicht hat.

2. Elias hat den Übergang vom friedlicheren Elitenhabitus zur größeren Friedfertigkeit der Massen nicht im empirischen Detail studiert. Theoretisch fasste er ihn als Diffusion nach unten, wobei er den Bürgern wachsende Eigenständigkeit in der Formulierung gesellschaftlicher Ge- und Verbote zusprach. Theorie und empirische Analyse unterscheiden sich in der Reichweite der Erklärungen.
3. Prozesse gehen vor Strukturen. Spätere Formen eines sozialen Habitus versteht man nur durch die Angabe ihrer Vorgänger.

Allgemeine Prinzipien der Erklärung eines sozialen Habitus

1. Der Habitus (auch der des Kriegers) ist – als sozialer – immer ein Ergebnis von Prägeapparaturen: kriegerische Konkurrenz, Versorgungsanstalt und Überwachungsinstitution des »Hofes«; die Relevanz der jeweiligen Prägeapparatur für das soziale Überleben des Einzelnen ergibt die Relevanz der jeweiligen »Affektmodellierung« bzw. des »Habitus« im Aufbau der sozialen Persönlichkeit.
2. Diese Prägeapparaturen schaffen somit »Situationen« (das Wort findet sich bei Elias nicht), und deren Relevanz bestimmt sich – in holistischer Betrachtung – durch die Struktur der Beziehungen zwischen ihnen. Der gesamte Gesellschaftsaufbau verleiht ihnen erst ihren spezifischen Sinn: Das ist die Verschränkung von »Mikro« und »Makro«, wie sie heute genannt wird. Elias sagt, der Strukturwandel der Gesellschaft sei zugleich der Strukturwandel der Psyche ihrer Mitglieder.
3. Soziale Situationen können daher nicht in Isolation studiert werden.
4. Der soziale Habitus der Leute ist nur teilweise ihrem eigenen Denken zugänglich. Er enthält immer auch unbewusste Elemente, nicht anders als die Emotionen, die menschliches Verhalten steuern.
5. Aber auch in diesem Fall vermeidet Elias die Auffassung von universell anwendbaren, »ewigen« sozialen Gesetzen, sondern geht, wie Max Weber, von besonderen historischen Prozessen aus, selbst wenn sie in Wirkungen globalen Ausmaßes resultieren. Übertragen auf das Thema »Gewalt« heißt das nichts anderes, als dass es auch hier keine unwandelbare menschliche Natur gibt.

Elias' Modell des »Kriegerhabitus« hat viel Kritik erfahren; so wurde ihm Selektivität bei der Quellenauswahl, Unterschätzung der Bandbreite mittelalterlicher

Kampfformen und -strategien sowie der Rationalität auch des geduldigen Abwartens (Belagerungen) vorgeworfen. Hinsichtlich einer seiner Kernaussagen (Kriegergewalt sei im Mittelalter viel alltäglicher gewesen als dies heute innerhalb der befriedeten Staatsgesellschaften unserer Tage der Fall ist) hat er aber unlängst auch, mit Verweis auf Zeitreihenanalysen von relativen Häufigkeiten, viel Unterstützung erhalten (vgl. Pinker, 2011). Im Zusammenhang mit dem Hauptziel dieses Aufsatzes interessiert dieser Diskurs aber nur am Rande.

Abschließend sei aber ausdrücklich darauf verwiesen, dass es auch in Elias' Sichtweise situative Gegebenheiten sind, die psychische Reaktionen und damit auch das korrespondierende Verhalten auslösen. So ist auch der menschliche, nicht nur der tierische Organismus darauf programmiert, bei feindseliger Aggression anderer physiologisch auf Kampf oder Flucht vorzubereiten (vgl. Elias, 2006). Es sind die Konflikte, die zur Gewalt führen, und nicht eine apriorische Lust an der Gewalt. Allerdings, so Elias, kann der erlernte Habitus von Menschen sie in unterschiedlicher Weise dazu befähigen, dabei erfolgreich zu sein oder eben auch »Lust« dabei zu empfinden.

Randall Collins: Gewalt als Ergebnis gewaltträchtiger Situationen

In Collins' Theorie der Gewalt ist nun das, was bei Elias »Fremdzwang« genannt wird, aber stets auch über »Selbstzwänge« die Psyche des Einzelnen prägt, zur »Situation« geworden, die mehr oder weniger allein für das Entstehen von Gewalt verantwortlich ist. Selbst ein Serienmörder mordet nicht ununterbrochen, sondern vergleichsweise selten und unter dem Druck der »Situation«; sozialer Hintergrund, Kultur und Motivation, sie alle sind sekundär, wenn es darum geht, das Wesen menschlicher Gewalt zu ergründen. Es geht um das »Wesen der Gewalt«: Denn Collins strebt eine gesetzeshafte Theorie an (vgl. dazu auch Karstedt & Eisner, 2009), die alle ihre Formen umfasst und, nach einzelnen Typen gegliedert, aber doch als ein einziges Grundphänomen, erklärt. Während Elias also den »Wandel der Angriffslust« historisch situierend und eben prozessual erklären will, geht es für Collins um eine einheitliche Theorie, die leidenschaftliche wie kalte, private wie öffentliche, kriegerische wie sportliche physische Gewalt *situativ* erklären kann.

Der Idee einer Genealogie sozialer Prozesse über Generationen, Jahrhunderte oder gar Jahrtausende kann Collins nichts abgewinnen; so polemisierte er ausdrücklich gegen Elias' »Trend-Theorie«, wie er sie nannte (Collins, 2009).

Dabei ist Collins nicht gegen Makroerklärungen (sein Vorbild ist Max Weber), aber bevor man diese einführt und diskutiert, sei das meiste einmal auf der Mikroebene zu klären. Erst wenn das, was man »Logik der Situation« nennen könnte, adäquat erfasst ist, kann man an Meso- und Makroebenen denken. Collins ist also der Meinung, dass man »die Situation« von den sie bedingenden Hintergrundvariablen analytisch isoliert und abgekoppelt studieren könnte oder sollte. Merkmale der Situation, deren Bedeutung nur im größeren Zusammenhang ersichtlich wird, sollte man also zuerst einmal, ohne diese zu kennen, als Teil der »Situation« fassen: Die Situation einer Kundin im Frisiersalon wird wahrscheinlich weniger gewalthaltig sein als die von Zuschauern im rivalisierenden Fansektor einer Fußballarena. Insofern hat natürlich Collins recht, dass die Situation über die Gewalt entscheidet und weniger die Person – aber diese Erkenntnis ist hier ziemlich trivial. Wenn man noch dazu alles, was in einer Situation von Ausschlag ist, also auch das, was situativ mit einer Person an affektiven Äußerungen geschieht, zur »Situation« rechnet, dann hat man auf logischem Weg alles Außersituative eliminiert. Ein solcher »Pansituationismus« wird von Collins nirgends offen vertreten; aber man sieht auch nicht so recht, wie sich Collins von diesem abgrenzen könnte. Im Weiteren seien die wichtigsten Punkte der Collins'schen Sicht auf physische Gewalt aufgelistet:

1. Sie ist streng empiristisch auf Beobachtung gegründet, erst neuere Möglichkeiten der Beobachtung via Videoanalyse, Fotografie und Tonband machen die Korrektur von »Kampfmythen« möglich. In diesen »Kampfmythen« erscheint Gewalt als leicht, geordnet, rituell, lang dauernd und oft lustvoll; in Wirklichkeit ist sie ungeschickt, repetitiv, kurz, hässlich.
2. Die theoretischen Implikationen dieses empiristischen Credos sind mannigfaltig: Da Quellen historischer Art selten so sein können, dass sie Körpersprache und Mimik wiedergeben und dabei in Ruhe studiert werden können, wird man ihnen mit Misstrauen begegnen. Theorien über langfristige Prozesse scheinen damit kaum jemals so verifizierbar oder falsifizierbar wie solche über zeitgenössische, kürzerfristige Prozesse.
3. Die starke Konzentration auf Beobachtung von Mimik und Körpersprache ist vielleicht bei der Berücksichtigung von aktuellen Gefühlen in deren Ausdruck günstig, aber weniger bei der Erfassung eines relativ stabilen – etwa national und/oder staatlich geprägten – Habitus.
4. In seiner Betonung von Situation und der Rolle des Akteurs steht Collins deutlich in der Tradition des Symbolischen Interaktionismus. Herbert Blumer (1973) hat diese bereits in seiner Abhandlung zum methodologischen Standort des symbolischen Interaktionismus hinreichend klar gemacht; der

einzige Unterschied zu Blumers Credo liegt bei Collins in der Anerkennung der Rolle von Gefühlen auch vor ihrer reflexiven Interpretation durch die Interagierenden. Aber er teilt die Abneigung Blumers gegen die Annahme, »unbewusste« psychische Prozesse könnten in soziologischer Betrachtung als handlungsrelevant angesehen werden, eine Aversion, die sich sowohl gegen den Behaviorismus wie die Psychoanalyse richtet.

5. Collins gewichtet die Gefühle, die in Gewaltsituationen auftreten können, deutlich anders als Elias: Gewaltbereitschaft muss erst eine vorhergehende emotionale Einfühlung mit dem Gegenüber überwinden. Damit ist für Collins die im 20. Jahrhundert von ihm in zahlreichen Beispielen festgehaltene Hemmung, von verbalem Geplänkel oder anderen, nonverbalen Einschüchterungsgesten zu tatsächlichem Gewalthandeln überzugehen, nicht notwendig durch einen abschwächenden Zivilisationsprozess erklärbar, sondern schon durch die anthropologische Konstante der menschlichen Natur: Mitgefühl mit anderen ist kein spätes Erziehungsprodukt, sondern gehört zur biologischen Ausstattung des Menschen, wie auch der Ausbruch von Grausamkeit, wenn – nach vorheriger Konfrontationsangst – sich das Opfer als unverhältnismäßig schwach und zum Attackieren geeignet entpuppt.

6. Für Collins lässt sich damit der Großteil der in der Welt grassierenden hemmungslosen Gewalt auf zwei Arten erklären: einerseits durch kollektive Organisation, insbesondere in Kriegen und von Staaten; andererseits durch Techniken und situative Mechanismen der Überwindung der Konfrontationsangst.

7. Zivilisation zähmt also diese Gewalt nicht, sondern steigert sie, womit sich Collins in diametralem Widerspruch zu Elias befindet. Zwar konzediert er dessen Theorie, auch Entzivilisierungsprozesse zu berücksichtigen, gibt diesem Argument aber eher den Charakter einer Immunisierungsstrategie. Wenn Makrogewalt untersucht werden soll, dann nach den Ansätzen von Max Weber (vgl. etwa Weber, 1980, S. 514–550) oder Michael Mann (vgl. Mann, 1986, S. 1–33), die sich eher mit mehrdimensionalen Veränderungen in der sozialen Organisation von Macht befasst hätten.

8. Aber: Alle sozial produzierten Techniken zur Angstüberwindung müssten sich zuerst einmal auf Mikroniveau bewähren (und dort auch empirisch analysiert werden, kann man hinzufügen).

Elias hat in *Über den Prozeß der Zivilisation* die relative Gezähmtheit von Aggressivität bzw. den Mangel an wilder »Angriffslust« selbst im Großen Krieg 1914–18 (an dem er ja teilgenommen hatte) konstatiert, verglichen mit der »Wildheit« des Hochmittelalters oder gar der Affektlage der Völkerwanderungszeit. Es ging ihm immer um einen Vergleich mit einem Habitus des kriegerischen »Furors«, der auch Genuss am Kampf erlaubt. Was bleibt davon übrig, wenn wir Collins' Art der Situierung von Gewalt dem Habitus-Konzept der »Wildheit« gegenüberstellen? Collins diskutiert hier drei Möglichkeiten: Von den kühl und methodisch angeordneten Massakern abgesehen, können sich im Krieg spontane kollektive Gewalttaten ereignen, für die Collins den Begriff der »forward panic« reserviert hat. Es kann zu kollektiven Gewaltexzessen kommen, die begrenzende Normen in einer Art »moral holidays« ignorieren. Alle diese Akte können nur situativ erklärt werden. Allerdings gibt es eine Ausnahme: Eine Minderheit von Personen ist »gut« im Umgang mit Gewalt und reitet auf der Welle der Furcht, statt sich von ihr mitreißen zu lassen: Kampfesfreude von Fliegerassen, Scharfschützen etc.

Als einen Widerspruch zu seinem situativen Ansatz muss Collins hinnehmen (er tut dies auch in recht offener Weise), dass es doch Gewalt»täter« gibt, die besonders »gut« dabei sind. Schon S. L. A. Marshall (2000) hat in einem vielbeachteten Buch dargelegt, dass es nur 15–25% der Soldaten seien, die im Kampf überhaupt ein Gewehr abfeuern – gleichgültig, ob sich dieser Kampf über einen oder mehrere Tage erstreckt. (Zur Kritik an Collins' Berufung auf Marshall vgl. Liles, 2008.) Es sind immer dieselben. In ähnlicher Weise gibt es bei Kampfpiloten in Jagdmaschinen eine extrem ungleiche Verteilung: Wenige Fliegerasse haben den Löwenanteil an Abschüssen, gut die Hälfte trifft nie. Und es gibt in allen Armeen erfolgreiche, wenngleich bei den Kameraden meist wenig beliebte, Scharfschützen, die nur eine geringe Tötungshemmung aufweisen.

Für Collins' situativen Ansatz ist das dadurch zu erklären, dass es entweder ein Training gibt, wie man organisatorisch die Konfrontationsangst reduzieren kann (die unterschiedliche Leistungsfähigkeit von Armeen hängt, so Collins, ohnehin hauptsächlich vom organisatorisch effektiven Angstmanagement ab); dieses Training muss dann aber doch auf die Individuen unterschiedlich wirken. Oder die Soldaten haben von vornherein gewisse Persönlichkeitszüge – weniger Angst, weniger Mitleid oder mehr von irgendetwas anderem. Allerdings ist laut Collins nicht erwiesen, dass diese wenigen, in Gewalt wirklich kompetenten Soldaten tatsächlich »Kampfesfreude« empfinden (nur 0,3% der Soldaten würden im Kampf lachen; allerdings, so könnte man einwenden, führt auch lustvolle Sexualität nicht unbedingt zu großem Gelächter). Aber immerhin gibt dieses Zugeständnis, dass Kampfmotivation durch Training und aufgrund persönlicher Eigenschaften zu einer Situationen transzendierenden Disposition werden kann, der Habitus-Interpretation beträchtlichen Auftrieb.

Versuch einer Bilanz

Wie wir gesehen haben, sind die beiden Erklärungsstrategien von Elias und Collins sehr verschieden bei gleichzeitig einigen Überlappungen. Ich möchte zuerst mit diesen beginnen, dann die Unterschiede herausarbeiten und zuletzt aus diesen das herausfiltern, was beide Ansätze vom jeweils anderen übernehmen könnten.

Überlappungen:
1. Elias wie Collins wollen physische Gewalt und Gewaltbereitschaft empirisch studieren und jenseits ihrer bloßen moralischen Wertung gegen »mythische Vorstellungen« von Gewalt vorgehen.
2. Beide betonen, dass physische Gewalt in modernen Gesellschaften außerhalb der Enklave Krieg sehr selten ist.
3. Obwohl sie die Gewichte zwischen Person und Situation anders verteilen, behandeln beide Gewaltbereitschaft weder als angeboren noch als nur von einem Pol her erklärbar: Situative von einmaligen bis zu stetigen Zwängen gibt es bei beiden Autoren; und auch Collins anerkennt die »violent few« und Gewalt als das Ergebnis von Training.
4. Bei beiden Autoren können physischer Gewalt starke Emotionen vorausgehen, die nicht »rational geprüft«, sondern auch ohne das Medium des Verstandes verhaltenswirksam werden. Bedenkt man die interaktionistischen Wurzeln der Emotionssoziologie von Collins, mit ihrer Konzentration auf nur situativ interpretierte und ausgehandelte Bedeutungen (vgl. Blumer, 1973), so ist das erstaunlich: »innere«, vielleicht sogar genetisch mitdeterminierte Affekte, Emotionen und Bedürfnisse (Dominanz über Schwächere, affiliative Einfühlung) sind auch ohne rationale Interpretation handlungswirksam.

Differenzen:
1. Der größte Gegensatz besteht zwischen dem holistischen Verständnis Elias' von der Aufeinanderbezogenheit von Menschen in, wie er es später formuliert, »Figurationen« (Elias, 1993, S. 139–145) wechselseitig voneinander abhängiger Individuen und Gruppen und dem methodologischen Individualismus von Collins, der daran glaubt, zuerst einmal »Situationen« ohne jeden Makrobezug in Isolation studieren zu können und erst im Nachhinein aggregierend zur Typenbildung schreiten zu können. Elias hat diese ontologische Trennung in Mikro und Makro explizit kritisiert (Elias, 1987) und darauf beharrt, die Trennung von Individuum und Gesellschaft

müsse, wie auch andere Dualismen (Geist – Körper, Verstand – Gefühl), überwunden werden.
2. Der zweite große Unterschied betrifft die Anerkennung der Rolle von sozialen Entwicklungen bzw. Prozessen zum Zweck der Erklärung auch gegenwärtiger Strukturen (hier: der Gewalt). Für Collins (2009) ist das, was er – in einer Kritik an Mennell (2007) – der Elias'schen Zivilisationstheorie vorwirft, gerade die Idee der Herleitung von gegenwärtigen Persönlichkeitstypen (sozialer Habitus-Typen) aus deren Vorgeschichte. Dass auch in den USA eine Verfeinerung der Esssitten in zivilisatorischer Hinsicht stattgefunden habe, bestreitet Collins mit der Angabe von »rebellischen« Fast-Food-Praktiken US-amerikanischer Jugendlicher. Elias-Verteidiger werden einwenden, dass er hier einen Popanz konstruiert: Die Mehrlinigkeit der Entwicklung dieser Essverhaltensmuster ist für die zivilisationstheoretische Interpretation kein Problem (man kann sie ja auch als »Informalisierung« deuten; vgl. Wouters & Mennell, 2013, die auch den von Collins aufgenommenen alten Unilinearismusvorwurf diskutieren). Dasselbe gilt für die Anerkennung einer großen Streuung solcher Muster in den sozialen Schichten.
3. Der dritte große Unterschied betrifft die jeweiligen Erklärungsrätsel. Für Elias geht es um die Erklärung zeitgenössischer Affektmodellierung, um ihr, wie Weber sagen würde, »So-Geworden-Sein« als Resultat langfristiger sozialer Prozesse. Seine Analyse ist somit historisch und räumlich-zeitlich gebunden. In Elias' *Studien über die Deutschen* (1989, S. 93) finden wir seine Polemik gegen einen atheoretischen, ahistorischen Alltagsbegriff und gegen die Fiktion, man könne Situationen in Isolation studieren. Integration in strukturelle Prozesse sei nötig, sonst drohe Orientierungslosigkeit in einem Episodenmeer. Collins' Lösung ist die ahistorische Ableitung einer situationsbezogenen Gewalttypologie bei gleichzeitiger Aufrechterhaltung eines Erklärungsanspruchs, *jedwede* Form physischer Gewalt (nomothetisch) verstehen zu wollen.
4. Und zuletzt vertritt Collins einen stärker beobachtungsbezogenen Empirismus als Elias, der auch indirekte Beweisführung (Ratgeberliteratur) als ausreichend ansieht.

Triftige Kritik und ihre Folgen für beide Ansätze:
1. Das situativ beschreibende und stark beobachtungsbezogene Verständnis von Gewalt bei Collins hilft auch der zivilisationstheoretischen Argumentation, Fehlkategorisierungen zu vermeiden. So liest man Schilderungen

mittelalterlicher Kriegergewalt anders (sei es bei Elias, 1997, Bd.1, S. 360, nach Luchaire, oder bei Duby, 1996), wenn man in Rechnung stellt, dass sie das Ergebnis von »forward panic« oder eines »moral holiday« dargestellt haben könnten. Leider erlauben die historischen Quellen oft nicht die genaue analytische Rekonstruktion und Abfolge des Geschehen. Was bleibt, ist eine gewisse Skepsis, die nicht nur destruktiv ist.

2. Ebenso mag manche andere als Entzivilisierungsprozess in heutigen Gesellschaften behandelte Greuelsequenz weniger auf einen veränderten Habitus und mehr auf starke situativ wirksame Auslöser verweisen. Verblüffende Parallelen zwischen historischen und jüngst geschehen Massakern (Eroberung Jerusalems und Balkankriege) können nicht ignoriert werden und verschärfen den Beweiszwang für eine Theorie von Entzivilisierungsprozessen. Insofern ein »ungünstiger« nationaler Habitus anklagend als kausal eingestuft wurde, kann die situierende Perspektive, falls korrekt eingenommen, hier einiges relativieren.

3. Etliche Annahmen über die Herausforderung eines für die Erklärung verschiedener Ereignisse herangezogenen »Habitus« differenzieren zu wenig zwischen den Schwere- und Nachhaltigkeitsgraden der Prägung (Affektmodellierung) und können durch die Heuristik korrigiert werden, auch die fremdbestimmenden organisatorischen, oft bürokratischen Settings anzuschauen, die ihrerseits eine »Abfolge von Situationen« abbilden. Die analytische Genauigkeit eines situativen Vokabulars bildet ein wirksames Korrektiv gegenüber bombastischen Verallgemeinerungen.

4. Die Collins'sche, interaktionistische Sichtweise wiederum wäre gut beraten, den Essenzialismus der Erklärung von Gewalt aufzugeben und die situative Kasuistik der Erklärung an raum-zeitlich bestimmbaren Problemlagen zu orientieren.

5. Die Kategorie der »Situation« ist oft trivial und leer. Freilich ist man beim Friseur (Situation) kaum je physischer Gewalt ausgesetzt, anders als etwa bei einer Situation der Verabredung von Hooligans. Aber wen überrascht das?

Person und Situation im habsburgischen Militärhabitus und das Schicksal Österreich-Ungarns in der kriegerischen Staatenkonkurrenz

Man kann den Begriff des nationalen Habitus nach Elias so verstehen, dass er Erleben, Empfinden und Körperausdruck als Ergebnis spezifischer Prägeapparaturen der Affektmodellierung betrachtet, insofern als er in zentralen Bestandteilen an die »Überlebenseinheit« des (National-)Staates gebunden ist. Nur wenn soziale Prägeapparaturen wie der Hof oder der Beruf vitale Bedeutung für die soziale Existenz von einzelnen (oder eines Kollektivs) haben, müssen Menschen ihre bewussten und unbewussten »Strategien« der Kanalisierung bestimmter Gefühle und Affekte wirklich nach den Forderungen der jeweiligen sozialen Umwelt ausrichten. Der »Nationalstaat«, aber auch – wie im Falle Österreichs – der multinationale Fürstenstaat mit demokratischen und konstitutionellen Komponenten wirkt nun eher selten »direkt« auf den Habitus seiner Bewohner ein. Er tut es eher indirekt, über die für eine Staatsgesellschaft wichtigen Institutionen: Über die Eliten, deren Sozialisationsinstanzen, über Schule, Bürokratie und Heer. Da für Elias der »nationale Habitus« ebenso wie die Zivilisation niemals ein abgeschlossener Prozess ist, sondern immer im Werden (und Vergehen), spiegelt sich im Habitus auch die wechselvolle politische Geschichte einer Staatsgesellschaft und der in ihr vertretenen ethnischen Gruppen (selbst im relativ homogenen Nationalstaat des späten 19. Jahrhunderts gab es immer eine ganze Anzahl davon). So kann ein nationaler Habitus auch von Phasen ethnischer oder feudaler vorstaatlicher Überlebenseinheiten geprägt sein. Das Studium eines nationalen »Habitusprozesses« (vgl. Pickel, 2005) wird daher nur in einer Art »Mehrebenenanalyse« vollständig betrieben werden können, weil Familie, Kirche, Schule, Firmen und Staatsbürokratie für spezifische Prägungen verantwortlich sind. Beeinflusst wird nach Elias vor allem der Umgang mit »Affekten«. Aber natürlich hat auch Denken affektive Komponenten und kann an den jeweiligen sozialen Standort gebunden sein. Die Geschichte der Herausbildung von »Überlebenseinheiten« – von Jäger-Sammler-Gruppen über Clans, Stämme, Städte und Dörfer, Staaten bis zu Reichen – wird ebenfalls ihre Spuren im einzelnen Habitus hinterlassen, mit den jeweiligen Wir-Ich-Balancen und Wir-Identitäten, die man sich vereinfacht nach dem System russischer Puppen vorstellen kann: Die jeweils höhere Integrationsstufe löscht die niedrigere nicht vollständig aus, sondern integriert sie und modifiziert sie zum Teil. Als Österreicher bleibt man Grazer, Steirer, Österreicher und wird vielleicht zum Europäer oder Weltbürger.

Ist man zum Beispiel auf der Suche nach einem österreichischen »Militärhabitus«, um diesen zu charakterisieren, so bedeutet das die Recherche nach den bestimmenden sozialen Feldern, in denen sich das wechselhafte soziale Schicksal der Monarchie ausgedrückt hat. Da ist einmal die Armee, die Kaserne, die Militärakademie (für Offiziere), die Kadettenanstalten; weiter »oben« in der Steuerungshierarchie findet man Institutionen für die Vorbereitung und Finanzierung der Kriegsaktivität im Friedens- wie im Kriegsfall (Hofkriegsrat, Kriegsministerium, Militärkanzlei des Kaisers etc.). Alle diese Institutionen haben Anteil an der gesamtgesellschaftlichen Entwicklung des Systems und sind auch nicht völlig autonom gegenüber jenen anderer, konkurrierender Staaten.

Elias hat nun in den *Studien über die Deutschen* modellhaft einen Prozess in seiner Formkraft für den deutschen Nationalhabitus besonders herausgestellt: Es ist jener der Reichseinigung »von oben« 1870–71, nach drei gewonnenen Kriegen Preußens und die Herausformung einer neuen Elite aus aristokratischen (kriegerische Junker) und bürgerlichen (Akademiker, hohe Beamte) Elementen. Es bildet sich eine neue, überlokale »gute Gesellschaft«, zu der vor allem Menschen (Männer) gehören, die ihre »Ehre« mit der Waffe in der Hand verteidigen dürfen oder müssen: Elias nennt sie »satisfaktionsfähige Gesellschaft«. Das sichtbare Zeichen des Habitus von Burschenschaften als Mitgliedern der kaiserlichen Elite waren die Schnitte (»Schmisse«), die sie sich in rituellen, limitierten Fechtkämpfen mit scharfen Klingen geholt hatten – als glaubhafter Ausdruck ihrer physischen Tapferkeit und der Zugehörigkeit zu einer Elite, die über der nur-arbeitenden breiten Bevölkerung steht. Zugleich zeigten sie damit an, dass sie physische Stärke und Tapferkeit hochschätzten und sich gut als »Herren« des neuen Staates eigneten. Elias hätte wohl die Duellpraktiken und Initiationsriten der männlichen studierenden Jugend des Wilhelminischen Deutschland nicht für bedeutungsvoll gehalten, wenn er nicht übergeordnete Erklärungsziele verfolgt hätte. Collins (2008) dagegen, der ebenfalls ein Kapitel über Duelle und Scheinkämpfe (»mock-fights«) geschrieben hat, zielt auf keine solche übergeordnete Erklärung und studiert den eigentümlich rituellen, stark reglementierten Gewaltgebrauch des Duells im Hinblick auf die symbolischen Gehalte und die Überwindung der Konfrontationsspannungsangst. Jedes Duell ist für Collins ein abgrenzbarer, situativer Kosmos. Für Elias haben die echten, bewaffnet ausgetragenen Ehrenhändel der deutschen Oberschicht ebenso wie ihre rituellen Verwandten in den »Bestimmungsmensuren« nur einen Sinn im größeren Aufbau der Statushierarchie der ganzen Gesellschaft.

Die Frage, warum in Deutschland noch relativ spät im 19. und frühen 20. Jahrhundert ein »Kriegerkanon« zu folgenschwerem Charaktertraining führen muss, interessiert ihn im Zusammenhang mit der weiteren Entwicklung Deutschlands:
1. als einen Bestimmungsfaktor für die Herausbildung eines »nationalistischen Mittelklassekanons«, der seinen Anteil an der Entscheidung zum Kriegseintritt hatte;
2. als Katalysator des Rachebedürfnisses nach dem »Schmachfrieden« von Versailles;

3. als in breitere Mittel- bis Unterschichten einsickerndes Bedürfnis nach einem Ende von politischen Kompromissen und Parlamentarismus sowie
4. als verallgemeinertes Streben nach aristokratischer »Reinheit«, die sich zur abstammungsnationalen Reinheit (»Rassenreinheit«) steigerte als Teil der Mentalität des Nationalsozialismus.

Das bedeutet, dass dieser Habitus auch kausale Verantwortung für eine Reihe von politischen wie militärischen Entscheidungen haben muss, die damit ganz sicher nicht nur »rational« aus den Wahlmöglichkeiten durchgerechneter Situationen erfolgt sein dürften. Gerade das aber unterstellt etwa John Mearsheimers (2001) Doktrin vom »offensiven Realismus«, der damit aber auch mit den Schuldzuweisungen alliierter (wie auch vieler deutscher) Historiker bricht. Nach Mearsheimer ist die Situation der kriegerischen Staatenkonkurrenz bei Abwesenheit eines übergeordneten Gewaltmonopols Grund genug, an Präventivkriegsvorbereitungen zu denken, um eine zumindest regionale Hegemonie anzustreben oder zu verteidigen.

Folgt man der Einschätzung Collins', so ist es in erster Linie die Modernisierung der Welt mit der Bürokratisierung von Staaten und Armeen, die – als institutionell situierter »Fremdzwang« (falls man das Elias'sche Vokabular verwendet) – für die mörderische Ausstattung mit Waffen sorgen und die jeder Idee der (natürlich sehr normativ gefassten) »Zivilisierung« Hohn sprechen. In den dann entfesselten Kriegen sind es erst wieder nur »Situationen«, die über den Gewalteinsatz entscheiden, gepaart mit strategischer Planung. Die Idee eines »Habitusprozesses« verschwindet.

Eine Sichtweise, die die »Situation« weit stärker als den »Habitus« gewichtet, müsste folgende Fragen stellen:
1. Muss überhaupt eine tiefgehende »Internalisierung« (= Verwandlung in Selbstzwang) der entsprechenden Regelungen stattgefunden haben? In Elias' Methodologie ist es unzulässig, Fremd- und Selbstzwang als scharf trennbare Begriffe anzusehen: Hinter jedem Selbstzwang steckt auch immer ein – härterer oder milderer – Fremdzwang. Aber wie wissen wir dann, wie tiefgehend die Prägung eines Habitus tatsächlich gegangen sein muss? Man kann menschliche Sozialisation in eine primäre (Elternhaus, 0–6), sekundäre (Schule, Peers; 6–14 oder 18) und tertiäre Phase (Beruf, Studium, ab 14 oder 18 bis etwa 30) einteilen. Es kann gut sein, dass die tertiäre Sozialisation hinsichtlich des psychischen Erlebens und automatisierter Verhaltensroutinen mit ihrem spezifischen »Empfindens- und Verhaltenskanon« nur relativ flüchtige und oberflächliche Prägungen hinterlässt, die noch dazu mehr mit einer relativ starren Organisationskultur zu tun haben.

2. Wenn diese Kanones und Gebote den Einzelnen gar nicht so tiefgehend konditionieren, sondern relativ rationale Anpassungen des Individuums einfordern, so kann die Stabilität des Verhaltens, das Immer-Wiederkehren gewisser Muster (Arroganz, Schneidigkeit, Mangel an Einfühlung für Schwächere und gesteigerte Ehrempfindlichkeit bis zum Einsatz der Waffe bei Ehrverletzungen) auch mit der institutionellen Stabilität der entsprechenden sozialen Organisation über mehrere Generationen zu tun haben.
3. Eine große offene Frage, der man sich für die Analyse eines national (oder staatlich) geprägten Habitus stellen muss, ist immer die nach dem relativen Gewicht einer spezifischen Prägeinstitution im Verhältnis zu anderen. Im Falle der Habitusbildung bei Eliten stellt sich auch das Problem, ob und in welchem Ausmaß ihre Verhaltensmodelle in andere, mittlere bis untere Schichten der Bevölkerung diffundieren können.

Wie passen nun alle diese Überlegungen auf die eingangs formulierten Fragen nach dem Spezifischen an der österreichisch-ungarischen Konstellation vor und bei dem Eintritt in die blutigste Phase der europäischen Staatenkonkurrenz von 1914 bis 1918? Gab es so etwas wie einen habsburgischen Staats- und Militärhabitus, der das Schicksal dieser einzigartigen multinationalen »Überlebenseinheit« mit entschieden hat, oder lässt es sich nur makrosoziologisch-situativ erklären, ohne dass psychische Prozesse mit dem Ergebnis relativ dauerhafter Prägungen als bedeutungsvoll anerkannt werden müssen? Die Antwort darauf besteht hier in einer stark gerafften Zusammenfassung der Ergebnisse einer Studie (Kuzmics & Haring, 2013, Kap. 2–4) zum Stellenwert von Emotionen und Habitus in diesem Geschehen. Sie erfolgt hier in zwei Teilen: zuerst zur Vorgeschichte des Habsburgerreiches von den schlesischen Kriegen im 18. Jahrhundert bis zum Vorabend des »Großen Krieges« und dann zu den Ereignissen in der für das Überleben der Monarchie als Großmacht entscheidenden Anfangsschlachten an Ost- und Balkanfront.

Historiker und historische Soziologen haben in aller Regel (mit Ausnahme von Lieven, 2000) weder den Emotionen noch dem Habitus einen bedeutsamen Beitrag für das Schicksal Österreichs in der Staatenkonkurrenz beigemessen. Sie pendelten zwischen den Polen moralischer Erklärungen (wobei es meist um Schuld ging, der Dynastie oder der Eliten) und Narrativen hin und her, die ökonomischer Schwäche, nationalen Konflikten oder Demokratiedefiziten größte Erklärungskraft bescheinigten. Anders als Elias (2007), der den Aufstieg Englands zum Empire am Habitus seiner Marineoffiziere und erfolgreichen Seeschlachten festmachte, haben diese Ansätze für Österreichs imperiale Stagnation und letztendliches Scheitern keine Erklärungen gefunden, die Habitus und militärische Schwäche entsprechend berücksichtigt hätten. Das Paradoxon besteht darin, dass die Habsburger Monarchie zwar an fast jedem europäischen Krieg beteiligt war, auch eine von feudalkriegerischen Werten (Todesverachtung, Ehre und patrimoniale Loyalität) geprägte Offiziersklasse hervorbrachte, aber dennoch selten jene Durchschlagskraft und Entschlossenheit entwickelte, die eine Großmacht benötigt hätte. Rekonstruiert man die Entwicklung des habsburgischen Militärhabitus als Prozess, ergibt sich eine Abfolge von der langsamen Zögerlichkeit der spätbarocken Schlachtenphilosophie in den Kriegen gegen Preußen über die unvollständige Absorption der napoleonischen »vitesse et activité« hin zur »Jungtürkenrebellion« gegen den habsburgischen »Marasmus« am Vorabend des Ersten Weltkriegs. Aber woraus besteht denn ein solcher Militärhabitus?

Die analytische Arbeit ergibt hier zumindest vier Ebenen, die außerdem relational untereinander verbunden sind:

1. Er lässt sich einmal als »Habitus der Armee als Ganzes« fassen, als Resultante der in ihr zutage tretenden Wirkkräfte: Materielle Ressourcen (»manpower«, Bewaffnung, Ausrüstung); organisationelle Ressourcen (Logistik, Infrastruktur, Rationalität des Mitteleinsatzes) und Wissen (Professionalisierung, Schulung in Taktik und Strategie). Dahinter steht die Struktur gesellschaftlicher Machtverteilung (Kaiser, Adel, Bürgertum, Bauern- und Arbeiterschaft) und die Entwicklung der Stellung in der Staatenkonkurrenz als »Fremdzwänge« oder »situative, wenn auch strukturierte Faktoren«. Auf dieser Ebene war es schwer, die zwar prinzipiell existierenden, aber nicht ausschöpfbaren Ressourcen einer Großmachtarmee jenseits akuter Zwangslagen aufzubringen. Das manifestierte sich im Entscheidungsverhalten von Hof und Militärbürokratie als »Kultur des Fortwurstelns« und erschwerte schnelles, entschlossenes militärisches Eingreifen in der Auseinandersetzung mit den geostrategischen Konkurrenten Preußen, Frankreich und Russland. Österreich mobilisierte im Frieden nie mehr als etwa ein Drittel seiner männlichen Bewohner für die Armee, anders etwa als Frankreich, das knapp vor 1914 fast alle seine jungen Männer einzog. Dies blieb auch so nach der Durchsetzung der allgemeinen Wehrpflicht gemäß dem Modell der konkurrierenden Staaten.

2. Eine andere Ebene des habsburgischen Militärhabitus ist die Prägung des Affekthaushalts der höchsten militärischen Führer, die in Österreich sehr oft aus dem Ausland kamen, somit als Kinder nicht in »Österreich« sozialisiert worden waren (Prinz Eugen, Karl von Lothringen, Laudon, Mack, Wurmser etc.). In Verbindung mit den schwerfälligen Prozessen bei Hof

und im Staat dominierte dennoch nach der Ära des Prinzen Eugen oft zauderndes Mittelmaß, aber auch ein feudalaristokratischer Kanon der Ehre und Ritterlichkeit. Eine Serie von Niederlagen auf dem Schlachtfeld in den Kriegen gegen Preußen und Frankreich geht wohl auf Unentschlossenheit, Langsamkeit und unklare Entscheidungsstrukturen der Armeeführung zurück.

3. Am wichtigsten für das Funktionieren einer Armee ist die Heranbildung eines professionellen Offizierskorps mit einem entsprechenden Habitus. Auch hier lassen sich Entwicklungsphasen angeben: Die Siege Napoleons machten mehr Initiative und Entschlusskraft bei Offizieren und Soldaten, somit größere Autonomie gegenüber den Kommandierenden und taktische Schulung erforderlich. Dagegen entwickelte sich in Österreich jedoch Mitte des 19. Jahrhunderts eher eine Gegenbewegung der Praktiker (»Ära der groben Oberste«), die dann von wachsender Bürokratisierung durch immer öfter bürgerliche Offiziere abgelöst wurde. Deren Weltbild – insbesondere bei Stabsoffizieren, bei der Artillerie und technischen Truppen generell – entfeudalisierte sie zumindest zum Teil, aber neben der wachsenden Bedeutung des technischen Wissens spielten auch patrimonialbürokratische Zwänge und Abhängigkeiten im Friedensheer eine große Rolle, die auch zur Entscheidungsschwäche im Krieg führen konnten (wenn man den Vorgesetzten mehr fürchtete als den Feind). Gegen diese Kultur der Innovationsfeindlichkeit und Unbeweglichkeit kam es Ende des 19. Jahrhunderts zu einer reformorientierten Kehrtwende, die mit dem Namen des Generalstabschefs der habsburgischen Armee, Conrad, auch im Kriege (bis 1917) verbunden war. Auch sie ist nur als Ergebnis eines langen habitusbildenden Prozesses vorher verstehbar: als bewusste Hinwendung eines Teils der Führungseliten zu einer Modernisierung von Ausbildung und Technik, zum Angriff anstelle des Zauderns, zum Tempo anstelle langsamer Beharrlichkeit.

4. Aber man muss auch den Militärhabitus der einfachen Soldaten – auf die Bedeutung deren Kampfgeists schon Clausewitz (1832) hingewiesen hatte – berücksichtigen: vom zwangsrekrutierten langdienenden Söldner Maria-Theresias über den Versuch, eine im Volk verankerte Bürgermiliz (Landwehr) zu bilden, bis zum Wehrpflichtigen aller Ethnien, vom großteils analphabetischen Ruthenen oder Bosnier bis zu den loyalsten, zumindest lesekundigen Angehörigen der beiden »Staatsvölker« der Deutschen und Ungarn reichten die Wandlungsvorgänge in einer auf den Kaiser und König, nicht die Nation, eingeschworenen Volksarmee. Deren Drill und oft

mangelhafte Unterbringung führten zu einer im europäischen Vergleich enorm hohen Selbstmordrate und, als ultrastabiler Zug, zu einer gewissen Unselbstständigkeit.

Wie sich zeigt, ist somit ein Militärhabitus als Variante eines sozialen Habitus ungewöhnlich komplex. Oft gehen die das tatsächliche Verhalten in den Schlachten determinierenden habituellen Züge (als Persönlichkeitsdispositionen der Akteure) in dieselbe Richtung wie die unabhängig davon existierenden situativen Zwänge aus dem Mangel an Ressourcen oder dem Fehlen adäquater Logistik und Schulung. Hat man zu wenig Munition, kann man auch auf dem Schlachtfeld nicht initiativ sein. Tatsächlich kann dieser Mangel selbst wieder auf einen Habitus zurückgeführt werden, der aber nicht auf dem Schlachtfeld, sondern in den Verwaltungsstuben der Militär- und Finanzbürokratie geprägt wurde. Am besten lässt sich daher das Walten eines hemmenden Militärhabitus bei den unter Handlungsdruck stehenden Akteuren als Beharrungsphänomen orten, wenn sich trotz akuter Notlage das Verhalten nicht in die gewünschte Richtung ändert. Bester Beleg dafür sind die Zeugnisse von Zeitgenossen, denen eine atavistische Unbeweglichkeit als »Mentalität« gerade dann auffiel, wenn sich die Zeiten massiv gewandelt hatten. Sowohl Elias als auch Collins haben daher in gewisser Weise recht, wenn man das analytische Auflösungsvermögen erhöht.

Dasselbe gilt nun auch für das Verhalten österreichischer Armeen im Weltkrieg. Wie konnte es zu jener todesverliebten Haltung kommen, die in der Führung der Armee nach fast 50 Jahren strategischer Passivität in der europäischen Staatenkonkurrenz (wenn man von der Gewinnung Bosniens 1878 bzw. 1908 absieht) zu einem fast tollkühnen Aktivismus führte? Im Habitus hoher Kommandierender (Conrads und Potioreks, der Hauptverantwortlichen der extrem verlustreichen Anfangsschlachten) lassen sich mehrere Schichten unterscheiden, die einer einfachen moralisierenden Bewertung trotzen. So waren sie noch in einer Zeit geboren, da Schlachtenlenker wie Benedek in Königgrätz 1866 im Sattel mitkämpften und eine vorwiegend adelig geprägte Kavallerie todesmutig den österreichischen Rückzug deckte. Ihre Erziehung in Kadettenanstalten und Kriegsschule forderte Pflicht und Gehorsam. Conrads Beteiligung an den Balkanoperationen der habsburgischen Armee lehrte ihn auch, sich gegenüber dem Leid und Sterben der geführten Soldaten unempfindlich zu machen – zentrale Voraussetzung dafür, im Krieg überhaupt befehlen zu können. Als großer, auch Vorgesetzten trotzender Innovator war er jedoch bei Generationen von ihm Anbefohlenen äußerst beliebt. Kriegermystik verband sich bei ihm mit bürgerlich-sozialdarwinistisch gefärbtem Pessimismus bezüglich der Situation der

Monarchie in der Staatenkonkurrenz. Zugleich war es ihm – wie auch anderen Reformwilligen – nicht gelungen, die Armee (ein Staat im Staate) ausrüstungs- und ausbildungsmäßig dorthin zu bringen, wo er sie haben wollte, und es unterliefen ihm wohl auch folgenreiche Fehleinschätzungen. Situative wie habituelle Faktoren wurden Wegbereiter der Tragödie: Schon nach vier Monaten Krieg war in den selbstmörderischen Anfangsschlachten fast die Hälfte des Offizierskaders und der Truppe außer Gefecht. Der von oben verordneten napoleonischen »vitesse et activité« waren weder die oft in einem tradierten Habitus gefangenen Offiziere noch die anfänglich durchaus motivierten Mannschaften gewachsen. Auch hier zeigt eine nähere Analyse, wie sehr selbst große Tapferkeit an Knappheit, schlechter Logistik und anderen situativen Faktoren scheitern konnte, die sich zum Habitus gleichsinnig verhielten. Die Großmachtstellung der Monarchie hätte sich wahrscheinlich nur halten lassen, wenn schnelle Siege eingefahren worden wären. Der Loyalität und Begeisterung einer Vielvölkerarmee sind recht klare Grenzen gesetzt, zumal auch das Hinterland unglaublich leiden musste. Nur wenige Offiziere und Soldaten waren motiviert, in den permanenten Lernprozess einzutreten, den der Ruf nach einer flexiblen, individualisierten und dezentralen Taktik erforderte.

Was bedeutet diese Analyse für die unterschiedliche Gewichtung von Person (Elias) und Situation (Collins)? Sie zeigt die Bedeutung beider Aspekte auf, die aber nur in einer detaillierten Betrachtung und kombiniert analytisch fruchtbar werden können. Es braucht eine Methodologie, die prozessual verfährt und den Makroprozessen auch die Habitusprägung in relevanten sozialen Feldern an die Seite stellt. Nicht alles, was menschliches Verhalten von »innen her« beeinflusst, ist den Akteuren auch bewusst. Manches, was man dem personellen Habitus zuschlagen möchte, kann auch Ergebnis aktuell situativer Zwänge sein. Ein solches Resultat ist unspektakulär; die praktische Erforschung im historischen Wirkungszusammenhang steht aber damit vor erheblichen Aufgaben, die sie derzeit nur in Ansätzen zu lösen imstande ist.

Literatur

Argyle, M (1976). Personality and Social Behaviour. In R. Harré (Hrsg.), *Personality*. (S. 145–188). Oxford: Blackwell.
Blumer, H. (1973). Der methodologische Standort des Symbolischen Interaktionismus. In Arbeitsgruppe Bielefelder Soziologen (Hrsg.), *Alltagswissen, Interaktion und gesellschaftliche Wirklichkeit*. Band 1 (S. 80–146). Reinbek: Rowohlt.
Clausewitz, C. v. (1832). Vom Kriege. 16. Auflage. Bonn: Dümmler, 1952.

Collins, R. (1995). German-bashing and the theory of democratic modernization. *Zeitschrift für Soziologie*, 24(1), 3-21.
Collins, R. (2008). *Violence. A Micro-Sociological Theory*. Princeton, Oxford: Princeton University Press.
Collins, R. (2009). A Dead End for a Trend Theory. Review of: Stephen Mennell, The American Civilizing Process, Cambridge: Polity 2007. *European Journal of Sociology*, 50(3), 431-441.
Collins, R. (2010). A Dynamic Theory of Battle Victory and Defeat. *Cliodynamics*, 1(1), 3-25.
Duby, G. (1996). *Unseren Ängsten auf der Spur. Vom Mittelalter zum Jahr 2000*. Köln: Du Mont.
Dunning, E. & Mennell, S. (1996). Preface. In N. Elias: *The Germans. Power Struggles and the Development of Habitus in the Nineteenth and Twentieth Centuries*. Ed. by Michael Schröter. (S. VII-XVI). Cambridge: Polity Press.
Elias, N. (1987). *Die Gesellschaft der Individuen*. Frankfurt a.M.: Suhrkamp.
Elias, N. (1989). *Studien über die Deutschen. Machtkämpfe und Habitusentwicklung im 19. und 20. Jahrhundert*. Frankfurt a.M.: Suhrkamp.
Elias, N. (1993). *Was ist Soziologie?* Weinheim, München: Juventa.
Elias, N. (1997). *Über den Prozeß der Zivilisation*. 2 Bände. Ges. Schriften Bd. 3.1. u. 3.2. Frankfurt a.M.: Suhrkamp.
Elias, N. (2006). Über Menschen und ihre Emotionen. Ein Beitrag zur Evolution der Gesellschaft. In N. Elias: *Aufsätze und andere Schriften III*. Ges. Schriften Bd. 16. (S. 351-384). Frankfurt a.M.: Suhrkamp.
Elias, N. (2007). *The Genesis of the Naval Profession*. Dublin: University College Dublin Press.
Karstedt, S. & Eisner, M. (2009). Introduction: Is a General Theory of Violence Possible? *International Journal of Conflict and Violence*, 3(1), 4-8.
Kuzmics, H. & Haring, S. (2013). *Emotion, Habitus und Erster Weltkrieg. Soziologische Studien zum militärischen Untergang der Habsburger Monarchie*. Göttingen: Vandenhoeck & Ruprecht unipress.
Lieven, D. (2000). *Empire: the Russian empire and its rivals*. London: Murray.
Liles, S. (2008). On criticism of »Violence: A micro-sociological theory" by Randall Collins, July 8, http://selil.com/archives/author/samuel/ (06.05.2014).
Maclean, A. & Yocom, J. (2000). Interview with Randall Collins, September 2000. http://www.ssc.wisc.edu/theoryatmadison/papers/ivwCollins.pdf (06.05.2014).
Mann, M. (1986). *The sources of social power, vol. 1: A history of power from the beginning to A.D. 1760*. Cambridge: Cambridge University Press.
Marshall, S.L.A. (2000). *Men Against Fire: The Problem of Battle Command*. Norman, Oklahoma: University of Oklahoma Press.
Mearsheimer, J.J. (2001). *The Tragedy of Great Power Politics*. New York, London: Norton & Company.
Mennell, S. (2007). *The American Civilizing Process*. Cambridge: Polity Press.
Pickel, A. (2005). The Habitus Process: A Biopsychosocial Conception. *Journal for the Theory of Social Behaviour*, 35, 437-461. DOI: 10.1111/j.1468-5914.2005.00285.x
Pinker, S. (2011). *The Better Angels of our Nature. Why Violence Has Declined*. New York u.a.: Viking.
Weber, M. (1980). *Wirtschaft und Gesellschaft*. Tübingen: Mohr & Siebeck.
Wouters, C. & Mennell, S. (2013). Discussing Civilisation and Informalisation. *Criteriology, Política y Sociedad*, 50(2), 553-579.

Kaukesselchen

Hans-Heinrich Nolte

Im Frühling des Jahres 2013 habe ich an einer Konferenz zu Ehren von Arno Mayer in Luxemburg teilgenommen. Mayer war ein luxemburgischer Jude, der am Tag, an dem die Wehrmacht von Osten in das Großherzogtum einmarschierte, es nach Westen verließ, schnell genug weiter floh und schließlich als Historiker in den Vereinigten Staaten einige Bedeutung erlangt hat, z. B. durch sein Buch über den Holocaust *Why Did the Heavens Not Darken?* (Mayer, 1988). Zu den Festrednern gehörte Michel Vovelle aus Paris. Wir hatten in einem 1983 erschienenen Argumentband zur *Kultur zwischen Bürgertum und Volk* (Held, 1983) beide einen Artikel publiziert. Ich freute mich, ihn persönlich kennenzulernen und sprach ihn an – aber er weigerte sich, mir die Hand zu geben. Vielleicht ärgerte es ihn, dass ein unbekannter Wissenschaftler, der nie in Princeton gewesen ist (wie fast alle anderen Eingeladenen) etwas Kritisches über das Werk des Geehrten gesagt hatte. Vielleicht verwechselte er mich mit meinem Namensvetter Ernst Nolte. Oder war es einfach so, dass ich trotz langem akademischem Bemühen um den Holocaust doch eben als Deutscher für ihn nicht legitimiert war, am gefeierten jüdischen Wissenschaftler zu kratzen?

Aber wie auch immer. Die Zuordnung und zugleich Ablehnung, als die ich Vovelles Handlung verstanden habe, führte zurück zu der Mahnung von Peter Gleichmann, mich auch als Wissenschaftler nicht gegen Gefühle zu panzern (vgl. H.-H. Nolte, 1997). Führte mich also zurück in mein und meiner Geschwister Traumata aus dem Krieg, den Versuch meiner Mutter, zusammen mit ihrer Schwester und acht kleinen Kindern aus Zerbst (bei Dessau) über die Elbe in den Westen zu fliehen. Die Flucht misslang, weil die Amerikaner auf dem linken Elbufer den Frachtkahn, mit dem wir hinüber fuhren, nicht anlegen ließen – sie wollten keine hungrigen Zivilisten, die sie hätten ernähren müssen. Damit wir das begriffen, haben sie den Kahn versenkt, nachdem wir alle auf dem rechten Ufer wieder ausgestiegen waren. Wir lebten dann im Keller eines ausgebrannten Kinderheims, bis die sowjetische Armee kam: mit Panzern und Panjewagen, mit der Liebe der russischen Soldaten für Kinder und der Vergewaltigung von Frauen (vgl. M. Nolte, 2006).

Ein Gefühl erlittenen Unrechts war ein Ausgangspunkt meiner Kindheit und die Erfahrung der Vergewaltigung hat mich in meinem Leben begleitet, so wie der rote Schein des brennenden Magdeburg in meinem Kopf. Noch mehr als ich war, naheliegenderweise, meine drei Jahre ältere Schwester durch das Erlebnis traumatisiert. Die Familie hatte aber nicht viel Zeit, sich mit Traumata zu beschäftigen; meine Mutter musste – nachdem die Ausreise aus der Sowjetischen Besatzungszone 1946 gelungen war – einen Beruf lernen und wir Kinder wurden auf die Großeltern verteilt. Wir wurden zu *Kriegskindern* und fügten uns in das besonders ausgeprägte *Exoskelett* unserer Generation. Das Exoskelett leitete uns auch sicher zu unseren Pflichten. Den Begriff habe ich 2009 von Jürgen Reulecke gelernt, auf einer Tagung in Moskau, zu der Bernd Bonwetsch eingeladen hatte und aus der eine schöne deutsch-russische Sammlung von Erinnerungen an Kindheiten im Kriege hervorgegangen ist (Bonwetsch, 2009). Das Gefühl erlittenen Unrechts war nicht unbegründet. Niemand aus unserer Familie war Nazi gewesen. Die Eltern meines Vaters waren Landpfarrer im Hessischen, sie hatten der Bekennenden Kirche angehört; die SS-Zeitschrift *Das Schwarze Korps* hatte ihnen und meinem Onkel einen Artikel mit der Überschrift gewidmet: »Nicht alle wollen Noltes sein«[1] und dem Pfarrhaus wurden die Scheiben eingeworfen. Die Eltern meiner Mutter gehörten zum Zentrum. Sie haben die mit Schreibmaschine geschriebenen Predigten von Galens im Ofenrohr verborgen und weiter gegeben und das Dienstmädchen hat sie bei der Gestapo verpfiffen, weil sie BBC hörten – aber das Radio war so gut versteckt, dass die Gestapo es nicht gefunden hat.

Beide Großeltern beobachteten nicht ohne Zorn, wie dieselben Leute, die in der NS-Zeit Karriere gemacht hatten, diese nach der Niederlage erfolgreich fortsetzten. Ich gehörte also nicht zu Kindern ehemaliger Nazis, wie viele meiner Schulkameraden. Und ich war stolz, dass auch mein Vater kein Nazi gewesen war. Beim Kennenlernen der Eltern von Schulkameraden war das oft ein Wechselbad – mein Vater war Berufsoffizier gewesen, was mir erst mal Türen öffnete, aber er war stolz darauf, dass er den Kommissarbefehl verweigert hatte, was dann

---

1 *Das Schwarze Korps* 15. Juli 1937, vgl. auch »Eine schwarze Seele enthüllt sich« in *Das Schwarze Korps* 24. Juni 1937.

manche Tür wieder zuschlug, wenn ich (naiv) darüber berichtete. Mein Vater arbeitete nach dem Ende der Kriegsgefangenschaft als Hilfsarbeiter unter Tage und schuftete sich langsam nach oben – er erhielt später den Titel »Ingenieur« und besaß zwei Patente. Nach Feierabend schrieb er Leserbriefe (einer an Heuß wurde kürzlich veröffentlicht) und eben ein Werk zum Russlandfeldzug: vom Cannae-Mythos (vgl. H. Nolte, 1991).

Ich studierte Osteuropäische Geschichte. Die war damals von den Baltendeutschen beherrscht, und ich lernte bei meinen *Area-Studies* bei dem Göttinger Professor Reinhard Wittram, der aus Riga stammte. Rolf Wernstedt (der auch sein Schüler war) hat vor zwei Jahren vorgeschlagen, dass die ehemaligen Schüler Wittrams sich zusammensetzen und herausfinden, warum wir bei diesem Mann studiert haben. Wir haben mehrere Treffen veranstaltet, Vorträge angehört oder selbst gehalten und uns vor allem mit zwei Punkten auseinandergesetzt:

1. Reinhard Wittram war nicht nur Hochschullehrer in Riga gewesen, sondern auch Dekan der Philosophischen Fakultät der »Reichsuniversität« Posen zwischen 1939 und 1945 (vgl. Białkowski, 2011)
2. Wir Göttinger Studenten erlebten Reinhard Wittram als denjenigen unserer Professoren, mit dem wir über die Periode des Nationalsozialismus reden konnten.

Aus den Göttinger Vorträgen und Diskussionen im Kreis seiner Schüler habe ich ein (nicht veröffentlichtes) Konvolut zusammengestellt, in dem die Faszination unseres akademischen Lehrers deutlich wurde, dem zur Geschichte der Baltendeutschen, aber auch zur Geschichte Peters des Großen dauerhafte Werke gelungen sind. Es wurde auch daran erinnert, dass er einer der wenigen, wenn nicht der einzige seiner Generation war, der sich auf die NS-Zeit ansprechen ließ und mit dem man über marxistische Geschichtsschreibung diskutieren konnte. Was verband uns? Mir scheint, dass der Begriff Habitus den Zusammenhang am besten trifft: Wir hatten denselben Habitus bürgerlicher Höflichkeit. Dazu gehörte, dass wir zwar die Publikationen Wittrams aus seiner Posener Zeit lasen, welche in der Bibliothek standen, ihn aber nicht fragten, was er z. B. von der Vernichtung der Juden im Ghetto seiner Heimatstadt Riga wusste. Aber was wir uns nicht zu fragen trauten, hat er selbst 1959 in einer kirchlichen Veranstaltung der Lehrerbildung erzählt – er hat 1943 den (damals) deutschen Oberbürgermeister von Riga besucht und dieser hat ihm berichtet, dass von den 26.000 Juden der Stadt damals schon 22.000 vernichtet waren. Wittram nannte die Judenvernichtung 1959 »satanisch« und zog die Schlussfolgerung, dass sie »jene Verklärung des deutschen Namens, wie es in unserm herkömmlichen Nationalgefühl und Nationalbewusstsein so oft geübt worden ist«, unmöglich macht (Wittram, 1959, S. 97).

Ich kann mich allerdings nicht erinnern, dass er in einer Vorlesung oder im Seminar auf diesen Punkt zu sprechen gekommen wäre. Ich denke, dass er sich in der akademischen Öffentlichkeit an sein jeweiliges enges frühneuzeitliches Thema hielt– was die Geschichte des Nationalsozialismus seinem Fachkollegen Richard Nürnberger überließ oder auch der militärgeschichtlichen Vorlesung des Mediävisten Percy Ernst Schramm. Wittram war ja lange nur Dozent. Von Wittram hätten wir damals also mehr erfahren können, wenn wir genauer gefragt hätten.[2] So ist mir die Ubiquität des Massenmordes erst während meiner Zeit als Hochschullehrer hier in Hannover deutlich geworden, durch Herbert Obenaus, Joachim Perels und Claus Füllberg-Stolberg. Erst danach kam das eigene Eintauchen in einige Quellenbestände aus Osteuropa, mehrfach auf Anfrage der Landeszentrale für Politische Bildung: ein Band zum Unternehmen Barbarossa, eine Übersetzung der Erinnerungen der jüdischen Partisanin Ljuba Abramowitsch aus Slonim – übrigens gerade in Minsk in russischer Übersetzung neu herausgegeben (Abramowitsch & Nolte, 2005) – und Erinnerungen sowjetischer Häftlinge aus Bergen-Belsen (H.-H. Nolte, 2000). Erst zum Ende meiner Dienstzeit habe ich zum Zweiten Weltkrieg in russischen bzw. weißrussischen Archiven gearbeitet (H.-H. Nolte, 2005a) und erst nach meiner Pensionierung die Publikation von Ilja Altmanns Geschichte des Holocaust auf dem Territorium der nun schon verschwundenen UdSSR gelesen und in deutscher Übersetzung herausgeben (Altman, 2008). Dabei ist es, sachlich gesehen, gar nicht möglich, über den Ostfeldzug zu reden, ohne auf den Holocaust einzugehen und auf die Besatzungspolitik der Wehrmacht (in den Rückwärtigen Heeresgebieten), bzw. der NSDAP (in den Reichskommissariaten).

Und damit zurück zur Familiengeschichte, zu unserem Versuch, der sowjetischen Armee über die Elbe zu entkommen. Wir haben ganz sicher eine Leidensgeschichte erlebt. Aber vor einigen Monaten hat mir mein Freund Pavel Poljan eine russische Ausgabe der Erinnerungen von Meir Levenshtein aus Riga geschenkt, in der ich gelesen habe, dass der in »Gerden« im Lager fast verhungert wäre, wenn die Sowjetische Armee ihn nicht gerettet hätte. Das schien mir korrumpiert, denn bis zu dem Calenberger Städtchen ist diese ja nicht gekom-

---

2   Zu meinem Vorwissen für Fragen vgl. Jacobsen (1959, besonders S. 409–432), wo der Holocaust gerade keine Rolle spielt. Entgegen manchen Vorstellungen, dass Auschwitz ein »Gründungsmythos« der Bundesrepublik gewesen sei, blieb der Genozid an den Juden bis zum Auschwitzprozess im Geschichtsbild der jungen Bundesrepublik weitgehend unberücksichtigt.

men. Erst in einem Atlas aus der Vorkriegszeit habe ich herausgefunden, dass dieses Gerden mit dem Bahnhof Güterglück heute ein Ortsteil des Städtchens Zerbst ist, in dem wir damals lebten. Während wir den sowjetischen Soldaten zu entkommen suchten und unseren Kinderwagen durch Güterglück an die Elbe schoben, warteten Meir Levenshtein und seine Mithäftlinge voller Sehnsucht auf eben diese sowjetischen Soldaten, da von ihnen ihr Überleben abhing. Als die sowjetischen Soldaten das Lager erreichten, war Meir Levenshtein schon derart vom Hunger entkräftet, dass er nicht mehr aufstehen konnte – aber während viele Kameraden an den Folgen des jahrelangen Hungers auch nach der Befreiung des Lagers starben, überlebte er (vgl. Levenshtejn, 2012).

Überhaupt der Hunger. Ich habe von den Erzählungen aus deutschen und russischen Kriegskindheiten erzählt, die Bernd Bonwetsch gesammelt und 2009 publiziert hat. Die deutschen und die russischen Kriegskindheiten verbindet eine ganze Menge, die unbefragte, »eherne« Disziplin z. B., die beherrschende Rolle der Mütter, welche allein Zuflucht boten, die Abwesenheit der Väter. Schaut man genauer hin, dann ergibt sich aber doch ein gewaltiger Unterschied: der Hunger. In den deutschen Berichten wird aus der Zeit nach dem Ende des Krieges von einigen wenigen über Hunger berichtet. Die russischen Kolleginnen und Kollegen dagegen berichten alle von entsetzlichem, jahrelangem Hunger, der einen zwang, Buchleim zu lecken und von »weißem Wasser« zu leben – Wasser mit einem Schuss Milch (vgl. H.-H. Nolte, 2009a). Es wird in der deutschen Geschichtsschreibung noch heute gestritten, ob man von einem »Hungerplan« der deutschen Verwaltung für Russland sprechen darf oder nicht (Benz, 2011); sicher ist aber, dass mehrere Millionen Sowjetbürger verhungert sind. Deutschland hatte die sowjetischen Getreideproduktionsgebiete besetzt, während zugleich Millionen Facharbeiter und Parteileute vor den vorrückenden deutschen Truppen nach Osten in Gebiete evakuiert wurden, die an sich schon Getreidezuschussgebiete waren. Diesen Hunger hatten deutsche Staatssekretäre am 2. Mai 1941 wenn nicht geplant, so doch vorausgesehen und billigend in Kauf genommen, wie sie protokollarisch festhielten: Es »werden zweifellos zig Millionen Menschen verhungern, wenn von uns das für uns Notwendige aus dem Land herausgeholt wird« (H.-H. Nolte, 1991). Wie wirkte sich das aus? In dem Sample der russischen Kolleginnen und Kollegen, die in dem zitierten Band über Kriegskindheiten berichtet haben, gibt es keine Berichte von Menschen, die als Kinder in den besetzten Gebieten überlebt haben. Warum? Die Generation der Kriegskinder in den besetzten Gebieten hat nicht nur gehungert, sie ist zu einem großen Teil verhungert. In einer Hungersnot sterben die Schwachen zuerst – die alten Leute und die Kinder, also die Generation derer, die zwischen 1935 und 1945 geboren wurden.

Das führt zu der Frage, was mein Vater getan hat. Er hat nicht bestritten, dass er sehr früh von deutschen Verbrechen wusste. Er war nach dem Polenfeldzug Adjutant im Generalstab in Berlin. Der Oberbefehlshaber Ost, Generaloberst von Blaskowitz, hat im Oktober 1939 dagegen protestiert, dass die SS und Einsatzgruppen Juden und polnische Intelligenz ermordeten. Das wurde im Generalstab ausgiebig diskutiert, und mein Vater forderte seinen Vorgesetzten, also den Chef des Generalstabs Halder auf, etwas zu tun. Halder (der ja mit wichtigeren Personen über Widerstand nachgedacht hatte) lehnte das ab; mit den in der Familiengeschichte tradierten Worten: »Was wollen Sie, kleiner Nolte, jetzt geht es um Wichtigeres?« Worum ging es denn? In meiner Interpretation war es die Hoffnung auf den Durchbruch Deutschlands zur Weltmacht, die 1939–1941 auch Mitglieder der alten Führungsschichten wie Halder betäubte.

Aber hat mein Vater dann im Verlauf des Russlandfeldzuges an Massenverbrechen teilgenommen? Mein Bruder hat ein Register der jeweiligen Standorte der Division angelegt, deren Teil mein Vater war, vor allem nach Altmanns Buch, aber auch nach anderen Quellen, z. B. den Büchern von Dieter Pohl (2008), Dietrich Hartmann und Dieter Gerlach, bzw. nach direkten Anfragen bei Lokalhistorikern des Holocaust in Russland (W. Nolte, 2013). Er hat dann jeweils verglichen, über welche Massaker an Juden und Roma in diesem Bereich wir informiert sind. Es gab keine Übereinstimmungen. Das lässt meines Vaters Aussage als wahrscheinlich gelten, dass seine Division am Genozid an Juden nicht beteiligt war. Es gibt allerdings einen besonderen Fall: die Vernichtung der Insassen der Heilanstalt Kolmovo südlich von Novgorod wurde in einer Periode durchgeführt, in der sie zum Bereich der Division meines Vaters gehörte. Wir wissen, dass diese Fortsetzung der T4-Morde in Russland durch SS-Einheiten durchgeführt worden ist. Aber im militärischen Sinn gehörte Kolmovo in die Zuständigkeit der Division. Es ist nicht vorstellbar, dass der 1a des Stabes dieser Division von diesem Massenmord nichts wusste, und das bestätigt nochmals: Mein Vater war über die Massenverbrechen informiert.

Aber kann es die ganze Antwort sein, dass er davon wusste, aber (aus welchen Gründen auch immer) nicht handelte? Ich habe mich mit dem Holocaust in dem Städtchen Slonim zwischen Minsk und Białystok befasst. Mein Vater war stolz darauf, in seinem Beruf gut zu sein; konkret war er stolz darauf, beim deutschen Vormarsch von Ostpreußen aus eine Brücke über den Njemen – die Memel – mit »seiner« motorisierten Infanteriedivision schneller erobert zu haben, als die sozusagen »konkurrierenden« Panzerverbände. Dieser militärische Erfolg hat ermöglicht, dass Slonim besonders schnell erobert wurde. Nur wenige Juden konnten fliehen und der militärische Oberbefehlshaber des Rückwärtigen

Heeresgebiets hat umgehend vorgeschrieben, dass alle Juden sich kennzeichnen mussten. Dem folgten die Übergabe an die deutsche Zivilverwaltung, die Einrichtung eines »Ghettos« und der Massenmord – im Sommer 1942 war die große Mehrheit der Juden erschossen, zu Tode gehungert oder im Bunker unter dem Haus erstickt, als die Bewohner zu einer »Aktion« (einer Massenerschießung) nicht heraus kamen und das Ghetto angezündet wurde. Ein Restghetto bestand bis 1943 (vgl. H.-H. Nolte, 2003).

Der Zusammenhang zwischen dem militärischen Können meines Vaters und dem Genozid an den Juden in Slonim ist einfach jener der modernen Arbeitsteilung und entsprechend den Kompetenzen im Rahmen der Zunft. Auch wenn die Frage der persönlichen Beteiligung dieses Wehrmachtsangehörigen an Massenverbrechen begründet verneint werden kann: auf seinen Anteil an den Siegen des Jahres 1941 war er stolz. Und ohne die Siege der Wehrmacht wären etwa 2,8 Millionen Juden in der ehemaligen UdSSR in den Grenzen von 1941 nicht ermordet worden (von allem anderen zu schweigen) (vgl. H.-H. Nolte, 2008).

Sie als Leser warten immer noch auf die Auflösung des Beitragstitels »Kaukesselchen«. Mir fiel ein, dass ich als Kind einmal Kaukesselchen genannt worden bin, eine Verniedlichung von Kaukasus. Was hatte ich mit dem Kaukasus zu tun? Nun, die »deutschen Spitzen« hatten im Sommer 1942 den Kaukasus erreicht, und was auch immer meine Mutter sich dabei gedacht hat – mein Vater war ja an der Front –, meine Winzigkeit wurde vor dem Hintergrund des Kaukasus gesehen. Vielleicht als zukünftiger Gutsbesitzer und deutscher Herrenmensch? Jedenfalls, so korrigierte mich meine Mutter, wurde ich nach Stalingrad nicht mehr Kaukesselchen genannt. Dies »Kaukesselchen« ist nur ein Erinnerungssplitter aus meiner Kindheit. Ein anderer ist, dass ich als kleiner Junge ungeheuer stolz war auf meinen Vater. Nach seiner Ernennung zum Chef des Generalstabs des Deutschen Afrika-Korps habe ich mit dem Käppi des Korps auf dem Kopf laut und strahlend das alte Lied der deutschen Kolonialtruppen gesungen: »Wie oft sind wir geschritten/auf schmalem Negerpfad/wohl durch der Steppe Mitten ...« Ich habe mich beim Erwachsenwerden von meinem Vater distanziert, weil er ein nationalistischer Militarist war. Er hat mir das heimgezahlt mit scharfer Verurteilung meines ersten globalgeschichtlichen Buches 1982 (also noch vor dem Ende der UdSSR) als »sowjetophile Idiotie«.[3] Aber die Kindheit war ja durch solchen Streit nicht aufgehoben.

Ich komme zum Schluss. In meinem Alter darf man sich fragen, was nun eigentlich bei der Arbeit herausgekommen ist. Die Politikwissenschaftler und So-

---

3   Das Urteil betrifft H.-H. Nolte (1982), vgl. weiter H.-H. Nolte, 2005b; 2009b.

ziologen, die ich oft als Publikum avisiert habe, haben es ganz gern gesehen, wenn ich ihre Schriften gelesen und zitiert habe, aber sie haben meine Sachen nicht gelesen. Da bleibt nichts.

Was bewirkten die Vorträge in Russland? Wurde ich eingeladen, weil meine Forschungen überzeugten – oder weil man eine deutsche Stimme suchte, die den Vernichtungskrieg scharf verurteilte? Gewiss aus dem zweiten Grund. Selbst alltägliche Ereignisse wurden ja national interpretiert. Vitalij Afiani, Herausgeber einer Quellensammlung zur Kulturpolitik der Partei, und Sergej Mironenko, der eine wirklich spannende, große Sozialgeschichte Russlands verfasst hat, erzählen von einem Besuch mit ihnen in der Banja. Ich glaubte, wie sie mehrere Durchgänge machen zu können, kippte aber um. Wie sie sehen, wurde ich wieder zu mir gebracht und habe keinen offensichtlichen Schaden erlitten. Beide Historiker berichten dieselbe Anekdote unabhängig voneinander und nicht ohne beträchtliches Vergnügen. Beide fassen die Folge meiner Selbstüberschätzung mit dem russischen Sprichwort zusammen: »Was dem Russen gut tut, ist für den Deutschen der Tod« (Afiani, 2013, S. 84). Was die Anekdote vielleicht deutlich macht: Ich war für meine russischen Kollegen und Freunde eben ein deutscher Professor. Ein netter Professor, den sie mit in die Banja nahmen und hinterher zu Zwiebeln, Quark und Wodka einluden. Aber eben doch zuerst einmal: ein Deutscher.

Als Arno Mayer 1988 das anfangs zitierte Buch *Why Did the Heavens Not Darken?* publizierte, organisierte die zionistische Jugend Demonstrationen auf dem Campus von Princeton gegen ihn und einflussreichere Leute forderten das Board der Universität auf, ihn zu entlassen. Warum ärgerte ihn, der ja keineswegs auf das Standardbild des Holocaust fixiert ist, meine Ergänzung zu seinem damaligen Kenntnisstand? Weil sie von einem Deutschen kam? Und Vovelle? Er mag mich für Ernst Nolte gehalten haben, aber ändert das viel? Ich bin ja, wie mein Namensvetter (mit dem ich nebenbei nicht verwandt bin), ein Deutscher. Worüber ich mich getäuscht habe, war also die Bedeutung der Nationalität. Die Arbeit meiner letzten anderthalb Jahrzehnte hat der Welt- und Globalgeschichte gegolten. Ich habe mich in diesen Arbeiten bemüht, Geschichte der Nationsbildungen als Teil der Weltgeschichte zu schreiben. Aber ich habe mich selbst weniger als Deutschen gesehen, denn als Wissenschaftler und Weltbürger. Ich habe also die Bedeutung der Nation für mich nicht, oder doch nicht in vollem Umfang anerkannt. Sicher einmal in den wissenschaftlichen Aussagen, die auf deutsche Innenpolitik Bezug nahmen, etwa die »Wehrmachtsausstellung«, aber eben auch in Aussagen, die zum Außenbild gehörten, etwa in Vorlesungen in Woronesch. Woher kommt die Täuschung?

Die Massenverbrechen, welche von Deutschen verübt wurden, nehmen einem den Atem. Wenn man genau ist, liegen diese monströsen Ungeheuerlichkeiten wie ein Alb auf der Brust, rauben das Selbstbewusstsein, lassen einen umkippen. Also ist man lieber ungenau. Aber auch wenn einem diese Abwehr erstmal gelingt, weil die Eltern und Großeltern wirklich keine Nazis waren, gehört man eben doch dazu. Wegen des Habitus und den vielen Traditionen der Eltern. Aber eben auch, in meiner Generation, wegen des »Heia Safari« und weil man mal Kaukesselchen genannt wurde; weil man mit dem Kinderwagen durch Güterglück floh und nicht merkte, dass ein paar Meter weiter gerade Juden aus Riga verhungerten; wegen des Schreiens der Frauen, als die sowjetischen Soldaten in den Keller kamen, und wegen des roten Scheins des brennenden Magdeburg im Kopf.

Man kann das auch weniger pathetisch formulieren: Man kommt zur Welt und stellt fest, dass man in einer Bande von Räubern und Mördern lebt. Also denkt man sich verschiedene Gründe aus, aus denen man nicht dazu gehört – die Großeltern waren schon immer dagegen, man selbst ist ein linksliberales Individuum und sowieso Weltbürger. Schließlich aber merkt man, dass die anderen eigentlich nur hören wollen, wie das denn war, damals in der Räuberbande. Und dann guckt man sich im Spiegel an, sieht das weiße Haar und merkt: das wars.

Literatur

Abramowitsch L.I. & Nolte, H.–H. (2005). *Die Leere in Slonim*. Dortmund: Verlag IBB. (Russisch: Gans-Genrikh Nol'te: Unichtozhenie i soprotivlenie: istoricheskaja rekonstrukcija. In L. Abramovich (2013). Pustota Slonima (S. 30–88). Minsk: Izdatel' I. P. Logvinov).
Afiani, V. (2013). Putešestvie k druz'jam. In P. Poljan (Hrsg.), *Sobesednik na piru. Pamjati Nikolaja Pobola* (S. 80–85). Moskau: O. G. I.
Altman, I. (2008). *Opfer des Hasses. Der Holocaust in der UdSSR 1941–1945*. Northeim-Sudheim: Muster-Schmidt Verlag.
Benz, W. (2011). *Der Hungerplan im »Unternehmen Barbarossa« 1941*. Berlin: wvb Wissenschaftlicher Verlag.
Białkowski, B. (2011). *Utopie einer besseren Tyrannis. Deutsche Historiker an der Reichsuniversität Posen (1941–1945)*. Paderborn: Schöningh.
Bonwetsch, B. (Hrsg.) (2009). *Kriegskindheit und Nachkriegsjugend in zwei Welten. Deutsche und Russen blicken zurück*. Essen: Klartext-Verlag.
Held, J. (Hrsg.) (1983). *Kultur zwischen Bürgertum und Volk*. Argument Sonderband 103. Berlin: Argument-Verlag.
Jacobsen, H.-A. (Hrsg.) (1959). *1939–1945. Der Zweite Weltkrieg in Chronik und Dokumenten*. Darmstadt: Verlag Wehr und Wissen.
Levenshtejn, M. (2012). *U kraja bezdny* (Am Rand des Abgrunds). Vospominanja uznika Rizhskogo getto i fashistskikh konclagerej (Erinnerungen eines Insassen des Rigaer Ghetto und

faschistischer Konzentrationslager). Moskau: Gamma-Press. http://www.gamma-press.com/e-store/books/book.php?ELEMENT_ID=400 (22.01.2015).
Mayer, A. (1988). *Why Did the Heavens Not Darken? The »Final Solution« in History.* New York: Pantheon Books.
Nolte, H. (1991). *Vom Cannae-Mythos, Tendenzen und Katastrophen. Zur Kritik der Geschichtsschreibung* Bd. 5. Göttingen: Musterschmidt-Verlag.
Nolte, H.-H. (1982): Die eine Welt. Hannover: Fackelträger.
Nolte, H.-H. (1991). *Der deutsche Überfall auf die Sowjetunion 1941. Text und Dokumentation.* Hannover: Niedersächs. Landeszentrale für Politische Bildung.
Nolte, H.-H. (1997). Kompetenzakkumulation im Weltsystem. Der Krieg, Rußland und die Liebe zu soliden Sachen. In E. Barlösius, E. Kürsat Ahlers & H.-P. Waldhoff (Hrsg.), *Distanzierte Verstrickungen. Die schwierige Bindung soziologisch Forschender an ihr Objekt. Festschrift Peter Gleichmann* (S. 147–160). Berlin: Ed. Sigma.
Nolte, H.-H. (Hrsg.) (2000). *Häftlinge aus der Sowjetunion in Bergen-Belsen.* Frankfurt: Lang.
Nolte, H.-H. (2003). Slonim. In G.R. Ueberschär (Hrsg.), *Orte des Grauens. Verbrechen im Zweiten Weltkrieg* (S. 187–193). Darmstadt: Primus-Verlag.
Nolte, H.-H. (2005a). Partisan War in Belorussia. In R.Chickering (Hrsg.), *A World at Total War* (S. 261–276). Cambridge: Cambridge University Press.
Nolte, H.-H. (2005b): *Weltgeschichte. Imperien, Religionen und Systeme.* Wien: Böhlau-Verlag.
Nolte, H.-H. (2008). Die andere Seite des Holocaust. *DIE ZEIT*, 24. Januar 2008, 82.
Nolte, H.-H. (2009a). Kriegskinder. Zu den Differenzen zwischen Russland und Deutschland. *Zeitgeschichte 36* (5), 311–321.
Nolte, H.-H. (2009b): *Weltgeschichte des 20. Jahrhunderts.* Wien: Böhlau-Verlag.
Nolte, M. (2006). Mit acht Kindern geflüchtet. In C. Blumstengel (Hrsg.), *Zerbst im April 1945. 50 Berichte von Augenzeugen des Bombardements am 16. April 1945* (S. 224–228). Zerbst: Extrapost – Verlag für Heimatliteratur.
Nolte, W. (2013). Vater im »Vernichtungskrieg«. unveröffentlicht.
Pohl, D. (2008). *Die Herrschaft der Wehrmacht. Deutsche Militärbesatzung und einheimische Bevölkerung in der Sowjetunion 1941–1944.* Frankfurt a.Main: Fischer.
Vovelle, M. (1983). Heldenverehrung und Revolution. Die Produktion von Helden zur Zeit der französischen Revolution. In J. Held (Hrsg.), *Kultur zwischen Bürgertum und Volk.* Argument Sonderband 103 (S. 98–116). Berlin: Argument-Verlag.
Wittram, R. (1959): Historisches Referat zum Gesamtthema der Tagung »Die geistige und geistliche Bewältigung der jüngsten deutschen Geschichte«, Sittensen 1.–5.10.1958, Maschinenschriftliche Vervielfältigung aus dem Besitz von Heinrich Wittram.

Norbert Elias neu lesen: Nationalsozialismus, Gewalt und Macht

Beitrag zu der Debatte um den »Ort des Nationalsozialismus in der Soziologie«

Elke Endert

Über den *Ort des Nationalsozialismus in der Soziologie* wurde zuletzt 2012 auf dem Soziologenkongress in Bochum diskutiert. Vorausgegangen war dieser Podiumsdiskussion ein Aufsatz der Soziologin Manuela Christ (2011), in dem sie kritisiert, dass Nationalsozialismus und Holocaust in der soziologischen Forschung lediglich ein »Schattendasein« führen. Christ erklärt dieses »Schattendasein« einerseits aus der Fachgeschichte der Soziologie in den Jahren 1933 bis 1945 sowie in der Nachkriegszeit, andererseits aus den soziologischen Paradigmen selbst. Die Dominanz der Modernisierungstheorien, das soziologische Rationalitätsparadigma sowie ein sich an abweichendem Verhalten orientierendes Gewaltverständnis hätten der Thematisierung kollektiver Gewalttaten im Wege gestanden. Laut des Tagungsberichtes »Geschichtslosigkeit als Gegenwartsproblem«, in dem Stefan Deißler (2013a) die verschiedenen Positionen der Diskutanten in Bochum zusammenfasst, bestand über Christs Ausgangsthese, wonach der Nationalsozialismus und seine Folgen nie zu einem zentralen Thema der deutschsprachigen Soziologie wurden, weitgehende Einigkeit. Uneinig sei man sich jedoch darüber gewesen, wie man diesen Sachverhalt zu bewerten habe. Ein Teil der Diskutanten habe sich dafür ausgesprochen, den »Status quo« beizubehalten, und begründete dies unter anderem damit, dass die Soziologie eine vorwiegend gegenwartsorientierte Wissenschaft sei. Ein anderer Teil kritisierte den »Status quo« mit dem Hinweis darauf, dass die nationalsozialistische Herrschaft die deutsche Gesellschaft so stark geprägt habe, dass man über die Gegenwart keine Aussagen treffen könne, ohne die Vergangenheit mit einzubeziehen. Und da Moderne und Modernisierung zu den zentralen Konzepten der Soziologie gehörten, sei es erforderlich, dass die Soziologie den von Zygmunt Bauman (1992) postulierten Zusammenhang von Shoah und Moderne thematisiere und aufarbeite.

Mit dieser Kontroverse schaffte es die Soziologie – was eine Seltenheit an sich ist – zu zwei ganzseitigen Artikeln in die *Frankfurter Allgemeine Zeitung*. Am 8. Mai 2013 kommentierte hier der Soziologe Stefan Kühl (2013) die Bochumer Podiumsdiskussion als einen »letzten kläglichen Versuch der Verdrängung«. Eine Woche darauf antworteten ihm sowohl Renate Mayntz (2013) als auch Stefan Deißler (2013b), die sich in der Darstellung Kühls gründlich missverstanden fühlten. In seiner Kritik an Kühls polemischer Zuspitzung bezeichnet Deißler die Frage, ob eine soziologische NS-Forschung etwas zur Theoriebildung innerhalb der Soziologie beitragen könne, als den Mittelpunkt der Debatte. »[D]ie Soziologie müsse keine zusätzlichen Anstrengungen in Sachen NS-Forschung unternehmen, da von einer Beschäftigung mit dem Nationalsozialismus und der Shoah kaum Impulse im Bereich der Theoriebildung zu erwarten seien« (Deißler, 2013b), so fasst Deißler die Position jener Soziolog/innen zusammen, welche für eine spezifisch soziologische NS-Forschung keine Veranlassung sehen. Er hebt hervor, dass dies in Bochum nicht die dominierende Haltung gewesen sei, Ziel sei nicht die Abschaffung, sondern das Ausloten möglicher Formen der Ausweitung der soziologischen NS-Forschung gewesen.

Die in Bochum von jüngeren Soziologinnen[1] vorgetragene Kritik an der Vernachlässigung des Nationalsozialismus innerhalb der Soziologie ist nicht neu. Dass generell die Gewaltforschung innerhalb der Soziologie nur ein randständiges Thema geblieben sei, konstatierte schon 1997 Trutz von Trotha in dem vom ihm herausgegebenen Sonderheft der *Kölner Zeitschrift für Soziologie* mit dem Titel *Soziologie der Gewalt* (v. Trotha, 1997). Auch Peter Imbusch problematisiert die Nicht-Thematisierung kollektiver Gewalttaten in seinem theoriegeschichtlich orientierten Werk *Moderne und Gewalt* (Imbusch, 2005). Die Frage, »warum es den meisten so schwer fällt, besonders die Umstände *kollektiver* Gewalttaten auch tatsächlich zu erforschen« (Gleichmann, 1993, S. 72), hatte Peter R. Gleichmann auch schon zuvor in einem Aufsatz der Zeitschrift *Mittelweg 36* aufgeworfen. Noch 2009 stellt Jan Philipp Reemtsma in seinem Buch *Vertrauen und Gewalt* fest, dass die Soziologie zum Thema Gewalt schweige (Reemtsma, 2009, S. 458–467).

Neu an der aktuellen Debatte ist jedoch, dass sich ihre Teilnehmer/innen auf die Schriften Norbert Elias' beziehen. Deißler beschreibt in seinem »Plädoyer für eine Historische Soziologie« (Deißler, 2013a, S. 138ff.) die Vorbildfunktion der Elias'schen Prozesssoziologie. Auch Christ (2011, S. 421) verweist auf Elias,

---

1 Die Podiumsdiskussion wurde von Michaela Christ und Maja Suderland organisiert und moderiert. Als Folge dieser Auseinandersetzung haben inzwischen beide gemeinsam den Aufsatzband *Soziologie und Nationalsozialismus* herausgegeben (Christ & Suderland, 2014).

der schon früh (1960/61) hervorgehoben habe, dass das Problem der Soziologen darin bestehe, dass der Holocaust mit dem Selbstbild der Moderne nicht vereinbar sei (Elias, 1989, S. 394f.). In der Enttäuschung darüber, dass die mit der Moderne entstandenen Erwartungen einer gewaltärmeren Zukunft nicht erfüllt wurden, erkennt auch Reemtsma (2006) einen der wesentlichen Gründe für das Schweigen der Soziologie. Neu sind die Verweise auf Elias insofern, als mit dieser Kritik zwar meist die Nennung einiger Ausnahmen (oft Adorno/Horkheimer, Zygmunt Bauman und Wolfgang Sofsky) einhergeht, Norbert Elias hingegen als Beleg für das Schweigen der Soziologie angeführt wird. Ihm wird vorgeworfen, er habe in Zeiten der größten Barbarei über Zivilisationsprozesse und verfeinerte Sitten geschrieben und dabei die Gewalttaten des NS-Regimes völlig ausgeblendet (vgl. z. B. Welzer, 1999, S. 101f.). Reemtsma wirft Elias mit Bezug auf Hans Peter Duerr »Gegenwartsverklärungen« (Reemtsma, 2009, S. 118) vor. Solchen Vorwürfen entgegen argumentiert Peter R. Gleichmann,[2] dass Elias' Bände *Über den Prozess der Zivilisation* zu der großen Gattung »jener spontanen intellektuellen Reaktionen auf den gewalttätigen Deutschen Staat« (Gleichmann, 2006b, S. 244) gehören. Elias habe die Zivilisationsbände nicht *trotz*, sondern *wegen* der Gewaltherrschaft der Nationalsozialisten geschrieben.[3]

Im Zentrum der Kontroverse in Bochum stand nach Deißler die Frage, ob eine spezifisch soziologische NS-Forschung etwas zur soziologischen Theorienbildung beitragen könne. Diese Herangehensweise möchte ich im umgekehrten Sinne aufgreifen und im Folgenden aufzeigen, was die soziologische Theorie Norbert Elias' zur Nationalsozialismusforschung beitragen kann. Hierzu zunächst einige Überlegungen zum Stand der Forschung.

In der Beschreibung und Erklärung der nationalsozialistischen Massenmorde wie auch darüber hinaus in der Genozidforschung gibt es nach wie vor einige zentrale Fragen, die als unbeantwortet gelten bzw. bis heute kontrovers beantwortet werden. Eine davon ist die nach der Vernichtungs*absicht*. Die Frage, ob die Vernichtung der Juden geplant war oder einer unbeabsichtigten eskalierenden Dynamik unterlag, stand im Zentrum der Kontroverse zwischen den sogenannten

---

2 Auch die Schriften Peter R. Gleichmanns zum Thema Gewalt und kollektive Tötungsprozesse bleiben in der Nationalsozialismus- und Gewaltforschung meist unberücksichtigt. Ausnahmen bilden Peter Imbusch und Manuela Christ. Eine Zusammenstellung der Aufsätze Gleichmanns zum Thema Gewalt findet sich in Gleichmann 2006a, Teil IV Zivilisation, Gewalt und Töten, S. 307–356, insbesondere »Über massenhaftes Töten sprechen lernen«, S. 353–356. Siehe auch Gleichmann & Kühne (2004).
3 Eine ausführliche Darstellung der unterschiedlichen Interpretationen dieses Aspekts findet sich bei Imbusch (2005, S. 245ff.).

Funktionalisten (oder Strukturalisten) und Intentionalisten. Diese Kontroverse scheint zwar heute im Sinne eines »Sowohl-als-auch« beigelegt zu sein, doch auch im Hinblick auf andere Massentötungen wird die Gewichtung der verschiedenen Elemente weiterhin diskutiert (vgl. Sémelin, 2006/2007). Eng damit im Zusammenhang steht die Frage nach der ideologischen Motivierung der Täter. Erinnert sei an die Debatte über Daniel Goldhagens *Hitlers willige Vollstrecker* (1996). In einem Nachwort zur Neuauflage von Arendts *Eichmann in Jerusalem* behauptet Hans Mommsen (Mommsen, 2013, S. 427) zwar, dass sich Goldhagens Interpretation nicht habe durchsetzen können, doch geht die Debatte über die ideologische Motivierung weiter. Ein Beispiel hierfür ist Bettina Stangneths Buch *Eichmann vor Jerusalem* (2011), in dem sie das Bild Eichmanns als eines nicht-ideologischen Schreibtischtäters widerlegt. Umstritten ist auch der nationalsozialistische Begriff der »Volksgemeinschaft«, welcher in der Forschung lange als bloße Propaganda abgetan wurde. Erst in jüngerer Zeit verweisen Historiker darauf, dass man das Funktionieren der NS-Herrschaft nicht ohne die besondere emotionale Anziehungskraft erklären könne, die von der Verheißung der »Volksgemeinschaft« ausging.[4] Nicht beantwortet ist jedoch die Frage, welche direkte Rolle der Ideologie der Volksgemeinschaft in der Ausübung der Gewalt zukam. Die Täterforschung, die mit dem Topos der »normalen Männer« auch an Hannah Arendts These der »Banalität des Bösen« anknüpft, lenkt die Aufmerksamkeit auf eine prozessuale Sichtweise, doch darüber, welche Prozesse und Situationen genau dazu führen, dass Menschen zu Mördern werden, besteht weiterhin Uneinigkeit. »Fest steht allein«, so der französische Politikwissenschaftler Sémelin, »wie leicht Menschen dazu gebracht werden können, ihresgleichen zu ermorden, sobald die sozialen Rahmenbedingungen die Tat begünstigen« (Sémelin, 2006/2007, S. 33f.). In diesem Zusammenhang wird inzwischen auch der Begriff der »Normalität« einer kritischen Betrachtung unterzogen (vgl. z. B. Reuleaux, 2006; Schneider, 2011).

Antworten auf diese und ähnliche Fragen lassen sich nicht allein im Quellenmaterial und in historischen Studien finden. Diese unterliegen immer einer spezifischen Sichtweise und kommen ohne Interpretationen nicht aus. Auf die Historizität der Interpretationen des Holocaust verweist auch der Historiker Nicolas Berg (2003), der in einer gedächtnisgeschichtlichen Perspektive aufzeigt, dass der Anspruch auf Objektivität und wissenschaftliche Distanz auch von Historikern nicht erfüllt werden konnte. Zuletzt entscheiden auch Menschenbilder

---

4 Zu dieser Neubewertung vgl. z. B. Frei (2005) und auch die von der Bundeszentrale für politische Bildung veranstaltete Tagung »Volksgemeinschaft – Ausgrenzungsgemeinschaft« im Januar 2013 in Berlin.

über die Schlussfolgerungen aus historischen Daten und Fakten. Um die Belastbarkeit solcher Interpretationen und auch Topoi wie der »normalen Männer« überprüfen zu können, bedarf es theoretischer Rahmengebäude, wie sie zum Beispiel von Norbert Elias zur Verfügung gestellt wurden.

In seinen *Studien über die Deutschen* beantwortet Elias die Frage, warum die Nationalsozialisten versuchten, die Juden in ihrer Gesamtheit zu vernichten, mit überraschender Einfachheit. Für Elias bedeutete die Entscheidung zur Vernichtung »die Erfüllung eines tiefverwurzelten Glaubens, der für die nationalsozialistische Bewegung von ihren Anfängen an zentral gewesen war« (Elias, 1989, S. 404). In den ersten Regierungsjahren habe man aus Rücksicht auf die öffentliche Meinung auf die konsequente Verfolgung dieses Zieles verzichtet, doch mit Kriegsanbruch entfielen alle Beschränkungen. Mit einer gefestigten Machtposition und den Kriegserfolgen im Rücken, beschlossen »Hitler und seine engsten Mitarbeiter die Realisierung dessen, was sie glaubten und seit jeher verkündet hatten« (ebd., S. 405).[5] Nach Elias hat also sehr wohl die Absicht zur Vernichtung bestanden. Hinter dieser Absicht standen jedoch keine realistischen Interessen oder rationalen Motive, sondern die nationalsozialistische Glaubensvorstellung, die einen tief verwurzelten Hass auf die Juden und die Überzeugung, dass Deutschland der Vernichtung durch den vermeintlich jüdischen Feind zuvorkommen müsse, beinhaltete. Dass solche irrationalen Glaubensvorstellungen das Handeln von Gruppen auch jenseits realistischer Interessen bestimmen können,[6] ist eine der zentralen Thesen Elias' zur Erklärung der Judenvernichtung im Nationalsozialismus.

Entgegen der heute dominierenden Täterforschung ging Elias also von einer ideologischen Motivierung der Täter und Befehlshaber aus. Das Motiv war ein radikaler rassistischer Antisemitismus, der von Saul Friedländer (2000) als *Erlösungsantisemitismus* und von Goldhagen (1996) als »eliminatorischer Antisemitismus« bezeichnet wurde. Dabei war sich Elias durchaus bewusst, dass die Annahme, dass das Handeln von Gruppen von Glaubensvorstellungen bestimmt werde, eine abweichende Meinung darstellt. Auch zur Zeit des Nationalsozialismus hätten sich nur wenige Menschen vorstellen können, »dass die Nationalsozialisten eines Tages verwirklichen könnten, was sie verkündet hatten. Es gab damals, und

---

5   Hannah Arendt vermutete sogar, dass der Krieg Mittel zum Zweck gewesen sei: »Die Radikalisierung setzte unmittelbar mit Kriegsausbruch ein, ja, es ist anzunehmen, daß Hitler diesen Krieg mit deshalb vom Zaun brach, weil er ihm ermöglichte, die Entwicklung so zu beschleunigen, wie es in Friedenszeiten kaum möglich gewesen wäre« (Arendt, 2013, S. 852).
6   Zu Glaubensüberzeugungen, die emotional vermittelt zu spezifischen handlungsleitenden Eigenwelten führen, vgl. auch Ciompi und Endert (2011).

gibt heute noch, eine weitverbreitete Neigung, politische und soziale Glaubensdoktrinen zu unterschätzen«, schreibt Elias 1962 (1989, S. 406).[7] (Dass sich daran bis in die Gegenwart nichts geändert hat, ist kaum bestreitbar.) Elias behauptet damit nicht, dass das Handeln *immer* von irrationalen Glaubensvorstellungen bestimmt werde, häufig dienten diese lediglich der ideologischen Verschleierung politischer Interessen. Doch der Versuch der Nationalsozialisten, die Juden zu vernichten, stellte für Elias »eines der schlagendsten Beispiele für die Macht [dar], die ein Glaube [...] über Menschen gewinnen kann« (ebd., S. 407). Zu untersuchen, welche Konstellationen dazu führen, dass ein Glaube eine solche Macht entfalten kann, gehörte für Elias zu den dringlichen Aufgaben der Gesellschaftswissenschaften.

Einige dieser Faktoren, die im Nationalsozialismus zu einer solchen Konstellation geführt haben (ausführlich hierzu Endert, 2006), beschreibt Elias in den *Studien über die Deutschen* (1989). In seiner prozesssoziologischen Herangehensweise verweist er zunächst auf die Geschichte der deutschen Staatsbildung, die von Zersplitterung und politischen Niederlagen geprägt war. Im Vergleich mit der Größe und Macht des Heiligen Römischen Reiches wurde das deutsche Herrschaftsgebiet immer kleiner und verlor an politischem Einfluss. Solche langfristigen historischen Erfahrungen des Macht- und Prestigeverlustes bleiben nicht ohne Auswirkungen auf das nationale Selbstwertgefühl. Das kollektive Selbstbild der Deutschen wurde immer stärker von Gefühlen der Schwäche und Ohnmacht geprägt. Diese Selbstzweifel standen in einem besonderen Kontrast zu einem Vergangenheitsideal einstiger Größe und Macht. Die Sehnsucht nach Einheit und Stärke wurde umso größer, je größer die realen Verluste ausfielen. In diesem brüchigen Selbstbild der Deutschen sieht Elias eine Ursache dafür, dass der im 19. Jahrhundert in ganz Europa aufkommende Nationalismus in Deutschland »besonders radikal und verachtungsvoll ausfiel« (ebd, S. 173). Auch Götz Aly benennt in seinem vielbesprochenen Buch *Warum die Deutschen? Warum die Juden?* die problematische nationale Selbstfindung als eine der Ursachen für den todbringenden Antisemitismus (Aly, 2011, S. 277ff.). Auf Elias verweist er jedoch mit keinem Wort.

Auf dem Boden dieser tiefen Verunsicherung die eigene Nation betreffend konnte sich quasi als Kompensation ein extrem übersteigerter Nationalismus ent-

---

7   Vgl. hierzu auch Arendt (2013, S. 822). Arendt beschreibt hier die Enttäuschung und Desillusionierung, mit der die Staatsmänner und Diplomaten nichttotalitärer Staaten jedes Mal reagierten, wenn die gewalttätigen Praktiken der totalitären Staaten trotz Verhandlungserfolgen fortgesetzt wurden. Die Enttäuschung sei besonders deswegen so tief gewesen, weil man nicht damit gerechnet habe, dass die totalitären Staaten entgegen aller anerkannten Regeln des Menschenverstandes handeln würden.

wickeln. Das Besondere an Elias' Nationalismus-Analyse ist, dass er hierin die emotionale Qualität nationaler Werte herausarbeitet und so die emotionale Bindung des Einzelnen an sein Kollektiv in den Vordergrund stellt. Nationalistische Ideologien und ihre Propaganda umgaben die Nation mit einer Aura des Heiligen und Göttlichen, die Verehrung, die ihren Führern und Symbolen entgegen gebracht wurde, glich einer religiösen Ehrfurcht und Ergebenheit (vgl. Elias, 1989, S. 189ff.). Diese extreme Emotionalisierung nationaler Werte trug im »Dritten Reich« dazu bei, dass die Nation zu dem höchsten aller Werte aufstieg. Zu einem Wert, für den es zu kämpfen und notfalls zu sterben galt. Ein solches Primat der Gruppe kommt uns heute befremdlich vor, doch habe jede soziologische Theorie, so Elias, der Tatsache Rechnung zu tragen, dass in bestimmten gesellschaftlichen Formationen dem Überleben der Gruppe ein höherer Wert zugemessen wird als dem Überleben des Einzelnen (vgl. ebd., S. 207). Diese Annahme beruht auf Elias' Theoremen über das Verhältnis von Individuum und Gesellschaft. Hierin wird die Identität des Individuums als fundamental abhängig von der Gruppe, der es angehört, beschrieben. Das Selbstbild des Einzelnen hängt von den Wir-Bildern und Wir-Idealen der Gruppe ab, sein Selbstwertgefühl wird bestimmt von der Rolle, die ihm innerhalb seiner Gruppe zukommt, sowie dem Status der Gruppe im Vergleich zu anderen Sozialformationen. Ein Machtverlust der Gruppe stellt daher nicht nur eine Bedrohung der kollektiven Wir-Ideale dar, sondern hat auch Auswirkungen auf die Selbstbilder der Einzelnen, deren Selbstwert durch den Verlust von Macht und Prestige der Gruppe infrage gestellt wird. Dass die soziale Formation, der man angehört, zum höchsten Wert aufsteigen kann, zu einem Wert, den es unter allen Umständen zu verteidigen gilt, begründet Elias auch mit der sinnstiftenden Funktion sozialer Zugehörigkeit. Der empfundene Sinn und Wert des eigenen Lebens ergebe sich immer nur aus der Bedeutung, die der Mensch für andere Menschen hat. »Ohne Funktionen für andere, ohne soziale Funktionen, wie sie auch immer verkleidet sein mögen, bleibt ein menschliches Leben leer und bedeutungslos«, so Elias (ebd., S. 454). Der drohende Sinnverlust, der mit der Gefährdung der Gruppe einhergeht, verstärkt die Bereitschaft, dem Überleben der Gruppe einen höheren Wert beizumessen als dem Leben des Einzelnen. Je sinnloser das Leben empfunden wird, umso leichter kann es geopfert werden.[8]

---

[8] Hitler hat mehrfach darauf verwiesen, dass das »deutsche Volk« im Falle einer Kriegsniederlage nicht weiter zu existieren brauche, da ein Überleben seiner Auffassung nach in diesem Fall keinen Sinn machte. Diese Idee fand ihre Umsetzung u. a. in dem sogenannten »Nero-Befehl«, mit dem Hitler Anfang 1945 anordnete, alle Verkehrs- und Industrieanlagen in Deutschland zu zerstören (vgl. hierzu z. B. Haffner, 2007, S. 165–184, S. 176ff.).

Für die neuere Forschung zur Ideologie der Volksgemeinschaft liegt die Relevanz dieser Annahmen darin, dass die emotionale Bindung an ein »geheiligtes« Kollektiv nicht nur die Bereitschaft weckt, dafür zu sterben, sondern auch die Bereitschaft, andere Menschen zu quälen und zu töten (vgl. ebd., S. 191). Diese Gewaltbereitschaft, die aus dem Selbstverständnis exklusiver Zusammengehörigkeitsgefühle entsteht, beschreibt auch Michael Wildt in seinem Buch *Volksgemeinschaft als Selbstermächtigung* (2007). Fragt man also nach der ideologischen Motivierung der Täter, so kann man den Blick nicht allein auf Rassenhass und Antisemitismus richten, sondern muss ebenso nach der Identifizierung der Täter mit ihrem Kollektiv und nach ihren Wir-Gefühlen fragen. Der theoretische Gewinn der Elias'schen Theoreme könnte für die Täterforschung darin liegen, die Täter nicht als isolierte Einzelne zu betrachten, sondern als Angehörige eines Kollektivs, welches für sie den höchsten Wert darstellte und zu dessen Erhaltung jedes Mittel erlaubt war, auch der Massenmord.

Als weitere Faktoren, die dazu führen, dass Glaubensvorstellungen das Handeln der Menschen bestimmen, sieht Elias das Gefühl einer existenziellen kollektiven Bedrohung sowie ein extremes Auseinanderklaffen von Idealen der Vergangenheit und der Gegenwart. Diese von Elias für den Nationalsozialismus herausgearbeiteten Faktoren finden sich auch in anderen Gesellschaftsformationen wieder. So kann man den theoretischen Wert von Elias' Überlegungen zum Beispiel auch an Dawud Gholamasads Buch *Selbstbild und Weltsicht islamistischer Selbstmordattentäter* (2006) ablesen. Seine Analyse der islamischen Gesellschaften beruht auf den Elias'schen Theoremen und erklärt die Gewaltbereitschaft der Selbstmordattentäter aus den kollektiv empfundenen Bedrohungen des Selbstwertgefühls der Angehörigen von islamisch geprägten Gesellschaften, deren in der Vergangenheit entstandene Wir-Ideale sich ebenfalls in einem großen Kontrast zur Gegenwart befinden (ebd.).

Darauf, dass Wir-Gefühlen und kollektiven Identitäten in Prozessen des kollektiven Tötens eine besondere Rolle zukommt, verweisen auch Michael Wildt und Harald Welzer. In *Volksgemeinschaft als Selbstermächtigung* beschreibt Wildt (2007), wie sich gesellschaftliche Inklusion und Exklusion gegenseitig bedingen. Welzer erkennt in gesellschaftlichen Ausgrenzungsprozessen und der unüberbrückbaren Trennung von Wir- und Sie-Gruppen eine »zentrale Voraussetzung für die Entstehung genozidaler Prozesse« (Welzer, 2005, S. 63).[9] Trotz dieser in-

---

9   Auch der Massenmord der Roten Khmer in Kambodscha war begleitet von einer strikten Aufteilung und Trennung der Bevölkerung in ein »altes« und »neues« Volk (siehe hierzu Panh, 2013, S. 27f.).

haltlichen Überschneidung und naheliegender Anknüpfungspunkte finden sich bei beiden Autoren jedoch keine Hinweise auf Elias' *Studien über die Deutschen*. Ähnlich verhält es sich mit der Elias'schen Machttheorie (vgl. Gleichmann, 1981, 1983, 2006c), die in den einschlägigen Publikationen ebenfalls keine Erwähnung findet. Elias hat seine bereits in *Die höfische Gesellschaft* (1983) angelegte Machttheorie zwar in keinem seiner späteren Bücher vollständig elaboriert, sie ist aber in Versatzstücken z. B. in *Etablierte und Außenseiter* (Elias & Scotson, 1993) oder in den *Studien über die Deutschen* (1989) wiederzufinden. Im allgemeinen Sprachgebrauch ist der Begriff der Macht meist mit einer negativen Konnotation belegt. Moralisch betrachtet ist »Macht zu haben« eher anrüchig und verdächtig. Macht haben »die da oben«, die Herrschenden, die sie ausschließlich zu ihrem eigenen Vorteil zu nutzen suchen. Mit seinen Begriffen der *Machtchancen*, der *Machtbalancen* und der Nennung unterschiedlicher *Machtquellen* entwirft Elias einen polymorphen Machtbegriff, der von solchen negativen Konnotationen frei ist. Programmatisch ist seine Aussage »Macht ist eine Struktureigentümlichkeit aller menschlichen Beziehungen« in *Was ist Soziologie?*. Er schreibt:

> »Wir sagen von einem Menschen, er habe sehr große Macht, als ob die Macht ein Ding sei, das er in der Tasche mit sich herumtrüge. Aber dieser Wortgebrauch ist ein Überbleibsel magisch-mythischer Vorstellungen. Macht ist nicht ein Amulett, das der eine besitzt, der andere nicht; sie ist eine Struktureigentümlichkeit menschlicher Beziehungen – aller menschlichen Beziehungen« (Elias, 1981, S. 77).

Unter diesem Beziehungsaspekt wird Macht zu einem allgegenwärtigen Phänomen, das sich nicht auf »die da oben« beschränken lässt. Elias' an Beziehungen orientierter Machtbegriff beinhaltet die Annahme, dass kein Mensch oder keine Gruppe absolute Macht innehat, während das Gegenüber völlig ohnmächtig ist. Die unterschiedlichen Machtstärken beschreibt Elias als Machtbalancen, die veränderbar sind. Es existieren somit keine Räume, in denen Macht einmal anwesend, dann wieder abwesend ist. Ein solcher Machtbegriff lenkt die Aufmerksamkeit darauf, dass Menschen immer Teil bestimmter Machtkonstellationen sind, aus denen heraus sie handeln. Dass dabei die individuellen Machtchancen abhängig von der Zugehörigkeit zu einer Gruppe sind, hat Elias in seiner Studie *Etablierte und Außenseiter* (Elias & Scotson, 1993) nachdrücklich aufgezeigt.

Was bedeutet dies für die Täterforschung? Entgegen der Beschreibungen in der heute dominierenden Täterforschung waren die Täter nicht bloße Befehlsempfänger, die lediglich taten, was ihnen befohlen wurde, sondern waren selbst Teil einer machtüberlegenen Gruppe, an deren Macht sie mit Stolz teilhatten. Mit dem Topos der »normalen Männer« werden Täter beschrieben, die in strenge Befehlsstrukturen und Handlungszwänge eingebunden waren. Außerdem hätten sie Radikalisierungsprozessen unterlegen, die durch die Eskalation des Krieges hervorgerufen wurden. Dieser scheinbar anonymen Eigendynamik habe man sich nicht entziehen können. In einer solchen Betrachtung erscheinen die Täter selbst als machtlos. Die Machtkonstellation zwischen Tätern und Opfern bleibt hierbei völlig ausgeblendet. Unberücksichtigt bleibt auch die Perspektive der Opfer.[10] Diese waren nicht mit einer anonymen Eigendynamik konfrontiert, sondern mit Menschen, die ihre Macht häufig genussvoll auslebten. Eine Machtanalyse der nationalsozialistischen Gesellschaft sollte sich daher nicht auf die Führungsebenen alleine beziehen, sondern auf alle Ebenen, auf denen Deutsche den Juden als Machtüberlegene begegneten.

Auch in einer weiteren Hinsicht kann Elias' Machttheorie einen wertvollen Beitrag leisten. Die Nationalsozialismus- und Täterforschung haben nicht nur die Aufgabe der Zeugenschaft, sondern stehen auch im Auftrag eines »Nie wieder!«. Dass man auch hierbei die Analyse von Macht nicht vernachlässigen kann, zeigt das Beispiel der Helfer und Lebensretter jüdischer Flüchtlinge. Die amerikanische Sozialpsychologin Eva Fogelman hat unter dem Titel *Wir waren keine Helden* (1994) eine Studie über solche Lebensretter/innen in den deutschen Besatzungsgebieten geschrieben. Hierin fasst sie die Eigenschaften, die allen Helfern gemeinsam waren, zusammen. Zu diesen Gemeinsamkeiten gehören starke innere Überzeugungen und Wertvorstellungen (auch hier handelten Menschen gemäß ihrer Überzeugung!). Im Mittelpunkt dieser Überzeugungen habe die Ansicht gestanden, »dass viel vom Tun und Lassen des einzelnen abhängt« (Fogelman, 1994, S. 24). Die Lebensretter/innen gingen also davon aus, dass auch der Einzelne Macht habe, einzugreifen, und sie *handelten* nach dieser Prämisse. Diese Einstellung steht im deutlichen Kontrast zu der Mehrheit der Zeitzeugen, die aussagen, dass man nichts habe tun können. Zu untersuchen, wie solche unterschiedlichen Wahrnehmungen jeweils entstehen, ist eine der noch ausstehenden Aufgaben der Menschenwissenschaften. Die Machttheorie Norbert Elias' kann hierzu einen wichtigen Beitrag leisten.

In der Debatte um den »Ort des Nationalsozialismus in der Soziologie« wurde darauf verwiesen, dass die Zuständigkeit für den Themenkomplex »Drittes Reich« in erster Linie bei den Historikern zu verorten sei (vgl. Deißler, 2013a, S. 130; Bach, 2012). Ohne Zweifel haben Historiker in der Aufarbeitung des Na-

---

10 Eine Arbeit, in der die Perspektive der Täter und Opfer gleichermaßen Berücksichtigung findet, ist das Buch *Über das Töten in Genoziden* von Holger Meyer (2009).

tionalsozialismus Unverzichtbares geleistet und verdienen hohe Anerkennung. Die genannten offenen Fragen zum Nationalsozialismus und zu Völkermorden zeigen jedoch, dass *eine* Disziplin allein die größten Menschheitskatastrophen nicht abschließend zu erklären vermag. In der notwendigen interdisziplinären Zusammenschau, wie sie zum Beispiel von Jan Philipp Reemtsma (2006, 2009) vorbildlich formuliert wird, ist es daher umso bedauerlicher, dass das Werk von Norbert Elias so wenig Beachtung findet. Die von Manuela Christ (2011) angestoßene Debatte über den Ort des Nationalsozialismus in der Soziologie ist als Beitrag zu einer notwendig kritischen Reflexion des Selbstverständnisses der soziologischen Zunft zu verstehen. Über die soziologische Zunft hinaus besteht mit dieser Debatte die Chance, das Werk Norbert Elias' in seinem Gesamtzusammenhang neu zu bewerten.

Literatur

Aly, G. (2011). *Warum die Juden? Warum die Deutschen? Gleichheit, Neid und Rassenhass*. Frankfurt a. M.: Fischer.
Arendt, H. (2013). *Elemente und Ursprünge totalitärer Herrschaft. Antisemitismus, Imperialismus, totale Herrschaft*. 15. Aufl. München: Piper.
Bach, M. (2012). »Drittes Reich« und Soziologie. Was kann die Soziologie zum Verständnis der nationalsozialistischen Führerdiktatur beitragen? *Soziologie, 41*(1), 19–27.
Bauman, Z. (1992). *Moderne und Ambivalenz. Das Ende der Eindeutigkeit*. Hamburg: Hamburger Institut für Sozialforschung.
Berg, N. (2003). *Der Holocaust und die westdeutschen Historiker. Erforschung und Erinnerung*. Göttingen: Wallstein.
Christ, M. (2011). Die Soziologie und das »Dritte Reich«. Weshalb Holocaust und Nationalsozialismus in der Soziologie ein Schattendasein führen. *Soziologie, 40*(4), 407–431.
Christ, M. & Suderland, M. (2014). *Soziologie und Nationalsozialismus. Positionen, Debatten, Perspektiven*. Berlin: Suhrkamp.
Ciompi, L. & Endert, E. (2011). *Gefühle machen Geschichte. Die Wirkung kollektiver Emotionen – von Hitler bis Obama*. Göttingen: Vandenhoeck & Ruprecht.
Deißler, S. (2013a). Geschichtslosigkeit als Gegenwartsproblem. Ein Schlaglicht auf die epistemologische Dimension der Debatte um den Ort des Nationalsozialismus in der Soziologie. *Soziologie, 42*(2), 127–146.
Deißler, S. (2013b). »Schlecht recherchierter Skandal«. *Frankfurter Allgemeine Zeitung*, 15. Mai 2013, Nr. 111, S. N 4.
Elias, N. (1981). *Was ist Soziologie?* München: Juventa.
Elias, N. (1983). *Die höfische Gesellschaft. Untersuchungen zur Soziologie des Königtums und der höfischen Aristokratie*. Frankfurt a. M.: Suhrkamp.
Elias, N. (1989). *Studien über die Deutschen. Machtkämpfe und Habitusentwicklung im 19. und 20. Jahrhundert*. Frankfurt a. M.: Suhrkamp.
Elias; N. & Scotson, J. L. (1993). *Etablierte und Außenseiter*. Frankfurt a. M.: Suhrkamp.

Endert, E. (2006). Elias: Der Nationalsozialismus als soziales Glaubenssystem. In E. Endert, *Über die emotionale Dimension sozialer Prozesse. Die Theorie der Affektlogik am Beispiel der Rechtsextremismus- und Nationalsozialismusforschung*. (S. 187–212). Konstanz: UVK Verlagsgesellschaft.

Fogelman, E. (1994). *Wir waren keine Helden. Lebensretter im Angesicht des Holocaust.* München: Deutscher Taschenbuch Verlag.

Frei, N. (2005). »Volksgemeinschaft«. Erfahrungsgeschichte und Lebenswirklichkeit der Hitler-Zeit. In N. Frei, *1945 und Wir. Das Dritte Reich im Bewusstsein der Deutschen*. (S. 107–128). München: C.H. Beck.

Friedländer, S. (2000). *Das Dritte Reich und die Juden. Die Jahre der Verfolgung 1933–1939.* München: C.H. Beck.

Gholamasad, D. (2006). *Selbstbild und Weltsicht islamistischer Selbstmord-Attentäter. Tödliche Implikationen eines theozentrischen Menschenbildes unter selbstwertbedrohenden Bedingungen.* Berlin: Schwarz.

Gleichmann, P.R. (1981). Zum Entstehen einer Machttheorie. In W. Schulte (Hrsg.), *Soziologie in der Gesellschaft. Referate aus den Veranstaltungen der Sektion der Deutschen Gesellschaft für Soziologie beim 20. Deutschen Soziologentag Bremen 16.–19. September 1980.* (S. 773–777). Bremen: Universität.

Gleichmann, P.R. (1983). Anmerkungen zum Entstehen der Machtforschung. Entwicklung der körperlichen Gewalt als Machtquelle. In F. Heckmann & P. Winter (Hrsg.), *Beiträge der Sektions- und ad hoc-Gruppen. 21. Deutscher Soziologentag.* (S. 547–554). Opladen: Westdeutscher Verlag.

Gleichmann, P.R. (1993). Gewalttätige Menschen. Die dünne Schale ihrer Zivilisierung und ihre vielen ambivalenten Auswege. *Mittelweg 36, 2*(6), 72–79. [Neuabdruck in Gleichmann, P.R.: *Soziologie als Synthese. Zivilisationstheoretische Schriften über Architektur, Wissen und Gewalt*. Hrsg. Waldhoff, H.-P. Wiesbaden: Verlag für Sozialwissenschaften].

Gleichmann, P.R. (2006a). *Soziologie und Synthese. Zivilisationstheoretische Schriften über Architektur, Wissen und Gewalt*. Hrsg. Waldhoff, H.-P. Wiesbaden: Verlag für Sozialwissenschaften.

Gleichmann, P.R. (2006b). Norbert Elias – aus Anlaß seines 90. Geburtstages. In Gleichmann, P.R., *Soziologie als Synthese. Zivilisationstheoretische Schriften über Architektur, Wissen und Gewalt*. (S. 345–351). Hrsg. H.-P. Waldhoff. Wiesbaden: Verlag für Sozialwissenschaften.

Gleichmann, P.R. (2006c). Über den Beitrag von Norbert Elias zu einer soziologischen Entwicklungstheorie – eine kommentierte Selbsteinschätzung. In Gleichmann, P.R., *Soziologie als Synthese. Zivilisationstheoretische Schriften über Architektur, Wissen und Gewalt*. (S. 153–163). Hrsg. H.-P. Waldhoff. Wiesbaden: Verlag für Sozialwissenschaften.

Gleichmann, P.R. & Kühne, T. (Hrsg.). (2004). *Massenhaftes Töten. Kriege und Genozide im 20. Jahrhundert*. Essen: Klartext-Verlagsgesellschaft.

Goldhagen, D. (1996). *Hitlers willige Vollstrecker. Ganz gewöhnliche Deutsche und der Holocaust.* Berlin: Siedler.

Haffner, S. (2007). *Anmerkungen zu Hitler.* Frankfurt a.M., Wien, Zürich: Büchergilde Gutenberg.

Imbusch, P. (2005). *Moderne und Gewalt. Zivilisationstheoretische Perspektiven auf das 20. Jahrhundert.* Wiesbaden: Verlag für Sozialwissenschaften.

Kühl, S. (2013). Ein letzter kläglicher Versuch der Verdrängung. *Frankfurter Allgemeine Zeitung*, 8. Mai 2013, Nr. 106; S. N 4.

Mayntz, R. (2013). Kein Fall von Vernachlässigung. *Frankfurter Allgemeine Zeitung*, 15. Mai 2013, Nr. 111; S. N 4.

Meyer, H. (2009). *Über das Töten in Genoziden.* Marburg: Tectum Verlag.

Mommsen, H. (2013). Nachwort zur aktuellen Ausgabe. In: H. Arendt, *Eichmann in Jerusalem. Ein Bericht von der Banalität des Bösen*. 4. Aufl. (S. 424–428). München: Piper.

Panh, R. (2013). *Auslöschung. Ein Überlebender der Roten Khmer berichtet*. Hamburg: Hoffmann und Campe.

Reemtsma, J. P. (2006). Die Natur der Gewalt als Problem der Soziologie. *Mittelweg 36, 15*(5), 2–25.

Reemtsma, J. P. (2009). *Vertrauen und Gewalt. Versuch über eine besondere Konstellation der Moderne*. Hamburg: Hamburger Edition.

Reuleaux, N. (2006). *Nationalsozialistische Täter. Die intergenerative Wirkungsmacht des malignen Narzissmus*. Gießen: Psychosozial-Verlag.

Schneider, C. (2011). Täter ohne Eigenschaften. Über die Tragweite sozialpsychologischer Modelle in der Holocaustforschung. *Mittelweg 36, 20*(5), 3–23.

Sémelin, J. (2006/2007). Elemente einer Grammatik des Massakers. *Mittelweg 36, 15*(6), 18–40.

Stangneth, B. (2011). *Eichmann vor Jerusalem. Das unbehelligte Leben eines Massenmörders*. Hamburg: Arche Literatur.

Trotha, T. v. (1997). Zur Soziologie der Gewalt. In T. v. Trotha (Hrsg.), Soziologie der Gewalt. *Kölner Zeitschrift für Soziologie und Sozialpsychologie,* Sonderheft 37, 9–56.

Welzer, H. (1999). Über die Rationalität des Bösen. Interview mit Zygmunt Bauman. In H. Welzer (Hrsg.), *Auf den Trümmern der Geschichte*. (S. 91–125). Tübingen: Edition discord.

Welzer, H. (2005). *Täter. Wie aus ganz normalen Menschen Massenmörder werden*. Frankfurt a. M.: Fischer.

Wildt, M. (2007). *Volksgemeinschaft als Selbstermächtigung. Gewalt gegen Juden in der deutschen Provinz 1919 bis 1939*. Hamburg: Hamburger Edition.

Informalisation and Evolution

From Innate to Collectively Learned Steering Codes: Four phases[1]

Cas Wouters

Signposts

This article ultimately compares evolutionary and social processes. More specifically, it compares two transitions from formalisation to informalisation. The first and oldest of these involves the evolutionary transition in dominance from innate steering codes to socially learned steering codes. I introduce the term *evolutionary formalisation* to refer to the growing levels of differentiation, integration, increasing subtlety and complexity of inherited innate steering codes from the earliest stages of life on earth onwards. The concept *informalisation* in this context refers to the process that emerged about 4,500,000 years ago, when these steering codes lost their rigidity and gained plasticity, eventually allowing for expanding possibilities and options to adjust more flexibly to changing social and physiological conditions. It was a transition from a long-term phase of evolutionary formalisation to a phase of evolutionary informalisation in which, for hominoids and then modern humans, collectively learned and socially inherited steering codes came to prevail. Steering codes came to be transmitted less and less by biological inheritance and increasingly via the social inheritance of collectively learned social codes.

Subsequently, with *Homo sapiens*, there was a long-term process of *formalisation* of socially learned steering codes to their increasing levels of differentiation,

---

[1] I would like to express my gratitude to Jon Fletcher for his friendship, shown on this occasion by helping me write this article and correcting my English. I also thank Richard Kilminster for his courage, support and understanding, and Andrew Linklater for his stimulating and useful comments. From discussions with my neighbour, the evolutionary biologist Bart Voorzanger, I have learned a great deal. Physicist Paul Rump helped me to understand my own paper better.

integration, expansion and complexity. The formalisation of collectively learned codes involved the subjection of more and more aspects of behaviour to increasingly strict and detailed regulations that were partly formalised as laws, but also as traditions, manners, customs and habits. The second, more recent transition in dominance from formalisation to informalisation was in the second half of the nineteenth century when the long-term process of formalisation of social steering codes was followed by an ongoing *informalisation* of social codes, a process of rather fixed socially learned codes changing in the direction of flexible guidelines, and psychic processes becoming more versatile and more strongly dominated by consciousness. The comparison of the two transitions from formalisation to informalisation therefore encompasses a period of time that spans from the beginning of life on earth up to the present day. However, my main focus will be the transition from one phase to the other.

The long-term phase of formalisation in socially learned steering codes has been described and interpreted by Norbert Elias as a civilising process (2012a). I have studied the process of informalisation in global perspective, but particularly in Europe and the USA (Wouters 2004, 2007). In comparison, evolutionary informalisation refers to transitions in genetic codes, natural selection, and random mutation through which vertebrates, mammals, hominoids and then modern humans acquired the plasticity and flexibility to learn languages and symbols, the »fifth dimension« or »evolutionary breakthrough« involving biological, psychic and social levels of integration (Elias, 2011). Thus, humans were able to learn an increasingly large repertoire of new forms of behaviour and to transmit increasingly complex learned knowledge from generation to generation in »love-and-learn processes« (Elias, 2009) – it is mainly in love-and-learn relationships and processes that patterns of biological, psychic and social codes for regulating and steering behaviour and emotions are transmitted and expressed (see the Appendix).

It is important to point out that this project did not emerge from an involvement with social Darwinism or sociobiology, but from my ongoing research into changes in regimes of manners and emotions since the 1870s. This research strengthened my ever-growing conviction that the importance of this social and psychic transformation from formalisation to informalisation is underestimated by academics in the human sciences as well as among the general public. It was my desire to raise the profile of this transformation that generated the project of comparing it with others that carry similar weight and share similar dynamics.

The concepts of formalisation and informalisation are not well known. Certainly in the context of the history of life on earth, but also in relation to the history of humanity, awareness of these two phases is confined to relatively small circles. Many of its part-processes have not been recognised as such among a wider public because the changes are seen and discussed only or predominantly in a moral framework and/or because they are now taken for granted, thus remaining unconnected to a broader theoretical framework capturing more encompassing social and psychic movements. Therefore, before embarking upon the comparisons mentioned above, further explication of the phases of formalisation and informalisation of social codes is necessary. This explication includes an excursus on Norbert Elias and informalisation.

I continue by explaining why I first considered the Renaissance as a candidate transformation for my project, and why I subsequently abandoned this idea. I then present some examples of why informalisation demands a critical degree of preceding formalisation, before setting out on my main comparison of two sequential phases of formalisation and informalisation: (1) the development of innate steering codes, integrating the theory of natural selection and the gene theory of inheritance, and (2) the development of collectively learned social codes, integrating the theory of social and psychic civilising processes.

Western social codes in phases from formalisation to informalisation

Although not much is known about the early stages of human history, it seems possible to capture the changes over the thousands of years that cover this period with the help of the concept of the »triad of controls« (Elias, 2012b, p. 151f.; cf. Wouters, 2014), as it allows for the following sweeping generalisations in the expansion of human controls: over nature (technology), over each other via the social controls of organisation, and over themselves via increasingly demanding socially inherited traditions, habits, manners and other codes of behaviour. This is in keeping with social codes becoming more extensive, more rigid, fixed and detailed, signalling how people came to demand a more and more elaborate discipline from each other. In various parts of the world, increasing numbers of people and groups became entangled in a »competition and interweaving mechanism«: processes of expanding competition and cooperation that fuelled ongoing processes of functional differentiation and integration in expanding networks of interdependency (Wouters, 1990).

Norbert Elias' study *On the Process of Civilisation* (2012a) is based upon various series of examples that can be seen as representations of a long-term phase of formalising manners and disciplining people. Elias shows how from the sixteenth to the nineteenth century, »dangerous« emotions such as those related to physical force (including sexual violence) came to be avoided, repressed and denied in increasingly automatic ways, becoming increasingly regulated by the inner fears of a rather rigid and authoritarian conscience. With multiple series of examples, Elias shows how, driven by the disciplinary forces of expanding interdependency networks, particularly state formation and market expansion, a »second-nature«, that is, a conscience-dominated type of personality, emerged and became dominant: »commands and prohibitions become increasingly a part of the self, a strictly regulated superego« (Elias, 2012a, p. 183). This process accelerated in the period in which bourgeois classes entered and came to dominate the centres of power and their »good society«. In the nineteenth century, social constraints towards self-restraints continued to rise, particularly via an expanding entrepreneurial and professional bourgeoisie and an expanding market.

The rise of this »second nature« type of discipline and self-regulation was also a process of psychic formalisation: the formation of a habitus or »inner compass« (Riesman et al., 1950) of relatively fixed/rigid habits and reflexes, captured in expressions such as *stiff upper lip* and – later – *tight-ass*. Parallel to the development of this type of personality was the rising fear of the *slippery slope*, the fear that without rigorous discipline even the slightest lack of control would irrevocably lead to loss of face and an end in the gutter. This fear of the slippery slope is typical of rather authoritarian relations and social controls, as well as a relatively authoritarian and automatically functioning conscience. Inclinations towards dissoluteness were feared to the extent that people believed they ought to be nipped in the bud, particularly in children, because without such rigorous control, their »first nature« might run wild.[2] In raising children, therefore, rule number one was enforcing their obedience.

In the last two or three decades of the nineteenth century, the phase of formalising manners and disciplining people changed in the direction of less fixed and less rigid social codes, allowing for more varied, flexible, colourful, and ex-

---

2 I use the term »first nature« to refer to the urges and affects that stem from the »animalic nature« that human beings share with many other animals: vertebrates, mammals and especially primates. This »animalic nature« is not ahistorical and immutable: »The libidinal energies which one encounters in any living human being are always already socially processed; they are, in other words, sociogenetically transformed in their function and structure, and can in no way be separated from the corresponding ego and superego structures [...] What matters, what determines conduct, are the balances and conflicts between people's malleable drives and the built-in drive-controls« (Elias, 2012a, p. 452).

pressive behaviour; a process of informalisation became dominant. The following examples describe the social codes involved in informalisation processes, illuminating the contours of their preceding long-term process of formalisation.

The first example is about the wearing of corsets, a practice spread from Spanish aristocratic women in the sixteenth century to other strata and other countries, and which flourished in the nineteenth century. The spread of the corset symbolises the spread of increasing control over the body – loose clothes came to indicate loose morals. Towards the end of the nineteenth century, for instance in the movement for the reform of clothing, ideals of naturalness combined with ideals of beauty. From then on, until the 1960s, the boned corset came to be used only as an orthopaedic gadget for female bodies gone out of control, ones that burst the boundaries of the prevailing standard of beauty. This standard increasingly contained ideals of naturalness, but not without control: much female flesh that was not quantitatively excessive remained controlled by corset-like underwear, girdles, straps, corselets, and bras. Only at the end of the 1960s did women succeed in liberating their bodies from this kind of control. However, it was not a full blown liberation. It was clearly a controlled decontrolling, in which the control of the corset over the body was continued as self-control: women turned heavily to diets, sports, aerobics, fitness, home trainers, and other forms of »working the body« such as plastic surgery (Steele, 2001). An illustration of the same process is in the transition from the »hard look« bra that was still common in the 1950s and early 1960s, to the »soft look« bra, introduced in the 1970s, when some women had given up wearing bras altogether. The corset and the hard-look bra symbolise the dominance of a rigid second-nature type of control over »first nature«, while the soft look bra and not wearing a corset (or bra) symbolise the ideal of reaching back to »natural« beauty.

The second example is the relationship between the *dying* and those who continue to live. Here, the traditional formal rule that dying patients were to be kept under the illusion that there was a fair chance of recovery – doctors conducting a regime of silence and sacred lies, hardly ever informing the dying of their terminal condition – changed to the expectation, and for doctors even the judicial obligation, to be open and inform them of the reality of their situation (Wouters, 2002).

Third, the practices and ideals of *divorced* couples have also taken a 180 degree turn: the traditional expectation that they would stop seeing each other is gradually being replaced by the expectation of having a »good after-marriage«: the ex-couple maintain a friendship, or work towards being on friendly terms again (Veeninga, 2008).

The last two examples also show a striking change in the expression of feelings, indicating that it has become quite common to admit dangerous feelings such as lust or hatred, anger or envy, and yet not act upon them. The shift in the long-term Western process of formalisation into a relatively short-term but enduring phase of informalisation of manners saw an »emancipation of emotions«: emotions that had been denied and repressed regained[3] access to consciousness and wider acceptance in social codes. On the relational, social level, this involved the informalisation of social codes such as manners and laws, while on the psychic level it involved an informalisation in patterns of emotion regulation. Informalisation processes have continued into the twenty-first century: social constraints towards being unconstrained, and yet reflective, flexible, and alert, keep rising. Yet it is only since the Expressive Revolution (1965–1975) that standards of self-control have increasingly enabled people to admit to themselves and others that they have »dangerous« emotions without provoking shame, particularly the shame-fear of having to give in, of losing control and losing face.

Two implications of introducing informalisation as a theory and as a process

I first became involved in the study of these changes back in the 1960s when Amsterdam was still a self-declared »magical centre« in which a wave of informalisation was rising up against traditionally established relationships. At the Sociological Institute, colleagues often discussed the changes in manners and morals occurring at the time with reference to Norbert Elias' *The Civilising Process*. For many, including myself, a key question emerged: »Has the civilising process changed direction?«, a question for which I provided an answer in an article published in 1976 (Wouters, 1976).

Until then, Norbert Elias' own answer to the same question had remained somewhat unclear, even ambivalent (see the next section for details). So I set out to find a theoretical solution by developing the concepts of »controlled decontrolling of emotional controls« and »informalisation« of manners. These

---

3   The word »regained« cannot be taken literally, of course, as emotions that find more direct or less reflected expression in behaviour differ from emotions that find access into a type of consciousness that allows for processing them into a large variety of ways of expressing and/or repressing them. Emotions have three components: (a) a behavioural component, (b) a feeling component, and (c) and a physical component, respectively referring to social/relational processes, psychic, and biological processes.

concepts helped to acknowledge the relaxation and liberation of social codes as well as the burden of this liberation: how since the late nineteenth century, more lenient and looser codes of behaviour and feeling have gone hand in hand with rising pressure of social controls on self-controls. They implied a »controlled decontrolling of emotional controls«, an »emancipation of emotions« or »psychic informalisation«, and they involved an *increase* rather than a decrease in the demands on individual steering capacities (cf. Wouters, 2007, pp. 230 & 241; and Waldhoff, 2014, for a recent appreciation and application of the concept »controlled decontrolling of emotional controls«).

Elaborating upon this interpretation, I soon realised it had two important implications. The first arose from closer inspection of the period in which the informalising process had been dominant. It soon led me to identify three short-term phases or spurts within a long-term phase: (1) the Fin de Siècle, (2) the Roaring twenties and (3) the Expressive Revolution of the 1960s and 1970s. Each spurt involved broader layers of the population, first mainly among the upper classes with old and new money, then in the 1920s among the middle classes, and from the 1960s onward encompassing an increasingly larger majority of whole populations. These waves of informalisation appeared to coincide with changes in the balances of power between the classes within countries, and in the period after World War II, also between colonising and colonised countries. They also seemed to go hand in hand with rising levels of knowledge and consciousness. An intense – though rather concealed – competition in knowledge, including self-knowledge, gave rise to the necessity to be more reflexive and flexible. These waves were experienced and expressed in virtually all walks of life, in spheres of work and of love, for example in more open and playful codes of manners and feelings regulating relations between women and men in courting, sex, love and marriage (Wouters, 2004) as well as relations between the classes, ages and ranks in the worlds of politics, business, industry, education, religion, friendship, body and health care, dying, mourning, and many more (Wouters, 2007). They can also be seen in the realms of imagination and the arts, in new styles/forms of literature, architecture, painting, movies and music, in styles such as Art Nouveau/Jugendstil, impressionism and expressionism.

My analysis of informalising processes developed into a research project to find, compare and interpret changes in American, Dutch, English and German manners books published since the 1880s. The project generated two books, *Sex and Manners* (2004) and *Informalization* (2007). Among the general trends they cover were a declining social and psychic distance between social classes, sexes and generations; a mixing of codes and ideals; increasing interdependencies; an informalisation of manners; expanding mutual identifications; an »emancipation of emotions« and rising demands on emotion regulation. On the whole, expressions of superiority and inferiority were increasingly tabooed – except in the realms of imagination such as literature and film and to some extent also in sports – and rather fixed rules of manners turned into flexible guidelines to be applied according to the specific characteristics of situations and relations, interpreted as the rise of a third-nature type of self-regulation.

All these changes are closely related. They seem to be part of an increasing social (national and international) integration process occurring all over the industrialised world, although of course in varying degrees. Stronger taboos on expressions of superiority and inferiority – do not shout at people, boss them around, and do not take liberties with subordinates – together with stronger ideals of equality emerged from processes of decolonisation and the emancipation of groups such as the working classes, women, children, young people and homosexuals. For example the emancipation of women went hand in hand with an emancipation of their sexuality (but not only theirs) and also with more intense and demanding relations of intimacy and love. And at the same time, parents of different social classes to varying degrees have taken more of the interests and feelings of their children, and the sexuality of their teenagers, into account. Thus, the emancipation of sexuality coincided with warmer loving relations, bolstering up a more general emancipation of emotions, including both love and lust.

The traditional steering of behaviour and emotions via expansion and specification of social codes changed direction: prescriptions and prohibitions increasingly developed in the direction of guidelines and directives, the application of which depended on their particular relational context. This trend implied an *increase* of behavioural and emotional options. At the same time social codes also became more strict and more demanding as these changes exerted pressure in the direction of a more alert, flexible and sensitive social navigation towards widening circles of identification and rising levels of empathy, growing social and psychic knowledge, and a more reflexive and flexible self-regulation. There is evidence of a »third nature« type of personality emerging to the extent that it has become »natural« to perceive the pulls and pushes of both »first nature« and »second nature«, as well as both the short-term and long-term dangers and opportunities of any particular relationship or situation.

The development of such a third-nature habitus involves an attempt to reach back to »first nature« without losing any of the control that was provided by »second nature«, the self-regulating conscience that functions to a large extent automatically. Thus, the rise of a »third-nature personality« demands and depends on an emancipation of »first nature« as well as »second nature«. The disuse of the corset may serve as a didactic example of »bringing the body back in« and of reaching back to »first nature« by domesticating the naked body, clearly demonstrating the impossibility of ever getting to know and experience »first nature«.[4] Since the 1980s, a stylized visible corset has reappeared as a playfully provocative form of erotic display, but as it is taken for granted that the women who wear one do not need such a corset for controlling their bodies, the visible corset can also be taken as a symbol of how ideals of beauty, naturalness, and self-control have merged with each other – another indication of the spread of a third-nature personality. However, in developing this type of personality, people will most probably continue attempts to achieve »authenticity«, the ideal of a perfect balance of first, second and third nature.

The second implication of the discovery of a long-term process of informalisation was that the civilising process had now come to comprise two long-term phases: first a long-term process of formalisation that lost its dominance somewhere in the middle of the second half of the nineteenth century, and a second phase involving a shorter, but still long-term process in which informalisation became dominant. Elias' research had not fully covered the latter part of this long-term phase characterised by informalisation. In fact he had made only an occasional reference to it with one or two quotations from the nineteenth century and some sparse remarks on the twentieth. In the following excursus, the theory of informalisation processes is compared with Norbert Elias' theory of civilising processes and his response to informalisation theory. This comparison shows that Elias has only partially accepted and integrated informalisation in his theory, thus demarcating a significant theoretical difference concerning the direction of civilising processes.

Excursus: Norbert Elias and Informalisation

Until Elias read my translation of »Is het civilisatieproces van richting veranderd?« (»Has the civilising process changed direction?«, published in 1976), he remained ambivalent about the changes captured in the concept of informalisa-

---

[4] Acknowledging this impossibility, we can only further our understanding through a comparative study of the processes preceding the long-term formalisation and informalisation of social and psychic codes, that is, to look at the evolution of *innate codes* and patterns for steering behaviour and emotions.

tion. On the one hand, he stuck to the interpretation of similar changes in the 1920s that he had briefly presented in *On the Process of Civilisation* in 1939. In this discussion he admits:

> »Many things forbidden earlier are now permitted. And, seen at close quarters, the movement seems to be proceeding in the direction opposite to that shown here; it seems to lead to a relaxation of the constraints imposed on individuals by social life« (Elias 2012a [1939], p. 182).

This quotation obviously refers to a sentence from a book of manners: »Many things permitted earlier are now forbidden« in which Elias summarised the direction of changes between the fifteenth and the nineteenth centuries, his period of study. However, the quotation continues with Elias dissociating himself from this perspective: »But on closer examination it is not difficult to perceive that this is merely a *very slight recession* [my italics], one of the fluctuations that constantly arise from the complexity of the historical movement within each phase of the total process« (ibid.) Even the opening sentence to this section (»The process of civilization does not follow a straight line«) is probably meant to serve as a prelude to his argument that the relaxation of constraints was limited and temporary, that he perceives »precursors of a shift towards the cultivation of new and stricter constraints« in recent »attempts to establish a social regulation and management of the emotions far stronger and more conscious than the standard prevalent hitherto.« Elias obviously expected the continuation of the civilising process as he had described it: social codes becoming increasingly forbidding, prescribing, and demanding – a long-term rise in the level of social constraints towards self-constraints (Elias, 2012a [1939], p. 181f.).

In 1939 Elias included bathing manners of the 1920s as being »limited and temporary«. However, by 1974, the trend allowing people to show more of the naked human body had clearly continued, but Elias remained ambivalent. When asked: »What do you think of the return to nudity?«, he answered: »It is obviously a sign of the growth of female power: a woman who can show her legs and breasts is no longer the property of her father or husband. It is a decisive step. Is it truly a liberation?« This question is used to demonstrate a detached reservation in his answer: »Let's say that the question remains open« (Elias, 2013b [1974], p. 176).

A few years before this interview, in 1970, when Elias became a regular visitor to Amsterdam, he showed the other side of his ambivalence in a drawing made on a university blackboard and presented as a »didactic aid« (Graph 1).

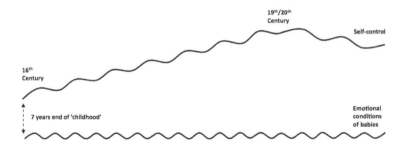

Graph 1

This drawing depicts the relaxation of manners as a decline in self-controls. In using it, Elias unwittingly helped me to formulate a correction to his drawing and to develop the theory of informalisation, for it was the strictness of social codes that was declining, not self-control. In fact, demands on self-regulation were rising (Graph 2).

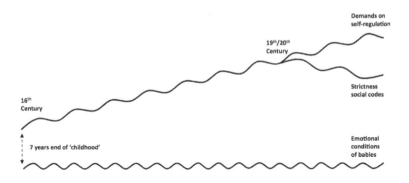

Graph 2

Elias soon adopted the concept »informalisation«, first by helping me to write an English version (Wouters, 1977) of my original Dutch article (Wouters, 1976) and later by crediting me for introducing the concept, as for example in *The Civilising of Parents* (2008a [1980], p. 35f.), in *The Loneliness of the Dying* (2010), and *Studies on the Germans* has an opening chapter »Civilisation and informalisation«, written in 1978 as a lecture (Elias, 2013a).

Even though I believe I heard this term from Elias in one of his lectures, he only partly adopted »controlled decontrolling of emotional controls«. In a letter he wrote me in 1976, his discussion of the concept and the topic was restricted to spectator sports:

> »If players cannot loosen their aggressive impulses sufficiently the game will be boring; if they decontrol too much they break the rules of the game which set very firm limits to their aggressiveness. The same goes for the spectators« (Elias in Wouters, 2007, p. 231).

This restricted use in relation to spectator sports is also found on his new 1986 introduction to *Quest for Excitement* in which he writes that a central problem of many sports is how to reconcile »the pleasurable de-controlling of human feelings, the full evocation of an enjoyable excitement« with »the maintenance of a set of checks to keep the pleasantly de-controlled emotions under control« (Elias, 2008 [1986], p. 31; cf. Wouters, 2007, pp. 230–237).

His 1978 essay »Civilisation and Informalisation« renders four types of constraints on the plane of whole societies, without discussing anything like controlled decontrolling of emotional controls. Elias' discussion emphasises the burden of liberation, the difficulties of more severe constraints on young people increasingly being made individually responsible for doing the right thing. His example is the emancipation from the external social constraints of fixed courtship rituals. His perspective on the pleasurable side of both social and psychic informalisation is almost absent, and as he did in the 1930s when suggesting the presence of »precursors of a shift towards the cultivation of new and stricter constraints«, now – about forty years later – he suggests »the beginnings of the formation of new codes of behaviour, even the beginnings of a form of group control«, although »the main burden of shaping life together at any rate now lies on the shoulders of the individuals concerned« (Elias, 2013a [1978], pp. 40–42).[5]

In a written text for a lecture in Bremen in 1980, Elias writes about informalisation without using the concept. Nevertheless, he demonstrates a long-term perspective on the process of informalisation. The issue is the multi-party parlia-

---

[5] In discussing informalisation in this essay, Elias added two useful concepts: he distinguished between the *formality–informality span* of a society – which concerns the *synchronic* gradient between formality and informality – and the *formality–informality gradient* observed in the course of social development, the *diachronic* gradient of informalisation (Elias, 2013a [1978], p. 32).

mentary regime placing high value on things that are slowly changing the German military tradition of absolute obedience and aversion to compromise. »There is now the search for the middle way, for mediation and compromise«, he writes, and continues:

> »It is easy to find one's way in a landscape where there are only proscriptions and prescriptions; it is far more difficult in a landscape where one has to gain through experience a certain sensitivity for how far one can go in a specific situation and how far one must hold back. The strategies of compromise, of tact in putting out feelers as to where one can press forward and where one has to retreat, which are the elementary forms of life under parliamentarism, are certainly still quite some way from gaining a high place in the German scale of values. For that probably a few centuries of growing accustomed to them are required« (Elias, 2013a [1980], p. 407).

This process of »a few centuries of growing accustomed« clearly points to a long-term process of habitus formation as it may evolve in a long-term process of informalisation. Within such a process, Elias only draws attention to the rising demands on self-regulation. In an earlier section of this text, Elias refers to informalisation in a note, in the context of referring to the younger generation and its

> »deliberate neglect, perhaps even a certain contempt, for the subtleties of form – for instance in the precise gradation of bows and curtsies – especially in so far as these formalities seem to symbolise differences of power, rank and prestige« (Elias, 2013a, p. 391).

Here Elias restricts informalisation to the younger generation and the »subtleties of form«. His note, placed after this quotation, takes a further distance by calling informalisation a »stance«: »The development of this stance has been called informalisation« (ibid.).

In »The Civilising of Parents«, Elias points to »waves of informalisation« and hastens to add that »they take place in highly complex societies which demand a very precise regulation of people in their relations with each other in many areas« (2008a [1980], p. 35). He seems fully content to emphasise the »very high standard« of social demands on self-regulation, a similar formulation to forty years earlier when he commented on the bathing manners of the 1920s: »But this change, and with it the whole spread of sports for men and women, presupposes a very high standard of drive control. [...] It is a relaxation that remains within the framework of a particular ›civilized‹ standard of behaviour« (Elias, 2012a [1939], p. 181). It shows Elias is persistent in his neglect of the connection between social informalisation and psychic informalisation. That is, how the widening spectrum of socially allowed behavioural and emotional options went hand in hand with a »controlled decontrolling of emotional controls«, an »emancipation of emotions« from a more or less blind and strictly regulated superego. As regulations of superego or conscience become less blind or automatic and strict, and become more open to consciousness and conscious decisions, this shift implies a conversion of conscience to consciousness. Elias did not address this side of informalisation.

Only once in Elias' complete works do we find the expression »emancipation of feelings«. It appears in *The Court Society*, although its index does not reference it. This index was compiled by Elias himself, and Johan Goudsblom remembers how he had taken this task seriously, from which he concludes that Elias probably did not think this expression was important enough to include. This seems as telling as the fact that the one-time use of the term »emancipation of feelings« is in the context of failed attempts at an emancipation of emotions. The people involved in this emancipation movement had reacted to eighteenth century court codes becoming more formal and strict, but they were severely »punished by social downfall or at least degradation« (2006 [1969], pp. 122f.). They failed, so these counter-movements were restricted and temporary. The formalisation process prevailed, and did so until about the 1880s, when a relaxation of manners and an emancipation of emotions became part of a dominant process of social and psychic informalisation.

In his later works, that is after 1969, Elias never used the expression »emancipation of feelings« again. He used the concept of »controlled decontrolling of emotional controls« only a couple of times, quite memorably in »Civilisation and Psychosomatics« where he describes what happened in Amsterdam in 1988 after the Dutch football team won the European cup final by beating the Germans (Elias, 2009c [1988], p. 185f.). However, Elias always used the concept in its restricted connotation, that is, restricted to the pleasurable excitement of (spectator) sports. He never used it for the psychic informalisation that corresponds to and coincides with the informalisation of social standards in societies as a whole. In addition, his use of the concept and theory of informalisation was largely restricted to one aspect, to underline that demands on self-regulation had not diminished – on the contrary, they had increased. Therefore, Elias did not acknowledge and probably did not recognise the importance of codes losing strictness and rigidity while the spectrum of behavioural and emotional options widened, nor did he acknowledge that the civilising process had come to consist of two phases, the long-term phases of formalisation and informalisation, of which he had described only one component, leaving the other component in the dark (cf. Kilminster, 2007, pp. 125–130).

As manners and relations between social groups became less rigid and hierarchical, so too did the relations between psychic functions such as drives, emotions, conscience, and consciousness, altogether opening up a larger and more differentiated spectrum of alternatives and more flowing and flexible connections between social groups and psychic functions. In the course of this informalising process, to paraphrase and contradict Elias, »consciousness« becomes *more* permeable by drives, and drives become *more* permeable by »consciousness«. In informalising societies, elementary impulses again have an easier access to people's reflections. At the time of writing his book on the civilising process, Elias was not able to perceive this and other characteristics of informalisation. This led him to attribute characteristics of the long-term formalising phase to the entire civilising process:

> »What is decisive for a human being as he or she appears before us is neither the ›id‹ alone, nor the ›ego‹ or ›superego‹ alone, but always the *relationship* between various sets of psychic functions, partly conflicting and partly co-operating levels in self-steering. It is these relationships *within* individual people between the drives and affects that are controlled and the socially instilled agencies that control them, whose structure changes in the course of a civilising process, in accordance with the changing structure of the relationships *between* individual human beings, in society at large. In the course of this process, to put it briefly and all too simply, ›consciousness‹ becomes less permeable by drives, and drives become less permeable by ›consciousness‹. In simpler societies elementary impulses, however transformed, have an easier access to people's reflections. In the course of a civilising process the compartmentalisation of these self-steering functions, though in no way absolute, becomes more pronounced« (Elias, 2012a [1939], p. 452).

In the long-term informalising phase of the twentieth century, however, the latter process was reversed: this compartmentalisation diminished. Social emancipation and integration demanded psychic emancipation and integration, a more strongly ego- or I-dominated self-regulation. This kind of self-regulation implies that drives, impulses, and emotions have become more easily accessible while their control is less strongly based upon an authoritative conscience, functioning more or less automatically as a »second nature« (Wouters, 2007, p. 202). To conclude, although confronted with the theory of social and psychic informalisation, Elias found ways to stick to his original interpretation as formulated in part four of *On the Process of Civilisation*: »Overview: Towards a Theory of Civilising Processes«, and in section five, »The Muting of Drives: Psychologisation and Rationalisation«.

Informalisation and the transformation known as the Renaissance

When searching for another transformation of a similar magnitude that would lend itself for comparison, the Renaissance first came to mind. I thought it would not be difficult to show how this was also an overall transformation in social and psychic processes over a period of more than a century, involving a major shift in power balances, from medieval church-controlled establishments to court- and state-controlled establishments (Elias, 2009a, p. 107), coinciding with broad waves of individualisation, rising levels of reflection, detachment and consciousness, and with widening circles of identification. These waves first spread in established groups at courts and circles connected to them, and from there to broader and broader social classes.

The metaphor of a spiral staircase has been used by Elias not only to describe the advance of self-detachment in the sixteenth and seventeenth centuries but also for comparing them with the present. People ascend from one floor of a tower to the next from where they could overlook the countryside from a higher perspective, as well as look down and, as it were, observe themselves on the lower level from which they had ascended, but they had not yet climbed high enough to observe themselves as people observing themselves. Elias winds up this comparison by stating: »This is the further climb that we are making at present« (2006, p. 263). It is »the ascent to the next level of consciousness – on which [...] one comes to understand oneself in one's armour and the nature of this armour as it has come into being on the preceding level« (2006, p. 268). A comparison of both transitions, the Renaissance and the present one of informalisation, would show the extent to which the examples I have presented of the transition from a second-nature type to a third-nature type of personality are also examples of this »further climb«.

Elias also set an example of looking down to a lower level of the spiral staircase by identifying the nature of this armour in his descriptions of the pervasive

Homo clausus image of human beings. He wanted to make others see that, as this armour of detachment was thickening, it was reified and »interposed between affective impulses and the objects at which they are directed, in the form of ingrained self-control«. From the Renaissance onward, he writes, people »reify the constraint on the affects, the detachment of emotions [...] as an actually existing wall between them and the object of their thought«, creating an uncertainty over the nature of »reality« outside, which »led Descartes to the conclusion that the only certainty was thought itself« (2006, pp. 269–271). Elias clearly derived his own certainty through experiencing this »further climb« himself.

The major advance in the development of self-constraint in court societies dovetails with a greater detachment and distance from women at court and also with a rise in their power and with the development of romantic love, possibly from postponing the consummation of love and from »a melancholy satisfaction in painful joys« (Elias, 2006, p.261). With regard to children the development of self-restraints and detachment amalgamated with a spurt in their segregation and a more pointed ambivalence in the perception of children as cute and innocent on the one hand and as wicked and dangerous on the other. Romantic love and innocent children both stem from Renaissance experiences.

All this shows how interesting, fruitful and promising it would be to continue comparing the transformation that is described as the Renaissance with the transformation from formalisation to informalisation as it became dominant from the 1880s onward. I could simply follow the example set by Elias. Yet my plan to continue and expand this comparison remained unexecuted, not only because the whole project was gigantic enough to be perpetually postponed, but more importantly because my enthusiasm for expanding this comparison waned with the realisation that the Renaissance transformation would not be a clear cut case of a shift from formalisation to informalisation.[6] The transformation we describe as the Renaissance certainly was accompanied by informalising counter-movements such as those connected with Emile Rousseau (Elias, 2006, pp. 122f.), but formalisation remained dominant. Just as there is no absolute beginning or end in civilising processes and each trend in a civilising direction is always accompanied by counter-trends in de-civilising directions, and vice versa, there are no absolutes in formalising and informalising processes, but rather a tension balance exists be-

---

6   The same view appears in Elias' observation: »In earlier cases, such as the period we call Renaissance, the phase of experimentation with new relational forms and rules merged with a phase of consolidation, under the aegis of established groups which also wished to consolidate their domination« (2008, p. 34; cf. pp. 259–64).

tween the two, with shifts in dominance and also blends, such as a dominant trend towards the re-formalisation of previous informalisation.

Informalisation and the necessary critical degree of preceding formalisation

At this point one may wonder about the nature of informalisation and ask, for example, if the transformation from the Roman Empire to medieval feudalism can also be understood as informalisation? The short answer is no. This would not be an adequate description of informalisation because the transformation towards feudalism was more like a complete »regime change«, a process of disintegration accompanied by decreasing levels of interdependence, mutual identification and mutually expected self-restraints, leading the whole civilising process and the spiral staircase of consciousness to take a downward turn to a lower level. It was, in short, a de-civilising process (Fletcher 1997; Mennell 1989). From the 1960s onward, many have expressed negative interpretations of the changes in manners and morals in terms of a decivilizing process. They saw decay, a decline or a regression of the level of civilisation.[7] However, the informalisation of which I speak is a different type of change. It is restricted to the informalisation of previously formalised social codes, to a controlled decontrolling of earlier formalised social controls.

A similar inference came from comparing the informalisation of social codes since the 1880s with the »informalisation of labour relations« since the 1980s (Wouters, 2007, pp. 221–25). The latter expression surfaced in connection with the regulated deregulation of labour relations in low-wage countries, competing for the investments of global, transnational or multinational corporations. In many cases, this deregulation involved abolition of earlier regulations of the labour market that had served to provide a degree of protection against severe forms of exploitation. Increasingly large areas, eventually called *free trade zones* or *export processing zones*, were designated to attract investments from multi- and transnational corporations. Within these areas workers are explicitly forbidden the right to form unions. Usually, this deregulation was not preceded by a substantial degree of formalisation or regulation, and therefore resulted in the growth

---

[7] Sometimes Elias also tended towards a negative interpretation, for example when he made a »didactic drawing« that shows a decline of self-controls since the late nineteenth century.

of *export processing zones*, *level playing fields* and of a dark sector of »sweat shops« and home industry. Here we are confronted with a major and important similarity between the regimes of manners and labour regimes: without a critical degree of preceding formalisation, both forms of »informalisation« tend to take a de-civilising turn, to brutalise relations, to (re-)establish principles such as »greed is good« and »might is right«.

Another illustration of the importance of a critical level of formalisation preceding informalisation is from the difficulties faced by newcomers to informalised societies, especially those from more hierarchical societies with lower levels of social integration and control, and correspondingly lower levels of mutual identification and mutually expected self-restraints. Many or even most of these immigrants tend to experience a form of social disorientation, also called »culture shock«:[8] Their scope of identification will tend to be relatively restricted, and they will not know or recognise these mutual expectations of self-restraint. From their perspective, these expectations of mutual self-restraint do not apply to them, or do so only to a lesser extent. When they have to orientate themselves to a code of manners they cannot fully understand, if only because it is not backed up by the kind of external social controls they deem necessary, they are less equipped with the social and psychic instruments and functions deemed necessary in these societies. Thus, they are overburdened, just as the people in Third World societies are severely overburdened when struck by an informalisation of economic (labour) relations before the formalising of these relations has established a critical level of taken-for-granted protection.

Social and psychic integration and integration conflicts

Individuals as well as survival groups need to develop a habitus with a critical level of taken-for-granted social and self-controls before a viable degree of informalisation can proceed. This is because in processes of formalisation social steering codes develop and levels of mutually expected self-restraints rise: individual and collective conscience formation builds up to the critical level that allows for increasing »permissiveness«, for a growing leniency in codes of manners, for increasing instead of diminishing behavioural and emotional alternatives. Only

---

8   The concept »culture shock« is more often used by people from more developed rich countries visiting less developed poor countries, but it seems evident that the concept works both ways.

from a critical moment in the processes of social integration and formalisation of the regimes of manners and emotions onwards, can an informalisation of manners become a loosening and relaxation of these regimes rather than a coarsening and brutalisation. This critical moment is reached when a relatively high level of self-restraint has come to be taken for granted and is therefore mutually expected, thus providing protection by functioning as part of collective conscience.

In other words, the relatively high level of social integration and control that allows for such an informalisation of manners presupposes its psychic counterpart: a corresponding level of psychic integration and an equalisation and opening of psychic relations and functions. It presupposes a collective emancipation of emotions: the relatively open and flowing connections between the more direct »first-nature« drives, emotions and impulses, the counter-impulses of conscience or »second nature«, and a degree of »third nature« consciousness. In many respects, processes of conscience formation can be perceived as processes of psychic formalisation. From this perspective, psychic informalisation is a process in which the rulings of conscience become less rigid, less automatic, allowing for a more conscious, more flexible, and varied repertoire. This process involves a shift towards the more reflexive and flexible self-regulation of »third nature«.

Around the 1880s, the level of social integration and a corresponding level of taken-for-granted restraint had heightened to allow for an informalisation of manners and for its psychic reflection, a corresponding level of psychic integration. If we see processes of conscience formation largely as processes of psychic formalisation, then psychic informalisation is a process in which the rulings of conscience become less rigid, less automatic, allowing for more conscious, more flexible, and varied applications. In other words, it is a process towards the more reflexive and flexible self-regulation, also involving an emancipation of emotions: the increasingly open and flowing connections between (1) the more direct drives, emotions and impulses, (2) the counter-impulses of conscience or ›second nature‹, and (3) consciousness. Without the development of a critical level of psychic formalisation among a large enough part of the population, psychic informalisation in the sense of a »controlled decontrolling of emotional controls« will not be controlled enough and will tend to »run wild«. Then, informalisation of psychic relations and functions gives free reign to the »might« of drives and emotions that can be dangerous for others as well as for themselves. Thus, they easily lead to humiliation and annihilation, to de-civilising processes.

In societies or groups in which social controls are not directed strongly enough at preventing this, only those who have developed a relatively strong »third-nature« type of self-regulation – which may gain strength as the level of social and psychic integration and control rises – are able to prevent it from happening. In confrontations between old established groups and groups of outsiders such as immigrants from countries where power balances are relatively unequal, the strength of the level and spread of »third-nature« type personalities is put to the test. Hans-Peter Waldhoff (1995) has demonstrated extensively how in these clashes, members of the established groups are confronted with the »weaknesses« that go hand in hand with strong forms of inequality. These weaknesses had been removed from their relations to such an extent that they thought they had overcome them (cf. Wouters, 1998). Therefore they risk »flying into a rage« that threatens their existing levels of mutual identification, informalisation, and »civilization«.

These confrontations are social and psychic integration conflicts. On the social level, they entail the emancipation and integration of lower classes within nation-states and the integration of rich and poor countries and their inhabitants within global networks. On the psychic level they involve emancipation and integration of »lower« emotions and impulses within the personality structure.

Two sequential processes of formalisation and informalisation

A few years ago I started to think of the evolution from mammals to hominoids and then *Homo sapiens* as an example of informalisation, albeit of a very different type. But the project of comparing the informalisation of social and psychic codes with evolutionary informalisation would not only be even more gigantic than the Renaissance project, it would also require facing all the difficulties of the »evolutionary emergence of social processes from biological processes« (Quilley, 2007, p. xiii). Nevertheless, in what follows I will try to present an outline and a rough comparison of these two transitions from formalisation to informalisation, one at the evolutionary level and the other at the level of social and psychic developments.

From the earliest stages of life on earth, living organisms and species were equipped with relatively simple and fixed innate steering codes and mechanisms of self-regulation. Although increasingly detailed and expanding, their innate steering codes allowed only a limited range of flexibility and little or no social learning or consciousness. Learning and consciousness are mentioned together here because most, or even all, collective learning processes probably demand at least a basic form of consciousness. Over about four billion years, before vertebrates, mammals, hominoids and *Homo sapiens* developed, the formation of animate structures went towards an increasing variety of different forms of life with rising levels of functional differentiation, integration and complexity.[9] Therefore, this long period in the evolution of forms of life and speciation can be understood as a long-term phase in which *evolutionary formalisation* prevailed. This phase gradually gave way to the transition from hominoids to *Homo sapiens*, a development in which innate steering codes lost some of their former dominance to collectively learned social steering codes. This development raises the following question: Did the process of evolution change direction? Indeed, these changes together imply that in the case of humans, there was a change of direction in the process of evolution: *evolutionary informalisation* came to prevail over evolutionary formalisation. Together with becoming much more socially malleable, people developed levels of collective learning and consciousness that allowed for an emancipation of symbols (Elias, 2011), a »symbols revolution« that together with a »fire revolution« (Goudsblom, 1992) enlarged the surplus of knowledge and power of humans over their predecessors.

Evolutionary formalisation is a phase in which all forms of life and their innate steering codes changed towards differentiation, expansion and specification, but they continued to lead to relatively rigid and fixed behaviours, limited and repetitious. The further back one goes into the evolutionary past, the more fixed and limited the biological/genetically inherited nature of organisms and species become: literally encoded by DNA molecules. Although these species and their constituent cells are in constant flux, the range of possible changes was limited in the sense that they did not allow any species enough collective learning for »civilization« or »history« to develop, or in any case, not appreciably. With humans, however, there is always civilisation and there is always history. People cannot do without civilisation: it is their survival menu. Survival chances depend heavily on learning social codes and mechanisms of self-regulation. Any such survival menu consists of social models of steering behaviour and regulating emotions. These models may vary and change within the species according to the history and development of a specific social group, yet without social steering codes, people are

---

9   The formative processes of social differentiation and integration were a major focus of most sociological classics of the nineteenth century, particularly Herbert Spencer, whose formula of evolution, as taken from his »*First Principles*« (1862), has reached the public via the World Wide Web (http://www.publicbookshelf.com/public_html/Outline_of_Great_Books_Volume_I/) and is paraphrased in recent books, for example: »Evolution proceeds from an indefinite incoherent homogeneity to a definite coherent heterogeneity through continuous differentiation and integration« (Rammler, 2008, p. 64). To see societies as an integrative level irreducible to the previous physical, chemical and biological levels became the general view among biologists such as Julian Huxley, Joseph Needham and others grouped in the 1940s as the »modern synthesis« in evolutionary theory (see Kilminster, 2007; Quilley, 2010).

lost. They would lack control of vital information such as what is dangerous to do or to eat and what is not. In order to survive, humans *have* to learn these codes, and they *have* to learn to constrain themselves, each other and their children to that purpose. And only humans are *able* to learn these steering codes, no other species can (or only to a comparably much lower extent).

At a critical moment in this blind process of evolutionary formalisation, driven by natural selection and the random mutation of genes, its direction partly changed, but not to the extent of destruction or deformation. On the contrary, it gained viability as the innate steering codes of some of the more developed and complicated forms of living organism became less fixed and more open to variation and change by collective learning – heralding the arrival of hominoids (about 30 million years ago) and *Homo sapiens* (up to about 200,000 or 300,000 years ago). There was a limited degree of »decontrolling of innate steering controls«, together with the formation of an innate capacity to learn to speak, think and remember. This development towards greater plasticity and flexibility of steering capacity facilitated by social learning can be conceptualised as an *evolutionary informalisation* of previously formalised innate steering codes and innate means of orientation. In this process, biogenetic codes lost steering power to psycho- and sociogenetic codes. The steering codes and means of orientation of humans came to depend more and more on collectively learned social codes and symbols as means of communication.

Graph 3 represents the formalisation and informalisation of innate steering codes as phases in evolutionary processes. An ascending line from left to right represents increasing differentiation (variety), integration and complexity of the forms of life and their (innate) steering codes. This line bifurcates at about the time of the arrival of hominoids, representing increasingly less dominating innate steering codes and their growing plasticity, allowing for collective social learning and an expansion of socially inherited steering codes. This bifurcation represents the transition from evolutionary formalisation to evolutionary informalisation.[10]

---

10 This drawing is homocentric in the sense that it focuses on humans and more or less disregards other animals. However, to include other animals would complicate the graph enormously. It would be quite a challenge to draw a line representing the diminishing of various forms of animal life, a process that went more or less hand in hand with the expanding anthroposphere within the biosphere. The growing domination of humans on earth went hand in hand with the decreasing survival chances of many other forms of life, and sometimes included their extermination by humans. This process became increasingly significant after the domestication of fire and of animals (the agrarian revolution), but particularly after the industrial revolution.

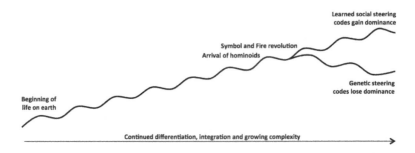

Graph 3

As learned social steering codes gained dominance, these codes became involved in a process of formalisation: they expanded, became more specific, as well as more demanding of self-regulation. This formalisation of social codes continued to be dominant until the second half of the nineteenth century, when an informalisation of social codes became dominant, while at the same time, demands on self-regulation continued to rise. This later bifurcation is depicted in graph 2 representing the formalisation and informalisation of social codes, as shown in the section »Excursus: Norbert Elias and Informalisation«.The importance of communication and symbols as an instrument of orientation and survival is evident from the biogenetic changes towards an increasingly complicated muscle structure of human faces, which allows a far greater range of expression than any other species: »The face evolved into a signalling board« (Elias, 2009, p. 155; cf. Schröter, 2002). In comparison, the facial muscles of other species are nowhere near as flexible, and far more rigid and fixed. The articulation and sophistication of facial and throat muscles, needed for speaking, laughing, crying and other forms of communication via gestures, gesticulations and sounds, relate to the evolution of inherited codes giving rise to an innate equipment for learning various social means of expression such as language and other formalised body signals.[11] Formalised signals and symbols had significant survival functions for human groups. The ability to learn and remember collectively is at the root of the transformation of direct and rather unarticulated sounds into the symbols of a language. The ability to learn a language must at some point in time have developed into a genetically given possibility. These changes in genetically transmitted

---

11 Human hands have also developed a muscular system with a far higher level of differentiation and co-ordination than any of the great apes.

equipment strongly underline the survival importance of social communication and its means, and it also shows the high level of functional integration or synthesis that humans have attained in their physical, psychical and social equipment.

The change towards a regulation of behaviour and emotions dominated by collectively learned steering codes was twofold. First, the ability to learn social codes had become genetically given. That is, it had become part of the informalised »nature« of humans, which meant that human babies had acquired a high degree of inborn plasticity. Second, this plasticity in turn meant that babies and children needed to be subjected to external and internal social controls, without which a young child would soon die. Both the ability and the necessity to learn social and individual steering codes were inherent in the evolutionary informalisation, the change of human »nature« resulting in humans' dependency on the social regulation of love-and-learn processes. Their »first nature« always involves being subjected to external and internal controls (Elias, 2009a).

The flexibility that came with the ability of humans to learn to speak, think and remember was a basic condition for the take off of human »history« and »civilization«. It was the take-off of a long-term development among humans, a »history« in which the balance of »nature and nurture« changed in favour of nurture. More precisely formulated, changes in the »triad of controls«, the three inescapable forms of dependence and control, moved in the direction of higher levels of control by humans over extra-human nature, over each other, and over themselves via self-control. It shows why in all their variety, the collection of social steering codes of a human survival group can be summarised as its civilisation or culture. Changes in these codes go hand in hand with changes in civilisation and history, for example in the civilisation and history of communicating (languages and other formalised symbols), of organising the use of fire and land (the fire and the agrarian revolutions), and of a great many regime changes such as from the Roman Empire to feudalism, feudalism to court societies, and court societies to nation-states.

The transition in dominance from the relatively long-term phase of evolutionary formalisation to a shorter-term phase of informalisation involved the human species becoming more dependent on socially learned steering codes than on innate codes, and therefore, their greater dependence on learning these codes. In this process, as the possibility to learn to speak, think and remember developed together with the necessity to do so, innate steering codes and »instinctive« means of orientation lost some of their compelling power over humans. An example is given by Elias when discussing the living conditions of stone-age people, characterised by »a higher danger level perpetuating a high affect- and fantasylevel of knowledge and beliefs, and a low level of danger-control thus maintaining exposure to dangers at a high level«:

> »Humans at that stage lived like the wild animals they hunted, always on the alert. They lacked the protection of a specific inborn reaction pattern to dangers. Instead, they had a generalised inborn alarm reaction, putting them into a different gear, ready for strenuous action such as flight or fight. But the actual decision as to what to do, what skeletal muscles to move, had to be taken at the non-automatic cerebral levels, patterned by collective and individual experiences of past dangers stored in the memory« (Elias, 2007, p. 131).

It is from this perspective that the development towards hominoids and *Homo sapiens* was a partial change in the direction of evolutionary processes: no longer an expansion of innate steering equipment characteristic of the evolutionary formalising process, but rather a reduction, a weakening of the power of genetic structures. Was it a partial evolutionary regression?

Before hominoids, random mutations in the direction of a weakening of genetic steering codes may have occurred within many species, but they would have had no chance of survival without a corresponding degree of social learning capacity. Nor would the other possibility stand a chance of survival: random mutations providing an increased innate capacity for social learning would remain rather sterile without a corresponding spread of love-and-learn relationships characterised by a rise in the level of intensity. With humans, this seems to have been the case: in human babies and children the bioprocess of maturation continuously dovetails with a social process of learning social steering codes. Expanding possibilities for collective learning and consciousness went hand in hand with a weakening of rigid innate codes, thus developing away from the fixed innate codes of their predecessors in the direction of comparably flexible social codes. In sum, humans represent a biological, psychical and social synthesis of the highest level, a synthesis that came about in an evolutionary process of informalisation. What might appear as an evolutionary regression was in fact an enormous source of power and identity for subsequent generations of humans in relation to other species.

As collective learning brought expanding reservoirs of knowledge, social codes based upon them came to prevail over unlearned inherited codes and unlearned »spontaneous« emotions. In addition, social codes came to be based more and more on learned ways of how to interfere with »nature«. The regulation and steering of behaviour and emotions occurred increasingly by *formalising social codes* (and their expansion and articulation) as well as by an increasingly authoritative (and authoritarian) conscience. With it came the domination of the human species over other forms of life on earth: survival and rule of the organised »smartest« – the rise in the level of human controls over non-human nature coincided with a rising level of human interdependency, if only because of the growing necessity to organise and communicate, and with rising levels of flexibility and reflectivity as well as rising demands on self-regulation. Together, these changes in the triad of controls propelled the expansion of the anthroposphere within the biosphere (Goudsblom, 2002).

In some ways, the formalisation of social steering codes continued in similar fashion to evolutionary formalisation: in both processes, steering codes became increasingly detailed and both entailed expanding levels of differentiation, integration, expansion and complexity. The formalisation of social steering codes involved a continuation of what had been an evolutionary informalisation. In the long run, in a critical phase of formalisation and the development of an expanding body of social steering codes, collective learning processes enabled a partial change of direction: more options and greater (conscious) flexibility of behaviour and feeling gradually emerged. As we have seen, rising levels of interdependency, flexibility, knowledge (learning) and consciousness were of critical importance for the relatively recent upswing to dominance of an *informalisation of social and psychic codes*.

From the end of the nineteenth century onwards, many people have interpreted the transition in dominance from the formalisation of social codes to their informalisation as a weakening of »civilization«: they saw the partial change of direction in formalisation processes as a weakening of social codes and controls, and in that sense as a regression, not an evolutionary regression, of course, but a regression of social and psychic steering codes, and sometimes even of steering capacities. A related similarity is that they did not consider this partial change of direction from formalisation to informalisation as an expansion and a further differentiation of social codes. Nor did they see how social controls became increasingly focused on self-controls, thus maintaining the conditions for the advanced flexibility and reflexivity of social and psychic informalisation.

My research findings suggest the conclusion that in the phase of informalisation of social codes, what was initially seen as relative weakness was again and again transformed into the strength of an advance in consciousness, in »presence of mind«, in flexibility and the ability to live up to rising demands on self-regulation. These demands emerged as relatively fixed and rigid social codes turned into yielding guidelines for choosing from a widening spectrum of behavioural and emotional options. Here we find another similarity with evolutionary informalisation: this transformation also demanded from hominoids and *Homo sapiens* the strength of an advanced consciousness, »presence of mind«, and flexibility. In addition, as rather fixed innate codes lost their dominance to the social control of collectively learned social codes, hominoids and humans also had to live up to rising demands of self-regulation.

So far, I have outlined how the transition of both the evolutionary and social formalisation into an informalisation of biogenetic codes, psycho- and sociogenetic codes is related to the rise of biological, social and psychic differentiation and integration (and to the connected rise of survival chances) to critical levels of magnitude. Over approximately the last 150 years, a social process of informalisation has occurred that bears striking similarities with what has happened earlier on an evolutionary (biological) level.

Theoretical comparison of the two transitions from formalisation to informalisation

An important similarity of both transitions from formalisation to informalisation seems to be that the »synthesis of parts on many levels, through division of functions« (Elias, 2007, p. 188) had advanced to a critical level. In both transitions, a critically advanced level of differentiation and integration of (survival) units and of interdependency networks expanding in size and density was necessary, before the involved steering regimes – of innate steering mechanisms and of social and psychical regimes of manners and emotions – allowed for informalisation to become dominant. This advancing synthesis of part-units functioning on advancing levels of integration seems to be of crucial importance for both moments of transition.

The evolution of animalic life first proceeded towards an expansion of genetic equipment in the form of rather fixed innate behavioural patterns until this expansion/growth in hominoids and then humans reached (1) a *critical level of functional differentiation and integration*,[12] and (2) a *critical level of survival chances: of the levels of material security and physical safety*. Combined, these two elements provoked a twist in the process: first in hominoids and then in modern humans, innate steering codes lost some rigidity and gained in plasticity and

---

12 »Growing differentiation and a growing capacity for co-ordination and integration are complementary processes in the bio-organisation. Neither of them can advance from one phase to the next if the other does not keep pace« (Elias, 2007, pp. 231f.).

complexity, eventually allowing for expanding possibilities and options to adjust more flexibly to changing social and physiological conditions. In this process, the emancipation of symbols and the domestication of fire (Goudsblom, 1992) were of major importance. Control over fire went hand in hand with the ability to eat cooked food, which was probably instrumental in the development of shorter intestines and walking upright (Wrangham, 2010). Fire control made humans less dependent on the alterations of day and night, seasonal changes, wet and cold. Moreover, »heating, lighting and cooking all contributed to what we would now call a higher standard of living« and »provides us with an excellent example of how new forms of behaviour may change the balance of power – in this case between humans and all other animals« and how the latter

> »could engender changes in habitus, both among the humans who gained greater self-confidence from the presence of fire in their groups and among animals that might be bigger and stronger than humans but had learned to respect and fear their agility with fire« (Goudsblom, 2002, pp. 29f.).

From this perspective, it seems quite probable that the emancipation of symbols and the domestication of fire have proceeded as twin processes over the same period of time.

In the richer countries of the West, from around 1880 onwards, two similar part-processes boosted the informalisation process of social codes to a position of dominance; again the process emerged through: (1) *functional differentiation and integration* – in this case: social and psychic integration – reaching a critical level of density and complexity, and which again, as in evolutionary informalisation, coincided with (2) reaching critical *levels of material security and physical safety: survival chances*. There was an unparalleled rise in the standard of living and in expectations, trust, confidence and self-confidence, propelling increasing numbers of people to break with old codes and prevailing traditions. The trend toward further expansion and specification of codes and patterns for steering behaviour and emotions gave way and lost its dominance to the trend of increasingly flexible and reflexive regimes of manners and emotions. Firmly rooted traditions were uprooted, but on the whole in ways that can be characterised as »controlled decontrolling of emotional controls«. They turned out to be spurts in informalising and civilising processes. Apparently, a critical level of taken-for-granted social controls and self-controls, and a habitus of self-confidence that develops with material security, social safety and trust, was another necessary condition for this informalisation to proceed.

In other words, in comparing the two transitions, similar »process drivers« come into view: both transitions seem to be dependent on extensive and intensive growth[13] – growth in functional differentiation, integration and complexity, and on reaching critical levels of material security and physical safety. In pre-human evolutionary processes, this growth involved all living organisms and species, based on natural selection, gene transmission and gene mutations, and also on growing competition and interweaving. In the developmental sequence from vertebrates to mammals, hominoids to *Homo sapiens*, the ongoing process comes to depend increasingly on transmission and innovation of learned knowledge with the help of symbols, particularly linguistic symbols. On the whole, however, the process of an advancing synthesis of part-units functioning on advancing levels of integration was predominantly blind. Although social processes have directions, writes Elias, »they, like nature, have neither purposes nor goals. Purposes and goals may possibly be achieved by human beings if, as humanity, they agree on them one day« (2009d, p. 8).

The survival of evolutionary informalising »mutations« (in the direction of greater plasticity or less fixed and more flexible innate steering codes) needed a critical level of dovetailing between the increase of learning potential and the decline of innate fixedness. As steering codes diminished in rigidity, evolutionary informalisation coincided with a relative weakening of the condition of new born babies. Compared to (other) newly born animals, they remained longer and more strongly dependent upon love-and-learn relationships and processes, in which their relative weakness is converted into strength, into a lead in consciousness and manoeuvrability. A similar change occurred in the informalisation of social codes. These changes also entailed strong pressures towards a major increase in flexibility and for levels of consciousness to rise to the next step on the spiral staircase of consciousness. On the level of humans, the change from formal and rather fixed steering mechanisms to more flexible and therefore informal ones, was also a »relational turn« in the sense that steering came to depend less upon inner or internalized codes, whether genetically or socially inherited, and more upon the (type of) relations. In Riesman's terms, there was a transition from inner-directed to other-directed personalities and steering codes.

Both evolutionary and social processes of growing differentiation, integration, complexity and formalisation, were spurred by survival struggles and elimination contests in which »fewer and fewer will control more and more opportunities,

---

13 »Key words for extensive growth: more and more, further and further. The key term for intensive growth is ›greater complexity‹« (Goudsblom, 2002, p. 403).

and more and more units will be eliminated from the competition«. As a rule, elimination from the competition coincides with an interweaving of increasingly large (survival) units, a »competition and intertwining« mechanism, also known as »the monopoly mechanism« (Elias, 2012a, pp. 303f.). In the process, many or even all traces of the eliminated units disappear and enter into oblivion: »In retrospect, people frequently see only the apparently smooth progress of technology, and not the elimination struggles behind it, which consume human beings« (Elias, 2009, p. 8).

So far, my comparison of the two phases of formalisation and informalisation in evolutionary processes and in human social processes has pointed to a complex of interrelated conditions for the two transitions from one phase to the other to occur, and also to a comparable complex of process drivers. On this basis, the transition to the process of informalisation since 1880 can be expected to be of greater importance than is acknowledged today. It excludes, for example, the conditions for compartmentalisation as a defence mechanism. They are incompatible with a process of informalisation. Societies such as Nazi Germany tend to foster strong and formal types of social control and self-control that are also quite rigid.

> »Very elaborate codes of conduct and expression will be maintained to the smallest detail, until the moment that one steps over the threshold and into the compartment of barbarity, where all cruelty and wildness are permitted, until one leaves this reservation again and resumes one's controlled demeanour, *as if nothing had ever happened*: that is dyscivilised behaviour« (de Swaan, 2001, p. 271; italics in original).

This behaviour shows the importance of a standard of controls with »greater evenness and all-roundness in all, not only in some situations« and »removed from extremes« (Elias in Wouters, 2007, p. 232f.), for the existence of a compartment of cruelty and fury implies that the civilised restraints are neither altogether all-round nor even. It also shows that the same goes for social controls, demanding a certain level of expansion and density of interdependency networks.

Nowadays, the strength of social informalisation and its »third-nature« habitus is put to the test in confrontations *within* nation-states between established groups and groups of outsiders such as immigrants from countries where power balances are relatively unequal. It is also tested in confrontations *between* nation-states, particularly between old established ones and rising outsider nation-states. These are integration conflicts. From the possible outcome of these and other integration conflicts such as those between humans and non-human nature, many possible futures arise. Johan Goudsblom writes: »In 1987 Elias mentioned three possible futures for humankind: a nuclear war; world hegemony by one state; a world-wide federation of states.« And he continues: »These possibilities do not rule each other out; we can even imagine a succession in time.«[14] Much will depend on the spread and the levels of functional differentiation, integration and complexity of human survival groups. In addition, their level of informalisation will make a difference.

Appendix: Love-and-Learn Processes

With the concepts of »love-and-learn« relationships, generating »love-and-learn« processes, Elias implicitly recognised that for understanding the history of humanity at large as well as the history of any particular society, studying the history of love is as important as studying the history of learning. The two are closely connected, because the learning of individuals, as well as their collective and intergenerational learning, depends upon the strength and warmth of their bonds, upon the quality of love in their relationships, particularly those involving children. The fundamental importance of human love-and-learn relations and processes is mirrored in their fears and anxieties: »Genetically, the whole family tree of fears and anxieties seems to have a twofold root: the fear of physical extinction and the fear of loss of love. Threats to one's life and one's love in a very elementary form seem to be the original danger situations« (Elias, 2009b, p. 140). Evidently, this Appendix is not the place to elaborate on these relationships, so I will restrict myself to just a few remarks.

In order to learn to survive and be successful in increasingly larger and complicated human groups, babies and children needed to adjust to increasingly demanding and formalised social codes, taught and appropriated in love-and-learn relationships. Learning and teaching these codes implied a prolonged childhood, that is, a longer period of dependency on parents, and also therefore a prolonged parenthood. Parents and children became more strongly interdependent, which probably intensified their love-and-learn relationships. The ability of babies and children to charm and trigger protective feelings in their parents probably enlarged their survival chances. These feelings have been described as part

---

14 Quoted from Goudsblom's »Thirteen propositions about possible futures«, formulated for the Leicester College Court Conference »From the Past to the Present and Towards Possible Futures«, 20–22 June 2014.

of a »caregiving behavioural system« that is triggered by signs of vulnerability, innocent dependence, and undefended wonder or fascination (Bowlby, 1969).

Both transitions from formalisation to informalisation involved growing interdependence of parents and children. They both involved a growing dependence upon the ability and necessity of learning, through which love-and-learn processes will have gained intensity. During the informalisation of social codes, this intensity predominantly went into growing intimacy. The long duration of this informalisation overlaps with the »century of the child« and saw rising levels of equality and intimacy between the people involved in these processes. The traditional emphasis in child rearing, which emphasized subservience to institutional and adult authority, sanctioned by corporal and other punishments, shifted to an emphasis on qualities linked to the self-regulation of children, sanctioned by reasoning and differentiations in warmth and permissiveness. Thus, relationships between parents and children gained intimacy and affective warmth as well as sensitivity and reflexive thoughtfulness. This change occurred in most relationships: there was decreasing social and psychic distance and increasing openness together with rising affectivity and reflexive caution.

Since the 1880s, the emancipation of women went hand in hand with an emancipation of their sexuality, and at the same time, parents – of different social classes to varying degrees – have taken more of the interests and feelings of their children into account and also more of the sexuality of their teenagers. There was a trend towards intimisation of relations between women and men as well as of the relations in which young people are raised and educated.

The level of parental investments in their children has clearly risen again from the 1940s and 1950s onwards, coinciding with widening circles of identification, ranging from children and women to Indians, blacks formally known as »negroes« and animals. In my book on the emancipation of love and lust since 1880, I argue that these rising levels continued over the generations, particularly since the 1950s and 1960s (Wouters, 2012). A warmer and more intimate, flexible and cautious parental control on the self-control of children spread and became known as »love-oriented discipline« (Bronfenbrenner, 1958). Thus, more and more children in warmer and more intimate family relations have experienced a type of discipline or social control that is less directed at obedience than at self-control and self-steering, that is, at learning to think and decide for themselves (cf. Alwin, 1988).

A rise of the level of equality and intimacy tends to be repeated in subsequent generations because children develop the expectation to experience a similar, or if possible, an even higher level of intimacy and equality in their love and friendship relationships. It becomes their figurational ideal. From a very early age onwards this level becomes deeply integrated in the habitus level of personality, providing significant sources of meaning and value in life. Therefore, young people wish to experience a similar degree of intimacy and openness in their intimate relations with friends and peers, and this longing helps direct their quest for a gratifying lust-balance – the balance between their longings for sexual gratification and for enduring relational intimacy. For many people today this quest may last a long time, longer than many might wish, but it is much more likely to have originated from a rise, rather than a decline, in their demands for intimacy and confidentiality.

References

Alwin, D.F. (1988). From Obedience to Autonomy: Changes in Traits Desired in Children, 1924–1978. *Public Opinion Quarterly*, 52/1: 33–52.

Bowlby, J. (1969). *Attachment and Loss. Vol. 1: Attachment*. New York: Basic Books.

Bronfenbrenner, U. (1958). Socialisation and Social Class Through Time and Space. In Maccoby, E.E., Newcomb, T.M. & Hartley, E.L. (eds) *Readings in Social Psychology*. New York: Holt, Rhinehart and Winston.

Elias, N. (2006 [1969]). *The Court Society*. Collected Works of Norbert Elias, Vol. 2. Dublin: UCD Press.

Elias, N. (2007 [1979]). Reflections on the Great Evolution. In N. Elias, *Involvement and Detachment*. The Collected Works of Norbert Elias, Vol. 8. (pp. 179–233). Dublin: UCD Press.

Elias, N. (2008 [1988]). Introduction. In N. Elias & E. Dunning, *Quest for Excitement: Sport and Leisure in the Civilising Process*. Collected Works of Norbert Elias, Vol. 7. (pp. 3–43). Dublin: UCD Press.

Elias, N. (2008a [1980]). The Civilising of Parents. In N. Elias, *Essays II. On Civilising Processes, State Formation and National Identity*. Collected Works of Norbert Elias Vol. 15. (pp. 14–40). Dublin: UCD Press.

Elias, N. (2009 [1987]). On Human Beings and Their Emotions: a process-sociological essay. In N. Elias, *Essays III: On Sociology and the Humanities*. Collected Works of Norbert Elias Vol. 16. (pp. 141–158). Dublin: UCD Press.

Elias, N. (2009a). Scientific Establishments. In N. Elias, *Essays I. On the Sociology of Knowledge and the Sciences*. Collected Works of Norbert Elias Vol. 14. (pp. 107–160). Dublin: UCD Press.

Elias, N. (2009b [1948]). Social Anxieties. In N. Elias, *Essays III: On Sociology and the Humanities*. Collected Works of Norbert Elias Vol. 16. (pp. 138–140). Dublin: UCD Press.

Elias, N. (2009c [1988]). Civilisation and Psychosomatics. In N. Elias, *Essays III: On Sociology and the Humanities*. Collected Works of Norbert Elias Vol. 16. (pp. 180–186). Dublin: UCD Press.

Elias, N. (2009d [1986]). Social Processes. In N. Elias, *Essays III: On Sociology and the Humanities*. Collected Works of Norbert Elias Vol. 16. (pp. 4–8). Dublin: UCD Press.

Elias, N. (2010 [1979]). *The Loneliness of the Dying*. Collected Works of Norbert Elias, Vol. 6. Dublin: UCD Press.

Elias, N. (2011 [1989]). *The Symbol Theory*. Collected Works of Norbert Elias, Vol. 13. Dublin: UCD Press.
Elias, N. (2012a [1939]) *On the Process of Civilisation. Sociogenetic and Psychogenetic Investigations.* The Collected Works of Norbert Elias. Vol. 3. Dublin: UCD Press.
Elias, N. (2012b [1970]). *What is Sociology?* The Collected Works of Norbert Elias. Vol. 5. Dublin: UCD Press.
Elias, N. (2013a [1989]). *Studies on the Germans.* Collected Works of Norbert Elias, Vol. 11. Dublin: UCD Press.
Elias, N. (2013b). *Interviews and Autobiographical Reflections.* Collected Works of Norbert Elias, Vol. 17. Dublin: UCD Press.
Fletcher, J. (1997). *Violence & Civilization. An Introduction to the Work of Norbert Elias.* Cambridge: Polity Press.
Goudsblom, J. (1992). *Fire and Civilisation.* Harmondsworth: Penguin Books.
Goudsblom, J. (2002). »Introductory Overview: the Expanding Anthroposphere« and »The past 250 years: Industrialisation and globalization«. In B. de Vries & J. Goudsblom (eds), *Mappae Mundi*. Amsterdam UP: 21–46, and 352–378.
Kilminster, R. (2007). *Norbert Elias. Post-philosophical sociology.* New York: Routledge.
Mennell, S. (1989). Short-Term Interests and Long-Term Processes: the Case of Civilisation and Decivilisation. In S. J. Mennell, E. L. Jones & J. Goudsblom (eds), *Human History and Social Process*. (pp. 93–127). Exeter: University of Exeter Press.
Quilley, S. (2007). Note on the Text. In N. Elias, *Involvement and Detachment*. The Collected Works of Norbert Elias. Vol. 8. (pp. xi–xvi). Dublin: UCD Press.
Quilley, S. (2010) Integrative levels and ›the Great Evolution«: Organicist biology and the sociology of Norbert Elias. *Journal of Classical Sociology* 10(4): 391–419.
Rammler, S. (2008). The *Wahlverwantschaft* of Modernity and Mobility. In W. Canzler, V. Kaufmann & S. Kesselring (eds) *Tracing Mobilities: towards a cosmopolitan perspective.* (pp. 57–76). Aldershot/Burlington: Ashgate.
Riesman, D., Glazer, N. & Denney, R. (1950). *The Lonely Crowd.* New Haven, CT: Yale University Press.
Schröter, M. (2002). Wer lacht, kann nicht beißen. Ein unveröffentlichter Essay on Laughter von Norbert Elias. *Merkur* Jg. 56: 860–873.
Steele, V. (2001). *The Corset – A Cultural history.* New Haven, CT: Yale UP.
Swaan, A. de (2001). Dyscivilization, Mass Extermination and the State. *Theory, Culture & Society,* 18(2–3): 265–276.
Veeninga, D. (2008). *Het nahuwelijk.* Amsterdam: Augustus.
Waldhoff, H.-P. (1995). *Fremde und Zivilisierung.* Frankfurt a. M.: Suhrkamp.
Waldhoff, H.-P. (2014). Menschen im Singular und im Plural – Norbert Elias' grundlagentheoretischer Beitrag zur Gruppenanalyse. *Gruppenpsychotherapie und Gruppendynamik. Zeitschrift für Theorie und Praxis der Gruppenanalyse.* 50/2: 111–145.
Wouters, C. (1976). Is het civilisatieproces van richting veranderd? *Amsterdams Sociologisch Tijdschrift* 3/3: 336 360.
Wouters, C. (1977). Informalisation and the Civilising Process. In P. R. Gleichmann, J. Goudsblom & H. Korte (eds), *Human Figurations, essays for/Aufsätze für Norbert Elias.* (pp. 437–456). Amsterdam: Stichting Amsterdams Sociologisch Tijdschrift.
Wouters, C. (1990). Social Stratification and Informalisation in Global Perspective. *Theory, Culture & Society*, 7(4): 69–90.
Wouters, C. (1998). How Strange to Ourselves Are our Feelings of Superiority and Inferiority. *Theory, Culture & Society* 15: 131 150.

Wouters, C. (2002). The Quest for New Rituals in Dying and Mourning: Changes in the We–I Balance. *Body & Society*, 8/1: 1–27.
Wouters, C. (2004). *Sex and Manners: Female Emancipation in the West since 1890*. London: Sage.
Wouters, C. (2007). *Informalization: Manners and Emotions since 1890*. London: Sage.
Wouters, C. (2012). *De jeugd van tegenwoordig. Emancipatie van liefde en lust sinds 1880*. Amsterdam: Athenaeum–Polak & VanGennep.
Wouters, C. (2014). Universally Applicable Criteria for Doing Figurational Process Sociology: Seven Balances, One Triad. In *Human Figurations: Long-term Perspectives on the Human Condition*. 3/1 (February). http://hdl.handle.net/2027/spo.11217607.0003.106 (Abruf am 09.03.2015).
Wrangham, R. (2010). *Catching Fire: How Cooking Made Us Human*. London: Profile Books.

Dialog und Gewalt

Anmerkungen zur Dialogphilosophie

Thomas Mies

Dialog und Gewalt werden in einer sehr gängigen Auffassung dieser Begriffe als sich ausschließende Gegensätze betrachtet. Wo die Gewalt beginnt, ist der Dialog zu Ende und umgekehrt. Der Zusammenhang zwischen diesen Gegensätzen kann so nur äußerlich, kein innerer sein: Der Ausübung und dem Erleiden von Gewalt scheint das Bedürfnis nach dialogischen Sozialbeziehungen ebenso fremd wie der dialogischen Wechselseitigkeit und Abhängigkeit jedes Gewaltpotenzial; die Subjekte, die ihre Beziehung dialogisch oder gewaltförmig gestalten, sind schon vor dieser Beziehung konstituiert und bilden sich nicht erst mit und in dieser Beziehung heraus, bzw. werden in ihrer Entfaltung durch sie blockiert oder deformiert. Aus dem durch diese Auffassung vorgegebenen Blickwinkel sieht es so aus, als sei die Dialogphilosophie, die im deutschen Sprachraum vor allem mit dem Namen Martin Buber verbunden wird, im Hinblick auf die Frage nach dem Verhältnis von Dialog und Gewalt relativ unergiebig. Explizit findet die Gewaltthematik in den dialogphilosophischen Schriften in der Tat nur am Rande Erwähnung und implizit wird sie unter Kategorien subsumiert, die zu allgemein erscheinen, um der Spezifik sozialer Gewalt gerecht zu werden. Bei Buber etwa ist diese Kategorie das Grundwort »Ich-Es«. Dieses Grundwort kennzeichnet alle Sprechweisen, in denen nicht mit dem Mitmenschen, sondern nur über ihn geredet und damit verfügt wird, in denen er nicht als Subjekt, sondern nur als Objekt der Kommunikation vorkommt. Es umfasst alle monologischen sozialen Beziehungen, in denen die/der Andere bzw. die Anderen vergegenständlicht und verdinglicht werden. Dazu gehören die Beziehungen zwischen Beobachtern und Beobachteten ebenso wie die zwischen Warenbesitzern und Warenkäufern, zwischen Herrschenden und Beherrschten oder die zwischen Tätern und Opfern.

Subjektkonstitution als zwischenmenschlicher Prozess

Ein ganz anderer Blickwinkel ergibt sich allerdings, wenn die Konzeption einer sozialen Psychopathologie, die der Begründer der Gruppenanalyse Sigmund Heinrich Foulkes ansatzweise entwickelt hat, zum Ausgangspunkt einer kritischen Auseinandersetzung mit der Dialogphilosophie gemacht wird. Schon Freud stellt, indem er den Begriff der Zensur aus dem Bereich der staatlichen Kontrolle zivilgesellschaftlicher Kommunikation metaphorisch auf den Bereich der inneren Denk- und Gefühlskontrolle überträgt, eine Verbindung zwischen Psychopathologie und Gewalt her. Foulkes geht darüber einen entscheidenden Schritt hinaus, indem er psychische Störung nicht primär im Individuum verortet, sondern als einen Prozess auffasst, »der *zwischen Personen* stattfindet« (Foulkes, 1948, S. 127; Übers. d. V.). In diesem Prozess werden existenziell bedeutsame Mitteilungen aus der für die Betroffenen lebenswichtigen Kommunikationsgemeinschaft ausgeschlossen. Foulkes hinterfragt die Tatsache, dass dieser Ausschluss sich am Beginn einer Psychotherapie erst einmal isoliert bei den Patienten in verinnerlichter Form als Selbstausschluss, als Verdrängung oder Abspaltung wichtiger Selbstanteile manifestiert, und versucht, ihn im Beziehungsgeflecht zu verorten, aus dem die/der Patient/in kommt und in dem sie/er lebt. Der Ausschluss betrifft für ihn nicht nur die Einzelnen, sondern immer auch die Gemeinschaft, der sie angehören. Die Störung ist als individuelle Störung zugleich eine »Störung des Sozialen«, um einen dem amerikanischen Pionier der Psychosenpsychotherapie Harry Stack Sullivan zugeschriebenen und von Ulrich Streeck im Kontext der zeitgenössischen intersubjektiven Wende in der Psychoanalyse wieder aufgegriffenen Begriff zu verwenden.

Dieser Grundgedanke ist ein wichtiger Leitfaden gruppenanalytischer Praxis, auch wenn er bis heute in seiner Tragweite für die Theorie und Krankheitslehre der Gruppenanalyse nur bruchstückhaft expliziert ist. Er beinhaltet, dass jedes individuelle Subjekt den/die Anderen elementar benötigt, um zu sich selbst zu finden, dass Subjektivität und soziale Zugehörigkeit untrennbar verbunden sind. Sprechen heißt »mit dem Eigenen vom Anderen abhängig sein«. Dieser tiefsinnige Satz stammt aus der Feder von Franz Rosenzweig (1984, S. 151), der in den Schützengräben des Ersten Weltkriegs eines der Hauptwerke der Dialogphilosophie verfasst hat und in den 20er Jahren des letzten Jahrhunderts Leiter des Jüdischen Lehrhauses in Frankfurt war. Dieser Satz bringt aber auch eine ebenso erhoffte wie gefürchtete Grunderfahrung in der Gruppenanalyse auf den Punkt. Die Furcht vor dieser Erfahrung der elementaren Abhängigkeit individueller – und kollektiver – Subjektivität vom Anderen und den Anderen ist keineswegs grundlos und bloß psychopathologisch. Der Andere kann diese Abhängigkeit für sich selbst ausbeuten; dann finde ich nicht mich selbst im Anderen, sondern den Anderen als fremden Eindringling in mir. Ich kann aber auch umgekehrt – wie vor allem Jessica Benjamin in ihren an Hegels Herr-Knecht-Dialektik geschulten entwicklungspsychologischen Analysen gezeigt hat (vgl. Benjamin, 1990) –, um der Gefahr einer aufgezwungenen Selbstentfremdung zu begegnen, den Anderen der eigenen Kontrolle und Herrschaft zu unterwerfen versuchen. Aus der elementaren Abhängigkeitsbeziehung wird damit eine ebenso elementare Gewaltbeziehung, die verinnerlicht wird und sich so der ihr unterworfenen Subjekte bemächtigt. Zur Erforschung dieses Umschlags von Abhängigkeit in Gewalt reicht ein Gewaltbegriff nicht aus, der auf den Aspekt der physischen Gewaltausübung festgelegt ist. Sie spielt selbstverständlich auch bei kommunikativen Ausschlussprozessen eine zentrale Rolle. Erinnert sei nur an die zentrale Rolle häuslicher Gewalt in der Ätiologie psychischer Störungen. Zugleich sind diese Ausschlussprozesse jedoch immer auch Prozesse der Desymbolisierung, deren Analyse den Begriff der *symbolischen Gewalt* (vgl. Schmidt & Woltersdorf, 2008) erfordert.

Gerade im Kontext des zeitgenössischen psychoanalytischen und gruppenanalytischen Diskurses ist dieser Grundgedanke der elementaren Abhängigkeit der Subjektbildung vom Anderen und der damit verbundenen Verletzlichkeit von großer Aktualität. Mit der intersubjektiven Wende wird er auch im psychoanalytischen Denken zu einem zentralen Orientierungsleitfaden. Er ist in den letzten Jahrzehnten auf einer breiten Basis in der Säuglingsforschung und Bindungstheorie empirisch fundiert worden und die vielleicht wichtigste psychotherapeutische Innovation in diesem Zeitraum, die mentalisierungsbasierte Psychotherapie (vgl. etwa Bateman & Fonagy, 2008; Schultz-Venrath, 2013), über die ja auch im Kontext der Gruppenanalyse mittlerweile breit diskutiert wird, baut auf dieser empirischen Forschung auf. Die leitenden Metaphern der MBT sind das *fremde Selbst* und die *Kolonialisierung des Selbst,* und der Vergleich dieser Metaphern mit der Leitmetapher der Zensur in der klassischen Psychoanalyse zeigt eindrucksvoll die Verschiebung in der Auffassung des Unbewussten, die der skizzierte Grundgedanke von Foulkes zur Folge hat. Die Zensur unterdrückt die Mitteilung und Verbreitung von Gedanken und Gefühlen, die vorhanden und ihren Subjekten im Prinzip zugänglich sind. Das fremde Selbst und die Kolonialisierung des Selbst verhindern, dass die betroffenen Subjekte überhaupt eigene Gefühle und Gedanken, letztlich ein eigenes Selbst entwickeln.

Thomas Mies

Zur Rezeption der Dialogphilosophie in der Gruppenanalyse – Hindernisse und Möglichkeiten

In diesem Zusammenhang erfährt die Dialogphilosophie gegenwärtig gerade auch im psychoanalytischen Diskurs eine Aufwertung. Léon Wurmser spricht von Buber als »unerkanntem Schatten« hinter wichtigen zeitgenössischen Beiträgen zur intersubjektiven Wende (vgl. Wurmser, 2008, S. 12) und in der neuesten Auflage ihres Lehrbuchs der psychoanalytischen Therapie konstatieren Helmut Thomä und Horst Kächele kurz und bündig: »In der intersubjektiven Theorie ist Bubers dialogisches Prinzip wiederentdeckt worden« (Thomä & Kächele, 2006, S. 94). Für die Gruppenanalyse ist diese Aufwertung von besonderem Interesse, weil es eine bisher kaum zur Kenntnis genommene Nähe in den Denkvoraussetzungen zwischen ihr und der Dialogphilosophie gibt.

Diese Nähe ist zunächst durchaus auch eine räumliche Nähe des Entstehungskontextes. Es wird allzu leicht vergessen, dass Foulkes und Norbert Elias – der als Soziologe maßgeblich an der Begründung der Gruppenanalyse beteiligt war – in ihrem Denken grundlegend von jener hoch entwickelten deutschjüdischen interdisziplinären Diskussionskultur geprägt waren, die sich in Philosophie und Humanwissenschaften im Umkreis der Frankfurter Universität in der Weimarer Republik etablierte und in der zwischen Psychoanalytikern, Soziologen, Gestaltpsychologen, Neurobiologen, Philosophen und Theologen ein überaus produktiver Gedankenaustausch stattfand. An dieser Diskussionskultur sind in dieser Zeit auch Franz Rosenzweig als Leiter des Jüdischen Lehrhauses und Martin Buber als erster Hochschullehrer an einer deutschen Universität mit einem Lehrauftrag für jüdische Religionswissenschaft beteiligt. Zwar gibt es zwischen Buber und Foulkes vermutlich weder eine direkte Bekanntschaft noch eine unmittelbare konzeptionelle Verbindung. Aber bei Elias, der für Foulkes Auffassung der Beziehung zwischen Individuum und Gruppe zweifellos wegweisend war, sind die Hinweise auf inhaltliche Gemeinsamkeiten und eine direkte Rezeption dialogphilosophischer Schriften unverkennbar. Das Denken von Elias ist wie das der Dialogphilosophie durch die Konfrontation mit dem epochalen Einschnitt der Urkatastrophe des 20. Jahrhunderts, dem Ersten Weltkrieg, bestimmt. Buber spricht in diesem Zusammenhang von »der Erfahrung der vesuvischen Stunde«, in der »das seltsame Verlangen erwacht, mit dem Denken dem Existieren selber gerecht zu werden« (Buber, 1986, S. 304). Wie Elias steht auch die Dialogphilosophie in scharfer Opposition zur von Descartes begründeten Tradition der Bewusstseinsphilosophie, die ihnen beiden zeitgenössisch im Neukantianismus und in der Phänomenologie Edmund Husserls begegnet.

Der Lehrer von Elias, der Neukantianer Richard Hönigswald, mit dem er wegen seiner philosophischen Dissertation in einen heftigen Konflikt gerät, ist auch der Hauptantipode im wichtigsten sprachphilosophischen Essay, den Buber geschrieben hat. Die Hervorhebung der Bedeutung des Dialogs für das Verständnis von Sprache und Denken ist ein Leitmotiv, das sich sowohl in Elias' Manuskript aus den späten 30er Jahren *Die Gesellschaft der Individuen* wie in seinem letzten Buch *Symboltheorie* findet (vgl. Elias, 1991, 2001). Wie Elias plädiert auch die Dialogphilosophie für den Primat des Zwischenmenschlichen vor dem Intrasubjektiven. Michael Theunissen, dem die gründlichste und in der Würdigung ihrer Verdienste ausgewogenste Darstellung der Philosophie Martin Bubers zu verdanken ist, hat überzeugend gezeigt, dass im Zentrum des Denkens von Buber und der gesamten Dialogphilosophie die Kategorie des Zwischen steht (vgl. Theunissen, 1981). Und wie Buber dient auch Elias das alltägliche Gespräch als Exempel, um den Primat des Zwischenmenschlichen zu erläutern. Nicht zu vergessen ist dabei schließlich auch die Affinität des jungen Elias zum Zionismus, auf die Hermann Korte in seinem biografischen Fragment *Norbert Elias in Breslau* hingewiesen hat (vgl. Korte, 1991). Dass ein wacher junger jüdischer Intellektueller mit zionistischen Sympathien in den frühen Jahren der Weimarer Republik keine Kenntnis der einschlägigen Schriften Martin Bubers genommen hat, halte ich bei dessen damaliger Stellung im geistigen Leben des deutschsprachigen Judentums für ziemlich unwahrscheinlich.

Dass die Gruppenanalyse dennoch lange Zeit diese konzeptionelle Nähe nicht für eine kritische Auseinandersetzung mit der Dialogphilosophie genutzt hat, obwohl gerade Buber brennend an Grundfragen der Psychotherapie interessiert war und den Dialog mit Psychotherapeuten gepflegt hat, ist aus historischen Gründen gut zu verstehen. An einer intensiveren Rezeption hat Foulkes zunächst und vor allem die Zerstörung des interdisziplinären Netzwerks gehindert, in dem sein Denken mit der Dialogphilosophie ursprünglich verbunden war. Ausnahmslos alle an diesem Netzwerk beteiligten Wissenschaftler sind nach der Machtübernahme des Nationalsozialismus gezwungen, Deutschland zu verlassen; viele Kontakte reißen in der Emigration ab oder verlieren ihre Dichte. Gehindert hat ihn aber vermutlich auch, dass Buber Freud und der Psychoanalyse nicht feindlich, aber doch durchaus skeptisch gegenüberstand. Die kritische Aneignung der Dialogphilosophie hätte Foulkes in einen noch expliziteren und schärferen Gegensatz zum Subjektbegriff der für ihn zeitgenössischen Psychoanalyse gebracht und er hätte sich dabei in der psychoanalytischen Community noch weiter isolieren müssen, als er es mit seiner entschiedenen Hinwendung zur psychotherapeutischen Arbeit in Gruppen ohnehin tat. Dieses zweite Hindernis einer gruppenanalytischen Rezeption der Dialogphilosophie ist mit der intersubjektiven Wende heute mehr oder weniger hinfällig geworden. Umso dringender ist die Arbeit an dem ersten Hindernis, die eine historische Rekonstruktionsarbeit erfordert, um das Auseinandergerissene wieder in Kontakt und Verbindung zu bringen und gegenwärtig ungenutzte oder in Vergessenheit geratene Denkpotenziale für die grundlagentheoretischen Probleme der Gruppenanalyse zu erschließen.

Diese Arbeit wird erschwert, aber zugleich reizvoller, weil die Rezeption dialogphilosophischer Denkansätze, die parallel zur intersubjektiven Wende bisher in der Gruppenanalyse stattgefunden hat, den Blick auf die Dialogphilosophie um einen Kultur- und Sprachraum erweitert, an den – zumindest in Deutschland – im Zusammenhang mit der Dialogphilosophie kaum gedacht wird: den Kultur- und Sprachraum Russlands bzw. der Sowjetunion. In der Gruppenanalyse ist es vor allem Malcolm Pines, der die kommunikationstheoretischen Ansätze von Foulkes mit der Dialogik zu verbinden versucht. Er war einer der ersten Schüler von Foulkes und übt bis in die Gegenwart einen prägenden Einfluss auf das gruppenanalytische Denken aus (vgl. etwa Pines, 1995, 2013; Weegmann, 2010). Pines, dessen russisch-jüdische Eltern nach der Oktoberrevolution ihre Heimat verlassen haben und nach Großbritannien ausgewandert sind, stützt sich bei seiner Annäherung an die Dialogik nicht auf die deutsch-jüdische Dialogphilosophie, sondern auf die um den Dialog zentrierten sprachtheoretischen Untersuchungen des russischen Philosophen und Literaturwissenschaftlers Michail Bachtin, »deren Ergebnisse das gruppenanalytische Projekt unterstützen« (Pines, 2013, S. 13).

Während also im Kontext der intersubjektiven Wende der Dialogiker Martin Buber wiederentdeckt wird, ist es im Kontext der Gruppenanalyse der Dialogiker Michail Bachtin, der wichtige Anregungen für die grundlagentheoretische Reflexion liefert. Dabei scheinen beiden Seiten die engen wirkungsgeschichtlichen Verbindungen und inhaltlichen Übereinstimmungen unbekannt, die zwischen Martin Buber und Michail Bachtin bestehen. Damit sind sie aber keineswegs allein. Selbst von Buber- und Bachtin-Experten wird die deutsch-jüdisch-russische Kontinuität der Dialogphilosophie in der Regel übersehen oder nur beiläufig wahrgenommen. Auch dieser blinde Fleck hängt eng mit der Geschichte totalitärer Herrschaft im 20. Jahrhundert zusammen und erklärt sich in erster Linie aus dem brutalen Zerreißen historisch gewachsener Forschungs- und Diskussionsnetzwerke. Es prägt und verzerrt bis heute für die Zwischenkriegszeit des letzten Jahrhunderts und die Zeit des Kalten Krieges das im Westen vorherrschende Bild von der europäischen Forschungslandschaft in Philosophie und Humanwissenschaften.

Die Dialogphilosophie in der Konfrontation mit totalitärer Gewalt – ein zerrissener Diskurszusammenhang

Die Dialogphilosophie eröffnet nicht nur inhaltlich einen neuen Zugang zum Verständnis der Beziehung zwischen symbolischer Kommunikation und Gewalt. Auch historisch ist kaum eine philosophische Strömung des 20. Jahrhunderts in ihrer Entstehung, Entwicklung und Rezeption so grundlegend durch die Konfrontation mit kollektiver Gewalt gekennzeichnet wie die Dialogphilosophie und das gilt keineswegs nur für ihre Ursprünge im Ersten Weltkrieg. Wenn die Dialogphilosophie heute in der etablierten Geschichtsschreibung der Philosophie nur eine Nebenrolle spielt, hängt das nicht zuletzt damit zusammen, dass sie mit der Machtübernahme der Nationalsozialisten und mit dem Holocaust den kulturellen Boden verloren hat, in dem sie ursprünglich verwurzelt, und die Menschen, für die sie primär bestimmt war. Das wird gerade an Martin Buber deutlich, der vor und nach seiner Emigration zweifellos der angesehenste Repräsentant dieser Philosophie ist. Er bleibt nach seiner erzwungenen Emigration in Israel nicht nur wegen seiner kritischen Haltung zur Gründung und Politik des neuen jüdischen Staates und wegen seiner sehr unorthodoxen Auffassung der jüdischen Religion, sondern nach der Shoah auch wegen seiner fortdauernden inneren Bindung an die deutsche Sprache und die deutsche Kultur relativ isoliert und gelangt nie zu der einflussreichen Position, die er unter den Juden im deutschsprachigen Raum bis in die zweite Hälfte der 30er Jahre einnahm.

Bubers bei weitem umfangreichstes Projekt in seiner zweiten Lebenshälfte war die neue deutsche Übersetzung des Alten Testaments, die er 1925 gemeinsam mit dem schon schwerkranken Franz Rosenzweig begonnenen hat. Sie sollte den deutschen Juden den hebräischen Originaltext vom zeitgenössischen gesprochenen deutschen Wort her erschließen. In einem Artikel von Rosenzweig zur gerade begonnenen Bibelübersetzung heißt es dazu: »Das Gotteswort kann auf das Menschenwort, das wirkliche, gesprochene, lautende Menschenwort nicht verzichten« (Rosenzweig, 1926, S. 126). Es gehe bei der neuen Bibelübersetzung darum, »die Schrift wieder vom Atem des Wortes durchziehen zu lassen« (ebd., S. 128). Auch Buber selbst hat den engen Zusammenhang zwischen Dialogphilosophie und Bibelübersetzung hervorgehoben. »All mein Werk an der Bibel hat letztlich dieser Einsicht gedient« (Buber, 2003, S. 143). Buber setzt dieses Übersetzungswerk nach dem frühen Tod von Rosenzweig fort. Er kehrt zu ihm nach der Emigration zurück und widmet ihm einen großen Teil seiner Arbeitskraft, auch nachdem er vom deutschen Völkermord an den europäischen Juden erfahren hat. Als er es schließlich im Alter von 83 Jahren vollendet, findet aus diesem Anlass in seinem Haus in Jerusalem eine Feier statt, auf der auch Gershom Scholem das Wort ergreift. Scholem hat schon in den 20er Jahren Deutschland verlassen und ist nach Palästina ausgewandert. Er hat auf den Spuren der Pionierarbeit von Buber und in kritischer Distanz zu ihr die Erforschung der jüdischen Mystik zu seinem Lebenswerk gemacht. Seine Rede würdigt die Verdienste dieser Übersetzung mit eindrucksvollen Worten, spricht aber auch offen das Schreckliche an, das mit denen geschehen ist, für die diese Übersetzung ursprünglich begonnen wurde. Scholem stellt ebenso eindringliche wie schwer zu beantwortende Fragen und dem, dessen Werk gefeiert wird und an den er sich wendet, sind diese Fragen gewiss nicht fremd:

> »Für wen wird diese Übersetzung nun bestimmt sein, in welchem Medium wird sie wirken? Historisch gesehen ist sie nicht mehr ein Gastgeschenk der Juden an die Deutschen, sondern – und es fällt mir nicht leicht, das zu sagen – das Grabmal einer in unsagbarem Grauen erloschenen Beziehung. Die Juden, für die Sie übersetzt haben, gibt es nicht mehr. Die Kinder derer, die diesem Grauen entronnen sind, werden nicht mehr Deutsch lesen. [...] Der lebendige Laut, auf den Sie die deutsche Sprache angesprochen haben, ist für das Gefühl von vielen von uns verhallt. Werden sich die finden, die ihn aufnehmen?« (Scholem, 1963, S. 215f.).

Während der Nationalsozialismus den kulturellen Raum zerstört, in dem Bubers Denken – wie prekär auch immer – beheimatet war, verhindert der Stalinismus, dass er die bedeutendste Weiterentwicklung seines Denkansatzes im Werk von Michail Bachtin auch nur zur Kenntnis nehmen konnte. Martin Buber (geb. 1878) und Michail Bachtin (geb. 1895) trennt altersmäßig fast ein Generationenabstand, aber das Erscheinungsdatum ihrer ersten dialogphilosophisch orientierten Schriften liegt nur knapp sechs Jahre auseinander. Bubers Hauptwerk zur Dialogphilosophie *Ich und Du* erscheint erstmals 1923. Es besteht kein Zweifel, dass Bachtin, der durch seine deutsche Gouvernante die deutsche Sprache quasi als zweite Muttersprache lernt, *Ich und Du* gründlich liest und für seine Arbeit als sehr wertvoll ansieht. Überliefert ist von ihm aus einem Gespräch eine Äußerung, in der er Buber »für den bedeutendsten Philosophen des 20. Jahrhunderts« hält. »Ich verdanke ihm viel, insbesondere den Gedanken des Dialogs« (zit. n. Todorov, 1997, S. 58; Übers. d. V.). Es gibt aber nicht nur eine direkte Buber-Rezeption durch Bachtin, sondern auch eine erstaunlich große Übereinstimmung im philosophischen Entstehungskontext ihrer Dialogik. Diese Übereinstimmung ist nur zu verstehen vor dem Hintergrund der hegemonialen Position, die die deutsche Philosophie und Geisteswissenschaft in Russland am Beginn des 20. Jahrhunderts und in den frühen Jahren der Sowjetunion einnimmt. Bachtin ist vor allem durch seinen älteren russisch-jüdischen Freund und geistigen Mentor Matvej Kagan, der in Marburg bei Hermann Cohen studiert hat und mit Ernst Cassirer befreundet ist, über die neuesten philosophischen Publikationen und Entwicklungen in Deutschland bestens auf dem Laufenden. Der renommierte Bachtin-Forscher Ken Hirschkop resümiert: »Bachtin orientierte sich an deutschen, vor allem aber an deutsch-jüdischen Philosophen« (Hirschkop, 1999, S. 144).

Die Originalität des Bachtin'schen Beitrags zur Tradition der Dialogphilosophie liegt auf dem Feld der Sprachtheorie und der Theorie des Romans, für Bachtin die dialogische Literaturgattung par excellence. Die ersten Publikationen dazu erscheinen im Jahr 1929: die Abhandlung *Marxismus und Sprachwissenschaft*, die Valentin Voloshinov in engem Diskussionszusammenhang mit Bachtin verfasst hat, und aus Bachtins eigener Feder *Probleme des Schaffens von Dostoevskij* (vgl. Bachtin, 1971). Diese ersten Publikationen werden dann – von Gelegenheitsarbeiten abgesehen – für mehr als drei Jahrzehnte die letzten sein. Schon Ende 1928 wird Michail Bachtin verhaftet, weil er einem Diskussionszirkel angehört, in dem in Distanz zur Tagespolitik und in Verbundenheit mit der russisch-orthodoxen Glaubenstradition religiöse Fragen erörtert werden. Er wird zu fünf Jahren Lagerhaft verurteilt, die für ihn als Schwerkranken – er leidet an einer chronischen Entzündung des Knochenmarks (Osteomyelitis) – den sicheren Tod bedeutet hätte; die Strafe wird dann in eine Verbannung in den Norden Kasachstans verwandelt. Er entkommt mit knapper Not den Stalin'schen »Säuberungen«, denen viele seiner intellektuellen Weggefährten zum Opfer fallen. Sämtliche bahnbrechenden Arbeiten zur Geschichte und Theorie des Romans, die er in den 30er und 40er Jahren verfasst und die dann in den 80er Jahren im Westen – vor allem im angelsächsischen Sprachraum – Furore machen, schreibt er zunächst für die Schublade. Nach langem und gefährlichem Herumirren findet er schließlich am Rand des sowjetischen Kultur- und Wissenschaftsbetriebs einen relativ sicheren Arbeitsplatz an einer Pädagogischen Hochschule in einer Provinzstadt südöstlich von Moskau.

Erst in den 60er Jahren wird er in der Sowjetunion wiederentdeckt und 1965 kann endlich sein großes Buch über den französischen Humanisten Francois Rabelais und dessen humoristischen Romanzyklus *Gargantua und Pantagruel* erscheinen, das nach seiner Übersetzung im Westen den Ruf Bachtins als einer der bedeutendsten Literaturtheoretiker der zweiten Hälfte des 20. Jahrhunderts begründen wird (vgl. Bachtin, 1995). 1965 ist aber auch das Todesjahr von Martin Buber. Und weitgehend parallel zum Bachtin-Boom, der im Westen in den 80er Jahren einsetzt, findet ein allgemeiner Niedergang des Interesses und der Wertschätzung für die Tradition der deutsch-jüdischen Dialogphilosophie statt.

Literatur

Bachtin, M. (1971). *Probleme der Poetik Dostoevskijs*. München: Hanser.
Bachtin, M. (1995). *Rabelais und seine Welt. Volkskultur als Gegenkultur*. Frankfurt a.M.: Suhrkamp.
Bateman, A.W. & Fonagy, P. (2008). *Psychotherapie der Borderline-Persönlichkeitsstörung: ein mentalisierungsgestütztes Behandlungskonzept*. Gießen: Psychosozial-Verlag.
Benjamin, J. (1990). *Die Fesseln der Liebe. Psychonanalyse, Feminismus und das Problem der Macht*. Frankfurt a.M.: Stroemfeld/Roter Stern.
Buber, M. (1986). *Das dialogische Prinzip*. Gütersloh: Lambert Schneider/Gütersloher Verlagshaus.
Buber, M. (2003). *Sprachphilosophische Schriften*. Martin-Buber-Werkausgabe 6. Gütersloh: Gütersloher Verlagshaus.
Elias, N. (1991). *Die Gesellschaft der Individuen*. Frankfurt a.M.: Suhrkamp.
Elias, N. (2001). *Symboltheorie*. Ges. Schriften Bd. 13. Frankfurt a.M.: Suhrkamp.
Foulkes, S.H. (1948). *Introduction to Group Analytic Psychotherapy*. London: Heinemann.
Hirschkop, K. (1999). *Mikhail Bakhtin. An Aesthetic for Democracy*. Oxford: Oxford Univ. Press.
Korte, H. (1991). Norbert Elias in Breslau. Ein biographisches Fragment. *Zeitschriftf. Soziologie*, 20(1), 3–11.
Mies, T. (2014). Dialog und Vielstimmigkeit: Martin Buber und Michail Bachtin. Teil 1. In Gruppenpsychother. Gruppendynamik, 50(1), 30–70.
Pines, M. (1995). Person und Gruppe. Grundlegung durch Dialog. *Arbeitshefte Gruppenanalyse*, 10(1), 52–71.
Pines, M. (2013). Die Kohärenz der Gruppenanalyse. *Psychosozial, 36*, Nr. 131, 9–18.
Rosenzweig, F. (1926). Die Schrift und das Wort. Zur neuen Bibelübersetzung. *Die Kreatur*, 1, 124–130.
Rosenzweig, F. (1984). Das neue Denken. In F. Rosenzweig. *Zweistromland. Kleinere Schriften zu Glauben und Denken* (S. 139–161). Den Haag: Nijhoff.
Schmidt, R. & Woltersdorff, V. (Hrsg.). (2008). *Symbolische Gewalt. Herrschaftsanalyse nach Pierre Bourdieu*. Konstanz: UVK.
Scholem, G. (1963). An einem denkwürdigen Tage. In G. Scholem. *Judaica I* (S. 207–215). Frankfurt a.M.: Suhrkamp.
Schultz-Venrath, U. (2013). *Lehrbuch Mentalisieren: Psychotherapien wirksam gestalten*. Stuttgart: Klett-Cotta.
Theunissen, M. (1981). *Der Andere. Studien zur Sozialontologie der Gegenwart*. Berlin: De Gruyter.
Thomä, H. & Kächele, H. (2006). *Psychoanalytische Therapie. Grundlagen*. Heidelberg: Springer Medizin.
Todorov, T. (1997). Monologue et dialogue: Jakobson et bakhtine. Acta Linguistica Hafniensia: *International Journal of Linguistics*, 29, 49–75.
Voloshinov, V.N. (1975). *Marxismus und Sprachwissenschaft*. Frankfurt a.M., Berlin, Wien: Ullstein.
Weegmann, M. (2010). Interview with Malcolm Pines. *Group Analysis*, 43, 372–401.
Wurmser, L. (2008). Vorwort. In D. Pflichthofer. *Spielräume des Erlebens. Performanz und Verwandlung in der Psychoanalyse*. (S. 11–15). Gießen: Psychosozial-Verlag.

Children of Baghdad

Ein interkulturelles Gruppenprojekt zur Therapie traumatisierter Kinder

Christoph F. Müller

Ich berichte in meinem Beitrag von den Erfahrungen einer Gruppe von Dozenten aus Deutschland, die eine psychotherapeutische Weiterbildung für irakische Ärzte und Psychotherapeuten entwickelte. Diese Weiterbildung verfolgte das Ziel, den traumatisierten Kindern des Irak eine gute psychotherapeutische Behandlung anzubieten. Sie fand vor Ort im Nordirak und zum Teil in angrenzenden Ländern statt. Zum Verstehen der sich bei diesem Projekt entfaltenden Dynamiken, sowohl in der Dozentengruppe wie in der Weiterbildungsgruppe, nutzte ich meine gruppenanalytische Erfahrung und gruppenanalytische Konzepte (Foulkes, 1974). Auch möchte ich die Vorteile der Begegnung und des Lernens in einer Gruppe und den therapeutischen Nutzen der Gruppe zur Verarbeitung von traumatischen Erfahrungen aufzeigen.

Im Frühjahr 2003 sind die USA und einige Verbündete im Irak einmarschiert. Zu dieser Zeit hörte ich auf einer Weiterbildung Herrn Prof. Peter Riedesser, damaligen Leiter der Klinik für Kinder- und Jugendpsychiatrie und -psychotherapie des Universitätskrankenhauses Hamburg-Eppendorf, von seinen Aktivitäten und Erfahrungen in der Behandlung traumatisierter Kinder erzählen. Professor Riedesser, Mitherausgeber des *Lehrbuchs der Psychotraumatologie* (Fischer & Riedesser, 2003), hatte eine Flüchtlingsambulanz in seiner Klinik aufgebaut und Projekte in verschiedenen Ländern initiiert, so z. B. auch in Kosovo, zur Behandlung von traumatisierten Kindern. Ich fragte ihn, ob es bereits ähnliche Projekte im Irak gebe. Er verwies mich auf zwei irakische Kollegen aus Frankfurt, die seit dem Studium in Deutschland leben und nach ihrem Berufsleben ein Projekt im Irak planten, insbesondere für traumatisierte Kinder. Mit diesen, dem Kinder- und Jugendpsychiater und Psychoanalytiker Dr. Fakhri Khalik und dem Kinderarzt Dr. Najah Rahman, nahm ich Kontakt auf. Ich wurde neugierig und reiste zu einem ersten Informationstreffen. Es bildete sich eine Gruppe, die sich Gedanken machte, was in Bagdad an psychotherapeutischer Hilfe gebraucht wird und wie wir dort tätig werden könnten. Einige Monate später gründeten wir den Verein Children of Baghdad e. V. (COB). Der Verein hatte sich als Ziel gesetzt, psychotherapeutische Hilfe anzubieten als Förderung der Selbsthilfe für die Ärzte, Therapeuten und andere Fachkräfte, damit diese in die Lage versetzt werden, psychisch leidenden Kindern und Jugendlichen in Krisengebieten psychotherapeutische Behandlung zukommen zu lassen.

Was hatte mich und andere dazu bewogen, solch ein Vorhaben zu beginnen? Es war der Wunsch und der Wille, aktiv zu werden, nicht ohnmächtig zuzusehen, wie sich die Dinge im Irak entwickelten. Ich hatte großes Interesse, gemeinsam mit Kollegen etwas zu unternehmen. Das Zusammenkommen von arabischen und deutschen Kollegen weckte von Beginn an meine Neugierde. Was werde ich an Neuem von ihnen und mit ihnen kennenlernen und was werde ich wohl vor Ort mit arabischen Kollegen erleben?

Wir wollten anfangs ein Behandlungszentrum für Kinder aufbauen. Der irakische Kollege Dr. Najah Rahman aus Frankfurt reiste mehrmals nach Bagdad und stellte Kontakt mit Kollegen her, die als Kinderärzte und Erwachsenenpsychiater in den Universitätskliniken tätig waren und denen traumatisierte Kinder vorgestellt wurden. Die Fachrichtung für Kinder- und Jugendpsychiatrie gab es im Irak nicht. Es gab allgemein im Irak nur wenige Psychiater, und die, die sich um die vorgestellten auffälligen Kinder kümmerten, waren zuvor oft als Militärpsychiater tätig gewesen. Therapeutische Hilfe beschränkte sich im Irak vorwiegend auf medikamentöse Maßnahmen.

Die Sicherheitslage wurde 2003/2004 prekär. Es war für uns als Ausländer nicht mehr möglich, sich sicher im Irak zu bewegen und in Bagdad tätig zu werden. Daher entwickelten wir die Idee einer Weiterbildung außerhalb des Iraks in einem der Nachbarländer. Ein Arbeitsziel unserer Dozentengruppe war, einen sicheren Ort zum Arbeiten zu schaffen. Weiterhin ging es darum, eine Dozentengruppe zu bilden und uns über unser inhaltliches und praktisches Vorgehen zu einigen. Die möglichen Weiterbildungsteilnehmer waren zu akquirieren und zusammenzubringen. Bei der ersten Weiterbildung von 2005 bis 2007 waren ein Drittel der Teilnehmer Frauen, bei der zweiten Weiterbildung von Oktober 2010 bis April 2014 konnten wir ein ausgeglichenes Verhältnis von Frauen und Männern herstellen.

Unsere erste direkte Begegnung mit den Weiterbildungsteilnehmern fand im Februar 2005 in Damaskus statt. Was uns Sicherheit gab bei all dem Fremden und Unbekannten war unsere grundsätzliche kollegiale Verbundenheit als Ärzte oder Therapeuten. Die Gruppe der Weiterbildungsteilnehmer, eine heterogene Gruppe, bestand aus Arabern und Kurden, Moslems und Christen, Männern und Frauen, auch älteren und jüngeren Kollegen. Wir Dozenten waren selbst eine Gruppe aus verschiedenen Kulturen. Wir arbeiteten an einer selbstgestellten Aufgabe. Es war der Beginn eines Entwicklungsprozesses und wurde ein längerer Weg bis zu einer gut arbeitenden Gruppe.

Wir brachten in unserer Dozentengruppe unterschiedliche therapeutische Erfahrungen ein, beispielsweise familientherapeutische Ansätze, traumaspezifische Techniken und psychoanalytisches Verständnis. Wir hatten wenig konkrete Vorstellungen, welche psychischen Auffälligkeiten sich bei den Kindern dort unter der Kriegssituation bilden und welche Behandlungsmethode in dem kulturellen Kontext im Irak anwendbar sein könnte. Über die von den Weiterbildungsteilnehmern in den Supervisionssitzungen eingebrachten Berichte aus ihrer Praxis wurden die soziale Lage und das psychische Befinden der irakischen Kinder uns Dozenten sichtbar. Wir vermitteln in unserer Weiterbildung eine psychodynamische psychotherapeutische Therapierichtung. Meiner Meinung nach erkennt diese Therapiekonzeption am konsequentesten die Fremdheit des Anderen an. Das Andere wird nie bewertet oder gar ausgegrenzt. Die psychoanalytische empathische Haltung und diese Art, zu verstehen, fordert, sich des anderen nicht zu bemächtigen, ihn nicht zu manipulieren und zu beherrschen, sondern mit ihm in einen Austausch zu kommen. Dieser Austausch ist der einer gemeinsamen Selbsreflexion und des Überdenkens der jeweiligen eigenen emotionalen und kognitiven Einstellungen gegenüber dem anderen (Küchenhoff, 2005).

Die angebotene Weiterbildung ist aufgebaut entsprechend den Weiterbildungsrichtlinien in Deutschland und in Europa. Sie erstreckt sich über vier Jahre mit zwei Treffen im Jahr für je zwei Wochen und beinhaltet Selbsterfahrung, Supervision und Theorievermittlung. Diese Weiterbildung findet immer in Gruppenkontexten statt. Erfahrungs- und Wissensvermittlung werden so präsentiert, dass es neben einer Resonanz auf der Themenebene auch eine spezifische Gruppenresonanz gibt. Das bedeutet, wenn ein psychotherapeutisches Thema theoretisch vorgestellt oder ein Fall präsentiert wird, reagieren die Teilnehmer darauf in der Gruppe. Im Austausch untereinander werden bewusste und unbewusste Prozesse angeregt. Diese Reaktionen der Teilnehmer sind für die Schulung ihrer Wahrnehmung und für die therapeutischen Erkenntnisse hoch relevant. Das Lernen in der Gruppe ermöglicht dem Einzelnen die Teilhabe an den Reaktionen der anderen. Vielfältige subjektive Reaktionen sind hier wahrnehmbar und wirksam. Die Dozenten verhalten sich modellhaft, wie sie mit den Weiterbildungsteilnehmern und untereinander kommunizieren.

Es gibt somit Gruppenbildungsprozesse und Erfahrungsprozesse in der Dozentengruppe und in der Teilnehmergruppe. In der Dynamik der Dozentengruppe spiegelten sich auch Themen, die die Teilnehmer aus ihrer Kultur und aus den realen Verhältnissen im Irak mitbringen. Bestenfalls ist es so, dass die Teilnehmer in ihrer Gruppe sich identifikatorisch organisieren, so wie sie dies mit der Dozentengruppe erleben. Wir sind ein Dozententeam aus Männern und Frauen. Wir hatten die ersten Jahre eine junge arabische Dozentin, eine Kollegin aus Hamburg. Somit erlebten die Teilnehmer eine arabische Frau in einer für sie ungewohnten Rolle und unseren Umgang mit ihr.

Ein anderer wichtiger Aspekt, auf den ich gerne eingehen möchte, ist die besondere Chance, in der Gruppe Sicherheit und Vertrauen zu finden. Durch die realen belastenden Verhältnisse im Irak, durch das Auseinanderbrechen der Gesellschaft und durch traumatische Erlebnisse Einzelner sind Sicherheit und Vertrauen verlorengegangen. Für die Teilnehmer kann die Weiterbildungsgruppe ein sicherer Ort sein, der der Vereinzelung entgegenwirkt. Vertrauen in andere kann wiedererlangt werden. Ein sicheres Netz von Beziehungen wird erlebt. Diese bilden die Grundlage für eine offene Kommunikation. Wir können auch sagen, es bildet sich eine Gruppenkohäsion, eine Verbundenheit zwischen den Mitgliedern der Gruppe, die dieselbe Funktion haben kann wie die genügend gute Dyade der frühen Mutter-Kind-Beziehung. Pines schreibt der Gruppenmatrix, dem unbewussten Netzwerk der Beziehungen, eine *basic maternal function* zu (Pines, 1990, S. 42). Unter der Voraussetzung eines guten und sicheren Ortes können heftige Affekte gezeigt werden, zerstören negative Affekte nicht die guten, und alle Gruppenmitglieder können diese Affekte teilen und die Veränderung in verdaubare Affekte miterleben.

Dieses Eingebettetsein in der Gruppe ist Voraussetzung, um in Ruhe zu untersuchen, was die Teilnehmer erlebt haben, und um zusammenzubringen, was in ihnen abgespalten oder sonst in einer Weise unbewusst ist. Was in einer Gruppenselbsterfahrung geschehen kann, vermittelt exemplarisch die folgende Szene: Bei der ersten Begegnung in der Selbsterfahrungsgruppe hat ein kurdischer Teilnehmer erzählt, ihm komme gerade in den Sinn, dass er ein sehr schlechtes Gewissen mit sich trage, weil er seinem Vater widersprochen hat, als dieser wollte, dass er Brot kaufen sollte. Der Vater sei bald danach gestorben.

Meiner Meinung nach ist diese Szene bei ihm reaktiviert worden, als er in die Gruppe kam und mich als Gruppenleiter sah. Er stand unter einem hohen Druck mit diesem Problem und hat diesen Ort als einen möglichen erkannt, sich zu äußern. Er half dadurch den anderen, über ihre Erfahrungen mit ihren Vätern zu sprechen. In dieser Gruppe wurde es schnell möglich, über Kindheitserfahrungen zu erzählen. Die kurdischen Teilnehmer hatten alle als Kinder die Flucht vor Saddam Husseins Angriffen miterlebt. Einer der Teilnehmer kam aus Halabja, der Stadt, die Saddam Hussein 1988 mit Giftgas angegriffen hat, in deren Folge 5.000 Bewohner starben.

Ich fasse zusammen:
Ich hatte in den letzten zehn Jahren die Gelegenheit, an wichtigen Gruppenprozessen teilzunehmen. In unserer Vereinsgruppe und auch Dozentengruppe mussten wir verschiedene Ziele im Auge behalten. Wir mussten als Gruppe zusammenfinden, eine gemeinsame Aufgabe definieren und diese durchführen. Gleichzeitig mussten wir stets unsere Arbeitsfähigkeit sichern. Dies gelang uns durch regelmäßige Treffen, regelmäßige Telefonkonferenzen, Protokolle und Arbeitssitzungen mit begleitendem Coach. Das konzeptuelle Vorgehen musste immer wieder diskutiert werden. Diese Arbeitskultur konnten wir konsequent beibehalten.

Es war für mich eine sehr aufregende, beunruhigende und auch beglückende Zeit. Das gemeinsam Erlebte hat uns dazu geführt, dass wir uns jetzt vertraut und nicht mehr fremd sind. Wir haben im Verlauf der Weiterbildung immer den Gruppenkontext der Weiterbildungsteilnehmer im Auge gehabt, haben die Zusammenarbeit unter den Teilnehmern gefördert und sie angeregt, vor Ort Gruppen zu bilden und dieses Modell zu nutzen. Die Gruppe der Dozenten und die Gruppe der Weiterbildungsteilnehmer haben eine gemeinsame Erfahrung gemacht, wir sind uns vertrauter geworden. Wir haben uns alle verändert und sind zu anderen geworden. Wir sind quasi Ausländer geworden im Vergleich zu den Zuhausegebliebenen. Es ist ein Zusammenkommen mit Menschen mit Traumatisierungen in einer unsicheren Situation. Durch die angebotene Struktur und unseren hoffnungsvollen Einsatz konnte etwas Neues entstehen. Aufbau und Entwicklung waren möglich, im Gegensatz zu der verbrannten Erde und Hoffnungslosigkeit im Irak.

Es ist uns gelungen, unser Projekt, trotz des Todes von Professor Riedesser 2008, der unser Projekt initiiert und mit hohem Engagement als akademischer Partner unseres Vereins COB mitgetragen hat, ohne Unterbrechungen fortzuführen und weiterzuentwickeln. Wir Dozenten haben miteinander weitergemacht, obwohl wir uns zwischenzeitlich kaum ertragen konnten. Wir wurden in eine Dynamik involviert, bei der unsere eigene Biografie, die Traumen der zu behandelnden Patienten und die traumatischen Erfahrungen der irakischen Therapeuten wirksam wurden.

Diese Prozesse habe ich mit gruppenanalytischen Konzepten (vgl. Maschwitz et al., 2009) zu identifizieren versucht. Die Gruppenanalyse nach S. H. Foulkes ist eine eigenständige Methode zur Betrachtung von Gruppenphänomenen. Sie befasst sich einerseits mit der Analyse von komplexen Beziehungssystemen, mit Prozessen der Konfliktdynamik und der Meinungsbildung in Gruppen. Andererseits wird die Methode eingesetzt, um die in jeder Gruppe enthaltene Kraft für Entwicklungsprozesse nutzbar zu machen. Als Mitglied des Vorstandes und in der Leitung von Vereinstreffen und Arbeitsgruppen habe ich eine gruppenanalytische Haltung eingebracht, fortwährend die Bedeutung der Gruppe artikuliert und den Blick auf die Arbeitsfähigkeit der Gruppe gerichtet. Schwierigkeiten, die sich in der Interaktion miteinander darstellten, versuchten wir kontinuierlich in Kommunikation zu bringen, um zu neuen Einsichten zu gelangen. Bei der Gruppenbildung der Dozentengruppe zeigte sich eine Abfolge von Phasen, wie man sie auch bei therapeutischen Gruppen sieht. Nach einer anfänglichen Zeit des Ausprobierens und der Abhängigkeit von den Vorstellungen der Gründungsväter unseres Projektes erfolgte eine Phase intragruppaler Konflikte, darauf die Entwicklung einer Gruppenkohäsion, die schlussendlich eine gute Arbeitsfähigkeit der Gruppe und eine gelingende Ausführung der uns gestellten Aufgaben ermöglichte.

Die Patienten, um die es gehen soll, die traumatisierten Kinder, sind in meinen Überlegungen nicht offensichtlich im Blickfeld. Hier stehen vordergründig die Teilnehmer dieses Projekts, die Dozenten und die Weiterbildungsteilnehmer, im Fokus. Mit der Weiterbildung haben wir Dozenten und Weiterbildungsteilnehmer uns auf eine Aufgabe eingelassen, bei der wir uns von den Erlebnissen und dem Befinden traumatisierter Kinder in einer besonderen Weise berühren lassen. Dabei wurden bei uns eigene Erfahrungen berührt. Somit kam ich über diese Dozentenaktivität mit meiner eigenen Biografie und der Traumatisierung meiner Elterngeneration durch den Zweiten Weltkrieg in besonderen Kontakt. Die Erfahrung, als Kind traumatisierte Eltern und Lehrer erlebt zu haben, und die langjährige Reflexion darüber in eigener Psychotherapie, haben mich und meine Dozentenkollegen quasi auf dieses Projekt vorbereitet. Es war uns von daher eher möglich, auf die belastenden Erfahrungen der Weiterbildungsteilnehmer eine besondere Resonanz zu zeigen.

Die meisten der Weiterbildungsteilnehmer entwickelten in den Selbsterfahrungs- und Supervisionsgruppen das Vertrauen und den Mut, von eigenen biografischen Erfahrungen zu sprechen. Zu ihren individuellen traumatischen Erfahrungen, die sie bisher nicht verarbeiten konnten und daher dissoziativ abgespalten hatten, konnten sie in der Gruppe wieder in Kontakt kommen und in einer verarbeiteten Form wieder von diesen Distanz nehmen. Auch konnten sie hier ihre kollektiven Erfahrungen in ihrem von Krieg und Terror geprägten

Lebensumfeld reflektieren. Sie zeigten sich mit diesen neuen Erfahrungen zunehmend offen und resonanzfähig für das emotionale Befinden ihrer Patienten. Sie entwickelten ein vermehrtes Interesse an einer intensiven psychotherapeutischen Arbeit in ihrem psychiatrischen Berufsfeld. Die Therapie einer psychischen Störung war für sie bis dahin vorwiegend eine klinisch-diagnostische Symptombehandlung mit Medikamenten. Jetzt erlangten sie Kenntnisse und Erfahrungen in einer verstehenden psychodynamischen Arbeit. In den Abschlussarbeiten, in denen jeder Weiterbildungsteilnehmer eine längere Therapie darzustellen hatte, zeigte sich, in wie weit der Einzelne die psychotherapeutische Haltung entwickeln konnte.

Wir haben im April 2014 die zweite mehrjährige psychotherapeutische Weiterbildung für irakische Ärzte und Therapeuten beendet. Dieses Projekt wurde für die Beteiligten aus Deutschland und dem Irak zu einem bedeutsamen Ort des Kennenlernens und der Begegnung und von neuen Erfahrungen. Das Erzählen über den Verlauf dieses Projektes und das Diskutieren mit interessierten Kollegen hat mir immer wieder neue Verstehensmöglichkeiten eröffnet. Dieses mit einem anderen geteilte Erleben erfolgte in einer Art eines gemeinsamen Mäanderns der Gedanken. So wie bei Wasserläufen in der Natur haben sich bei unserem Projekt Hindernisse und Durchbrüche ergeben. So wie die Aufeinanderfolge von Windungen und Schleifen den Verlauf des Flussbettes bestimmen und ein Gesamtbild von ihm schaffen, sehe ich bei unserem Projekt in der Art des Fortschreitens unserer Erkenntnisse und unseres Lernprozesses ein mäanderartiges Gebilde. Ein Fluss hat eine einzige Vorgabe, er muss abwärts fließen. Er unterwirft sich dieser Vorgabe und das auch nicht willentlich. Wir hatten das Ziel, solch ein Projekt zum Leben zu erwecken, und mussten uns den Geschehnissen stellen und sie in das Projekt einbeziehen.

Literatur

Fischer, G. & Riedesser, P. (2003). *Lehrbuch der Psychotraumatologie*. 3. aktual. u. erw. Aufl. München: Ernst-Reinhard (UTB).
Foulkes, S. H. (1974). *Gruppenanalytische Psychotherapie*. Stuttgart: Klett-Cotta.
Küchenhoff, J. (2005). *Die Achtung vor dem Anderen: Psychoanalyse und Kulturwissenschaften im Dialog*. Weilerswist: Velbrück Wissenschaft.
Maschwitz, R., Müller, C. F. & Waldhoff, H.-P. (Hrsg.). (2009). *Die Kunst der Mehrstimmigkeit – Gruppenanalyse als Modell für die Zivilisierung von Konflikten*. Gießen: Psychosozial-Verlag.
Pines, M. (1990). Groupanalytic psychotherapy with the borderline patient. In B. E. Roth, W. N. Stone & H. D. Kibel (Hrsg.), *The Difficult Patient in Group*. Madison, CT: Int. Univ. Press.

Wenn der Bär nicht mit darf ...

Migration und Identität in Forschung und Kinderbuch

Nelly Simonov

Thema des Forschungsprojekts

Als Heimkehrer doch heimatlos zu sein, unabhängig davon, wie gut die Sprachkenntnisse sind, ist ein Problem, welches die russlanddeutschen Migranten besonders belastet. Die Heimatlosigkeit der Migranten ist scheinbar unüberwindbar und begleitet sie meist ihr ganzes Leben lang. Dieses Phänomen ist jedoch nicht nur für die russlanddeutschen Migranten reserviert. Die irischen Heimkehrer, alias Repatriaten, können in Irland einen ähnlichen historischen Hintergrund wie die Russlanddeutschen vorweisen und auch sie belastet das Gefühl der Heimatlosigkeit. Die hier vorgestellte Forschungsarbeit beschäftigt sich mit einem Vergleich dieser beiden Subkulturen, der einen neuartigen und nicht nur deshalb interessanten Einblick in die Bewältigung der meist tragischen Migrationsprozesse der Russlanddeutschen und der irischen Repatriaten bietet und die Bedeutung der für die Integration so notwendigen Sprachkenntnisse relativiert.

Die Emigration aus Irland vor einigen hundert Jahren war, ähnlich wie die Emigration aus Deutschland etwa in der gleichen Zeit, verursacht durch verschiedene politische und sozioökonomische Faktoren, wie zum Beispiel Unterdrückung der Religionsfreiheit, Hungersnot, politische Verfolgung und Arbeitslosigkeit. Die russlanddeutschen Aussiedler[1] in Deutschland und auch die irischen Heimkehrer in Irland sind die Nachkommen der Auswanderer, die ihre

---

[1] Zwischen den Begriffen *Aussiedler* und *Spätaussiedler* gibt es rechtliche Unterschiede. Da in diesem Text der rechtliche Status dieser Migrantengruppe irrelevant ist, benutze ich die Form *Aussiedler* oder *Russlanddeutsche* und meine damit alle Russlanddeutschen aus Russland und den ehemaligen Sowjetstaaten.

Heimat vor mehreren Generationen aus überlebensnotwendigen Gründen verlassen mussten.

Den Russlanddeutschen sind ihre nationale Identität und die deutsche Kultur, die sie in Russland bewahren konnten, sehr wichtig. Jedoch haben sie ihre Muttersprache Deutsch im Laufe der zum Teil brutalen Russifizierungsprozesse in Russland fast vollständig verloren. Die Aussiedler kommen nach Deutschland und sprechen nur wenig oder gar kein Deutsch oder sie sprechen einen Dialekt, der sich sehr vom Hochdeutschen unterscheidet und damit unzureichend ist, um sich in der Aufnahmegesellschaft zu verständigen. Die irischen Repatriaten sind in den meisten Fällen in ein englischsprachiges Land (USA, Großbritannien, Australien, Südafrika u. a.) ausgewandert und haben dementsprechend keine Sprachschwierigkeiten bei der Ankunft in Irland. Und dennoch erfahren die irischen Repatriaten einen Konflikt, »zu Hause« in Irland nicht richtig anzukommen. Das Irland der tradierten Vorstellungen und ihrer Träume ist nicht das Irland, das die Heimkehrer vorgefunden haben.

Sowohl Aussiedler als auch irische Repatriaten kehrten nach mehreren Generationen in die Heimat ihrer Vorfahren (Deutschland bzw. Irland) *zurück* und viele fanden sich gefangen zwischen den Kulturen: der von ihrer Familie tradierten Kultur, der Kultur des Ausreiselandes und der Kultur der Aufnahmegesellschaft.

Fragestellung des Forschungsprojekts

Die Gegenüberstellung der beiden auf den ersten Blick so ungleichen ethnischen Gruppen schafft eine Distanz und provoziert einen Perspektivwechsel zu den beliebten Erklärungsversuchen des Integrationsversagens. Das Integrationsversagen wird in unserer Gesellschaft oft salopp durch die mangelnde Sprachkenntnis begründet und die Aufmerksamkeit auf das rasche Erlernen der Sprache des Aufnahmelandes gerichtet. Genau an dieser Stelle versucht dieses Projekt, einen Sichtwechsel vorzunehmen und den Faktor Sprache als eine abhängige Variable im Vergleich zweier ethnischer Gruppen zu nutzen (vgl. Simonov, 2013, S. 28). Die Literaturrecherche und die Gespräche mit den Russlanddeutschen und den irischen Heimkehrern zeigen, dass die Migrationsprozesse der beiden ethnischen Gruppen, samt ihrer tragischen Konflikte und erlebten Stigmatisierungen, sehr ähnliche Muster aufweisen.

Somit stellte sich die Frage: Warum erleben Aussiedler und irische Repatriaten sehr ähnliche Migrations- und Integrationsprozesse, wenn sich diese Gruppen doch in dem für die Integration angeblich wesentlichen Faktor, der Sprache des Aufnahmelandes, grundlegend unterscheiden? Aus dieser Fragestellung ergaben sich differenziertere Fragen nach den Identitätsverortungsprozessen, dem Heimatbegriff und nach den Bewältigungsstrategien im Migrations- und Integrationsprozess. Der Fokus dieser Arbeit richtet sich primär auf die detaillierte Betrachtung der migratorischen Prozesse unter der Fokussierung der Identitätsbildungs-/-findungsprozesse und der Selbstwahrnehmung der ethnischen Identifizierung in Abhängigkeit von der existierenden oder nicht existierenden Sprachkompetenz (vgl. ebd., S. 141).

Methodische Vorgehensweise

Für diese Studie wurde eine neue Interviewmethode entwickelt, die ein fokussiertes narratives Interview mit einer modifizierten Strukturlegetechnik ergänzt. Mithilfe dieser Methode war es möglich, die Migrations-, Integrations- und Identitätsverortungsprozesse der beiden ethnischen Gruppen im Hinblick auf die Kernfragen darzustellen und vielschichtig zu analysieren.

Das Interview wurde in vier Themen eingeteilt, zu denen die Interviewpartner Themenkärtchen bekamen, die sie sinngemäß zu einem Schaubild positionieren sollten. Jeder der vier Themenbereiche Kultur, Sprache, Identität und Zuhause beinhaltete mehrere unterschiedliche Themenkärtchen mit entsprechenden Begriffen. Die für die Interviewten sinngemäß gelegten Schaubilder wurden fotografisch festgehalten, die gesprochene Erzählung audiotechnisch aufgenommen und zu einem Textmaterial transkribiert. Die Schaubilder dienten zunächst hauptsächlich dem Narrationsimpuls, sie konnten jedoch später auch zu analytischen Zwecken eingesetzt werden. Die Schaubilder kamen bei der Analyse der Identitätsentwicklung und -verortung zum Einsatz und waren in diesem Bereich besonders hilfreich, da sich die Aussagen in diesem Themenbereich zumeist widersprochen haben und die Analyse dieser Textstellen deshalb äußerst schwierig war. Die Schaubilder fügten den dazugehörigen Textstellen im Bereich *Identität* eine neue Dimension der unbewussten, nonverbalen Darstellung hinzu und ermöglichten trotz Widersprüchen ein Tiefenverständnis und Sinngebung.

Die hier vorgestellte Arbeit basiert auf Interviews mit fünf erwachsenen Russlanddeutschen aus Russland, beziehungsweise der ehemaligen Sowjetunion, und fünf erwachsenen irischen Repatriaten aus England, Südafrika, den USA und Kanada. Zwei der Teilnehmerinnen kamen aus den USA. Den Fokus der Erzählung bilden die Migrationserfahrungen, die Identität und die Identitätsentwicklung der Migranten.

Nelly Simonov

Ergebnisse des Forschungsprojekts

Aus der Analyse des qualitativen Materials konnten die positiven und negativen Rahmenbedingungen einer Migration herausgestellt und die Faktoren erarbeitet werden, die einen direkten Einfluss auf die Integrationsprozesse der Migranten ausüben. Im Hinblick auf die Identitätsentwürfe der Interviewteilnehmer wurde eine Matrix erstellt, die die positiven und negativen Faktoren der Rahmenbedingungen in Bezug zueinander darstellt. Diese tabellarische Faktorenübersicht wird *Identitätsmatrix* genannt. Diese Identitätsmatrix stellt anschaulich dar, wie sich die einzelnen Bedingungsfaktoren in Abhängigkeit zueinander verhalten. Aus dieser Matrix lässt sich entnehmen, welche Bedingungsfaktoren für einen positiven Verlauf der Integration der Migration und einen gelungenen Identitätsentwurf vorteilhaft wären.

Die Identitätsmatrix der fehlenden und der notwendigen Faktoren kann helfen, die Rahmenbedingungen in ihren unterschiedlichen Faktoren gezielt zu betrachten und mit den Migranten an den notwendigen Rahmenfaktoren zielgerichtet zu arbeiten, um die gegebenen, meist als tragisch empfundenen Umstände so weit es geht positiv auszugleichen. Die Identitätsmatrix und die in der Forschungsarbeit vorgestellten dazugehörigen Fallbeschreibungen können von den Multiplikatoren und Therapeuten im Rahmen einer Beratungs- und Therapiehilfe sinnvoll eingesetzt werden, da sie eine vielschichtige und fallspezifische Perspektive auf die Migrations- und Integrationsumstände ermöglichen und gleichzeitig individuelle Perspektiven für die betroffenen Migranten aufzeigen können. Auch die Migrations- und Integrationspolitik kann die Auswirkungen der fehlenden Faktoren laut Identitätsmatrix berücksichtigen, um neue differenziertere und flexible Integrationskonzepte und -initiativen zu entwickeln (vgl. Simonov, 2013, S. 268ff.).

Die Ergebnisse der Studie verdeutlichen anschaulich, dass die Kenntnisse der Sprache des Aufnahmelandes im Migrations- und Integrationsprozess eine wichtige, jedoch nicht die wichtigste Rolle spielen. Die Sprache stellt also eine notwendige, aber nicht hinreichende Bedingung für die Integration und das Wohlbefinden in der neuen Heimat dar (vgl. ebd., S. 258). Nur in Verbindung mit den sozialen Netzwerken und somit mit einer Interaktion sowohl innerhalb der eigenen ethnischen Gruppe als auch mit der Aufnahmegesellschaft kann der Faktor *Sprache* die Migrations- und Integrationsprozesse positiv beeinflussen. Es sind somit die sozialen Netzwerke, die in dem Erleben einer Migration die wichtigste Rolle spielen. Die Sprachkenntnisse des Aufnahmelandes in Verbindung mit sozialer Anerkennung, sozialer Vernetzung und Familie stellen Bindungskräfte her, die identitätsstabilisierend und -kräftigend wirken und somit die Migrationserfahrung nachhaltig positiv beeinflussen und sich darüber hinaus, wie die Analyse der Interviews zeigt, sogar auf die nachfolgenden Generationen identitätsstabilisierend auswirken (vgl. ebd., S. 277).

Soziale Anerkennung und Vernetzung entstehen nur aus der Interaktion zwischen den Migranten als Mitmenschen und der dafür offenen Aufnahmegesellschaft. Diese Interaktion setzt einen Austausch auf gleicher Ebene und in gegenseitiger Anerkennung voraus und trägt maßgeblich zu einer gelungenen kulturellen und sozialen Verortung und somit zur Bildung der eigenen Identität bei. Für eine symmetrische, authentische und glaubhafte Interaktion müssen die Interaktionspartner gegenseitige Bedürfnisse kennen und vor allem diese auch respektieren. Die Verantwortung für eine gelungene Interaktion liegt demnach auf beiden Seiten, auf der Seite der Migranten sowie auf der Seite der Aufnahmegesellschaft.

Die heutige Politik glaubt, mit zuständigen Behörden, Patenschaftsprojekten und Integrationskursen die Integrationsprobleme lösen zu können, jedoch verlagert sie damit die Interaktion, die für die Identitätsbildung von herausragender Bedeutung ist, in die für die Migranten zuständigen Institutionen. Es zeichnet sich ein Trend ab, der sich von einem Miteinander, im Sinne einer symmetrischen Interaktion, eigentlich entfernt. Es lässt sich eine klare Tendenz zur Institutionalisierung der Interaktion mit der Aufnahmegesellschaft und somit der Integration erkennen. Alle Institutionen, auch Integrationsbegleiterprojekte, sind auf Hierarchien aufgebaut, wobei für die Aufnahmegesellschaft die oberen Hierarchieetagen reserviert sind. Professionalisierte Integrationshilfe scheint sich von der Mehrheitsgesellschaft immer mehr zu isolieren. Innerhalb der institutionalisierten und professionalisierten Integrationshilfen herrscht Empathie und interkulturelle Kompetenz, die aber nichts daran ändern kann, dass die Migranten außerhalb dieser Strukturen immer noch auf Ablehnung, Vorurteile und Fremdenfeindlichkeit stoßen (vgl. Simonov, 2013, S. 274f.). Eine aufgeklärte, selbstbewusste und offene Aufnahmegesellschaft könnte diese Institutionalisierung aufbrechen und die Integrationshilfe außerhalb der Institutionswände anbieten.

Die Aufklärung der Gesellschaft über die Geschichte, die Herkunft, die Rahmenbedingungen der unterschiedlichen Migrantengruppen und interkulturelle Kompetenzen in allen Gesellschafts- und Altersschichten und nicht nur der zuständigen Ämter und Integrationsinstitutionen, stehen also an erster Stelle und müssen ein wichtiges Ziel jeder Integrationspolitik sein. Das bedeutet im Einzelnen, dass die Aufklärung und somit die Integrationshilfe bereits im Kindergarten ein Thema sein sollte. Ein Miteinander unterschiedlicher Kulturen lässt die Fremdenfeindlichkeit und -angst seitens der Aufnahmegesellschaft und die Inferiorität seitens der Migranten erst gar nicht entstehen. Interaktion ist die Schlüsselvoraussetzung für die Identitätsbildung, -entwicklung und -verortung. Das Individuum entwickelt sein Selbstbewusstsein in der Interaktion, indem es sich selbst zum Objekt seiner eigenen Wahrnehmung macht.

Die Initiative ist also einfach und beginnt nicht bei Institutionen und entsprechenden Behörden, sondern bei jedem Bürger selbst. Integrationsinstitutionen sind nicht mit den für die Migranten dringend notwendigen sozialen Netzwerken gleichzusetzen. Die Integrationsinstitutionen können dazu beitragen, Wege zu den notwendigen Kontakten zu finden, aus denen soziale Netzwerke entstehen können, aber sie sind nicht die sozialen Netzwerke selbst (vgl. Simonov, 2013, S. 275).

Wohin mit dem Wissen? Weitere Anwendung der Forschungsarbeit

So weit geht die vorgestellte Forschungsarbeit. Nach einem wissenschaftstheoretischen Diskurs soll nun nach Möglichkeiten einer praktischen Umsetzung gesucht werden. Wie genau lässt sich die Gesellschaft über die Geschichte, die Herkunft und die Rahmenbedingungen der Migranten aufklären? Wie kann Integrationshilfe im Kindergarten thematisiert und behandelt werden?

In der deutschsprachigen Kinderliteratur existieren Geschichten (wenn auch nur wenige) über unterschiedliche Migrantengruppen, die sich in ihrem äußeren Erscheinungsbild deutlich von der Gruppe der einheimischen Deutschen unterscheiden. Es sind Geschichten über türkische Migranten oder Flüchtlinge aus arabischen oder afrikanischen Kriegsgebieten. Beim Stöbern in Stadtbibliotheken und auf Buchversandseiten im Internet fällt auf, dass die deutsche Kinderliteratur fast gänzlich auf die Migrantengruppen, die dem äußeren Erscheinungsbild der aufnehmenden Gesellschaft gleicht, verzichtet. Dabei sind die Identitätsfindungsprozesse z. B. der türkischstämmigen Ausländer und russlanddeutschen Aussiedler in ihren ganz spezifischen Migrations- und Integrationsrahmen sehr unterschiedlich zu betrachten, da sie von unterschiedlicher Herkunft sind und auch unter gänzlich unterschiedlichen Rahmenbedingungen nach Deutschland einreisen. Warum wird diese Migrantengruppe, die Gruppe der deutschstämmigen Aussiedler, in der deutschsprachigen Kinderliteratur ausgespart?

Kinderbücher sprechen Ängste und Sehnsüchte an, die die Kinder haben. Sie lassen die Kinder in eine Fantasiewelt eintauchen, um Parallelen zu der realen Welt zu ziehen, um die Welt besser zu verstehen. Die Kinder können in der Identifikation mit dem Buchhelden eine Rolle übernehmen und in Fantasie oder quasi in Theorie eine bestimmte kritische Lebenssituation erleben und aus der Geschichte eine Lösung für ein reales Problem im Leben mitnehmen. Die unterschiedlichen Rollen, die die Kinderbücher für Kinder bereitstellen, geben Kindern Mut, Selbstsicherheit, gesellschaftsnotwendige soziale Kompetenzen sowie Wissen und Aufklärung. Die Aufklärung und Sensibilisierung der Gesellschaft gegenüber Migranten kann und soll bereits im Kindesalter stattfinden. Inferiorität, Fremdenangst und Fremdenfeindlichkeit sollen in jedem Alter thematisiert werden. Diese Themen sind uns Erwachsenen nicht nur durch die Medien allgegenwärtig. Andere gesellschaftsfeindliche Erscheinungen wie z. B. Gewalt, Drogen, Diebstahl usw. werden in der Kinderliteratur dagegen in nahezu allen Altersstufen thematisiert.

Wir müssen die Migrationsprozesse, die ja aus unserer Gesellschaft nicht mehr wegzudenken sind, mit ihren Risiken und Nebenwirkungen, aber auch mit ihren Chancen und wertvollen Ressourcen den Kindern auf eine altersgerechte Art zugänglich machen, um ihnen Wege aufzuzeigen, wie ein friedliches Miteinander unterschiedlicher Kulturen funktionieren kann.

Wissenschaftlich-literarisches Experiment

Die vorgestellte Forschungsarbeit liefert eine Reihe Informationen über die russlanddeutsche Diaspora und über die Probleme, die im Laufe der Migrations- und Integrationsprozesse entstehen. Diese Studie ist jedoch nicht kinderzimmertauglich. Es ist aber möglich, das erforschte Wissen in eine kindgerechte Version zu verpacken. Im Folgenden möchte ich ein eigenes wissenschaftlich-literarisches Experiment vorstellen, das genau aus den oben beschriebenen Beweggründen entstanden ist und das eine ganz neue Perspektive wagt, nämlich die Kinderperspektive.

Das Buch, das dabei ist, zu entstehen, heißt *Nein, der Bär, der kommt nicht mit*. Kurz zusammengefasst handelt das Buch von einem Mädchen namens Swetlana, das mit seiner russlanddeutschen Familie nach Deutschland migriert. Die Familie reist mit einem Zug nach Deutschland und kann nur wenig Gepäck mitnehmen. Swetlana muss sich leider von ihrem Teddybären verabschieden. Der Teddy kommt zu ihrer Tante, die drei kleine Söhne hat. Das Mädchen trennt sich schweren Herzens von ihrem Bär, glaubt ihn aber auch nicht mehr zu brauchen, da sie schon zwölf Jahre alt ist. Die Migration trifft das Mädchen mit voller

Wucht. Die Suche nach dem „*Wer bin ich?*" oder „*Wer kann ich sein?*" ist nicht nur aufgrund ihres Übergangsalters zwischen Kind, Teenager und Heranwachsender sehr brisant und nicht konfliktfrei. Sie lernt, sich in der Schule zu behaupten, erlebt aber aufgrund ihrer Herkunft und der schlechten Deutschkenntnisse Niederlagen, mit denen sie nur schwer fertig wird. Die Sehnsucht nach der alten Heimat verfolgt sie, bis sie mit 16 Jahren zum ersten Mal wieder mit ihren Eltern in ihre alte Heimat nach Russland reist. Die Gerüche, die Geräusche, die Häuser, die Menschen und die Sprache sind ihr so vertraut, dass sie in die alte Welt wie in eine gemütliche warme Decke eintaucht. Doch merkt sie gleichzeitig, dass ihre alte Welt nicht stehengeblieben ist. Sie beginnt die Auswirkungen der politischen Veränderung in Russland wahrzunehmen und fühlt sich nun in vieler Hinsicht fremd.

Bei dem Besuch bei ihrer Tante, die in Russland auf einem Bauernhof lebt, entdeckt das Mädchen ihren Teddy, der scheinbar lieblos und teilweise zerfetzt auf einem Misthaufen liegt. Es trifft sie wie ein Schlag und sie realisiert, dass sie nun erwachsen genug sei, um ihren Teddy zu vergessen. *Mischka*, so heißt der Bär in dieser Geschichte, ist für Swetlana tot. Als Swetlanas Mutter, kurz bevor sie die Tante verlassen wollen, durch ihre Tochter vom zerfetzten Bär erfährt, holt sie den Bär vom Misthaufen, packt ihn in eine Plastiktüte und nimmt den Teddy trotz Protesten ihrer Tochter und ihres Ehemannes mit zurück nach Deutschland. Der Vater und die Tochter machen sich über diese Aktion lustig, denn wer wird schon dieses *Stinktier* jemals haben wollen? Doch Zuhause in Deutschland angekommen kauft die Mutter für den Teddybär neue Knopfaugen und Knopfnase, sie wäscht und kämmt ihn, füllt den Bär mit neuer weicher Füllwatte und stickt ihm ein Lächeln auf die Schnauze.

Zitat aus diesem Kinderbuchmanuskript:

> »Als Mama fertig war, die Arbeit dauerte mehrere Tage, brachte sie den neu geborenen Teddy in mein Zimmer und stellte ihn auf mein Bett. Mischka sah besser aus als je zuvor. Er war weich, duftete herrlich und lächelte mich mit seinen glänzenden schwarzen Knopfaugen an. Mama hat Mischka gerettet. Und ich schämte mich ein wenig, dass der Bär nicht von mir zum Leben erweckt wurde. Er war mein Bär und ich hätte um ihn kämpfen müssen.
>
> Mein Teddy bekam ein neues Zuhause und nach seinem Lächeln zu deuten, liebte er es hier zu sein.
>
> Natürlich war ich schon aus dem Alter raus, dass ich einen Teddy zum Schlafen brauchte. Aber er gab mir ein wichtiges Stück meiner Kindheit zurück, die ich in Russland lassen musste. Er erinnerte mich an die schweren Zeiten der Auswande-

rung, an die Trennung und den Schmerz. Jedoch lehrte mich mein Bär gleichzeitig auch etwas ganz Wichtiges: Manchmal sollte man sein Schicksal mit eigenen Händen anpacken, aus dem Mist ziehen, sauber waschen, fein bürsten und schon strahlt dich das Leben wieder an.«

(Simonov, Kinderbuchmanuskript)

Das vorgestellte Buch (noch Manuskript) richtet sich an Kinder und Jugendliche, die sich gerade selbst in der Übergangsphase zwischen dem Kindes- und Jugendalter befinden oder die schon älter sind. Ich würde das Buch für das Alter ab zehn Jahren und aufwärts empfehlen. Das gleiche Thema lässt sich aber auch sehr gut für jüngere Altersstufen aufarbeiten. Dafür müssten das Volumen der Geschichte, die Sprache und die einzelne Geschehnisse innerhalb der Geschichte altersgerecht angepasst werden.

Im Folgenden möchte ich noch exemplarisch an konkreten Textstellen die Verbindung zwischen der Forschungsarbeit und dem Buchmanuskript aufzeigen. Dieses Buchmanuskript soll bestimmte Schwerpunkte der Forschungsarbeit umsetzen. Um Kinder über die deutschstämmige Migrantengruppe aufzuklären, finde ich es wichtig, über ihre Herkunftsgeschichte, Auswanderungsmotive, über die Angst, den Trennungsschmerz, die Identitätskrise auf den einzelnen Stationen der Migration und über die Wege der Integration zu erzählen. Entsprechende Illustrationen können die Texte auf der emotionalen Ebene unterstützen und die Leser in ihrer Fantasie anregen. Das Betrachten der Bilder in einem Buch kann bei den Lesern Fragen aufwerfen, die sie tiefer in den Text eintauchen lassen. Die Suche nach den Antworten baut eine Beziehung zu der Geschichte und ihren Helden auf. Der Trennungsschmerz, den die Forschungsarbeit aus einer wissenschaftlichen Perspektive beleuchtet, wird zum Beispiel an dieser Stelle des Kinderbuchmanuskripts erfahrbar:

»An dem Abend vor unserer Abreise fielen die dicksten Schneeflocken, die ich je gesehen habe. Als wollte der russische Himmel uns sein schönstes Geschenk zum Abschied reichen. Lange stand ich draußen im Hof wie angewurzelt und starrte in den dunklen Himmel, der von der Straßenlaterne in einen seltsamen gelben Schleier getaucht war. Ich spürte das Gewicht der Schneeflocken auf mein Gesicht drücken. Wie unwirklich groß sie waren und wie still es war, unheimlich still. ›Morgen geht es los. Ob ich jemals in meinem Leben wieder solche Schneeflocken sehen werde?‹

Mama und Papa verabschiedeten sich noch von unseren Gästen, die wir bis nach draußen begleitet haben. Wie immer gab es viele Umarmungen und warme

Worte und immer wieder die gleichen Sätze: ›Vergesst uns nicht! Schreibt uns Briefe!‹ Diese Sätze kamen entweder von meinen Eltern oder von den anderen, die sich von uns verlassen fühlten.

›Ich kann hier nicht weg ... ich kann hier nicht weg ... ich kann hier nicht weg ...‹, dröhnte es in meinem Kopf.

Ich kämpfte mit meinen Tränen, denn jetzt drohte ich die Beherrschung über sie zu verlieren. Mama nahm meine Hand, sagte aber nichts und so standen wir mit ihr noch eine ganze Weile und versuchten diesen stummen Moment in unser Gedächtnis für immer einzubrennen. Es brannte schmerzlich und die Tränen versuchten vergeblich den Trennungsschmerz zu kühlen« (Simonov, Kinderbuchmanuskript).

Sobald Swetlanas Ausreise nach Deutschland in ihrer Schule bekannt wird, gerät ihre nationale Identität in einen für Swetlana unangenehmen Fokus. Swetlana weiß, dass die Nationalität ihrer Familie Deutsch ist, aber Deutschsein ist in Russland mit negativen Attributen behaftet:

»›Hau doch ab, du Nazi!‹, rief mir mal ein Hohlkopf aus der Parallelklasse hinterher. Auweija!, jetzt weiß schon die ganze Schule, dass ich Deutsche bin und schlimmer noch: von unserer Ausreise nach Deutschland! [...] Warum bin ich Deutsche, wenn ich doch in Russland geboren bin? [...] Warum Nazi? [...] Was hatte ich oder meine Familie damit zu tun? Ich, meine Eltern, meine Großeltern, ja sogar die Eltern meiner Großeltern, so viel ich weiß, sind in Russland geboren und waren noch nie in ihrem Leben in Deutschland gewesen. Dass meine Familie Deutsch war, wusste ich schon immer. Und ich wusste genau, dass Deutsch-Sein nicht gleich Nazi-Sein bedeutet und trotzdem grübelte ich lange darüber nach. ›Wenn wir nach Deutschland ziehen, würde mich niemand so bezeichnen, denn da sind alle einfach Deutsche, so wie ich‹« (Simonov, Kinderbuchmanuskript).

Bereits vor der Migration erleben viele Migranten in ihrem Herkunftsland einen Identitätskonflikt und viele migrieren nach Deutschland mit dem Motiv, *als Deutscher unter den Deutschen zu leben.*

Als Swetlana nach Deutschland kommt, erlebt sie seitens der Aufnahmegesellschaft eine Fehlzuschreibung ihrer nationalen Identität. Sie wird aufgrund ihrer unzureichenden Deutschkenntnisse als Russin wahrgenommen:

»Die einheimischen Schüler wollten mit uns nichts zu tun haben, obwohl ich und meine neue Freundinnen, ebenfalls aus Russland, uns bemüht haben, mit ihnen

Deutsch zu sprechen. Zugegeben, das ist uns nicht oft gelungen. [...] Und so blieben wir dann unter uns und sprachen Russisch, weil das doch viel einfacher für uns war. Die Einheimischen schauten auf uns als wären wir Außerirdische, sie tuschelten, lachten in unsere Richtung und nannten uns Russen. Das war für mich ungewöhnlich und ich habe mich zunächst nicht angesprochen gefühlt. Als es immer wieder vorkam, machte ich mir Gedanken: ›Warum denken sie, dass wir Russen sind? Wir sind doch Deutsche und haben sogar deutsche Nachnamen?‹ Aber sie glaubten uns nicht, denn wir kommen aus Russland und sprechen kaum Deutsch, also sind wir Russen. Punkt und Schublade zu« (Simonov, Kinderbuchmanuskript).

Die vorgestellte Forschungsarbeit beschreibt dieses Phänomen der Fehlzuordnung der ethnischen Gruppe und die darauffolgende Abwehrreaktion folgendermaßen:

»Russlanddeutsche Migranten machen immer neue soziale Erfahrungen in ihrer neuen Heimat und nehmen zahlreiche Standpunkte vieler anderer, auch Einheimischer an. In Anlehnung an Meads Role-taking-Theorie bilden die Migranten in der Interaktion mit unterschiedlichen Gesellschaftsteilnehmern zahlreiche und differenzierte Ichs. Und wenn die äußere Identität die Übermacht gewinnt, also die Zuschreibungen der anderen so stark überwiegen, dass die innere Identität sehr verunsichert und geschwächt wird, dann kommt es dazu, dass die Migranten die äußere Identität auf die eigene innere Identität übertragen, also die Ichs mit den Anteilen der Mehrheitsgesellschaft übernehmen und somit wenigstens vorübergehend ein Gleichgewicht zwischen der äußeren und der inneren Identität herstellen. Die entstehenden Widersprüche in den Standpunkten können oft von den Migranten nicht eingeordnet werden und führen zu Identitätsverwirrungen. Die Fehlzuordnung der Gruppe seitens der Aufnahmegesellschaft kann somit die eigene Fehlzuordnung bewirken. Die oft unbewusst wahrgenommene Fehlzuordnung der Gruppe seitens der Mehrheitsgesellschaft wird so präsent, dass die Migranten dieser Fehlzuordnung zustimmen und sich selbst der ›falschen‹ Gruppe zuordnen, weil es zu viel Energie kostet, sich permanent den Zuschreibungen zu stellen und sich dagegen zu behaupten« (Simonov, 2013, S. 193).

Swetlana übernimmt also die Fehlzuordnung der Mehrheitsgesellschaft und ordnet sich und ihre Aussiedler-Freundinnen der *falschen* Gruppe zu: »Wir wussten selber nicht mehr, wer wir sind, und nannten uns dann auch Russen« (Simonov, Kinderbuchmanuskript).

Einen großen Einfluss auf die Identitätsfindungsprozesse der jungen Migranten hat die Zurückstufung im schulischen System. Die Zurückstufung der

Migrantenkinder ist im deutschen Bildungssystem eine Routine. Die jungen Migranten müssen in der Schule eine oder mehr Klassen wiederholen und die erwachsenen Migranten haben die Wahl, an Umschulungsmaßnahmen teilzunehmen oder Neuabschlüsse zu erwerben. Diese Zurückstufung in der schulischen Sozialisation ist ein übliches Prozedere, um die Eingliederung in der Regelschule zu erleichtern. Diese Zurückstufung in der schulischen Sozialisation soll dem Migranten mehr Zeit geben, um sich die fehlenden fachspezifischen Kenntnisse anzueignen und die Kenntnisse der Sprache des Aufnahmelandes neu zu erlernen oder aufzubessern, wertvolle Erfahrungen zu sammeln und somit sich besser auf die berufliche Bildung vorzubereiten.

Die vorgestellte Forschungsarbeit weist darauf hin, dass sich viele Migranten mit der Zurückstufung degradiert und entwertet fühlen. Oft ist die Zurückstufung eine alternativlose Entscheidung. Sie ist für viele Migranten eine schmerzvolle Erfahrung und eine enorme psychische Belastung, bestärkt noch von der allgemeinüblichen Einstellung, dass man nur eine Klasse wiederholt, wenn die Schulleistungen ungenügend waren. Die dazugehörige Textstelle aus dem Kinderbuchmanuskript weist auf diese persönliche Kränkung hin, die die Migranten bei der Zurückstufung erfahren:

> »Um in der neuen Schule besser zurechtzukommen, sollte ich ein Schuljahr wiederholen. Mein Deutsch war nach einem halben Jahr Förderkurs schon etwas besser geworden, aber Englisch konnte ich noch gar nicht, ganz zu schweigen von Latein, welches in meiner neuen Schule ab der siebten Klasse unterrichtet wurde. Ich würde also mit Latein anfangen, zwei Jahre Englisch nachholen und nebenbei noch ganz viel Deutsch lernen müssen. Ein Ding der Unmöglichkeit! Ich fühlte mich mit meinen 14 Jahren wie eine Großmutter in der siebten Klasse, denn die meisten Schüler waren erst 12 oder höchstens 13 Jahre alt. Dazu kam noch, dass ich für mein Alter relativ groß gewachsen war, so dass mir vor allem die Jungs der siebten Klasse gerade mal bis zur Schulter reichten. Ich war somit die älteste, die größte und die dümmste der Klasse, ein toller Start!« (Simonov, Kinderbuchmanuskript).

Diese wenigen Beispiele zeigen, wie die Umsetzung einer wissenschaftlichen Arbeit in aufklärende Kinderliteratur aussehen kann. Ich sehe eine reale Chance, dieses Thema in die deutschsprachige Kinderliteratur vielschichtig zu integrieren und auf diesem Wege das Thema »Migration« den Kindern und Jugendlichen zugänglich zu machen. Über eine vertiefende Auseinandersetzung mit dieser Thematik über Unterricht und Schulen kämen wir einer aufgeklärten, offenen und dadurch auch friedlicheren Gesellschaft zweifelsfrei ein Stück näher.

Literatur

Simonov, N. (2013). Die heimatlosen Heimkehrer: Zwei Subkulturen im Vergleich. Sozialpsychologische Aspekte der Identität von russlanddeutschen Spätaussiedlern in Deutschland und irischen Heimkehrern in Irland. Hamburg: Verlag Dr. Kovac.
Simonov, N. (Manuskript). Nein, der Bär, der kommt nicht mit.

Autorinnen und Autoren

Elke Endert, geb. 1959, Dr. phil, Soziologin, Dipl. Sozialpädagogin; Studium an der Leibniz Universität Hannover und Evang. Fachhochschule Hannover. Schwerpunkte: Emotionssoziologie, Affektlogik, Nationalsozialismusforschung. Berufliche Tätigkeit als Sozialpädagogin in verschiedenen Bereichen. Veröffentlichung u. a.: *Gefühle machen Geschichte. Die Wirkung kollektiver Emotionen – von Hitler bis Obama* (mit Luc Ciompi; Göttingen 2011).

Michael Fischer, geb.1975, M. A., Soziologe und Sozialpsychologe. Leiter Politik und Planung, Ressort Grundsatz in der Bundesverwaltung der Vereinten Dienstleistungsgewerkschaft ver.di in Berlin.

Uwe Herrmann, Dr.-Ing., Ausbildung und Berufstätigkeit als Fahrzeuglackierer, Diplom-Berufspädagoge, wissenschaftlicher Mitarbeiter an der Fakultät für Architektur und Landschaft der Leibniz Universität Hannover (ab 2002), Studienrat an einer berufsbildenden Schule in Hannover (seit 2011), Lehrbeauftragter an der Leibniz Universität Hannover.

Michael Kopel, geb. 1981, Dipl.-Sowi., Studium der Sozialwissenschaften in Hannover. 2011–2013 Lehrbeauftragter für Soziologie an der Leibniz Universität Hannover. Mitbegründer Humana Conditio e.V. – Forum prozesstheoretische Menschenwissenschaften. Seit 2011 beim MiMi-Projekt des Ethno-Medizinischen Zentrums e.V. Forschungsinteressen: Interdisziplinäre Anthropologie, Prozesssoziologisch orientierte Gesellschaftstheorie, Sozial-, Kultur- und Entwicklungspsychologie.

Helmut Kuzmics, geb. 1949, Dr., Univ.-Prof. i. R., war bis zum Antritt seines Ruhestandes im Mai 2013 Professor für Soziologie an der Universität Graz. Jüngstes Buch: *Emotionen, Habitus und Erster Weltkrieg Soziologische Studien zum militärischen Untergang der Habsburgermonarchie* (mit Sabine Haring; Göttingen 2013).

Thomas Mies, Dr. phil., Soziologe und Gruppenanalytiker in eigener Praxis; Gruppenlehranalytiker (D3G); Mitherausgeber der *Gruppenpsychotherapie und Gruppendynamik. Zeitschrift für Theorie und Praxis der Gruppenanalyse*; Sprecher des Beirats für Wissenschaft und Forschung der Deutschen Gesellschaft für Gruppenanalyse und Gruppenpsychotherapie (D3G); Aktuelle Forschungsschwerpunkte: Theorie des Unbewussten, kollektive Gewalt und kollektive Erinnerung, Gruppenanalyse und Dialogphilosophie.

Angela Moré, Dr. phil. habil., außerplanmäßige Professorin für Sozialpsychologie an der Leibniz Universität Hannover sowie Gruppenanalytikerin (SGAZ, D3G, GIGOS). Zahlreiche Lehraufträge und Dozententätigkeit im In- und Ausland; aktuell Vertretung einer Professur für Psychologie an der Hochschule Emden-Leer. Sie arbeitet als Selbsterfahrungsleiterin, Supervisorin und in der Erwachsenenbildung. Forschungsschwerpunkte: psychoanalytische Sozial-, Kultur- und Entwicklungspsychologie, Transgenerationalität und psychohistorische Forschung sowie Gruppenanalyse. Zuletzt veröffentlicht: *Unbewusste Erbschaften des Nationalsozialismus. Psychoanalytische, sozialpsychologische und historische Studien* (hrsg. mit Jan Lohl; Gießen 2014).

Christine Morgenroth, Professorin für Sozialpsychologie an der Leibniz Universität Hannover sowie Psychotherapeutin und Supervisorin in eigener Praxis. Forschung und zahlreiche Veröffentlichungen zum Zusammenhang von gesellschaftlichen Veränderungsprozessen und den Folgen für die Subjekte.

Christoph F. Müller, Dr. med., Arzt für Kinder- und Jugendpsychiatrie und Psychotherapie, Gruppenanalytiker (SGAZ) und Supervisor-Ausbildung in Deutschland, langjährig tätig als Oberarzt in der Kinder- und Jugendpsychiatrie der Universität Zürich, daneben als Konsiliararzt und Gutachter in einer geschlossenen Einrichtung für straffällige Jugendliche; Aufbau und Leitung des Sachgebietes Kinder- und Jugendpsychiatrie am Gesundheitsamt der Stadt Frankfurt; ärztlicher Leiter einer stationären Therapieeinrichtung für Kinder und Jugendliche im Kanton Aargau/Schweiz; seit 2004 in eigener Praxis in Baden/Schweiz und seit

2011 in Zürich. Teamsupervisor in Psychiatrischen Kliniken. Verschiedene Lehrtätigkeiten, u. a. für den Verein »Children of Baghdad e. V.«.

Oskar Negt, bis zur Emeritierung 2002 Professor für Sozialwissenschaften in Hannover. Arbeitsschwerpunkte: Arbeitsgesellschaft, Erziehung und Bildung. Zahlreiche Veröffentlichungen; eine Werkausgabe erscheint im Steidl-Verlag, Göttingen.

Lothar Nettelmann, Dr. phil., war Oberstudienrat an einem Gymnasium in Hannover. Gründungsmitglied der Deutsch-Polnischen Gesellschaft, langjährige Mitarbeit im Vorstand in Hannover und auf Bundesebene sowie im Verband der Politiklehrer. Lehrauftrag an der Universität Hannover. Autor von Aufsätzen zur Pädagogik und Politischen Bildung. Tätigkeiten im Bereich: »Verständigung mit Polen«: Organisation und Durchführung von Schüleraustauschprogrammen, Studienreisen, Fortbildungsseminaren. Arbeitsschwerpunkte: Ostpolitik, Polen, Zivilisationstheorie.

Hans-Heinrich Nolte, Universitätsprofessor Osteuropäische Geschichte Universität Hannover i. R., Gastlektor an der Universität Wien, Geschäftsführender Herausgeber der *Zeitschrift für Weltgeschichte*. Letzte Monografien: *Weltgeschichte des 20. Jahrhunderts* (Wien 2009); *Geschichte Russlands* (Stuttgart 2012).

Lars Rensmann, Dr. phil., Professor für Politikwissenschaft an der John Cabot University in Rom, Leiter des Fachbereichs Politikwissenschaft und Internationale Beziehungen. Zahlreiche wissenschaftliche Veröffentlichungen und Bücher zur internationalen politischen Theorie, europäischer und globaler Politik, Rechtsextremismus und Antisemitismus, jüngst u. a. *Gaming the World: How Sports are Reshaping Global Politics and Culture* (mit Andrei S. Markovits Princeton UP, 2010); *Politics and Resentment: Antisemitism and Counter-Cosmopolitanism in the European Union* (hrsg. mit Julius H. Schoeps, Brill, 2011); *Arendt and Adorno: Political and Philosophical Investigations* (Stanford UP, 2012).

Nele Reuleaux, 2005 promoviert in Sozialpsychologie, Gruppenanalytikerin (SGAZ) seit 2012, derzeit in Ausbildung zur analytischen Kinder- und Jugendlichenpsychotherapeutin. Bis 2010 Lehrtätigkeit an der Hochschule für angewandte Wissenschaft und Kunst Hildesheim. Ab 2005 in der Psychologisch-Therapeutischen Beratung für Studierende der Leibniz Universität Hannover tätig. Veröffentlichung u. a.: *Nationalsozialistische Täter. Die intergenerative Wirkungsmacht des malignen Narzissmus* (Gießen 2006).

Nelly Simonov, lebte und forschte nach ihrem Studium der Sozialpsychologie, Pädagogik und Berufs- und Wirtschaftspädagogik von 2005–2009 in Dublin, Irland. In einer Auseinandersetzung mit der für sie neuen Kultur entstand die Idee einer vertiefenden Anknüpfung an ihre Magisterarbeit, die sich ebenfalls mit dem Thema Migration beschäftigte. Sie promovierte 2013 im Fachbereich Sozialpsychologie an der Leibniz Universität Hannover.

Hans-Peter Waldhoff, geb. 1953, Studium der Sozialwissenschaften in Göttingen, Paris, Bielefeld und Hannover; Promotion und Habilitation in Soziologie, Habilitation in Sozialpychologie; Lehrtätigkeiten u. a. in Hannover und Berlin; derzeit an einem Schweizer Bildungszentrum tätig. Forschungsschwerpunkte: Zivilisationstheorie, Wissenssoziologie, Gruppenanalyse. Letzte Buchpublikationen: *Verhängnisvolle Spaltungen* (Weilerswist 2009); *Die Kunst der Mehrstimmigkeit* (Gießen 2009); Mitherausgabe *Norbert Elias, Autobiographisches und Interviews, Bd 17 Gesammelte Schriften* (Frankfurt a. M. 2005).

Cas Wouters entwickelt die Theorie von Informalisierungsprozessen seit den frühen 70er Jahren. Seine ausgedehnten Forschungen zur Veränderung von Umgangsformen und Gefühlen in Deutschland, den Niederlanden, Großbritannien und den USA seit 1880 verstehen sich als Erweiterung der Zivilisationstheorie von Norbert Elias. Er arbeitet zu Themen wie Veränderungen in Affektregulierungen, Sterben und Trauern, Sexualität sowie die Emanzipation von Frauen und Kindern. Veröffentlicht zahlreiche Artikel in einem weiten und internationalen Zeitschriftenspektrum. In letzter Zeit erschienen sind die Bücher *Sex and Manners: Female Emancipation in the West 1890–2000* (London 2004); *Informalization: Manners and Emotions since 1890* (London 2007); beide auch in Holländisch und Chinesisch übersetzt.

Beate Steiner, Ulrich Bahrke (Hg.)
Der »innere Richter« im Einzelnen und in der Kultur
Klinische, soziokulturelle und literaturwissenschaftliche Perspektiven

2013 · 254 Seiten · Broschur
ISBN 978-3-8379-2255-4

Die tragische Wahrheit über die Konfliktnatur des Menschen!

Eine der zentralen psychoanalytischen Grundannahmen Sigmund Freuds ist das Über-Ich. Dieses Konzept des »inneren Richters« entwickelte Léon Wurmser in bedeutender Weise weiter, indem er Formen und Strukturen des Über-Ichs bis in die Verzweigungen philosophischer Erörterungen und kulturell-gesellschaftlicher Aspekte hinein darstellte. Diese Herangehensweise wird der Tatsache gerecht, dass Manifestationen des Über-Ichs – wie Scham- und Schuldgefühle, Ressentiments und Wiederholungszwänge – sowohl für klinische Behandlungen als auch für das Verständnis von Kulturphänomenen eine große Bedeutung haben.

Die Autorinnen und Autoren beleuchten aus ihren jeweiligen Arbeits- und Forschungsfeldern heraus psychoanalytisch-klinische, soziokulturelle und literatur- und kulturwissenschaftliche Aspekte des »inneren Richters« und lassen die tragische Wahrheit der Konfliktnatur des Menschen aufscheinen.

Mit Beiträgen von Jan Assmann, Bernd Deininger, Friedrich-Wilhelm Eickhoff, Jörg Frommer, Heidi Gidion, Beata Hammerich, Elisabeth Imhorst, Heidrun Jarass, Marion M. Oliner, Günter Reich, Beate Steiner, Martin Stern, Harald Strohm und Léon Wurmser

Anthony W. Bateman, Peter Fonagy (Hg.)
Handbuch Mentalisieren

2015 · 641 Seiten · Hardcover
ISBN 978-3-8379-2283-7

»Mit diesem Meisterstück bieten uns Bateman und Fonagy einen brillanten, enorm hilfreichen Leitfaden [...], der schon jetzt als Klassiker für Anfänger und erfahrene Praktiker gelten kann.«

Arietta Slade, Ph.D., Professorin für Klinische Psychologie, New York

Mentalisieren bezeichnet die menschliche Fähigkeit, mentale Zustände wie Gedanken und Gefühle im eigenen Selbst und im anderen zu verstehen. Inzwischen hat sich die Mentalisierungstheorie als entwicklungspsychologisches und klinisch erfolgreiches Konzept etabliert. Die renommierten AutorInnen fassen das Mentalisieren als einen grundlegenden psychischen Prozess und erweitern seinen Anwendungsbereich auf verschiedene therapeutische Settings und eine Vielzahl unterschiedlicher Störungsbilder.

Im ersten Teil des Handbuchs wird die mentalisierungsbasierte Arbeit in der psychodynamischen Psychotherapie detailliert dargestellt. Der zweite Teil stellt effektive Behandlungstechniken vor, die auf die mentalisierende psychotherapeutische Bearbeitung schwerer Störungen zugeschnitten sind. Mit diesem Handbuch liegt nun die bislang umfassendste und systematischste Darstellung des Mentalisierungskonzepts und seiner klinischen Anwendung vor.

Wolfgang Hegener
Unzustellbar
Psychoanalytische Studien zu Philosophie, Trieb und Kultur

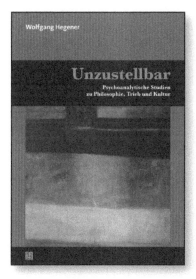

2013 · 405 Seiten · Broschur
ISBN 978-3-8379-2281-5

Kein Anschluss unter dieser Nummer?

Unzustellbar – gemeint sind unerhörte Botschaften, die nie ihren Adressaten erreicht haben. Und doch warten sie darauf, irgendwann einmal erhört, angenommen und in einem konstruktiven Prozess verwandelt zu werden. Der Psychoanalyse geht es genau in diesem Sinne um das, was nicht ankommt, kaum oder gar nicht sagbar, gar unsäglich ist, durchfällt und nicht repräsentiert werden kann. Unzustellbarkeit prägt nicht nur die klinische Situation der Psychoanalyse, sondern liegt auch ihren zentralen Theorien zugrunde.

Ausgehend von diesem Gedanken untersucht der Autor im Spannungsfeld von Philosophie, Kulturwissenschaft und Psychoanalyse Konzepte des Unbewussten, des (Todes-)Triebes und kulturelle Tradierungsprozesse.

Ellen Reinke (Hg.)
Alfred Lorenzer
Zur Aktualität seines interdisziplinären Ansatzes

*2013 · 319 Seiten · Broschur
ISBN 978-3-8379-2288-2*

Ein Plädoyer für die Aktualität der Psychoanalyse und ihres interdisziplinären Anliegens!

Der deutsche Psychoanalytiker und Soziologe Alfred Lorenzer (1922–2002) gilt als Pionier einer interdisziplinären Psychoanalyse, die den Dialog mit Forschungsgebieten wie den Neurowissenschaften, der Traumaforschung, der Theologie und der philosophischen Hermeneutik suchte. Die Autorinnen und Autoren leisten eine umfassende kritische Würdigung seines Beitrags zur Erkenntnistheorie und Methode der Psychoanalyse. Von zentraler Bedeutung sind dabei Lorenzers Bestimmung des Wissenschaftscharakters der Psychoanalyse als Hermeneutik des Leibes und ihrer Methode als szenisches Verstehen.

Im ersten Teil diskutieren SchülerInnen, ehemalige MitarbeiterInnen und KollegInnen Lorenzers die wesentlichen Grundlagen. Im zweiten Teil liegt der Schwerpunkt auf der tiefenhermeneutischen Analyse von gesellschaftlichen und sozialpolitischen Konflikten sowie kulturellen Erscheinungen wie Literatur, Film und Architektur.

Mit Beiträgen von Monika Becker-Fischer, Gottfried Fischer, Bernard Görlich, Klaus Köberer, Alfred Lorenzer, Anas Nashef, Ellen Reinke, Sigrid Scheifele, Timo Storck, Heribert Wahl und Achim Würker.